济南市农业科学研究院成立于2009年8月，为财政拨款副局级事业单位，山东省文明单位，是济南市唯一的市级农业科研单位，主要负责组织协调并指导全市农业科研，开展农业科学基础实验研究和开发应用研究、学术交流合作、科研成果转化及技术咨询服务等工作。

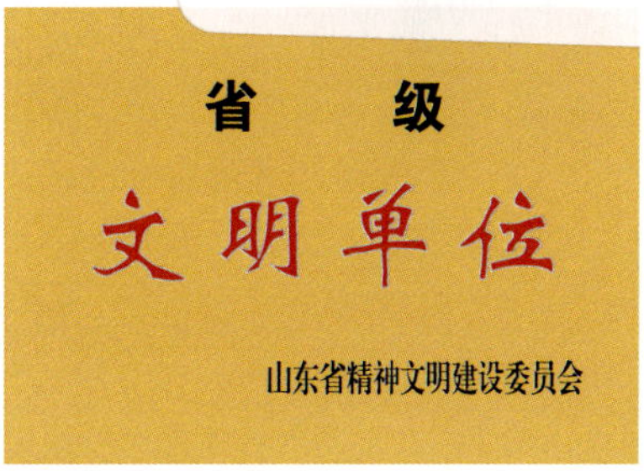

拥有试验田700余亩，温室大棚100余个，总容量约12万份的济南市农作物种质资源库1处，先进的植保、土肥、生化等专业实验室7 600m²，具备开展各类农业科研工作的坚实基础。

承担国家级项目7个、省级项目40个、市级项目44个，建有国家特色蔬菜产业技术体系莱芜综合试验站和山东省现代农业产业技术体系蔬菜岗位专家、小麦综合试验站、水稻综合试验站等国家和省级创新平台。

选育出小麦、水稻、玉米、大葱等优良新品种（系）12个，3个小麦品系进入国家和山东省农作物品种审定区域试验。

获得专利授权18项，发表论文160余篇，制定山东省和济南市农业地方标准6项，出版《济南市现代农业科技成果论文集》《莱芜生姜》等科技著作6部，累计获国家、省市各类科技成果奖励80多项。

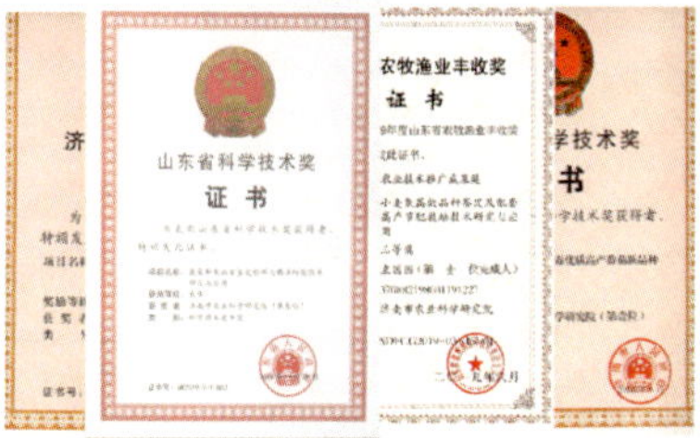

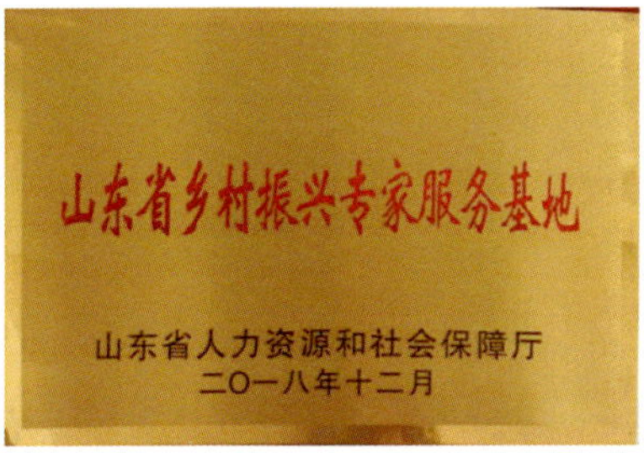

近年来，组织省市农业专家到济南市各县区及重庆、湖南、德州进行农业生产技术指导1 000余次，推广优良品种和新技术200余个，举办培训班500余次，受益农民超过5万人，为脱贫攻坚和农技推广做出了重要的贡献。

济南市蔬菜技术推广服务中心为济南市农业农村局直属事业单位，承担全市蔬菜生产技术指导，新品种、新技术的引进、试验、示范、推广和技术培训工作。济南市蔬菜技术推广服务中心是济南市精神文明单位，在职职工30人，其中专业技术人员17人，副高以上职称7人，有市拔尖人才和青年学术带头人各1人、市农业首席专家1人、执行专家2人、省科技特派员5人。

建设有济南市蔬菜展示示范评价平台，先后承接了2016年全国第四届蔬菜产业大会和多届全国种子双交会蔬菜地展（2016年第十四届、2017年第十五届、2019年第十七届）、2018年全国蔬菜登记品种展示任务、2019年中国·山东国际蔬菜种业博览会等种植展示评价工作，被评为山东省新型职业农民培育实训基地。

努力夯实科技创新支撑，获山东省及济南市科学技术进步、科技星火和农牧渔业丰收等科技成果奖励近40项，其中省级以上科技奖励10余项；起草制定省市级地方标准20余项；在国内核心刊物发表论文50余篇；获国家专利20余项；出版蔬菜专业著作近10部。

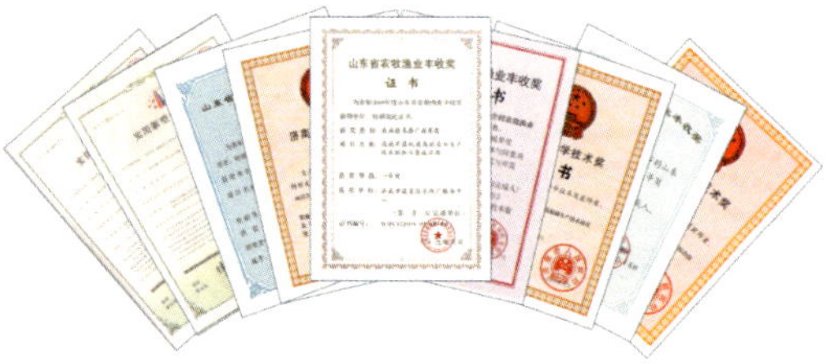

近年来，济南市蔬菜技术推广服务中心牢牢把握单位核心职责，发挥全市蔬菜技术推广龙头作用，科技服务范围覆盖全市14个县（市），年举办各种类技术培训30余期，培训农民2 000余人，在菜农增产、增收等方面发挥了重要作用，获评山东省和济南市乡村振兴专家服务基地，为推动全市蔬菜产业创新发展做出了积极贡献。

济南三园园艺科技有限公司是集蔬菜集约化育苗研究、种苗繁育、新品种及新技术示范推广服务于一体的现代农业科技企业，单位占地130余亩，育苗温室25 000m^2，试验用地80余亩，年育苗量2 000万株。

公司是济南市最早育苗的种苗企业，在十字花科实生苗、茄果类、西甜瓜类嫁接育苗等方面的技术优势明显，涉及种类10余种，熟练掌握双断根嫁接、插接、贴接、靠接、扦插等育苗技术。

公司本着为农民服务的宗旨，每年引进展示示范蔬菜新品种300个以上，展示示范新技术、新设施、新肥料、新农药100项以上，目前注册无公害农产品11种。

公司以蔬菜展示平台为依托，年均组织农户培训及观摩会5～10次，累计接待培训农户及农技人员150余人次，接待区、市、省有关单位和领导组织参观考察50余人次。

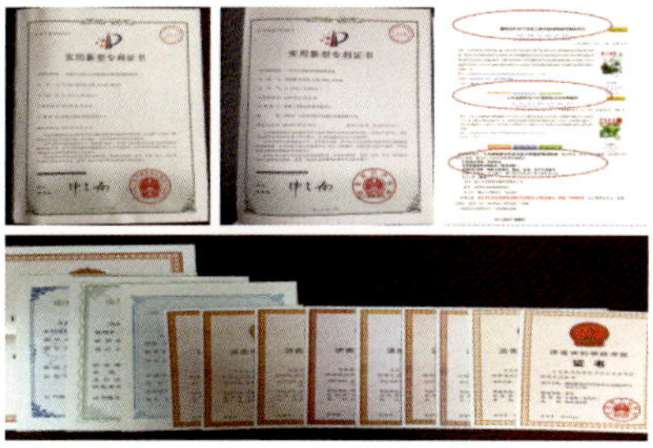

公司先后承担了国家综合开发及省市科技攻关、农技推广等项目30余项，参与省、市农业地方标准的制定；获得省、市科技成果奖励20余次，发表文章30余篇，济南市农业地方标准3项，获得实用新型专利2项。

公司注有“三园”商标，产品销往山东省多地市及周边省、市，“三园”品牌得到了广泛认可和较高评价。先后获得济南市政府“文明单位”称号、“先进集体”称号。

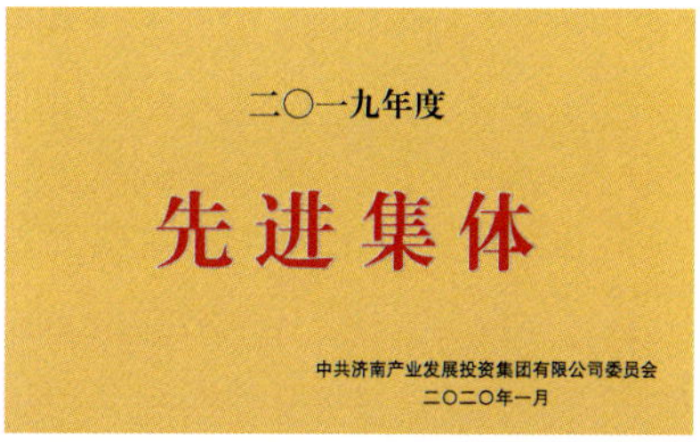

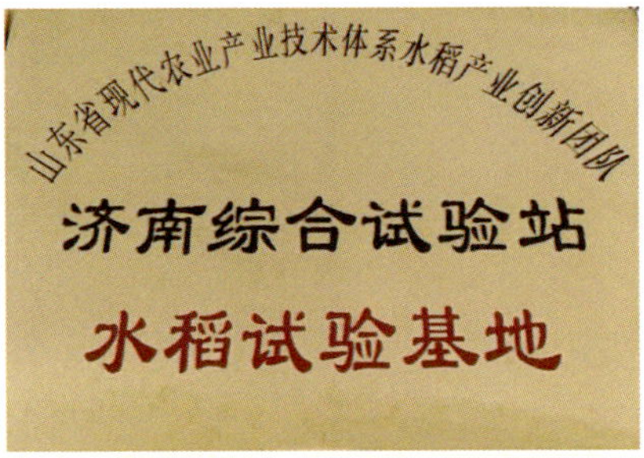

公司已流转土地1 200亩，投资2 000余万元，购买农业机械、车辆30台（辆），烘干设备1套，大米加工流水线1条，真空包装设备1套，建有1 000m^{2}水稻智能化育秧中心、1 000m^{2}大型农机库、1 000m^{2}农民培训中心，初步建立起了全程机械化水稻种植示范园。

山东旭丰农业发展有限公司成立于2015年6月，注册资金1 000万元，位于济阳区济阳街道稍门水稻生产基地。公司2016年被济阳区委、区政府授予优秀新型农业经营主体，被济南市政府确定为济南市重点现代农业园区，2017年被定为山东省现代农业产业技术体系水稻创新团队试验基地。

公司2015年12月获得绿色食品认证证书，2017年8月、2019年12月在第十八届和第二十届中国绿色食品博览会上荣获金奖。2020年1月被山东省农业厅和文化旅游厅确定为齐鲁美丽田园，2020年10月成为“泉水人家”区域公用品牌授权企业。公司主要产品有“济阳黄河富硒米”“济阳黄河晶米”“济阳黄河糯米”“济阳黄河粥米”“长粒香米”“稻花香米”“珍珠米”等。

山东省现代农业产业技术体系蔬菜创新团队
山东省现代农业产业技术体系水稻创新团队　资助
山东省现代农业产业技术体系小麦创新团队

济南市现代农业实践与科技创新研究

◎ 王文军　主编

中国农业科学技术出版社

图书在版编目（CIP）数据

济南市现代农业实践与科技创新研究 / 王文军主编 .—北京：中国农业科学技术出版社，2021.3
ISBN 978-7-5116-5219-5

Ⅰ.①济… Ⅱ.①王… Ⅲ.①现代农业-农业技术-技术革新-研究-济南 Ⅳ.①F327.521

中国版本图书馆 CIP 数据核字（2021）第 041503 号

责任编辑 金 迪 张诗瑶
责任校对 贾海霞
责任印制 姜义伟 王思文

出 版 者 中国农业科学技术出版社
北京市中关村南大街 12 号 邮编：100081
电 话 （010）82109705（编辑室） （010）82109702（发行部）
（010）82109709（读者服务部）
传 真 （010）82109698
网 址 http://www.castp.cn
经 销 者 各地新华书店
印 刷 者 北京建宏印刷有限公司
开 本 787 mm×1 092 mm 1/16
印 张 17.25 彩插 4 面
字 数 415 千字
版 次 2021 年 3 月第 1 版 2021 年 3 月第 1 次印刷
定 价 80.00 元

《济南市现代农业实践与科技创新研究》

编　委　会

主　　编： 王文军

副 主 编： 张甲生　邹永洲　张荣亭

参编人员： 郭守鹏　门洪文　袁园园　马　盼
董　贝　李增武　刘　矿　杨丽娟
牛文静　车亚莉　陶　芳

前　　言

“中国要强，农业必须强；中国要美，农村必须美；中国要富，农民必须富。”党的十八大以来，以习近平同志为核心的党中央高度重视“三农”工作，农业农村发展取得了历史性成就、发生了历史性变革，为党和国家事业全面开创新局面提供了有力支撑。习近平总书记在2018年两会期间参加山东省代表团审议时强调，要推动乡村产业振兴、人才振兴、文化振兴、生态振兴和组织振兴，推动乡村振兴健康有序进行。2018年6月，习近平总书记在山东省视察时再次强调，扎实实施乡村振兴战略，打造乡村振兴的齐鲁样板。这为山东省做好新时代“三农”工作提供了根本遵循。

济南市是山东省省会，境内泉水众多，拥有“七十二名泉”，被称为“泉城”，素有“四面荷花三面柳，一城山色半城湖”的美誉。济南市四季分明，年平均气温14℃，降水量650~700mm，物产丰富，农耕文明历史悠久，章丘大葱、莱芜生姜、历城草莓等名优农产品驰名中外。

济南市的农业发展坚持以习近平新时代中国特色社会主义思想为指导，全面贯彻党的十九大和十九届二中、三中、四中、五中全会精神，认真落实习近平总书记关于“三农”工作重要论述和对山东省农业农村工作的重要指示要求，在济南市委、市政府坚强领导下，按照“1195”总体思路，以供给侧结构性改革为主线，不断推动农业高质量发展、农村和谐美丽、农民持续增收，全力打造乡村振兴“齐鲁样板”省会标杆。

本书由济南市从事农业管理、科研、推广和生产经营等领域的农业科技专家，结合各自工作基础和业务实践撰写、汇总、编纂而成，全书共分为综述、品种选育、试验研究、特色产业、推广应用五部分、共计60余篇论文，内容包括大田作物、蔬菜、畜牧、水产、林果、水肥、植保、农业信息、农产品检测等，吸收总结了近年来济南市农业科研和生产实践方面的创新进展和部分产业发展动态，注重将理论与实践相结合，以及新知识、新技术、新成果、新方法的介绍，适于广大农业科研工作者和农技推广人员使用，实用性强。本书的出版对宣传、展示济南市现代农业技术研究进展和实践成果，推动农业高质量、可持续发展具有重要意义。

本书的编写和出版得到了山东省现代农业产业技术体系蔬菜创新团队、小麦创新团队和水稻创新团队建设项目的经费支持，还得到了济南市农业科学研究院、济南市蔬菜技术推广服务中心、济南三园园艺科技有限公司、山东旭丰农业发展有限公司的资助和大力支持，在此一并表示衷心的感谢。

由于编者水平所限，疏漏和不足之处在所难免，敬请同行和读者谅解，并予以匡正。

编　者

2021 年 2 月

目　录

一、综　述

二、品种选育

三、试验研究

四、特色产业

五、推广应用

一、综　述

质量兴农　绿色兴农　品牌强农
全面推进实施乡村振兴战略

郭　玉

（济南市农业技术推广站，山东济南 250300）

摘　要：农业问题是国家高度重视的民生问题，在党的十九大报告中首次提出“实施乡村振兴战略”，并明确提出了在推进实施乡村振兴战略的总要求，即产业兴旺、生态宜居、乡风文明、治理有效、生活富裕。在十三届全国人大一次会议上，李克强总理进行《政府工作报告》时也强调了要大力实施乡村振兴战略，乡村发展要以改革创新为促进力量。我国实施乡村振兴战略，可以促进我国农业产业兴旺，满足我国社会主要矛盾的需求，解决城乡发展不平衡状态，所以要把握好质量兴农、绿色兴农、品牌强农，全方面推进实施乡村振兴战略，实现乡村振兴。

关键词：质量兴农；绿色兴农；品牌强农；乡村振兴战略

推动我国乡村产业兴旺，要积极转变农业发展方式，全面推动质量兴农，绿色兴农，品牌强农，努力构建和优化我国农业的产业体系、生产经营体系，使农业的质量化、绿色化、品牌化发展水平提高，全面推动我国农业发展。这是我国步入新的社会主义阶段，社会主要矛盾发生变化的必然要求。本文主要介绍如何在全面推进实施乡村振兴战略中实施质量兴农、绿色兴农、品牌强农，对于我国全面实施乡村振兴战略有一定的参考价值。

1　质量兴农与乡村振兴

实施质量兴农就是要提高农业的质量。农业质量不仅是指农产品的质量，还包括农业的产业结构布局质量和发展质量。实施质量兴农要兼顾各种因素。第一，除了要求农产品本身具备优质的特征外，还要求农产品具备高附加值和个性化特点能够满足市场需求；第二，农业质量贯穿农业生产的全过程，不仅要在生产过程中按照标准化实施质量监管生产，还要在生产过程中加入现代化生产要素，以提高农产品的创新力和竞争力；第三，提高农业质量要兼顾农业和生态体系。不仅要考虑农业生产中的资源情况和农业生产结构布局状况，还要考虑农业生产活动中的与周围生态的关系。综合考虑提升农业质量的各种因素，调动广大人民群众的积极性和创造性，实施乡村振兴战略加快推进我国农业现代化建设，全面建成小康社会。

实施质量兴农战略，必须全面推进。不仅要重视产品的生产质量，还要重视产品的供给质量；在重产量、重管理的基础上，还要兼顾重调整[1]。适应高质量产品发展的要求，积极调整生产过程中的方式方法、思想观念、政策措施、绩效评价方案。实施质量兴农战略，要对农业产业结构进行供给侧结构性改革。必须要注意在提高农业质量的过程中，不仅要坚持质量第一，还要避免顾此失彼，防止新的不平衡出现。要对农产品的质量、数量和效益进行辩证对待，只考虑数量不考虑质量是对资源的极大浪费，但是不考虑数量就不能保障国家粮食安全，因此，在进行质量生产过程中要求以提升质量为导向增加数量，在农业生产过程中，统筹好供给关系、生态关系和收支关系。提升农业质量要注重政策的引导，通过政策传达重视高质量产品的导向，促进农业生产结构体系的调整，利用数据指标对生产过程中的各个环节进行精细化考核。要重视质量兴农的宣传，不仅要帮助农民增强在生产农产品时的质量意识和质量理念，还要向他们提供提高农产品质量的技术，使他们意识到“质量兴农”带来的实惠。在农业发展的每个环节上都以质量为目标，才能真正完成我国质量兴农的目标。农产品的质量决定了能否将产品销售出去，只有高质量的产品才够赢得人心，人们才能对产品放心大量采购，才能够实现农村经济的快速增长，实现乡村振兴。

2　绿色兴农与乡村振兴

随着我国国民经济的不断提升，人民群众更加关注于产品质量安全和生态安全，这要求在进行提供绿色安全、高质量的农产品之外，还要注重生态环境建设。农村具备良好的生态环境，这是农村最为显著的优势和财富[2]。在进行现代化农业生产过程中要注重绿色农业的发展，这也是走质量兴农的必由之路。绿色兴农发展前景更为广泛，其生产无污染，产品质量安全得到保障，有利于人类健康。生态产品的重要供给者是农业生产，乡村是农业生产的主体区域，要推进农业的绿色发展，就要统筹农业生产各个要素。在进行绿色发展过程中，确保农业供给充足、收入充足、生态完善，三者之间要相互共同作用，缺一不可。

推进农业供给侧结构性改革，更加注重绿色优质农产品的生产，从源头上优化产品的生产结构，追求绿色的生态可持续发展，大力发展绿色生产，要实现农业的绿色发展，要对整个产业链的安全进行保障。在农业生产的过程中严格按照标准生产，加强绿色监管的监督力度，树立起绿色发展品牌。第一，要对绿色优质产品的产能供给进行提升。在生产过程中，将“抓生产必须抓质量，管行业必须管安全”的理念进行落实，把好产品质量安全生产关，努力做到生产的农产品满足“无公害、绿色、有机”的目标，对安全优质的农产品进行加大力度开发，扩大绿色有机农产品的总体规模。第二，提升农业生产标准化水平。在农业生产过程中，坚持绿色生态为导向，在生产过程中对家畜家禽的粪污进行综合利用，对地膜的使用和回收标准严格执行，对化学肥料和农药的使用进行规范，使农业生产能够按照标准、规范、安全三要素进行。第三，加大力度监管绿色生产过程。要建设农产品质量安全检测体系，根据要求对农产品的质量安全进行监督和检查，开展农产品绿色质量安全专项整治，推进农产品绿色质量发展，推动各地方落实管理责任。积极发展绿色有机食品，充分发挥绿色有机农业的生态功能。在新时代下，人们对于健康、安全、绿色、有机的农产品需求日益增加，坚持农业产品的绿色发展，将会满足广大人民群众的需要，在未来的发展过程中，不仅可以促进我国农业产业绿色可持续发展，还能够使农民群众得到良好的经济效益，拉动农村经济产业发展。

3　品牌强农与乡村振兴

品牌能够反映出产品的消费结构和产品的供给体系，还能代表它们的升级方向。推进品牌强农战略，能够促进农业从增加产量转变为提高质量，能够使农业和农村引进资本、技术、信息、人才等各种有利要素，使我国农业产业生产经营体系构建速度加快，使农业的全要素生产力得到有效提高，农业农村发展新动力得到培养，促进农业一二三产业融合快速发展。

要全面推进品牌强农，建设助力乡村振兴战略发展。树立起农业品牌，做好园区建设[3]。根据农产品建设将区域分为粮食生产功能区、重要农产品生产区、特色农产品优势区，结合园区的优势转化为品牌优势。第一，统筹规划，明确发展方向。对区域的资源、基础设施和市场空间等方面进行综合评价，根据市场发展的需要，选择出市场竞争力强、特色鲜明、优势明显的农产品进行品牌建设，制订农产品品牌建设发展的规划。第二，完善监控措施，制定标准体系。在进行品牌建设过程中，要选择符合品牌建设的生产技术，制定对品牌产品的检测标准，对品牌产品的建设过程实施全程监督，以高标准要求促进品牌产品的建设，最后以品牌来带动产业的发展。第三，加大扶持力度。进行品牌建设要选择创新力强、经济效益好、带动作用强的农业品牌，对其进行加大力度扶持，发挥出龙头带动作用，最终提高品牌的建设能力和水平。农业企业要发挥好农业产品生产带头作用，利用已有的资源优势培养自己的品牌文化，努力奋斗，做大做强自己的品牌。第四，提倡合作共享，提升经营水平。鼓励具备加强经济技术实力的农业企业之间展开品牌合作创建，使他们之间和他们与农户之间形成共同的利益，共同促进品牌建设的发展。最终使乡村品牌走出农村，走向国内各大市场，甚至走向世界，实现乡村经济增长，促进乡村振兴。

4 总结

乡村振兴战略是党的十九大中针对农业问题提出的重大战略决策，是我国全面建成小康社会、全面建设社会主义强国的重大历史任务，是新时代“三农”工作的总抓手，是我国在新的历史背景下农业发展到新阶段下的必然要求。实施质量兴农、绿色兴农、品牌强农，全面推进实施乡村振兴战略是国家在解决“三农”领域问题的集中体现，是“五位一体”总布局在农村落实的具体体现，是解决我国社会主要矛盾的迫切需求，是我国全面建成小康社会、开启全面建设社会主义现代化国家新征程的必然要求。因此，要全面推进实施乡村振兴战略，促进我国农业产品提高质量，实现绿色生产，打造品牌农业，促进我国农业健康可持续发展。

参考文献

［1］ 胡伟斌，毛迎春．大力实施乡村振兴战略，加快推进农业农村现代化——中国农业经济学会 2017 年学术年会综述［J］．农业经济问题，2018（2）：127-130.

［2］ 唐任伍．新时代乡村振兴战略的实施路径及策略［J］．人民论坛·学术前沿，2018（3）：4.

［3］ 潘希波．突出质量兴农、绿色兴农 全力推动绿色防控与统防统治深度融合 实现农业绿色可持续发展［J］．吉林农业，2018（4）：38-39.

【作者简介】郭玉（1975.11— ），男，山东济南人，汉族，本科，农艺师，研究方向为农业技术推广。山东省济南市建设路 79 号，0531-6667622，ngxgy@ sina. com。

绵羊同期发情技术的研究进展

王　勇，赵桂省，徐云华*
（济南市畜牧技术推广站，山东济南 250100）

摘　要：本文介绍了绵羊同期发情技术的国内外发展历程，从技术的实用性角度简要对比了在生产实践中的优缺点，为绵羊产业的发展提供了一定的技术支持。

关键词：绵羊；同期发情；繁殖

绵羊同期发情又称同步发情（ES），是当代生物工程高新技术之一，也是一项重要的动物辅助繁殖技术（ART）。同期发情就是利用激素或类激素物质人为地控制并调整一群母羊的发情周期，使它们在特定的时间内集中表现发情，以达到合理配种，提高繁殖率的目的。

根据卵巢的机能和形态变化，母羊的发情周期分为卵泡期和黄体期[1]。卵泡期是指周期性黄体退化继而血液中孕酮水平下降之后，卵巢中的卵泡迅速生长发育，最后成熟并导致排卵的时期，有时母羊也伴随着行为上的一系列变化，表现发情。卵泡期之后，破裂卵泡发育成黄体，随即出现一段较长的黄体期。黄体期内，在黄体分泌的孕激素作用下，卵泡发育成熟受到抑制，母畜性行为处于静止状态，不表现发情。黄体维持一定时间后退化，随后出现另一个卵泡期。黄体期的结束是卵泡期到来的前提条件。而相对高的孕激素水平可抑制发情，一旦孕激素水平下降到低限，卵泡即开始生长发育并表现发情。实现同期发情的途径有延长黄体期和缩短黄体期两种。延长黄体期主要使用抑制卵泡生长发育的孕激素进行处理，停药后可引起发情。缩短黄体期是在母畜卵巢处在黄体期时注射一种能溶解黄体的前列烯醇类药物，该激素可使不同时期的黄体在同一时间内溶解，达到母畜同期发情的目的。

1　绵羊同期发情技术的意义

有利于人工授精技术的推广，促进家畜品种改良，同期发情在畜牧业生产中具有十分重要的意义，可以促进冷冻精液更广泛的应用，使人工授精成批集中进行，改变家畜发情周期，以提高繁殖力[2]。常规的人工授精需要对个体母畜作发情鉴定，这对于生产规模较大、群体数量较多的现代畜牧业是难以实施的。同期发情可省去发情鉴定这一费力费时的工作环节。发展中国家的畜种多是生产性能较低的原始品种，往往要利用生产性能高的品种的公畜来杂交改良。特别是边远地区，畜群品质差，饲养分散，交通不便，畜群自然发情出现的时间参差不齐，给人工授精技术的开展带来很大的不便，同期发情技术则可解决这些难题。有计划、合理地组织配种，为集约化管理带来方便。对大型养殖场来说，集约化管理是提高经济效益的重要手

* 表示通信作者，全书同。

段之一，利用同期发情技术有计划、合理地组织配种，使同期出生的幼畜整齐成批地进行培育、出栏，为集约化管理带来方便，同时也使畜产品均衡的供应市场成为可能。

胚胎移植技术的重要环节亦即胚胎移植技术成功的关键技术是通过同期发情，使供受体母畜的生殖器官处于相同的生理状态，提供胚胎正常发育的生理环境。在胚胎移植的应用中同期发情有两方面的意义。其一，为受体的同期发情化，即在同一时间内为超排供体或冷冻胚胎准备足够可用于移植的受体；其二，在鲜胚移植中供体和受体的发情同期化，也就是使同期化处理的畜群和供体再同期化，以期达到供体、受体处于相同的生理状态。

2 绵羊同期发情技术的研究进展

目前绵羊同情发情技术应用中常采用的方法有 3 种，分别为孕激素处理法、前列腺素处理法、三合激素处理法[3]。

孕激素处理法即用外源孕激素继续维持黄体分泌孕酮的作用，造成人为的黄体期而达到发情同期化。为了提高同期率，常配合使用前列烯醇和能促使卵泡发育的孕马血清进行处理。孕激素有乳剂、丸剂、粉剂等不同剂型，由于剂型不同，给药方法也不同。目前最常用是阴道栓法，阴道栓包括阴道孕酮释放装置（CIDR）和海绵栓两种。具体方法：将阴道孕酮释放装置或含孕酮制剂的海绵栓在羊阴道深处放置 12~14d（繁殖季节 12d，非繁殖季节 14d）取出，撤栓的同时肌内注射 1mL 前列烯醇或肌内注射约 300IU 的孕马血清。这种处理方法安全、可靠，但成本相对较高。胚胎移植中，为保证同期效果，常用该法处理。

前列腺素处理法即目前生产中常用处理方法：全群母羊第一次全部注射前列烯醇 1mL（0.1mg），卵巢上有黄体的母羊，在注射后的 72h 内发情，发情后即可输精。但由于在上次排卵后 4~5d 对前列烯醇才敏感，即在绵羊发情周期的 4~16d，用前列烯醇处理才有效。对第一次注射无反应的羊，需间隔 10d 后进行第二次注射。在此期间，这些母羊可能由于自然发情卵巢上形成黄体，从而对第二次注射产生反应。为提高同期发情效果和整齐度，多采用两次前列烯醇处理法，即第一次注射前列烯醇后，间隔 10d 再次注射，第一次注射后不配种，第二次注射后发情，再配种。本法的优点是方便；缺点是对卵巢上无黄体的母羊不起作用，在非发情季节无效，妊娠母羊误用后会流产。

三合激素处理法即每毫升三合激素中含雄激素 25mg、孕酮 12.5mg、雌激素 1.5mg。成年母羊或初产母羊肌内一次性注射三合激素，可引发母羊发情。该处理方法简便、价格低廉，但存在同期发情率偏低、发情羊配种受胎率偏低、易引发处理羊只卵巢囊肿等不足的缺点。

3 国外绵羊同期发情研究

国外绵羊同期发情研究[4]开始于 20 世纪 60 年代。Rohinson（1963）首次对绵羊注射孕酮进行同期发情处理，1965 年采用阴道海绵栓埋植孕酮法进行的同期发情，在生产上同期发情技术开始推广应用。1970—1973 年，畜肌内、皮下或子宫颈注射前列腺素的方法在生产实践中用于调控母羊发情周期，研究者采用 60mg 的 FGA（氟孕酮）埋植，繁殖率可以达到 53%~70%。1978 年，研究者采用 500mg 和 1 000mg 黄体酮注射处理法，得到母羊繁殖率分别为 50%和 63%。1979 年，研究者采用 MA（甲地孕酮）、MGA 口服和孕激素海绵栓+PG、MAP（甲孕酮）+PMSG、黄体酮+PMSG，PGs（前列腺素）注射等方法，繁殖率为 60%。1980 年，研究者采用 35mg 和 45mg 的 FGA 埋植，获得的受胎率分别为 55.4%和 69.0%，采用 60mg 的 MAP 埋植，获得的受胎率为 50%~80%；也有研究者采用 40mg 的 FGA 浸渗的阴道栓处理 12~14d，撤栓时肌内注射溶于生理盐水的 PMSG 500IU，无角陶赛特羊与萨福克羊的受胎率分别得到 79%和 51%。1990 年，研究者采用 60mg MAP 阴道埋植法对 137 只母羊处理 9d，撤栓的同时注射 PMSG 600IU，繁殖率为 47.8%，处理 14d 撤栓的同时注射 PMSG 600IU 繁殖率为 63%；也有研究者采用 60mg MAP 阴道埋植法处理 13d，撤栓时注射垂体促性腺激素释放激素（GnRH）100mg 和 PMSG 750IU，繁殖率为 64%。1998 年，研究者采用孕酮埋植+PMSG 法对绵羊进行同期发情试验，繁殖率分别为 64%、67%、60%。此外，还有研究表明，在繁殖季节期间对山羊分别采用 60mg 甲孕酮（MAP）、40mg 氟孕酮（FGA）浸渗的阴道栓处理 16d 以及放置孕酮释放装置（CIDR）16d，撤栓的同时肌内注射 PMSG 300IU，3 个试验组发情率均达到 97%以上，妊娠率无明显差异（CIDR、MAP 和 FGA 组分别为 52%、60%、47%）；在繁殖季节用 MAP 阴道海绵处理 12d，在去除海绵的同时，注射 10IU FSH 或 400IU eCG（马绒毛促性腺激素）FSH 组的妊娠率显著高于 eCG 组分别为 93.8%和 57.1%；在繁殖季节对夏洛莱羊采用注射前列腺素和促性腺激素释放激素 5d、埋植 CIDR 16d 撤栓的同时注射 PMSG 600IU、注射促性腺激素释放激素、埋植 CIDR 5d 撤栓的同时注射前列腺素，均达到了理想的同期发情的目的。

4 国内绵羊同期发情研究

20 世纪 80 年代，国内绵羊的同期发情研究和推广工作开始。张居农用甲孕酮配合垂体促性腺激素（FSH）和垂体促黄体素（LH）用阴道海棉栓做绵羊同期发情试验，阴道海棉栓浸甲孕酮 60mg 处理 16d 取出后，肌内注射 FSH（3035IU），8h 后肌内注射 LH（15~22IU），获得的同期发情率为 100%，受胎率为 78%，产羔率为 142%。王茂采用 PG/ICT 进行同期发情试验。20 世纪 90 年代开始，绵羊的同期发情研究采用复合激素制剂，相关试验证明复合激素具有同期发情和提高双羔率的双重作用[5]。

近年来，绵羊同期发情技术在国内研究与推广继续深入。陈西英[6]应用氯前列醇和阴道海绵栓对 280 只繁殖母羊进行同期发情试验，结果表明，用阴道海绵栓试验的母羊的同期发情率为 91.88%，用氯前列醇试验的母羊同期发情率为 98.33%，同期发情率较阴道海绵栓绵羊提高 6.45%。用阴道海绵栓试验的母羊的情期受胎率为 77.85%，用氯前列醇试验的母羊的情期受胎率为 62.56%，两者相比，用阴道海绵栓处理的母羊情期受胎率比用氯前列醇处理的母羊受胎率提高了 15.29%。杨梅等[7]利用 99 只绵羊，在繁殖季节，采用促排卵 3 号+PG 诱导同期发情的试验，结果表明，72h 内的发情率达 100%，排卵率在 90%以上；对 86 只受体羊的黄体侧子宫角移植两枚经玻璃化冷冻—解冻后的胚胎，其总受胎率为 38.37%。李长存等[8]应用阴道海绵栓和氯前列醇处理临床健康适龄繁殖母羊共 316 只，结果表明，经阴道栓处理的母羊同期发情率为 90.63%，用氯前列醇处理的母羊同期发情率为 97.58%，两者相比较，用氯前列醇处理的母羊发情率比用阴道栓处理阴的母羊同期发情率提高 7%。经阴道栓处理的母羊情期受胎率为 65.5%，用氯前列醇处理的母羊情期受胎率为 42.15%，两者相比较，用阴道栓处理处理的母羊受胎率比用氯前列醇处理的母羊受胎率提高了 13%，差异极显著。

5 小结

在绵羊养殖中提高规模效益是重中之重，开展同期发情技术的研究有利于人工授精技术的推广，促进家畜品种改良，将来可以促进冷冻精液更广泛的应用，使人工授精成批集中进行，改变家畜发情周期，以提高繁殖力。

参考文献

[1] 王常军．肉羊同期发情与人工授精技术要点［J］．畜牧兽医科学，2017（10）：37.

[2] 王佳丽，张成虎．绵羊同期发情研究进展［J］．现代农业科技，2017（14）：249-250.

[3] 王玉琴．绵羊同期发情研究进展［J］．畜禽业，2003（4）：4-6.

[4] 王春强，马巍，马宁．绵羊同期发情技术在生产中的应用研究［J］．中国畜牧杂志，2007，43（21）：16-18.

[5] 权凯，魏红芳．羊同期发情技术研究进展［J］．中国草食动物科学，2015，35（1）：54-55.

[6] 陈西英．应用前列腺素和阴道海绵栓促进绵羊同期发情的试验［J］．青海畜牧兽医杂志，2011，41（4）：23.

[7] 杨梅，汪立琴，陈童，等．利用 GnRH+$PGF_{2\alpha}$进行绵羊同期发情的效果观察［J］．黑龙江动物繁殖，2010，18（2）：14-15.

[8] 李长存，姚海儒，任旭荣，等．阴道海绵栓和前列腺素在绵羊同期发情中的试验研究［J］．养殖与饲料，2008（5）：5-6.

【作者简介】王勇（1986.12—　），男，山东莱芜人，汉族，硕士，助理畜牧师，研究方向为动物遗传育种与繁殖。山东省济南市长清区平安南路 2701 号，13563445392，386891170@163.com。

棉蚜综合防治的研究进展

王建东[1]，邢　静[2]，于　静[3]
（1. 济南市长清区农业农村局，山东济南 250300；2. 滨州市博兴县植保站，
山东滨州 256500；3. 山东省武城县农业农村局，山东武城 253300）

摘　要：棉蚜是最重要的农业害虫之一，广泛分布于中国和世界各地，严重为害棉花等寄主植物。近年来，棉蚜抗药性发展极快，本文就棉蚜的各种防治措施进行分析研究，旨在为棉蚜防治提供一些思路。

关键词：棉蚜；综合防治

棉蚜俗称油汁、腻虫、密虫等，是棉花的重要害虫。过去只在棉花苗期为害，进入 7 月自行消亡，20 世纪 80 年代以来，各地棉区均有"伏蚜"为害成灾的报道。所谓"伏蚜"是指 6 月下旬残留的苗蚜在伏期大量繁殖而形成的群体。棉蚜的发生，严重影响棉花的产量和品质。

1　为害及发生

1.1　为害症状

一般在叶片背面为害，以口器刺入棉叶表皮取食。受害后，叶片向后卷曲，植株皱缩，生长发育缓慢；棉苗在 1~3 叶期极易受害，严重时会影响新叶发育；4 叶期后棉苗抗蚜增强，即使卷叶也能恢复；蕾期受害严重时果枝不伸展，幼蕾大量脱落。

1.2　发生特点

棉蚜在 3—4 月在越冬寄主上孵化，繁殖 2~3 代后，待棉花出苗时，黄淮地区 4 月下旬至 5 月初，产生有翅蚜，由越冬寄主迁飞到居寄主棉花上。大量繁殖后，因种群增大，食料恶化，有翅蚜大量出现，5 月下旬至 6 月上旬，当棉花初蕾时，在棉田内进行第二次迁飞，蔓延；7 月上中旬，正值棉花开花盛期，在棉田内进行第三次蔓延；第四次迁飞是从棉田迁回越冬寄主[1]。

2　药剂防治

2.1　生物药剂防治

2.1.1　蓖麻碱粗提物对石榴棉蚜活性影响

已有试验表明，蓖麻碱粗提物随着浓度的增大，对石榴棉蚜的杀虫效果越来越好，棉蚜逃离处理枝头的距离越来越远，而对照没有逃逸现象。因此，高浓度蓖麻碱粗提液可能对棉蚜具有一定的驱避作用[2]。

2.1.2　马齿苋干粉提取物对棉蚜的影响

苏茂文等研究了马齿苋干粉提取物对棉蚜的毒杀活性及拒食活性。马齿苋各提取物在质量浓度为 100mg/mL 时对棉蚜均有很好的毒杀活性，除了石油醚提取物外，其他提取物对棉蚜 24h 和 48h 毒杀的校正死亡率都在 90%以上。24h 后的毒杀活性，以甲醇

提取物为最高，乙醇提取物次之，石油醚提取物毒杀活性最差；其他各提取物毒杀活性从高至低依次为二氯甲烷、三氯甲烷、丙酮、乙醚、乙酸乙酯、苯。48h 后，以丙酮提取物的毒杀活性最高，乙醇提取物次之，以苯提取物的毒杀活性最差；其他各溶剂提取物的毒杀活性从高至低依次为二氯甲烷、甲醇、三氯甲烷、乙醚、乙酸乙酯、石油醚。另外，由试验结果可知，处理后 48h 各提取物毒杀活性较 24h 均有提高趋势。马齿苋不同溶剂提取物对棉蚜拒食作用不同。在质量浓度为 100mg/mL 时，对棉蚜的拒食活性以二氯甲烷提取物为最高，处理后 24h 和 48h 拒食率分别为 83.03%和 83.97%，甲醇、石油醚提取物次之，三者的拒食活性之间无显著性差异[3]。

2.2 化学药剂防治

2.2.1 鬼斧啶虫脒药剂（简称鬼斧）防治棉蚜

鬼斧 20%液剂速效性好，持效期长达 15d。鬼斧的两个剂量和吡虫啉在药后 3d 对棉蚜都有很好的防效，防效分别达 92.45%、69.30%、91.57%，此时棉叶上的蚜虫是新飞来的有翅蚜与新生的无翅若蚜，药后 7d 10%吡虫啉小区蚜量上升已基本失去药效，清水对照区棉蚜为害已造成油叶，鬼斧的两个剂量的小区处理防效还在 90%以上，药后 15d 鬼斧的两个剂量处理小区蚜量上升，但未产生油叶，此时吡虫啉小区棉蚜为害已造成油叶[4]。

2.2.2 保硕 1 号防治棉蚜

陈学兵等[5]测试得保硕 1 号对棉蚜防治效果较好，对天敌较为安全；赛丹、扑虱蚜、吡虫啉、莫比朗、艾美乐等药剂对棉蚜防效较好，但对天敌有一定的杀伤性；Bt 对棉蚜的防治效果较差，但对天敌较安全。

2.2.3 康福多可溶剂对棉蚜影响

阳军等[6]做了 20%康福多可溶剂随水滴施防治棉蚜的试验。结果表明，康复多能在水中彻底溶解成真溶液，利于植物吸收，长持效性可达 20d，对瓢虫、草蛉杀伤小，可有效防治棉蚜达 20d。康复多随水滴灌具有毒性低、操作简便、防效好、持续时间长、对棉花无药害、对有益生物相对安全等特点，可作为防治棉花蚜虫的主要措施应用推广。

2.2.4 高效氯氟氰菊酯乳油对棉蚜的影响

2.5%高效氯氟氰菊酯乳油进行田间防治棉蚜试验。供试药剂 2.5%高效氯氟氰菊酯乳油每亩（1 亩≈667m^2，15 亩 = 1hm^2）用量 30g、45g、60g，差异达极显著水平，虫口减退率递增。每亩用量 30g 虫口减退率极显著低于每亩用 45～60g 的处理。每亩用 45～60g 处理，药后 7d 的防效达 94%以上，虫口减退率为 93%以上，且无药害[7]。

3 生物防治

3.1 几种捕食性天敌对棉蚜的控制作用

李鹏等[8]研究了龟纹瓢虫、T-纹豹蛛、四点亮腹蛛、华姬猎蝽、草间小黑蛛、八斑球腹蛛、小花蝽等昆虫对棉蚜的控制作用。由棉田捕食天敌优势种对棉蚜的控制作用系数可知，龟纹瓢虫控制作用最大，达 19.82%，依棉田捕食天敌优势种对棉蚜的控制作用系数依次为T-纹豹蛛、四点亮腹蛛、华姬猎蝽、草间小黑蛛、八斑球腹蛛、小花蝽和青翅隐翅虫。控制作用在时间、空间、数量及能量上占优势最大是在捕食量上，种间差异较大，其次是数量上，时间和空间上差异不明显。草间小黑蛛和八斑球腹蛛控制作用差异很小，这与田间发生情况基本一致。

3.2 天敌与棉蚜消长规律

况成建[9]研究了棉蚜与天敌的消长规律。棉田捕食性天敌在棉花出苗后即从麦田及其他早春作物田陆续迁入棉田，但发生数量很低。捕食者—猎物系统是一个复杂劳动的相互作用的系统工程。对捕食者来说，包括捕食者种群的扩展聚集效应、寻找效应、选择效应、饥饱水平、干扰效应等；而对猎物来说，有逃避作用、饱和作用。此外，捕食者与猎物种群各自包括对环境因素的适应、种内种间的竞争作用以及种群自身的调节作用。无论天敌或棉蚜都作周期性震荡。天敌—棉蚜作用系统的行为动态是随着时间序列推移，棉蚜密度逐渐增加。天敌的密度也随之增加，但在时间上落后一步，由于天敌密度增加，必将降低棉蚜密度；而棉蚜密度的降低，则天敌密度亦减少，这样又造成了棉蚜增加的条件。如此往复循环，形成一定的周期。

4 其他防治

4.1 农业防治

4.1.1 清除田间杂草

冬春两季铲除田边、地头杂草。吕昭智等[10]研究清除田埂杂草对棉蚜的影响得出以下结论。棉蚜口针直接刺吸棉蚜叶片，引起叶片弯曲，形成棉株卷叶。对铲除杂草的田埂左右各1行棉花及对照（未铲除）田埂左右各1行棉花受棉蚜为害情况进行苗期调查，苗期对照、铲除处理棉蚜为害形成卷叶棉株总数，对照比铲除高6.83倍。蕾期对照比铲除高3.35倍。5月中旬和6月中旬调查棉蚜在田埂相邻两行棉花上为害形成的斑块数量。苗期对照、铲除的苗蚜为害形成的斑块总数，对照比铲除高2.76倍；蕾期对照较铲除高1.12倍。蕾期对照和铲除斑块重叠总数量分别为44块和12块，对照比铲除高2.67倍。研究显示清除田间杂草对棉蚜防治有影响，且苗期防治效果大于蕾期。

4.1.2 黄牌诱蚜

在棉田插黄牌可以诱使棉蚜落在其上，减少对棉花的为害。但不同的摆放方法诱蚜效果不同。周华等[11]研究了不同摆放黄牌的方法及摆放位置对棉蚜的影响。在棉蚜大发生时取几块同样规格的黄牌分别立放与地面垂直90°夹角及横放与地面平行。黄牌平放效果明显好于立放黄牌，在居民区空旷处摆放黄牌，其诱蚜数量是棉田边的3.4倍。

4.1.3 积极发展色光诱蚜或避蚜技术

研究和探索蚜虫与光质的关系，可以利用蚜虫趋避的光波长，向作物喷洒波长颜色的药剂或利用反光材料——银灰色膜避蚜技术以防治蚜虫；可以利用蚜虫喜好光波长颜色，加以引诱而消灭。试验表明，蚜虫起飞时是向着天空的短波长飞翔的，但在降落时，却受植物表面所反射的黄色等长波光吸引。因而可以在田间放置黄板诱蚜，而达到控制蚜害的目的。显然，进一步研究和探索蚜虫和光质的关系，寻找棉蚜趋避的最佳光波长和研究含药剂或肥料的覆盖膜，对提高实际防治效果有一定意义[12]。

4.2 种子处理

用含有克百威或灭蚜松的种衣剂包衣播种，可有效地防止棉蚜为害。也可用3%克百威颗粒剂施于播种沟内，然后覆土。还可用10%吡虫啉有效成分50~60g拌棉种100kg。均对棉蚜防治效果较好[13]。

各方面条件对害虫治理技术实施限制的最终表现是农业技术推广和实施等各层次的决策者和害虫治理技术的终极实施者——农民是否决定采用该项技术。因此，政府应制定相关法律法规，建立专家指导培训害虫治理体系，立法规范农户的防治行为和农药企业的生产、销售行为，确保真正地实行害虫综合防治；同时，政府也要建立有利于实施依法治理害虫的农户获得较高收益的市场环境及监督机制等，以保证害虫治理工作深入和持续发展。公众的支持和农民依法进行棉蚜的综合治理，将为害虫的防治工作注入新的活力。

参考文献

[1] 杨素蕊．面压的发生及综合防治措施［J］．农村科技开发，2005（6）：28.

[2] 吴雪平，单长卷，包冬蛾．蓖麻碱粗提物对石榴棉蚜的生物活性研究［J］．安徽农业科学，2006，34（20）：5293-5294.

[3] 苏茂文，罗万春，张俊燕，等．马齿苋干粉提取物对棉蚜的毒杀和拒食活性［J］．植物资源与环境学报，2005，14（2）：10-14.

[4] 姚建华，张继俊．鬼斧20%啶虫脒液剂防治棉蚜田间药效试验［J］．农村科技，2006（11）：30-31.

[5] 陈学兵，文秀金．保硕1号防治棉蚜的效果及对天敌的影响［J］．中国棉花，2006，33（10）：18.

[6] 阳军，崔红梅，何新安．20%康福多可溶剂随水滴施防治棉蚜试验［J］．农村科技，2006（10）：19.

[7] 唐其裕，刘洪明，代朝辉，等．2.5%高效氯氟氰菊酯乳油防治棉蚜试验［J］．农村医生，2006，19（5）：32-34.

[8] 李鹏，李桂亭，张新才，等．淮北棉田节肢动物优势种群时空生态位及天敌对棉蚜控制作用研究［J］．中国农学通报，2006，22（11）：303-306.

[9] 况成建．2006年萧县棉蚜田间消长规律及天敌保护利用技术的研究［J］．现代农业科技，2006（11）：74-77.

[10] 吕昭智，田长彦，李莉，等．铲除田埂杂草带对棉蚜防治效果的影响［J］．干旱地区农业研究，2004，22（4）：203-205.

[11] 周华，文秀金，周江．黄牌诱蚜效果比较［J］．中国棉花，2006，33（5）：40.

[12] 邹先伟，蒋志胜．棉蚜的综合防治研究［J］．农药科学与管理，2004，25（1）：17-21.

[13] 姜海军．棉蚜的发生与防治技术［J］．农村实用技术，2006（5）：37.

【作者简介】王建东（1986.8—　），男，山东武城人，汉族，本科，助理农艺师，研究方向为植物保护。山东省济南市长清区宾谷街798号，15098951802，pblovejb@163.com。

生态文明建设背景下济南市绿色农业发展分析

唐露苗，姜　斌

（济南市农产品质量检测中心，山东济南 250316）

摘　要：济南市在生态文明建设背景下促进绿色农业发展，有助于加快生态文明建设，为“四化同步”奠定坚实基础，推动供给侧改革，进而实现绿色农业的健康可持续发展。而济南市绿色农业在实际发展过程中，农业资源进一步加大了约束力度，农业面源污染相对较为严重，农业生态系统存在退化趋势，农产品具有突出的安全风险，一定程度上阻碍着绿色农业的进一步发展。为此，本文结合济南市绿色农业发展现状，深入分析生态文明建设背景下济南市绿色农业发展路径。

关键词：生态文明建设；济南市；绿色农业；发展路径

绿色农业作为一种重要的现代农业模式，充分满足生态文明建设需求，可为生态文明建设奠定坚实的物质基础，并促使生态文明建设具有可靠的社会环境支持与科技支撑，对促进社会可持续发展具有重要意义。济南市近年来紧紧围绕生态文明建设，加快推动绿色农业发展，有效促进了农业经济发展，农业生产方式也日渐趋于绿色化。为了使济南市农业加快实现可持续发展，有必要对生态文明建设背景下的济南市绿色农业发展进行深入探究。

1　济南市绿色农业发展现状

1.1　2019 年济南市农业经济保持良性发展

济南市 2019 年全年农林牧渔业总产值 637.3 亿元，比上年增长 0.9%。全年粮食种植面积 719.0 万亩，减少 1.0%；蔬菜种植面积 150.5 万亩，减少 2.2%。粮食总产量 285.5 万 t，增产 3.1%；蔬菜产量 671.2 万 t，增产 1.9%。全年完成造林面积 10 758hm^2，增长 38.7%；经济林种植面积 89 959hm^2，增长 6.2%；植树造林 1 576万株，增长 8.1%。全年肉类总产量 35.9 万 t，下降 5.0%；禽蛋产量 36.6 万 t，下降 3.8%；奶类产量 32.1 万 t，下降 3.2%。水产品产量 1.6 万 t，下降 54.4%。市级以上农业龙头企业发展到 470 家，农民合作社、家庭农场注册数量分别达到 9 002家、4 965 家。全年新增有效灌溉面积和节水灌溉面积分别为 15.7 万亩和 13.1 万亩。农业机械总动力达 543.5 万 kW，主要农作物综合机械化率达 87.9%。

1.2　济南市农业生产方式趋于绿色化

济南市于 2019 年进一步优化并调整了农业面源污染治理模式，在南部山区、平阴和商河所建立的三个绿色农业示范点面积持续扩大，并且进一步提升了废弃物处理效率，农作物秸秆利用率也显著提升，2019 年全市焚烧点通报中依旧为零，生猪定点屠宰工作进一步加强了标准化建设，畜禽粪便利用率得到有效提升。另外，济南市的“放鱼养水”行动开始初见成效，水体污染治理水平得到显著提升。

2 生态文明建设背景下济南市绿色农业发展路径

2.1 对区域农业资源实现科学、充分的利用

济南市在推进绿色农业发展期间，要进一步对区域农业资源实现充分利用，首先，要对农业资源进行科学化评估，在全面了解农业资源现状基础上，制订合理、科学的生产计划，同时按照市场行情的变化，及时作出优化与调整，防止出现盲目跟风现象，最大限度地发挥区域资源优势，对各种农业生产风险加以防范，有效提升生产力[1]。其次，济南市在持续推进绿色农业发展过程中，不仅要关注经济效益，还要注重对农业资源实现合理化开发，将生态化技术应用到农业生产当中，以保证资源利用的科学与合理。未来绿色农业在持续发展期间，除了要注重提升农业生产能力外，还要在保持农产品基本功能基础上，注重挖掘农业更多新功能，在农耕文明、生态、创意、品牌、休闲、采摘、旅游等多产融合理念支持下，赋予绿色农业文化、政治、环境、社会、经济等多元功能，提升绿色农业综合价值。通过合理开发各项农业功能，进一步促进区域农业增产，帮助农民增收，并在此基础上加大力度保护区域农业资源，使绿色农业保持社会效益、生态效益、经济效益的有机统一。

2.2 注重提升农业生产效率

一方面，济南市要基于各地区农业生产条件以及生产特点，科学地建立一套系统化、生态化的农业生产技术，多元构建生态农业模式，促使农业生产效率得到显著提升。在农业生产期间不仅要利用各种生态化技术，还要对各种现代农业设施加大推广力度，比如可降解农膜等，促使农业废弃物产生量有效降低，使土壤保持良性发展，并在此基础上促使农业生产效率有效提升。另一方面，济南市可基于绿色农业发展构建相应补贴政策体系，针对传统小农户和现代规模化农业经营主体提供相应补贴，重视扶持合作社。在相关补贴政策制定期间，要注意出台一些金融扶持政策，尤其是信贷支持政策，促使金融资源进一步倾向于绿色农业发展。同时，可围绕绿色农业发展建立相关风险基金，为绿色农产品实现市场价格方面的风险托底，促使绿色农业生产者有更可靠的利益保障，逐步优化农业市场环境。除此之外，政府要积极拓宽融资渠道，鼓励并引导社会资本、金融资本投入到生态保护、环境治理、农业资源利用等领域，在多元化投入机制建立基础上，促进绿色农业发展[2]。

2.3 加大力度发展绿色农产品

济南市在推进绿色农业发展过程中，不仅能够为居民提供各种优质绿色农产品，还能够帮助农村居民增加就业机会，促进农民增收[3]。当前济南市已实现绿色农产品相关生产基地的建设，为了进一步推动绿色农业发展，需要以此为基础进一步提高绿色农产品后续加工水平，针对绿色农产品生产基地建立完善的配套基础设施，关注农产品品牌建立，打开绿色农产品市场，增加消费者接受度。同时，济南市要重视创新绿色农业技术，对各项农业技术攻关工作提供必要支持，包括生物农药、废弃物循环利用、新型肥料、优良品种、远程监控、污染综合修复等领域，构建绿色农产品技术体系，推动绿色农产品的标准化、规范化生产。

2.4 加大力度宣传绿色农业

济南市在持续推进绿色农业建设过程中，要实现绿色农业的可持续发展，就要积极宣传绿色农业，使人们更深刻的认知绿色农业，树立兼顾生态环境保护及农业生产发展理念，促使生态环境保护和农业生产发展保持相互协调发展关系。在实际宣传过程中，可通过网络、电视、广播、报纸等多种方式深化农民基层与政府部门之间的交流沟通，加大绿色农业知识宣传范围，通过持续宣传，使公众树立保护环境、节约资源、绿色生活等理念[4]。济南市要基于当前绿色农业发展现状，以生态环境为中心建立完善的补偿机制，逐步提升农民参与程度，同时在此基础上提高后续参与效果，促使济南市绿色农业和生态文明建设协同发展。

3 结束语

近年来，国家和社会越来越看重生态文明建设，并积极探索新型农业发展模式，通过绿色农业发展推进生态文明建设与发展[5]。济南市要在生态文明建设背景下进一步发展绿色农业，就要基于生态环境保护，积极地在农业建设全程引入现代科学技术，在更多环保、先进的农业技术应用过程中，构建新型绿色农业发展理念和发展模式。政府方面要注重为绿色农业发展提供法律、制度、政策等方面的支持与保障，深化农户的生态文明建设思想，积极参与到绿色农业建设当中，进一步推动生态文明建设。

参考文献

[1] 梁伟军，胡世文. 农民理性视角下的农村生态文明建设研究——基于荆门市 X 镇农民的调查 [J]. 华中农业大学学报：社会科学版，2018，136（4）：123.

[2] 王飞，石祖梁，王久臣，等. 生态文明建设视角下推进农业绿色发展的思考 [J]. 中国农业资源与区划，2018，39（8）：17.

[3] 房玉霞，王翠萍. 生态文明建设背景下济南市绿色农业发展探析 [J]. 现代农业科技，2019（18）：199-200+202.

[4] 王璐瑶. 新时代农村的生态文明建设 [J]. 广西农业机械化，2020（2）：92-94.

[5] 李益求. 绿色发展理念下我国农村生态文明建设的途径研究 [J]. 农业经济，2020（1）：40-42.

【作者简介】唐露苗（1982.11— ），女，山东蓬莱人，汉族，本科，农艺师，研究方向为农产品质量安全。山东省济南市长清区明发路 717 号，0531-87406069，tanglumiao@163.com。

微生物菌肥对番茄根结线虫影响的相关研究

谢 堃[1]，焦春梅[2]，刘 红[2]，丁凯华[2]，董 贝[3]*

（1. 山东农业大学园艺科学与工程学院，山东泰安 271018；2. 济南市平阴县农业农村局，山东济南 250400；3. 济南市农业科学研究院，山东济南 250316）

摘 要：番茄传统设施栽培造成根结线虫病害加重，改用微生物菌肥可提高番茄抗病性，提高品质，增加产量，减少根结线虫病害的发生。本文主要探讨了近年来微生物菌肥对番茄根结线虫的影响的相关研究。

关键词：微生物菌肥；番茄；根结线虫

随着设施农业的发展，番茄等作物连作，易导致复种重茬指数升高，致使番茄根结线虫病成为番茄常发性病害。为控制这种病害的发生，种植户长期施用化肥农药，造成了土传病害加重、病虫害抗性增强等问题，且长期施用化肥与农药减少了土壤中有益微生物的数量，改变了土壤理化性质，不能更好地为番茄提供良好的土壤环境。然而，施用微生物菌肥可以增加土壤中有益微生物数量，促进土壤团粒结构的形成，改善土壤结构，提高土壤中的有机质含量，增强土壤保水保肥、抗病虫害能力，进而促进番茄生长发育，提高产量，改善番茄品质。

1 番茄根结线虫生活习性

1.1 为害症状

根结线虫使番茄根部细胞变异，破坏根的正常吸收功能，严重影响了番茄生长发育。当根部受到根结线虫为害时，发病初期地上部症状并不明显，甚至没有症状，后期养分缺失严重，地上部分生长发育受到抑制，植株萎蔫状如缺水，开始仅中午高温整株萎蔫，早晚还能恢复正常，后来植株萎蔫不能再恢复，最后致使枯萎死亡[1]。此外，根结线虫还能加重土壤其他病害发生，如枯萎病、根腐病等，从而造成复合型病害，引起更大损失。

1.2 形态特征

根结线虫主要发生在番茄的须根和侧根上，受害部位可看到很多形状和大小不同的白色瘤状结构，大部分相互连接呈念珠状，对其进行解剖，可发现其内藏有很小的乳白色线虫[2]。

1.3 发生特点

根结线虫完整的生活史要经历卵、1 龄幼虫、2 龄幼虫、3 龄幼虫、4 龄幼虫及成虫 6 个阶段，易受温度、土壤湿度、土质类型等环境因素的影响。其中温度的影响最为明显。根结线虫适宜在温暖干燥的环境下生长，在最适温 24~30℃时，完成一代仅需要 25~30d[1]。

1.3.1 分布范围

根结线虫适宜土壤含水量为 40%~70%，适宜土壤 pH 值为 4~8，在 0~20cm 的土层含虫量最多，可达95%，水平方向以植株为中心，0~30cm 内最多，之外较少[3]。

1.3.2 传播途径

线虫在土壤中的移动范围很小，靠自身活动不能远距离传播，远距离传播主要靠病土、病苗、病残体或带线虫的块根及块茎等传播，近距离主要是通过浇水、除草、培土等农事活动而传播，一般从嫩根侵入。

1.3.3 发病规律

每年发生多代，有多次再侵染。连作加重病害发生，连作3年以上，病害明显加重；土壤干燥利于病害发生，保护地栽培明显重于露地栽培；沙壤、壤土往往比黏土、鱼塘土发生重，潮湿的黏土发生轻。此外，中性土较利于发生，偏碱性或酸性土不利于发生。

2 微生物菌肥在农业上的应用

2.1 微生物菌肥的含义

微生物菌肥是指一类含有活性有益微生物的特定肥料，它能够在土壤或基质中繁殖，形成有利于植物生长的微生物优势菌群，这些微生物菌群在繁殖代谢过程中产生活性物质[4]，可分解土壤中阻碍作物根系吸收的有毒物质，分解固定在土壤中的氮磷钾及微量元素肥料，可促进根系生长，增强营养吸收，改善农产品品质，降低农业生产成本，提高经济效益。

2.2 微生物菌肥的分类

目前，微生物肥料的分类方式比较多。按菌种的分类可以将微生物肥料分为细菌肥料、放线菌肥料、真菌肥料；按菌种发挥作用的机制可以将其分为根瘤菌类肥料、固氮菌类肥料、解磷菌类肥料和硅酸盐细菌类肥料；按制品中所含有的微生物种类可以将其分为单一微生物肥料和复合微生物肥料；按制品的形态还可以分为固体菌肥和液体菌肥[5]。

2.3 微生物菌肥的作用

2.3.1 缓解连作障碍

连作障碍就是指在同一片土壤中连续种植同一种农作物导致农作物发育不良并发生严重病虫害，从而极大地降低了农作物的产量。出现这一现象的根本原因是农作物的根系分泌出一种物质，导致土壤中有益微生物含量减少，使土壤中微生物失衡，进而导致农作物在生长过程中出现连作障碍。为了有效解决这一问题，需要及时施用微生物菌肥。微生物菌肥的作用机理主要体现在两方面：一是微生物菌肥通过在土壤中分解和释放抑制病原菌的分泌物，从而促进土壤中有益微生物的繁殖，起到防病的作用；二是微生物菌肥通过增加和丰富农作物生长所需要的有机质含量，最大限度地提高农作物的耐病性[6]。

2.3.2 改良土壤

微生物菌肥中含有大量的有益微生物，这些微生物可以释放大量的糖类物质，而糖类物质与植物黏液、矿物胚体有效结合，可以改善土壤团粒结构，提高土壤的物理性质。同时，施用微生物菌肥还可以加速植物残体的腐烂和分解，从而提高土壤的透气性和土壤的潜在肥力，达到改善土壤性状的目的。此外，微生物菌肥还可以通过有效吸收土壤中的盐分，实现无机养分向有机养分转化，从而最大限度地提高土壤中的有机养分，以达到改良土壤目的[6]。

2.3.3 调控生长

施加微生物肥料之后，其生物活性可能会产生很多种生理活性物质，如赤霉素和吲哚乙酸以及多种维生素等。这些植物生长激素可以不断对细胞进行刺激，并使其形成层的分裂，对植物的生长发育进行促进，不仅可以对其品质进行改进，同时也可以让植物提早开花[7]。

2.3.4 提高土壤肥力

固氮生物肥料属于微生物菌肥的一种，施用该种肥料可以有效增加土壤中的氮素。同时，固氮生物肥料还含有大量的有益微生物，这些微生物具有溶解磷、钾的功能，该功能的作用机理如下：有益微生物可以分泌多种有机酸，而有机酸能够提高磷、钾肥的溶解性，从而提高土壤中磷、钾元素的含量，进而提高土壤肥力。除此之外，有益微生物通过分泌大量的诱导物，能提高土壤的酶活性，促使土壤中的养分转化为农作物生长所需要的营养物质[6]。

3 微生物菌肥的发展前景

随着对微生物菌肥研究的不断深入，许多国家深刻认识到微生物菌肥作为一种活性生物菌剂，其中有益微生物的活动和存活数量与应用效果息息相关。近年来，由于农药和化肥的长期使用，使土壤中原有的有益微生物菌的含量微乎其微，导致土壤肥力下降，甚至土壤板结、盐渍化。微生物菌肥的崛起使土壤中有益微生物菌的数量不断上升，土壤重新肥沃起来。土壤中的病原菌直接为害作物的根系和茎部，减弱根系对养分的吸收能力，如果长期使用化肥，会危害土壤中的作物根系，使农作物出现重茬病，致使土壤病原菌占据主导地位。微生物菌肥的施用，使这一现象很快得到缓解，大量有益微生物菌迅速繁殖，增强土壤活性，使土壤中的病原菌得到很好的控制，并抑制病原菌的繁殖与发展，使植物根系得到修复后正常生长，微生物菌肥在农业种植领域有很好的应用前景。

参考文献

[1] 王亚新．蔬菜根结线虫病防治难的原因及综合防治措施［J］．河南农业，2020，534（10）：42-42.

[2] 王勋芳，何德琴，杨忠庆，等．番茄根结线虫病的发生特点与防治技术［J］．云南农业科技，2020，313（3）：40-41.

[3] 刘润强，李丹宁，肖兵，等．华北地区大棚蔬菜根结线虫防控研究进展［J］．黑龙江农业科学，2019，295（1）：151-154.

[4] 赵铭阳，冉帆，程馨，等．竹纤维微生物菌肥对番茄产量和品质的影响［J］．安徽农学通报，2019，25（24）：122-125.

[5] 李明．微生物肥料研究［J］．生物学通报，2001，36（7）：5-7.

[6] 于振莲．微生物菌肥在农业生产中的价值和应用策略探究［J］．南方农业，2020，14（8）：197-198.

[7] 许燚炜．微生物肥料的研究［J］．化工设计通讯，2019，45（10）：171-172.

【作者简介】谢堃（1996.8— ），女，山东泰安人，汉族，硕士研究生在读，研究方向为农艺与种业。山东省泰安市东平县，17863867601，dlamxk@ qq. com。

小麦产量性状相关基因的克隆和功能验证研究进展

袁园园，黄昌见，卢绪鹏

（济南市农业科学研究院，山东济南 250316）

摘　要：小麦产量是关系全球粮食安全的重要因素，受产量三因素和环境的共同影响。本文从产量性状 QTL 定位、标记/性状关联分析、相关基因的同源克隆、控制产量性状的 QTL 簇分析、基因组学分析等方面综合论述了近年来国内外在小麦产量性状基因领域的最新研究进展，为深入进行小麦重要产量基因的克隆、功能验证及调控机制研究提供理论参考。

关键词：小麦；产量性状；克隆；功能验证

小麦（*Triticum aestivum* L.）是世界上最广泛种植的粮食作物，为人类提供了大约 1/4 的食物热量。随着全球人口数量激增，到 2050 年小麦的需求量将增加 60%左右，但极端气候和资源枯竭等问题严重限制了小麦产量的提高。因此，如何实现小麦持续增产是确保全球粮食和营养安全亟待解决的问题。小麦产量是多基因控制的复杂数量性状，受产量三因素（单位面积穗数、单穗粒数和千粒重）和环境的共同影响。此外，株高等重要农艺性状对产量也具有重要影响。近年来，通过 QTL 作图和 GWAS 检测出一批小麦产量相关性状遗传位点。随着 KASP 等灵活且高通量的基因检测技术的发展，育种家已经可以在育种程序中人为地渗入或选择粒重基因 *GW2*[1-3]。另外，*TaGW2* 和 *TaGARS7* 等产量相关性状的敲除系也可通过 CRISPR 技术创制出来[4]。但大部分与产量三要素有关的主效和稳定的基因位点并不清楚，株高等产量相关性状的调控基因也有待进一步挖掘。因此，开展产量三要素及相关性状新基因的克隆和功能分析，对小麦产量的遗传改良具有重要的理论和实践意义。

1　小麦产量性状的 QTL 定位

QTL 分析是利用 RIL、DH、F_2等双亲遗传群体定位目标性状遗传位点的主要方法。迄今为止，已有数百个与产量相关的 QTL 在小麦 42 条染色体上进行了定位[5]。重点总结近 10 年来报道的小麦产量 QTL，特别是能在一半及以上环境中重复检测到的相对稳定 QTL。根据紧密连锁分子标记的物理位置或者 QTL 遗传间距的中点位置共鉴定出 253 个产量相关 QTL[6]。每条染色体上都含有产量性状 QTL，但是分布密度不同。4B、5A 和 7A 染色体上都分别含有 20 个产量性状 QTL，而 1D、6B 和 6D 染色体上仅分别含有 2 个或 3 个产量性状 QTL。3D、5B、5D 和 6B 染色体短臂上以及 6D 染色体长臂上没有检测到产量性状 QTL。检测到的千粒重 QTL 较多共 139 个，每穗粒数和每平方米穗数 QTL 较少，分别有 67 个和 34 个。

2　小麦产量性状的关联分析

基于连锁不平衡分析方法的关联分析是对 QTL 分析的有力补充，本方法可利用自然群体进行标记-性状关联分析，以检测到控制目标性状的遗传位点。随着分子标记特别是 SNP 芯片和基于序列的基因分型技术的发展，标记-性状关联分析技术已被广泛应用到小麦复杂农艺性状的研究中。该方法可以更高效地检测到自然群体中的变异位点。小麦产量性状的关联分析主要使用 SNP 芯片，使用 SSR 标记和 DArT 标记的报道较少。目前利用关联分析方法已检测到 142 个与小麦产量性状相关联的位点，这些位点都能在至少一半的环境中重复检测到[6]。其中与千粒重相关联的位点有 104 个，与每穗粒数和每平方米穗数相关联的位点分别只有 32 个和 6 个。这些位点在染色体上的分布是不均衡的，2A、5A、5B、6A 和 7A 染色体上含有 10 个以上与产量性状相关联的遗传位点，而 4D 染色体上未发现。5B 染色体上检测到的产量性状关联位点最多，有 26 个，但是大部分被同一篇文献报道[7]。从染色体的分布来看，关联作图检测到的产量性状位点与 QTL 作图报道的 QTL 匹配度不高，一致性不好，例如，4B 染色体上只检测到 1 个产量性状相关联的位点，但检测到 28 个产量性状 QTL。

3　小麦产量性状基因的同源克隆

由于小麦基因组为六倍体，基因组容量约 16Gb，且存在 85%以上的重复序列，因此利用图位克隆技术从小麦中分离控制农艺性状的目的基因比较困难[8]。但通过比较基因组学可以有效地鉴定不同草种间具有保守功能的同源基因[9]。迄今为止，已通过同源克隆分离出 33 个产量相关基因，并用于开发功能标记[6]。克隆的千粒重基因最多有 29 个，其中有 4 个基因是一因多效，同时控制穗粒数，它们分别是 *TaCWI*-4*A*（Jiang et al.，2015）[10]、*TaSnRK*2.9-5*A*[11]、*TaSAP*1-*A*1[12]和 *TaGW*8-*B*1[13]；克隆了 3 个产量基因，其中 2 个一因多效，*TaTAR*2.1-3*A* 同时控制穗数性状[14]、*TaAPO*-*A*1 同时控制每穗小穗数和穗长性状[15]；还克隆了 1 个控制籽粒大小的基因 *TaGW*8-*B*1（Yan et al.，2019）[13]。7A 染色体上有 6 个产量相关性状基因被同源克隆，分布克隆基因的数量最多；而 1D、3B、4B、4D 和 5B 染色体上还没有产量相关基因被克隆的报道。有 6 个已克隆的基因 *TaSUS*2-2*A*（千粒重）、*TaTAR*2.1-3*A*（产量、穗数）、*TaCWI*-4*A*（千粒重、穗粒数）、6-*SFT*-*A*2（千粒重）、*TaSUS*1-7*A*（千粒重）和 *TaTGW*-7*A*（千粒重）与 QTL 作图和关联分析检测到的产量性状位点距离小于 10Mb。

4　其他产量相关性状基因

株高和花期是对产量有重要影响的农艺性状，目前发现了许多控制株高和花期的主效 QTL，其中一些目标基因已经被克隆出来。例如，“绿色革命”基因 *Rht*-*B*1*b* 和 *Rht*-*D*1*b* 不仅能降低株高，而且对穗数、单穗粒数和千粒重也有重要影响。*Rht*8 和 *Rht*24 也是控制株高的重要基因，在小麦育种中被广泛应用。最近在 *Rht*18 和 *Rht*12 基因定位的区间内分别分离和克隆了两个参与赤霉素合成途径的高效表达基因 *GA*2*oxA*9 和 *TaGA*2*ox*8。一些控制花期的基因也被分离和克隆，例如，通过控制春化过程从而调节花期的重要基因 *Vrn*1、*Vrn*2/*ZCCT*1 和 *Vrn*3，通过光周期调控开花途径中的关键基因 *Ppd* 以及调控花期的基因 *TaELF*3 等。调节小麦面筋蛋白含量的基因 *GPC*-*B*1，对产量有重要影响。籽粒产量的形成与穗部发育密切相关，小麦中与穗部形态发育相关的几个基因已经进行了功能克隆和验证，小麦驯化基因 *Q* 基因，影响着小麦的穗状花序、脱粒性和穗形，同时对产量性状有重要影响。*TB*1 编码一类 TCP（Teosinte Branched1, Cycloidea）转录因子，调控面包小麦的花序结构。*GNI*1（Grain Number Increase 1）编码同源域亮氨酸拉链 I 类转录因子，被认为是导致小麦小花育性增加的原因。*TaAPO-A1/WAPO-A1*（*TraesCS7A02G481600*）是通过图位克隆确定的每穗小穗数的候选基因。Wang 等通过小麦转基因试验，鉴定了 3 个基因 *TaTFL*1-*2D*、*TaHOX*2-*2B* 和 *TaAGLG*1-*5A* 作为穗结构的调控基因[3]。

5 控制小麦产量性状的 QTL 簇

产量受大量 QTL 控制，一般表现为遗传力低，受基因型×环境交互作用的影响大。其遗传力常常被多个 QTL/基因间的上位作用所混淆。然而，在不同的研究中，控制相同产量性状的基因位点会映射到相同或相近的染色体区域，表明该区域对产量性状具有真实和稳定的遗传效应。为了识别这些控制产量性状的相关染色体区域，Cao 等[6]定义包含两个或两个以上 QTL 的区域为 QTL 簇，这些 QTL 来自不同的研究，其间距小于 10Mb。他们共发现了 58 个控制产量性状的 QTL 簇，其中 52 个 QTL 簇涉及控制千粒重性状，专一地控制千粒重的 QTL 簇有 27 个，只有 2 个 QTL 簇专一地控制单穗粒数或穗数性状。A 基因组上分布的 QTL 簇较多，有 30 个，B 和 D 基因组上分布的较少，分别有 14 个。其中 2A、5A、6A 和 7A 染色体上分布有 5~7 个 QTL 簇，而 3B 染色体上没有 QTL 簇。理论上 QTL 簇包含了控制产量素性状的目标位点，可作为进一步分析的目标区域。

6 小麦基因组研究进展

近年来，在小麦基因组测序方面取得了突破性进展，2012 年英国科学家完成了六倍体小麦“中国春”（AABBDD）的全基因组鸟枪法测序，结合转录组数据，预测出 1.24 万个编码基因；2012 年我国科学家完成了 A 和 D 基因组原始二倍体供体乌拉尔图小麦（AA）和粗山羊草（DD）基因组的草图绘制。2013 年美国加州大学戴维斯分校以小麦 D 基因组供体粗山羊草为材料，完成 D 基因组的物理图谱构建。2014 年法国科学家领衔完成了 3B 染色体基因精细图谱绘制。2014 年国际小麦测序联盟（IWGSC）通过染色体分离法和单条染色体鸟枪法测序，完成了普通小麦“中国春”的基因组草图，2018 年又公布了最新的完整注释的小麦基因组参考序列[9]，相比于之前发布的草图序列，该版本序列组装指标明显提升，基因组序列由原先的 10.2Gb 上升到 14.5Gb，Scaffold N50 提升到 22.8Mb。同时，高通量、低成本的基因分析系统（如基于芯片的和基于序列的平台）更新升级。RNA-seq 和外显子测序等简化的基因组测序技术极大地提高了对多态性的鉴别能力和对差异表达基因的检测能力。一些有利于小麦遗传和功能分析的数据库也不断公开，例如转录组分析数据库 expVIP（http：//wheat-expression.com/）、功能基因数据库 WheatNet（https：//www.inetb io.org/wheatnet/context_associated_hub.php）和 SNP 基因分析数据库 CropSNPdb（http：//snpdb .appli edbio infor matic s.com.au）。针对小麦的农杆菌介导的高效转化系统也不断成熟和完善。总之，以上这些资源和技术都加速了小麦遗传学和功能基因组学的研究，为快速关联遗传图谱和物理图谱、发掘目标性状关联基因提供了可能，为小麦的重要基因的克隆提供了参考。

参考文献

[1] RASHEED A, WEN W, GAO F, et al. Development and validation of KASP assays for genes underpinning key economic traits in bread wheat [J]. Theoretical and Applied Genetics, 2016, 129: 1843-1860.

[2] SIMMONDS J, SCOTT P, BRINTON J, et al. A splice acceptor site mutation in *TaGW2-A1* increases thousand grain weight in tetraploid and hexaploid wheat through wider and longer grains [J]. Theoretical and Applied Genetics, 2016, 129: 1099-1112.

[3] WANG R, LIU Y, ISHAM K, et al. QTL identification and KASP marker development for productive tiller and fertile spikelet numbers in two high-yielding hard white spring wheat cultivars [J]. Molecular Breeding, 2018, 38 (11): 135.

[4] LIANG Z, CHEN K, LI T, et al. Efficient DNA-free genome editing of bread wheat using CRISPR/Cas9 ribonucleo protein complexes [J]. Nature Communication, 2017, 8: 14261.

[5] CUI F, ZHANG N, FAN X, et al. Utilization of a Wheat 660K SNP array-derived high-density genetic map for high-resolution mapping of a major QTL for kernel number [J]. Scientific Reports, 2017, 7 (1): 3788.

[6] CAO S, XU D, HANIF M, et al. Genetic architecture underpinning yield component traits in wheat [J]. Theoretical and Applied Genetics, 2020, 133 (6): 1811-1823.

[7] MA F, XU Y, MA Z, et al. Genome-wide association and validation of key loci for yield-related traits in wheat founder parent Xiaoyan 6 [J]. Molecular Breeding, 2018, 38: 91.

[8] THE INTERNATIONAL WHEAT GENOME SEQUENCING CONSORTIUM (IWGSC). Shifting the limits in wheat research and breeding using a fully annotated reference genome [J]. Science, 2018, 361 (6403): 7191.

[9] VALLURU R, REYNOLDS MP, Salse J. Genetic and molecular bases of yield-associated traits: a translational biology approach between rice and wheat [J]. Theoretical and Applied Genetics, 2014, 127 (7): 1463-1489.

[10] JIANG Q, HOU J, HAO C, et al. The wheat (*T. aestivum*) sucrose synthase 2 gene (*TaSus2*) active in endosperm development is associated with yield traits [J]. Functional & Integrative Genomics, 2011, 11 (1): 49-61.

[11] UR REHMAN S, WANG J, CHANG X, et al. A wheat protein kinase gene *TaSnRK2.9-5A* associated with yield contributing traits [J]. Theoretical and Applied Genetics, 2019, 132 (4): 907-919.

[12] CHANG J, ZHANG J, MAO X, et al. Polymorphism of *TaSAP1-A1* and its association with agronomic traits in wheat [J]. Planta, 2013, 237 (6): 1495-1508.

[13] YAN X, ZHAO L, REN Y, et al. Genome-wide association study revealed that the *TaGW8* gene was associated with kernel size in Chinese bread wheat [J]. Scientific Reports, 2019, 25 (1): 2702.

[14] SHAO A, MA W, ZHAO X, et al. The auxin biosynthetic *tryptophan aminotransferase related TaTAR2.1-3A* increases grain yield of wheat. Plant Physiology, 2017, 174 (4): 2274-2288.

[15] MUQADDASI QH, BRASSAC J, KOPPOLU R, et al. *TaAPO-A1*, an ortholog of rice *ABERRANT PANICLE ORGANIZATION* 1, is associated with total spikelet number per spike in elite hexaploid winter wheat (*Triticum aestivum* L.) varieties [J]. Scientific Reports, 2019, 9 (1): 13853.

【作者简介】袁园园（1986.1— ），女，山东济南人，汉族，博士，助理研究员，研究方向为作物遗传育种。山东省济南市长清区明发路 717 号，0531-87406663，happyxinhai20047@163.com。

小麦茎基腐病防控技术概述

赵　政

（济南市植物保护站，山东济南 250004）

摘　要：近年来，随着气候变化、耕作栽培方式改变和农作物复种指数提高，农作物病虫害呈多发、频发态势，重大农作物病虫害时有发生，在小麦种植产区，小麦茎基腐病成为生产上的新问题，严重威胁小麦生产，且呈现不断加重的趋势。本文通过对现阶段小麦茎基腐病研究情况，分析发病原因，介绍近年来针对该病防控的农业措施、生物措施以及与药剂拌种、种子包衣为主的化学防治措施相关研究情况。

关键词：小麦茎基腐病；影响因素；防控技术

小麦茎基腐病是一种土传性病害，是一类复合侵染性真菌性病害，主要是由假禾谷镰孢菌、禾谷镰孢菌、黄色镰孢菌和燕麦镰孢菌等多个镰孢菌种侵染小麦茎基部引发该病。病菌主要以菌丝体存活于土壤中及病残体上，通过侵染小麦根冠及茎基部，在叶鞘和茎基部发病，发病开始时幼苗茎基部菌体由叶鞘向茎秆第一、第二节及根部侵染发病，逐渐扩展成黄褐斑点，以后逐渐扩大成为褐色病斑，遇到暖冬湿润气候条件年份，可引起小麦苗发黄而死亡。春季生长发育阶段，随着温度逐渐升高，加上水浇麦田适宜的湿度以及降水，感病植株病斑由茎秆以及茎秆周围及根部迅速扩展变为黑褐色病斑，田间湿度过大时茎节基处可见红色霉层即病原菌孢子，后期严重病株产生白穗，籽粒瘦小，千粒重降低，使小麦造成较大的减产，严重影响小麦的产量与品质。

世界上大多数谷类种植区都有严重为害小麦的病害。由于常年实行秸秆还田及单子叶作物连作，尤其是小麦、玉米进行连作，导致土壤中的菌源量大量增加，同时由于浇水方式使用大水漫灌同时水浇田面积的扩大，加速了病原菌的蔓延扩散。近年来，我国黄淮麦区的各大小麦主产省份，包括河北、山东、河南、江苏、安徽及陕西都出现了茎基腐病的报道，近年来小麦茎基腐病病害开始逐年增大[1]。

1　小麦茎基腐病影响因素

1.1　菌源的大量积累

病原菌寄生于植物与病残体，尤其是小麦和玉米的茎秆等相关部位，而在北方地区，轮作方式主要采取小麦与玉米轮作，导致在病残体中的病原菌数量大量积累；近年来国内实施秸秆还田政策，更使得病原菌可以在病残体与土壤中安全越冬并在土壤中逐年累积；同时部分病原菌还能够在种子表面寄生。以上几种原因导致土壤中的菌源量越来越多[2]。

1.2　土壤耕作粗放

农民不重视翻耕工作，耕作管理粗放；播种时播种较浅，而病原菌在土壤表层分布最多，加大了侵染量；小麦播期不适宜，播种过早会导致小麦出苗提前，此时期环境与气候条件处于病原菌的扩增及侵染的适宜时期，导致小麦感病。同时，小麦、玉米在进行秸秆还田时，由于其不是腐熟的有机肥，在土壤里的腐熟过程中吸氮耗氧，与小麦争夺养分、水分，导致小麦长势较弱，易于感病。

1.3 土壤养分影响

土壤中的磷、钾含量与小麦茎基腐病发生情况具有相关性，磷、钾肥含量低时，发病重，磷、钾肥含量高时发病轻。目前氮肥施用量较大，有机肥、磷肥、钾肥、微量肥料施用量偏少，会引起茎基腐病的大规模发生[3]。

2 小麦茎基腐病防治技术

2.1 农业防治

2.1.1 种植抗病品种

种植抗病品种是抵御病害最经济有效且最环保的方式。截至目前，尚未找到对小麦茎基腐病高抗或免疫的品种类型。杨云等选取了 88 份黄淮麦区的主推小麦品种，进行试验，其试验结果表明，所有 88 份供试品种对小麦茎基腐病感病性都较强，未发现具有抗性的品种[2]。陆宁海等对河南省新培育出的和已经大面积推广的 44 份小麦品种进行小麦茎基腐病的抗病性鉴定，仍未发现高抗或者免疫的小麦品种，有 7 份小麦品种属于中抗品种，包括华育 198、豫保 1 号、百农 207、郑育麦 9987、衡观 35、众麦 1 号和洛旱 6 号，其余均为感病品种[4]。同时，其试验结果也表明，供试小麦整体品种抗性较差，但品种间的抗性存在较为明显的差异。郭炜等对 38 个供试小麦品种进行抗性鉴定，未发现免疫及高抗品种，兰 15、兰大 211、兰天 131、兰天 132、兰天 575、兰天 653 这 6 个小麦品种表现为中抗[5]。

2.1.2 深耕深翻，合理轮作

在播种前，对病害发生严重的地块产生的秸秆加强粉碎，再利用深耕深翻来减少土壤表层病原菌残体含量。精细整地，深耕细耙，足墒作畦，提高整地质量，达到“深、净、细、实、平、足”的标准，为小麦生长创造良好的土壤环境。同时，在秸秆还田时，适当追加秸秆腐熟剂，破坏病原菌的生存环境。

针对小麦、玉米轮作田，秸秆还田的菌源残留量大，小麦茎基腐病发病较重的情况，建议采取轮作倒茬的农业措施来控制田间致病菌数量，实行小麦—玉米—花生或小麦与辣椒、西红柿等蔬菜作物轮作，降低小麦茎基腐病的发生程度。此外，可适当晚播，从而减少病原菌侵染机会[6]。

2.1.3 合理灌溉，平衡施肥

在干旱条件下，植物的易感性增强。因此根据小麦需水规律及生育进程，及时补充土壤水分，能在一定程度上减轻小麦茎基腐病造成的产量损失。氮、磷、钾及微量元素配方施肥，增施有益菌肥，同时，提倡使用充分腐熟的有机肥，改善土壤理化性质，促进微生物活动，促进麦苗健壮生长，增强植株抗病能力，抑制病原菌的繁殖，能有效地降低发病率。

2.2 生物防治

据报道，铜绿假单胞菌、泛菌藻、嗜麦芽窄食单胞菌、蜡样芽孢杆菌、木霉菌、

伯克霍尔德菌等都能不同程度的减少茎基腐病的发病率和发病程度，并能增加一定的产量。研究表明，用蕈状芽孢杆菌、链霉菌、枯草芽孢杆菌、木霉菌进行种子拌种或者喷雾可以减轻黄色镰孢引起的茎基腐病的严重程度，降低谷物感染毒素的含量。张洁等利用枯草芽孢杆菌和申嗪霉素悬浮剂复配生物制剂进行拌种处理，对小麦有一定的促生和增产作用，对小麦茎基腐病有良好的防治效果[7]。高珏晓等通过拌种试验也发现枯草芽孢杆菌可湿性粉剂对小麦茎基腐病的防控效果较好[8]。

2.3 化学防治

采用药剂拌种或种子包衣进行防控是对小麦茎基腐病针对性较强、效果较好的方法。张焕玲等通过拌种试验，比较了几种种子处理剂对小麦茎基腐的应用效果，发现20%吡·戊·福美双悬浮种衣剂、70%噻虫嗪水分散粒剂+5%戊唑醇悬浮种衣剂、31.9%戊唑·吡虫啉悬浮种衣剂对小麦茎基腐病的防控效果较好[9]。张同庆等试验结果表明，使用27%苯醚·咯·噻虫种子处理悬浮剂（酷拉斯）、31.9%戊唑·吡虫啉种子处理悬浮剂（奥拜瑞）、30%噻虫嗪悬浮种衣剂+80g/L戊唑醇悬浮种衣剂（禾势+特玉乐）、600g/L吡虫啉悬浮种衣剂+3%苯醚甲环唑悬浮种衣剂（围剿+纯粹）四种拌种剂拌种，小麦均能正常出苗、生长、成熟。四种拌种剂均有增加亩穗数、穗粒数、千粒质量以及抑制病虫害发生的作用[10]。高珏晓等通过拌种试验比较了几种种子处理剂的应用效果，发现31.9%戊唑·吡虫啉悬浮种衣剂、27%苯醚·咯·噻虫悬浮种衣剂对小麦茎基腐病的防控效果较好[8]。张鹏等用2%戊唑醇、25%嘧菌酯和多菌灵等对种子进行包衣拌种处理，对小麦茎基腐病的防控效果较好，并提出小麦播种时药剂拌种可显著降低苗期茎基腐病发病率，返青拔节期茎基部喷药具有更好的防效[3]。

参考文献

[1] 周海峰，杨云，牛亚娟，等．小麦茎基腐病的发生动态与防治技术［J］．河南农业科学，2014，43（5）：114-117.

[2] 杨云．小麦品种及种质资源对镰孢菌茎基腐病的抗性鉴定［D］．郑州：河南农业大学，2015.

[3] 张鹏，霍燕，周淼平，等．小麦禾谷镰孢菌茎基腐病抗源的筛选与评价［J］．植物遗传资源学报，2009（3）：431-435.

[4] 陆宁海，吴利民，郎剑锋，等．河南省小麦新品种对茎基腐病的抗性鉴定与评价［J］．江苏农业科学，2016，44（4）：202-204.

[5] 郭炜，李雪萍，漆永红，等．西北地区冬小麦茎基腐病原假禾谷镰孢菌的鉴定及种质资源抗性筛选［J］．甘肃农业大学学报，2018，53（6）：164-170.

[6] 许烨，赵小宁，王高荣，等．不同农艺措施对小麦茎基腐病发生及危害的影响［J］．农技服务，2018，35（6）：40-41.

[7] 张洁，汤蒙蒙，夏明聪，等．枯草芽孢杆菌YB-05与申嗪霉素复配防治小麦茎基腐病［J］．中国生物防治学报，2018，34（6）：866-872.

[8] 高珏晓，丁发强，王来芳，等．四种拌种剂对小麦茎基腐病的田间防效［J］．黑龙江农业科学，2020（1）：71-73.

[9] 张焕玲，刘万峰，刘艾英，等．不同拌种剂防治小麦茎基腐病效果比较［J］．中国植保导刊，2018，38（12）：69-71.

［10］ 张同庆，石卫东，訾帅朋，等．几种不同小麦种衣剂防效试验示范［J］．河南农业，2019（34）：40-42.

【作者简介】赵政（1993.5— ），男，山东滨州人，汉族，硕士，助理农艺师，研究方向为植物保护。山东省济南市市中区建设路79号济南市植物保护站，0531-66676265，zhaozheng_93@163.com。

以科技创新引领现代农业发展的探析

唐露苗，姜　斌

（济南市农产品质量检测中心，山东济南 250316）

摘　要：一直以来，科技兴农都是我党始终贯彻的战略思想。在工业化不断推进、城镇化发展越发深入的今天，保障我国农业的稳步前行，促使农民群众持续增收，加速农业现代化发展步伐，已经成为我国经济水平进一步提升、国际竞争地位不断上涨的关键。济南作为农业大省山东的省会，其农业科技的贡献率始终处于我国领先地位，文章以济南为例，探讨了科技创新对现代农业发展的重要意义。

关键词：科技创新；现代农业；科技人才

我国作为农业大国，在国际竞争中，我国农业竞争水平却非常低下，面临严峻的国际竞争局面，加速现代农业发展，有助于扩大内需，带动我国就业率，拉动国家经济增长，推动经济结构战略性调整[1]。然而，在现代农业实际发展中，我国缺乏一支素质优良、规模宏大的农业科技人才团队，科研成果转化也并不充分，激励政策不到位，阻碍了农业现代化发展脚步。

1　济南农业科技现状

在多年发展中，济南农业系统聚焦于产业资源禀赋，发展短板被拉长，例如，对于粮食作物连年增高的生产成本，小麦玉米周年“双少耕”高产栽培技术的出现，提高了产品产量与质量，解决了高成本问题；对于食用菌在生产发展的各种弊端，高效节能菇棚食用菌周年生产技术被推出，为济南乡村乃至整个北方乡村发展注入活力。现代农业科技为济南现代农业发展夯实根基，创新“产业+科技+基地+农户”新型业态，持续提高先进科技在农业生产中的贡献率，带动了整个济南的经济建设。

2　农业科技创新发展中面临的困境

2.1　农业科技人才不足

现代农业发展中，为发挥科技创新的引领作用，科技创新人才必不可缺。虽然，济南在农业科技上具有较大贡献，但是，与济南广阔的农业种植面积相比，科技人才总量明显不足，仅占据劳动力的2%左右。实际上，就整个国家而言，我国农业科技人才仅占据农村劳动力的0.6%左右，即平均每1 000名农业劳动力中，农业科技人才仅有6人，而济南农业科技人才的指标高于全国平均水平，但是，相比于美、日、德等经济发达国家，差距显著。另外，济南农业科技人才集中于行政机关与事业单位，从事基层科研与农技推广的人才较少，人才资源配置的不合理，影响了农业科技的发挥，阻碍了现代农业的发展脚步。

2.2　科技成果转化不充分

科技成果转化，主要是指为提升生产力，对拥有实际价值的科研成果进行试验、开发与应用推广，使其形成新的工艺、材料，并应用于生产中，带动经济发展。济南作为农业大省的省会，每年都有大量农业科技成果，但是，仅有不足一半科技成果转化为实际生产力，与发达国家 80%以上科研成果转化率相比，成果转化并不充分，影响了科技兴农的步伐。

2.3 激励政策未到位

有效的激励政策能够鼓励科研人员更积极参与研发工作，提高科研创新成果，虽然，本地在农业科研方面制定诸多激励措施，但是，在激励措施背后，科研人员面临繁琐操作程序、客观条件限制等，导致奖励政策流于形式[2]。激励政策较为单一，而很多科研项目需要大量时间，极易出现研究至最后，科研成果转化难、研究失败等现象，激励政策无法发挥效用，阻碍了农业科研人员创新热情。

3 以科技创新引领现代农业发展的对策

科技时代下，农业若仍采用传统生产方式，将直接影响我国农业经济发展，阻碍“十三五”发展步伐。对此，加强现代化农业建设，发挥科技创新的引领作用，具有重要意义[3]。

3.1 加大科技创新人才培养，优化人才配置

为发挥科技力量，引领本地农业发展，应加强科技创新人才的培养，并对人才配置进行优化，力求将人尽其用，最大化发挥科研人才水平，为现代农业发展提供人才支撑。在科技创新人才培养方面，首先，应始终坚持科学人才观，以构建一流人才团队作为发展宗旨，加强高层次科研创新人才引进力度。依照学科与人才梯队的建设需求，确定人才岗位标准，通过多媒体展开人才引进计划，面向全国甚至海外招聘农业科技研发人才。其次，应加强科研人才培训力度，对现有农业科研人员，可通过招聘国内外知名科学家担任顾问，通过定期开展讲座、一带一指导等，提高科研人员科研创新能力。同时，可出资让科研人员接受深度培训，不断提升科研人员科研水平。最后，优化人才配置，基层科研与实践推广等分配充足的科研人员，并将此作为科研人员升职加薪的绩效之一，激励科研人员深入基层，以此真正发挥科研人员作用，实现科研兴农。

3.2 加强科研成果的转化与应用

农业科研成果和农业需求之间脱节，直接导致农业科技创新滞后于现代农业的发展，农业科技贡献率低下，影响了现代农业的发展。面对该种情况，加速转化农业科技成果，成为农业科技发展创新的关键。具体来讲，首先，加强农业科技成果和农业市场之间的结合，通过政府搭台，各企业辅助，以市场化运作，促进科技与经济之间紧密结合。其次，加强传统农业生产和现代农业生产的结合，因地制宜，以物化技术和适宜个体来集约化经营，提高科技生产力。最后，加强产学研的结合，促进农业科技成果的产业化，提高土地资源利用率，增强土地产出率与劳动生产率，实现农业增产增收，达到降本增效的目的，促进本地农业经济的稳定发展[4]。

3.3 健全激励政策

健全激励政策，能够加深科研人员的研究决心，激发其科研步伐，全面推动农业现代化发展。激励政策的构建是一项系统性工程，只有真正营造出尊重知识、尊重人

才、重视创新的科研氛围，方能进一步发挥激励效果。想要实现该目标，并非由改善生活条件、奖金多少决定的，更重要的是构建健康向上的激励文化、创新文化。为此，应首先由科研经费入手，保障科研经费充足且落到实处，制定完善的经费使用制度，保障每笔资金都应用到实处，同时，以弹性预算管理提高资金管理水平。其次，构建公平的考核评价标准，对于有突出表现的科研机构或者科研人员，应给予奖励，激发科研人员积极性，为推动科技创新而努力奋斗。最后，营造鼓励创新、宽容失败的科研氛围，提升科研人员创新活力，让拥有突出成绩的人成为真正有地位、有发言权、决定权的人，促进科研创新步伐，为农业现代化发展提供推动力。

3.4 优化科研方向与布局

面对农业现代化、产业化发展提出的新要求，对此，应根据实际情况，优化科研方向，转变农业科研资源在产中环节聚集问题，由政策引导与项目带动，统筹安排科技资源，使其在农业生产全过程中系统化运作，尤其是农产品加工与包装、运输与保鲜等方面，更加加强科研资源倾斜，保障农业产品的外销，提高农业经济水平[5]。另外，还可加强农业高效设施、生物质能源、异常气候等的研发，为农业现代化建设奠定基础。

4 总结

总而言之，社会在不断发展，农业现代化发展，离不开科研力量的帮助，然而，在农业科技创新中，仍存在诸多问题，农业科技人才不足，农业科技成果转化不充分，激励政策未到位等，影响了农业现代化步伐。对此，为带动本地农业现代化水平，应加大科技创新人才培养，优化人才配置；加强科研成果的转化与应用；健全激励政策；优化科研方向与布局。如此，推动农业科技创新与成果转化，为农业现代化发展奠定基础，提高本地农业经济水平，带动整个区域经济发展建设。

参考文献

[1] 陈萌山．以科技创新引领现代农业发展［J］．黑龙江粮食，2017（4）：31-33.

[2] 丁凤珍，王嘉虎．强化科技创新驱动 引领现代农业发展［J］．中国农村科技，2018（5）：26-29.

[3] 李铜山，盛阳阳．论现代农业科技创新的正确取向［J］．创新科技，2020，20（1）：87-92.

[4] 陈春生．打造引领现代农业发展新高地［N］．山西日报，2019-12-23（11）.

[5] 郑鹏，谭志远，刘雷，等．农业高校服务乡村振兴战略具体做法［J］．现代农业科技，2019（23）：234+236.

【作者简介】唐露苗（1982.11— ），女，山东蓬莱人，汉族，本科，农艺师，研究方向为农产品质量安全。山东省济南市长清区明发路 717 号，0531－87406069，tanglumiao@ 163. com。

渔业物联网技术应用现状及展望

刘美艳，娄彝春，金 弋，周 萍，臧 涛

（济南市蔬菜技术推广服务中心/济南市淡水养殖科学研究所，山东济南 250306）

摘 要：随着渔业物联网技术的普及应用，传统的低效、随意的水产养殖方式在逐步完善，信息化、现代化的渔业发展是必然的趋势。本文围绕济南市现代渔业示范园在渔业物联网方面的应用试验，探讨渔业物联网技术应用的意义并提出相关思考建议。

关键词：渔业物联网；智慧渔业；水质在线监测；智能控制；渔业大数据

物联网（The Internet of Things，简称 IOT）即“万物相连的互联网”，是互联网基础上延伸和扩展的网络，就是把所有物品通过信息传感设备与互联网连接起来，实现在任何时间、任何地点，人、机、物的互联互通，通过获取和交换信息，对物体进行智能化的决策和控制。

渔业是物联网技术应用的重要领域之一，通过物联网在渔业管理中的应用，能最大限度帮助管理人员更加精细的掌握与控制渔业中的各个要素、过程和系统，尤其是提升了管理人员在水产养殖过程中突发事件上的处理能力，并有针对性地对一些方式方法进行创新。

作为渔业信息化的一项关键技术，济南市现代渔业示范园（济南市淡水养殖科学研究所）2017 年开始探索物联网技术在水产养殖中的应用和示范试验，以推动济南市传统渔业与信息技术深度融合。本文围绕济南市现代渔业示范园在渔业物联网技术应用中的实践经验，提出相关分析思考。

1 渔业物联网技术发展现状

目前我国大部分水产养殖企业的养殖模式还是传统的粗放型，靠天时、靠经验、靠人力资源投入，在养殖过程中存在资源浪费、过度用药、环境污染、水产病害频发、水产品质量安全等很多严重问题，无法满足高产、高效、优质的生产需求和社会需求。要从根本上解决这些问题，我国的水产业就必须向集约化、信息化、精准化养殖方向发展，以物联网技术为支撑的智慧渔业是我国现代渔业发展的必然趋势。

随着科技的进步与发展，物联网融入渔业中，通过智能化、信息化手段，正逐步规范、革新水产养殖模式。渔业物联网通过智能感知、无线通信及智能控制等先进管理技术，全方位管理、监测养殖环境、水质、鱼类生长状况、药物施用、饵料投放等，对鱼类的生长、健康和环境状态做出客观的评价，如遇突发状况能及时采取防治处理或人工干预等措施将损失降到最低，实现对水产养殖的自动控制及科学管理，减少水产养殖污染，提高资源利用率和生产管理效率，进而有效提高养殖经济效益。另外，渔业物联网技术中的水产品质量追溯体系还可实现水产养殖全过程的信息追溯，让水产品生产透明化，保障水产品质量安全。随着渔业物联网技术的普及，传统的低效率、随意式的水产养殖方式在逐步升级完善，信息化、现代化的渔业发展是必然的趋势。

2 济南市渔业物联网技术示范应用情况

济南市现代渔业示范园是济南市对水产品和水产养殖设施进行展示、示范的综合性园区，园区内建有面积8 000m^2 的室外工厂化养殖池塘5个、5 000m^2 的室内工厂化循环水养殖池塘35个，主要养殖品种有鲟鱼、淡水石斑、三文鱼、锦鲤等。渔业物联网技术应用示范包括水质在线监测系统、智能远程控制系统、渔病医院系统和监控系统，旨在将物联网技术与渔业相结合，推动济南市水产业良好发展。

2.1 水质在线监测系统

养鱼即养水，水质的好坏直接影响水产养殖动物的生长速度、饵料系数、健康状况等，因而在水产养殖过程中必须时刻关注池塘水质情况，进而进行合理的水质管理，确保鱼类在舒适的环境下健康生长。通过物联网的智能传感、无线传感网、通信、智能处理等技术，在池塘水下选择合适的地点放置智能多参数水质传感器：溶解氧传感器、pH值传感器、水位传感器、亚硝酸盐传感器、温度传感器、浊度传感器，对池塘水质的各种指标进行实时采集、数据处理和无线传输，养殖人员通过手机或电脑可随时随地查看养殖水质环境情况，实现对多项水质指标进行24h实时监控，及时获取水质预警、报警信息，既节省劳动力又安全省心。经过试验，该技术的应用提高了养殖成活率30%以上。

2.2 智能远程控制系统

在物联网远程控制系统的基础上，示范园内安装的增氧机、循环泵、投饵机、开关设备都通过网络连接服务器，按照系统内部编号与手机进行数据绑定。通过系统预设参数按照定时、定点、定量的原则控制投饵机饵料的精准投放，养殖人员可以更加科学合理地控制饲料的投喂量；通过无线监测的水质参数指标预警及水下监控摄像头获取的鱼类实时行为特征，既可以实现自动开启设备进行增氧、排换水来调节水质，又可以利用手机进行远程遥控增氧、换水等操作，达到“人虽千里、却在塘边”的效果。远程智能控制系统不仅可以减少劳动力投入，轻松养鱼，还可以减少养殖风险，实现智慧养鱼、高效养鱼。经过试验，该技术的应用可减少饵料浪费10%，减少电费10%，降低劳动量20%，有效提高了水产养殖经济效益。

2.3 渔病医院系统

示范园建设的渔病医院系统由北京中通联达公司建设，基于山东省海洋与渔业厅的渔病医院系统，覆盖到市一级，可实现专家远程会诊及病害数据采集。

（1）测报系统由显微镜、体视显微镜、影像传输系统、高清摄像头、会议音响系统、服务器构成，构建济南市水产品病害测报监测点。系统可将养殖对象的病情、病况通过现场取样、外观检查、解剖、展示与记录，利用显微图像采集、移动视频传输技术，把养殖病害情况及时上传，如遇到不能确定的疑难病情时可请求省内的在线专家提供及时诊疗服务。

（2）水产品药残快速检测及数据传输系统由杭州南开日新公司提供系统维护，包括取样设备、样品处理设备、样品检测设备、便携旅行箱，既可以取样后在实验室内进行检测，又可以携带到养殖池塘进行现场检测。检测数据通过网络数据传输至系统后台，促使济南市水产品快速检测结果公开化。

2.4 监控系统

监控系统包括服务器、多业务综合光端机、大屏幕显示系统、UPS 及配套网络设备。养殖人员可 24h 在手机上或 PC 远程登录到视频监控终端对养殖区域进行实时监控，实现生产区域的无人值守或少人值守[1]。

通过在养殖塘口、养殖区出入口及一些重要场所设置的摄像头，可以收看摄像头相应区域的实时视频画面，异常情况及时告警。

通过设置在池塘水下的高清监控摄像头，可以全天候无损害地对鱼类行为动态监测，观察和记录水下养殖对象的活动状态和状况，通过视频分析监测，及时发现养殖对象有无异常行为，结合在线监测的各项水质指标做好疾病防治工作，在养殖过程中减少药物使用达 30%；可以观察养殖对象摄食饲料的整个过程，察看池底是否有残留饵料，防止多喂或少喂，既降低饲料投入成本又减少污染，同时极大减轻了养殖后期清理池塘的工作量。

3 技术应用中存在的问题及建议

系统智慧程度不高，各个设备自动控制主要是根据经验进行调控。建议加大数据采集力度，当数据量达到一定程度，通过分析构建养殖模型，建立养殖对象最优化的智能养殖系统。

服务器较小，网速差，数据传输比较慢，数据保存量较少。建议以单位为个体，采集本单位的养殖生产数据后在固定时间将数据上传到上一级系统，进行数据逐层传递，当数据汇总到总服务器后台时，利用大型服务器进行数据的综合分析，避免因地区差异、品种差异而产生数据分析的片面性，充分利用网络的特点，将一个个养殖单位变成“渔业网”的一部分。

各个系统比较分散，数据无法集中起来，同时许多养殖中遇到的问题无法录入，造成数据的缺失。建议完善综合的渔业物联网平台。

4 渔业物联网技术发展的相关思考

通过试验探索，进行了相关分析思考，将促进渔业物联网技术的发展及应用推广分为 3 个阶段，即数据采集阶段、数据分析解读阶段、数据利用阶段。

4.1 数据采集阶段

以单位和养殖户为主体，对养殖生产进行全程的记录。

对养殖水质进行 24h 不间断监测可以有效地记录不同养殖品种在养殖生产过程中水体的变化情况，找到养殖品种生长的最佳环境条件，改变“水清则无鱼”的老旧传统观念，将水产养殖与水环境的生态保护相结合，做到“水清鱼肥”“绿水青山就是金山银山”。

对养殖中的投喂与用药、病害情况的录入可以依托于系统程序，创建系统平台，利用网络的传输能力逐级上传，构造一个“个体—乡镇—区县—市—省—国家”的金字塔形结构，由个体完成数据的采集，由国家集合所有数据形成“渔业大数据”。一个集成化的系统可以有效地将现有的各个渔业物联网操作系统进行有机结合，提高数据利用率，为后期的数据分模型建立提供足够的数据支撑。而金字塔形的传输结构既可以将数据集中形成大数据，又可以解决小型养殖机构资金不足无法购进大型服务器，因而放弃使用渔业物联网造成数据收集空白的问题。

4.2 数据分析解读阶段

利用采集的数据对各个养殖品种的生产流程及生活习性进行大数据的分析，建立对应模型。

采集的数据集中到国家级服务器后，根据养殖品种进行分类，将同一品种的数据进行综合分析，得到单一品种在各种环境下的生长、病害的最佳数据，可以有效避免不同区域、不同环境、不同技术下养殖品种生长情况不同而造成的数据偏颇，有效构建单一品种的生产养殖数据模型。

4.3 数据利用阶段

当国家级服务器完成数据的分析后生成各个品种的生产养殖数据模型，通过系统按照“国家—省—市—区县—乡镇—个体”的倒金字塔结构形式将模型反馈给各个下一级系统，同时进一步收集数据对数据模型进行升级，形成良性循环。例如，水流速探头可搭配水泵设备实现水流速、水流向控制；模拟溪流、潮汐等自然环境，满足部分养殖品种的生活习性；浊度、氨氮等探头可配合进排水设备，根据养殖品种的耐受度进行养殖水体的排换水等；水下高清高解析度的监控摄像头可及时发现养殖品种的异常，解决水产品病害不易观察的问题。同时，可配合养殖品种自动捕捉设备及药物自动释放设备，对有问题的品种进行自动捕捞处理并投放药物。

5 技术应用展望

我国渔业正处于传统渔业向现代渔业转型升级的关键时期，生产信息化、标准化的核心是高产、高效、低成本和优质，而渔业物联网是实现上述目标的最主要的技术保障，通过技术示范和应用的实践证明，渔业物联网技术可以有效实现水产养殖从粗放型、经验型向精细化、智能化转变[2]。

目前我国的渔业物联网技术应用正处于起步阶段，还存在着投入成本高、技术不成熟、系统不完善等诸多问题，相信随着科研水平的提高及政府管理部门的引导扶持，渔业物联网技术必将会逐步融合到现代渔业中，促进我国水产养殖高效、生态和可持续发展。

参考文献

［1］ 田建中，李可心，胡蝶．渔业物联网技术发展与应用示范［J］．中国水产，2015（8）：37-40.

［2］ 鲁晶．渔业物联网应用技术［J］．水产养殖，2019（7）：56-59.

【作者简介】刘美艳（1970.6— ），女，山东高唐人，汉族，本科，高级工程师，研究方向为淡水养殖。山东省济南市平安南路 2472 号济南市现代渔业示范园，15562583351，liumeiyan1997@163.com。

二、品种选育

不同大豆品种营养品质比较

门洪文[1]，康振强[2]，黄昌见[1]，王宝国[2]，朱　利[1*]

（1. 济南市农业科学研究院，山东济南 250316；

2. 济南市种子公司，山东济南 250022）

摘　要：为筛选出适宜济南地区种植的优质大豆品种，对23个大豆品种的粗脂肪、粗蛋白质、粗纤维，锌、铁、钙3种微量元素以及18种氨基酸进行了检测分析。结果表明，大豆蛋白质含量为36.8%～42%，脂肪含量为16.1%～20.4%，粗纤维含量为6.7%～11.7%；微量元素锌含量为51.9～97.7mg/kg，铁含量为56.5～277mg/kg，钙含量为1 405～3 621mg/kg；氨基酸含量为27.66～38.17g/100g。

关键词：大豆；品种；营养品质

大豆是我国重要的粮食作物和油料作物，它富有营养而又易于消化，富含8种人体必需氨基酸。大豆蛋白消化率和蛋白质功效比值较高，与牛奶、牛肉、鸡蛋接近，属于全价植物蛋白[1]，有“豆中之王”“田中之肉”“绿色的牛乳”等美誉。大豆农艺性状、品质及产量是育种学专家致力于品种改良的重要指标，受多基因控制，为复杂的数量性状，且易受环境影响[2-3]。高蛋白质含量大豆对于食品加工业以及出口都是必要的，而高油大豆品种的选育提高了压榨用大豆的竞争力[4]。有研究表明，17种氨基酸在11个受试大豆品种中的总含量范围为11.99%～29.70%，其中天冬氨酸、谷氨酸为主要氨基酸[5]。2019年，农业农村部制定《大豆振兴计划实施方案》并开始实施，为我国大豆种植面积的扩大、单产水平的提高、大豆品质的改善创造了良好的环境。目前，山东大豆种植面积200万～300万亩，年总产40万t左右，而大豆榨油加工产能2 000万t以上，大豆蛋白加工200万t左右，传统豆制品加工100万t，大豆原料自给能力不足10%。

济南市农业农村局于2017年开展小杂粮提质增效工程，济南市农业科学研究院连续3年开展了多个大豆品种的品比试验，于2018年对23个大豆品种进行营养品质指标检测，初步筛选出了适合不同营养需求的大豆品种，为济南市优质大豆品种的筛选提供依据。

1　材料与方法

1.1　试验材料

23个大豆品种由济南市农业科学研究院种子库提供。

1.2　试验方法

试验于2018年在济南市农业科学研究院试验田进行，采用随机区组试验设计，每个品种作为1个处理，3次重复，小区面积为12m^2，畦宽2.4m，畦长5m，每畦播种5行，行距为40cm，株距15cm。管理同大田生产。

1.3 检测指标

委托农业农村部食品质量监督检验测试中心（济南）对23个大豆品种的18种氨基酸，锌、铁、钙3种微量元素，粗纤维、粗脂肪、粗蛋白质等指标进行检测。

2 试验结果与分析

2.1 大豆粗蛋白质、粗脂肪和粗纤维及微量元素含量比较

23个大豆品种粗蛋白质、粗脂肪、粗纤维及微量元素含量见表1。

表1 23个大豆品种粗蛋白质、粗脂肪、粗纤维及微量元素含量比较

样品名称	粗蛋白质（%）	粗脂肪（%）	粗纤维（%）	锌（mg/kg）	铁（mg/kg）	钙（mg/kg）
菏豆23	39.0	18.1	11.7	79.7	277.0	2 362
冀豆12	41.4	16.6	6.9	53.7	75.0	1 566
陕垦豆3号	41.2	18.4	7.6	68.4	64.2	2 337
山宁17	38.4	19.6	10.3	61.4	59.4	2 325
齐黄34号	40.3	18.1	8.4	68.6	94.8	1 645
潍豆8号	39.2	19.6	6.7	62.7	73.2	1 983
中黄37	40.0	18.6	8.5	61.8	68.5	2 924
潍豆9号	38.2	18.0	8.4	64.3	66.1	2 210
郑1430	40.3	16.5	7.7	51.9	68.4	1 405
L84-2112	37.3	20.4	9.0	72.3	100.0	3 340
L91-8859	37.0	20.1	7.5	58.3	64.3	2 694
齐黄35	40.6	16.4	7.6	52.5	56.5	1 755
山宁16	40.6	17.2	9.2	97.7	89.7	3 119
L93-3539	36.8	19.7	8.8	72.4	103.0	2 987
齐黄26	40.6	16.4	10.1	75.6	163.0	3 621
烟豆4号	37.3	19.9	7.2	54.2	96.8	2 612
L92-8580	37.4	20.1	9.9	73.2	115.0	3 052
H0320	42.0	16.1	7.6	65.2	79.8	1 718
鲁宁1号	37.0	18.5	8.4	71.6	80.5	2 372
鲁豆11	37.5	19.2	8.1	60.1	88.9	2 243
周豆11	39.1	17.4	8.8	85.3	104.0	2 913
L94-5606	39.8	19.0	8.3	62.2	85.9	2 707
齐黄22	38.4	17.4	8.0	53.7	84.9	2 247
平均值	39.1	18.3	8.5	66.4	93.9	2 441
最小值	36.8	16.1	6.7	51.9	56.5	1 405
最大值	42.0	20.4	11.7	97.7	277.0	3 621

由表 1 可得，23 个大豆品种，粗蛋白质含量为 36. 8%~42. 0%，平均 39. 1%，含量最高的是 H0320（42. 0%），其次是陕垦豆 3 号（41. 2%），粗蛋白质含量最低的是 L93-3539（36. 8%）；粗脂肪含量为 16. 1%~20. 4%，平均 18. 3%，粗脂肪含量最高的是 L84-2112（20. 4%），最低的是 H0320（16. 1%）；粗纤维含量为 6. 7%~11. 7%，平均 8. 5%，粗纤维含量最高的是菏豆 23（11. 7%），最低的是潍豆 8 号（6. 7%）。大豆中的锌含量为 51. 9~97. 7mg/kg，平均值为 66. 4mg/kg，锌含量最高的是山宁 16（97. 7mg/kg），最低的是郑 1430（51. 9mg/kg）；铁含量为 56. 5~277. 0mg/kg，平均值为 93. 9mg/kg，铁含量最高的是菏豆 23（277. 0mg/kg），最低的是齐黄 35（56. 5mg/kg）；钙含量为 1 405~3 621mg/kg，平均值为 2 441mg/kg，钙含量最高的是齐黄 26（3 621mg/kg），最低的是郑 1430（1 405mg/kg）。

2. 2 大豆氨基酸含量比较

23 个大豆品种氨基酸含量见表 2。

不同大豆品种氨基酸含量不同，其中陕垦豆 3 号总氨基酸含量最高，为 38. 17g/100g，菏豆 23 总氨基酸含量最低，为 27. 66g/100g。在 18 种氨基酸中，谷氨酸含量最高，平均含量为 6. 5g/100g；其次是天冬氨酸，平均含量为 3. 8g/100g；第三是亮氨酸，平均含量为 2. 7g/100g；第四是精氨酸，平均含量为 2. 6g/100g；第五是赖氨酸，平均含量为 2. 1g/100g；蛋氨酸平均含量最低，仅为 0. 2g/100g。

3 结论与讨论

在本试验条件下，23 个大豆品种的营养成分：粗蛋白质含量最高，为 36. 8%~42%，含量最高的是 H0320（42%）、冀豆 12（41. 4%）和陕垦豆 3 号（41. 2%）；粗脂肪含量排第二位，为 16. 1%~20. 4%，含量最高的是 L84-2112（20. 4%）、L91-8859（20. 1%）和 L92-8580（20. 1%）；粗纤维列第三位，含量为 6. 7%~11. 7%，含量最高的是菏豆 23（11. 7%）、山宁 17（10. 3%）和齐黄 26（10. 1%）。从微量元素来看，大豆中的锌含量为 51. 9~97. 7mg/kg，含量最高的是山宁 16（97. 7mg/kg）；铁含量为 56. 5~277. 0mg/kg，含量最高的是菏豆 23（277. 0mg/kg）；钙含量为 1 405~3 621 mg/kg，含量最高的是齐黄 26（3 621mg/kg）。总氨基酸含量为 27. 66~38. 17g/100g，含量最高的是陕垦豆 3 号（38. 17g/100g）、中黄 37（36. 57g/100g）和潍豆 9 号（36. 12g/100g），谷氨酸、天冬氨酸、亮氨酸、精氨酸和赖氨酸列前 5 位。

根据种植目的选择适合品种，H0320、冀豆 12、陕垦豆 3 号粗蛋白质含量较高，可作为高蛋白质品种进行推广种植；L84-2112、L91-8859 和 L92-8580 粗脂肪含量较高，可作为高油品种进行推广；菏豆 23、山宁 17 和齐黄 26 粗纤维含量较高，可作为高纤维品种推广种植。

参考文献

[1] 游侠. 营养健康目标下的大豆产业发展研究［D］. 北京：中国农业科学院，2009.

[2] 李强，高聚林，苏二虎，等. 大豆种质表型性状鉴定与分析［J］. 大豆科学，2015，34（5）：752-759.

表 2　23 个大豆品种氨基酸含量比较

（单位：g/100g）

样品名称	天冬氨酸	苏氨酸	丝氨酸	谷氨酸	甘氨酸	丙氨酸	胱氨酸	缬氨酸	蛋氨酸	异亮氨酸	亮氨酸	酪氨酸	苯丙氨酸	赖氨酸	组氨酸	精氨酸	脯氨酸	色氨酸	总和
菏豆 23	3.25	1.06	1.37	5.46	1.17	1.18	0.43	1.39	0.16	1.15	2.34	0.71	1.41	1.74	0.73	2.30	1.46	0.35	27.66
冀豆 12	3.74	1.15	1.39	6.20	1.33	1.34	0.38	1.44	0.19	1.29	2.65	0.82	1.63	2.04	0.84	2.65	1.69	0.42	31.19
陕垦豆 3 号	4.49	1.47	1.95	7.80	1.63	1.61	0.51	1.77	0.19	1.54	3.24	1.01	2.01	2.53	1.00	3.13	1.95	0.34	38.17
山宁 17	3.88	1.32	1.72	6.88	1.42	1.44	0.44	1.55	0.19	1.52	2.90	0.80	1.76	2.28	0.86	2.63	1.76	0.35	33.70
齐黄 34 号	4.03	1.29	1.70	6.77	1.40	1.41	0.47	1.62	0.15	1.45	2.84	0.80	1.74	2.18	0.86	2.60	1.78	0.39	33.48
潍豆 8 号	3.62	1.18	1.57	6.34	1.29	1.30	0.42	1.47	0.17	1.21	2.58	0.78	1.57	2.01	0.78	2.31	1.61	0.38	30.59
中黄 37	4.28	1.40	1.86	7.47	1.57	1.55	0.50	1.68	0.23	1.53	3.12	1.00	1.97	2.34	0.93	2.90	1.96	0.28	36.57
潍豆 9 号	4.38	1.41	1.84	7.28	1.48	1.54	0.44	1.71	0.30	1.55	2.92	1.06	1.65	2.36	0.94	2.88	2.02	0.36	36.12
郑 1430	3.71	1.13	1.52	6.30	1.34	1.41	0.49	1.61	0.18	1.30	2.71	0.85	1.68	2.08	0.86	2.68	1.69	0.37	31.91
L84-2112	3.38	1.18	1.50	5.29	1.27	1.28	0.48	1.46	0.14	1.23	2.52	0.64	1.57	2.00	0.76	2.19	1.57	0.42	29.51
L91-8859	3.89	1.34	1.71	6.78	1.45	1.47	0.50	1.68	0.18	1.40	2.89	0.89	1.76	2.41	0.94	2.46	1.82	0.38	33.95
齐黄 35	3.95	1.29	1.65	6.55	1.38	1.44	0.40	1.50	0.19	1.37	2.78	0.87	1.74	2.19	0.89	2.94	1.71	0.42	33.26
山宁 16	3.64	1.10	1.42	5.79	1.21	1.25	0.47	1.79	0.14	1.24	2.38	0.71	1.44	1.83	0.78	2.60	1.51	0.40	29.70
L93-3539	3.88	1.34	1.74	6.80	1.45	1.47	0.55	1.69	0.19	1.51	2.89	0.89	1.74	2.26	0.87	2.25	1.75	0.36	33.92
齐黄 26	3.78	1.28	1.66	6.60	1.40	1.40	0.43	1.53	0.21	1.35	2.00	0.87	1.74	2.13	0.86	2.61	1.76	0.45	32.85

（续表）

样品名称	天冬氨酸	苏氨酸	丝氨酸	谷氨酸	甘氨酸	丙氨酸	胱氨酸	缬氨酸	蛋氨酸	异亮氨酸	亮氨酸	酪氨酸	苯丙氨酸	赖氨酸	组氨酸	精氨酸	脯氨酸	色氨酸	总和
烟豆4号	3.53	1.22	1.56	6.20	1.29	1.32	0.44	1.53	0.14	1.25	2.66	0.78	1.59	2.04	0.80	2.31	1.56	0.34	30.56
L92-8580	3.47	1.18	1.55	6.09	1.24	1.27	0.41	1.46	0.14	1.32	2.45	0.86	1.44	1.98	0.76	2.27	1.62	0.39	29.90
H0320	4.68	1.31	1.73	6.84	1.43	1.55	0.47	1.59	0.19	1.47	2.86	0.88	1.70	2.27	1.03	3.12	1.79	0.37	35.28
鲁宁1号	3.86	1.34	1.72	6.65	1.44	1.45	0.50	1.61	0.19	1.37	2.87	0.86	1.72	2.30	0.88	2.48	1.69	0.36	33.29
鲁豆11	3.69	1.19	1.54	6.09	1.35	1.36	0.41	1.45	0.19	1.31	2.68	0.80	1.49	2.09	0.83	2.43	1.69	0.40	30.99
周豆11	3.55	1.13	1.43	5.71	1.22	1.26	0.42	1.41	0.15	1.17	2.48	0.77	1.53	1.86	0.78	2.47	1.52	0.35	29.21
L94-5606	3.94	1.31	1.74	6.86	1.41	1.43	0.44	1.52	0.35	1.39	2.87	0.94	1.67	2.19	0.89	2.78	1.76	0.32	33.81
齐黄22	3.50	1.21	1.53	6.06	1.28	1.29	0.46	1.48	0.16	0.95	2.17	0.66	1.51	2.02	0.82	2.40	1.57	0.34	29.41
平均值	3.80	1.30	1.60	6.50	1.40	1.40	0.50	1.60	0.20	1.30	2.70	0.80	1.70	2.10	0.90	2.60	1.70	0.40	32.40
最小值	3.25	1.06	1.37	5.29	1.17	1.18	0.38	1.39	0.14	0.95	2.00	0.64	1.41	1.74	0.73	2.19	1.46	0.28	27.66
最大值	4.68	1.47	1.95	7.8	1.63	1.61	0.55	1.79	0.35	1.55	3.24	1.06	2.01	2.53	1.03	3.13	2.02	0.45	38.17

[3] 史宏．不同生态类型大豆农艺性状与产量关系的研究 [J]. 华北农学报，2018，33 (1)：150-159.

[4] 李素真，李继存，赵云，等．山东大豆生产现状与发展对策 [J]. 山东农业科学，2010 (9)：123-124.

[5] 杨孟迪，沈红玲，曾红，等．阿拉尔引种不同大豆品种对比试验及其营养成分分析 [J]. 塔里木大学报，2020，32 (2)：43-54.

【作者简介】门洪文（1986. 11— ），男，山东平阴人，汉族，硕士，助理研究员，研究方向为玉米育种及作物栽培技术研究。山东省济南市长清区明发路 717 号济南市农业科学研究院，18363066409，jnmhw1986@163.com。

济南地区厚皮甜瓜品种筛选试验

杨丽娟，朱晓蕾，邹永洲，杨汝强，江英怀，刘　矿*

（济南市蔬菜技术推广服务中心，山东济南 250100）

摘　要：为筛选出适合济南地区秋茬温室栽培的高效、优质厚皮甜瓜新品种，选用多个甜瓜品种，从田间表现、果实品质、经济效益等多个指标综合比较，初步选出适于济南地区秋茬温室种植的品种为鸿运1号、长香玉、瑞龙、金蜜龙、碧龙、福祺宝玉、翠蜜、雪龙、元首、东方脆甜、众天7号、天香1号、玉如意、桑美、蜜世界、金橙。

关键词：济南地区；厚皮甜瓜；品种筛选

近年来，厚皮甜瓜因其果型美观、耐储存等特点，受到了广大消费者的青睐[1-2]。济南地区主栽的厚皮甜瓜品种为西州蜜系列，种植年限较长，且不耐裂，因此筛选适合本地区种植的优质厚皮甜瓜品种很有必要。济南市蔬菜技术推广服务中心以近几年工作中筛选出的厚皮甜瓜品种为基础，选用鲁厚甜1号等品种进行对比筛选试验，通过综合参试品种品质、产量、抗病性等方面因素，旨在筛选出产量高、品质优的厚皮甜瓜品种，为品种的进一步推广提供数据依据。

1　试验材料与方法

1.1　试验时间、地点

本试验于2018年8—11月在济南市唐王街道泉城农创谷园区内进行，设施栽培为南北朝向，长60m、宽13m的日光温室。

1.2　供试材料

供试品种为鲁厚甜1号等共计32个品种，鲁厚甜1号、M3329、M3431供种单位为山东省农科院蔬菜研究所，蜜世界、翠蜜、长香玉供种单位为农友种苗公司，福祺翠玉、天甜3号、福祺宝玉供种单位为河南省庆发种业公司，鼎雪脆梨、桑美供种单位为河南鼎优农业科技公司，心里笑供种单位为洛阳市农发农科公司，玉如意、金橙供种单位为合肥丰乐种业公司，海蜜8号供种单位为江苏海门市农业科学研究所，七彩脆蜜、众天7号、众天9号、众天10号、众天368供种单位为中国农业科学院郑州果树研究所，甬甜5号、甬甜7号供种单位为宁波市农业科学研究院，瑞龙、金蜜龙、碧龙、雪龙、元首、白元首、甜9号、东方脆甜、天香1号、鸿运1号供种单位为天津科润公司蔬菜研究所。

1.3　试验设计

共设32个处理，即每个品种为1个处理，自根苗栽培。8月17日定植，双行起垄栽培，定植密度2 220株/亩。吊蔓，单蔓整枝，第二或第三雌花留瓜。

1.4　田间管理

定植前1个月每亩施腐熟牛粪10m^3、秸秆5m^3，整地两遍，定植前1周撒施复合肥75kg、发酵好的豆饼250kg。铺地膜定植，定植后1周浇缓苗水，水肥一体化滴灌，坐果后当瓜长至鸡蛋大小时，浇膨瓜水。

1.5 测产分析

整个生育期内观察植株长势及抗病情况，并及时记录，坐瓜后每处理调查连续 10 株甜瓜的坐瓜节位，果实成熟后每处理取连续 10 株统计商品瓜率，分别测量单瓜重、皮厚和果形指数（纵径/横径），测量可溶性固形物含量，并由至少 10 名专业人员品尝评出纤维含量和口感。

2 结果与分析

2.1 田间植物学特征分析

在农艺性状上，除福祺宝玉、心里笑、玉如意、金橙、元首生长势偏弱外，其他品种均属中强水平；各品种坐果性大多偏中易，果实发育期在 30~55d，较早熟的品种有桑美、天甜 3 号等，个别较晚熟的是鲁厚甜 1 号、翠蜜、瑞龙、金蜜龙、碧龙，见表 1。

表 1 不同甜瓜品种植物学及经济性状比较

序号	品种名称	植株生长势	坐瓜节位（节）	坐果难易性	果实发育期（d）	单瓜重（kg）	折合亩产（kg）	对白粉病抗性	对霜霉病抗性
1	鲁厚甜 1 号	中	14	易	55	1.13	2 508.6	感	抗
2	M3329	中	13	易	43	0.97	2 153.4	感	抗
3	M3431	中	12	易	53	1.33	2 952.6	感	抗
4	蜜世界	强	14	易	50	1.25	2 775.0	感	抗
5	翠蜜	强	15	易	55	1.15	2 553.0	感	抗
6	长香玉	中	14	易	52	1.35	2 997.0	抗	抗
7	福祺翠玉	中	15	中	45	0.67	1 487.4	抗	抗
8	天甜 3 号	强	14	易	31	1.12	2 486.4	感	抗
9	福祺宝玉	弱	12	易	39	1.17	2 597.4	感	抗
10	鼎雪脆梨	中	13	易	40	0.72	1 598.4	感	抗
11	桑美	中	11	易	30	0.97	2 153.4	感	感
12	心里笑	弱	10	中	45	0.77	1 709.4	感	抗
13	玉如意	弱	11	中	44	0.82	1 665.0	感	抗
14	金橙	弱	14	易	41	1.00	1 953.4	感	抗
15	海蜜 8 号	强	12	易	50	0.98	2 153.4	感	抗
16	七彩脆蜜	强	10	易	46	0.77	1 998.0	抗	抗
17	众天 7 号	强	12	易	45	0.75	1 665.0	抗	抗
18	众天 9 号	强	12	易	48	0.88	1 953.6	抗	抗
19	众天 10 号	强	13	易	45	0.97	2 153.4	抗	抗
20	众天 368	强	12	易	41	0.90	1 998.0	感	抗
21	甬甜 5 号	强	13	易	41	0.75	1 665.0	感	抗
22	甬甜 7 号	强	12	易	50	1.00	2 220.0	感	抗
23	瑞龙	强	11	易	56	1.35	2 997.0	抗	抗

（续表）

序号	品种名称	植株生长势	坐瓜节位（节）	坐果难易性	果实发育期（d）	单瓜重（kg）	折合亩产（kg）	对白粉病抗性	对霜霉病抗性
24	金蜜龙	强	13	易	55	1.30	2 886.0	抗	抗
25	碧龙	中	14	易	55	1.25	2 775.0	抗	抗
26	雪龙	中	13	易	45	1.13	2 508.6	感	抗
27	元首	弱	12	易	45	1.05	2 331.0	抗	抗
28	白元首	中	14	易	45	1.03	2 286.6	感	抗
29	甜 9 号	中	13	易	45	1.05	2 331.0	感	感
30	东方脆甜	中	12	易	40	0.72	1 598.4	感	抗
31	天香 1 号	中	14	易	42	0.77	1 709.4	感	感
32	鸿运 1 号	中	12	易	50	1.38	3 063.6	感	抗

2.2 经济效益及抗病性比较

经济性状上，本次参选的甜瓜单瓜重在 0.33～1.38kg，其中个头较大的有鸿运 1 号、长香玉、瑞龙、M3431、金蜜龙、蜜世界、碧龙、福祺宝玉、翠蜜、鲁厚甜 1 号。抗病抗逆性上，各品种在苗期和生长前期无主要病害发生，坐果后期主要发生白粉病，均不抗白粉病。产量方面，本次展示每株均留单瓜，各品种产量与单果重呈正相关。

2.3 果实品质及抗病性比较

在果实品质上，本次参选的甜瓜品种心糖在 11.75%～20%，边糖在 9%～18%，其中甜度较高的有心里笑、东方脆甜、天香 1 号、海蜜 8 号、鼎雪脆梨。果肉厚度在 1.4～4.1cm，其中果肉较厚的有 M3431、鲁厚甜 1 号、雪龙、鸿运 1 号、翠蜜，见表 2。

表 2　不同甜瓜品种果实品质比较

序号	品种名称	纵径（cm）	横径（cm）	心糖（%）	边糖（%）	果肉厚度（cm）
1	鲁厚甜 1 号	14.2	12.2	15.0	9.0	3.8
2	M3329	13.3	11.7	15.0	10.0	3.7
3	M3431	16.7	12.4	16.0	11.5	4.1
4	蜜世界	15.6	12.3	16.0	11.4	3.4
5	翠蜜	13.6	12.5	14.5	9.0	3.8
6	长香玉	18.7	11.5	17.0	11.8	3.3
7	福祺翠玉	12.8	9.8	17.3	15.0	3.3
8	天甜 3 号	16.0	11.8	15.3	9.2	2.9
9	福祺宝玉	13.2	12.7	16.0	10.8	3.9
10	鼎雪脆梨	12.6	10.2	17.8	14.0	2.8
11	桑美	14.5	11.8	16.2	13.0	2.8
12	心里笑	15.0	10.4	20.0	18.0	2.8
13	玉如意	12.6	11.0	14.9	10.0	3.2

（续表）

序号	品种名称	纵径（cm）	横径（cm）	心糖（%）	边糖（%）	果肉厚度（cm）
14	金橙	15.6	11.6	16.0	12.0	3.3
15	海蜜8号	13.3	11.9	17.8	12.0	3.3
16	七彩脆蜜	14.6	10.3	11.75	9.0	2.6
17	众天7号	12.8	10.9	15.5	11.0	2.9
18	众天9号	14.9	11.1	15.5	10.2	3.0
19	众天10号	14.6	11.1	14.7	11.0	3.0
20	众天368	14.1	11.3	13.5	10.0	3.1
21	甬甜5号	15.0	9.7	17.0	12.0	2.4
22	甬甜7号	14.2	17.2	16.5	12.0	3.0
23	瑞龙	14.1	13.6	14.5	10.0	3.5
24	金蜜龙	16.8	12.2	15.0	11.8	3.2
25	碧龙	14.3	13.4	15.0	9.0	3.6
26	雪龙	16.2	12.2	16.8	12.0	3.9
27	元首	16.3	12.5	16.0	10.0	2.8
28	白元首	16.3	11.6	16.0	15.0	3.1
29	甜9号	13.3	12.6	16.0	9.0	3.3
30	东方脆甜	13.3	10.7	18.0	13.0	2.8
31	天香1号	12.7	12.7	18.2	13.0	3.3
32	鸿运1号	15.8	10.3	15.0	10.0	3.8

3 试验结论和讨论

通过本次筛选，综合果实品质和产量，初步筛选出适于济南地区秋茬温室种植的厚皮甜瓜品种为鸿运1号、长香玉、瑞龙、金蜜龙、碧龙、福祺宝玉、翠蜜、雪龙、元首、东方脆甜、众天7号、天香1号、玉如意、桑美、蜜世界、金橙。其中鸿运1号、长香玉、瑞龙、金蜜龙、蜜世界、碧龙、福祺宝玉、翠蜜单瓜重较大，产量较高。桑美较早熟，翠蜜、瑞龙、金蜜龙、碧龙较晚熟，选择种植不同品种，可错峰上市。

本试验只是1年的数据，在实际生产中，不同种植管理方式对其品质、产量和经济效益会有一定影响。

参考文献

[1] 董帅．北京地区厚皮甜瓜品种筛选试验研究［J］．农业科技通讯，2019（2）：127-130.

[2] 靳凯业，于琪，张保东，等．春大棚中国型西瓜品种筛选试验［J］．农业科技通讯，2018（12）：111-113.

【作者简介】杨丽娟（1988.8— ），女，山东济南人，汉族，硕士，农艺师，主要从事蔬菜技术推广工作。山东省济南市洪楼南路32号，0531-88706581，jnsczx@126.com。

济南地区秋冬茬番茄品种筛选试验

杨丽娟，邹永洲，刘　矿，牛文静，彭庆堂，杨汝强
（济南市蔬菜技术推广服务中心，山东济南 250100）

摘　要：为筛选出适合济南地区秋冬茬温室栽培的高产、优质番茄新品种，选用多个番茄品种，从田间表现、果实品质、经济效益等多个指标综合比较，初步选出适于济南地区秋茬温室种植的品种为欧美、希唯美、华锦7号、吉诺比利、超大金罗旺斯、金囤216、金囤115、卡西亚、鼎研粉二号、金粉帅、正荷五号、金圆宝2288、金圆宝2725、东农724、东农729、东圣T01、浙粉712、盛鸿一号。

关键词：济南地区；秋冬茬番茄；品种筛选

番茄是广大群众主食蔬菜之一，其较高的营养价值和经济价值使得番茄的种植面积和复种指数不断增加[1]，为适应济南市番茄生产发展的需要，改善品种品质，开展日光温室番茄新品种引进筛选试验研究十分必要[2]。济南市蔬菜技术推广服务中心以近几年工作中筛选出的番茄品种为基础，选用欧美等品种进行对比筛选试验，通过综合参试品种品质、产量、抗病性等多方面因素，旨在筛选出产量高、品质优的番茄品种，为品种的进一步推广提供数据依据，从而为农户和市民提供更多、更优质的番茄品种[3-4]。

1　试验材料与方法

1.1　试验时间、地点

本试验于2018年8—12月在济南市唐王街道泉城农创谷园区内进行，设施栽培为南北朝向，长60m、宽13m的日光温室。

1.2　供试材料

供试品种为欧美等共计44个品种，欧美、华锦7号供种单位为中国种子集团公司，希唯美、吉诺比利供种单位为武汉楚为生物科技有限公司，寿研PT326、寿研PT328供种单位为山东寿光蔬菜种业集团有限公司，花吹雪供种单位为广东良种引进服务公司，超大金罗旺斯、山姆3号、18-03、18-07、盼玉380、盼玉31-02供种单位为济南学超种业有限公司，金囤216、金囤115供种单位为淄博金囤农业发展有限公司，卡西亚、硕丰818供种单位为山东优创种业有限责任公司，PT1575、PT1676、华美103供种单位为酒泉市华美种子有限责任公司，DLFT419供种单位为酒泉市德利丰农业发展有限责任公司，金粉帅供种单位为兰州金桥种业有限责任公司，鼎研粉二号供种单位为河南鼎优农业科技有限公司，西方佳丽供种单位为河南省庆发种业有限公司，正荷五号供种单位为河南省庆发种业有限公司，柿都1318、柿都1307、柿都14203供种单位为单县绿丰种业有限公司，龙丰欧克409供种单位为佳木斯龙丰种子有限公司，金圆宝2288供种单位为绵阳市绵蔬种业科技有限公司，西润T2007供种单位为渭南市农业科学研究所，东农724、东农728、东农729供种单位为东北农业大学，浙粉711、

浙粉712供种单位为浙江省农业科学院蔬菜研究所，金鹏秋盛供种单位为西安金鹏种苗有限公司，盛鸿一号供种单位为山东省华盛农业股份有限公司，金红4号供种单位为酒泉庆和农业开发有限公司，红楼供种单位为河南鼎优农业科技有限公司，东圣T01、东圣T05、东圣1306供种单位为陕西东圣种业有限责任公司。

1.3 试验设计

共设44个处理，即每个品种为1个处理，8月17日定植，双行起垄栽培，行距40cm，株距30cm。无限生长品种保留相同穗数且顶部留2~3片叶打顶（日光温室6穗打顶）。调查不同番茄品种的开花期、成熟期、坐果难易性及植株生长势。30%植株第一花序开花时期为开花期，30%植株第一穗果成熟时期为成熟期。坐果难易性分为难、中、易3个级别，植株生长势分为强、中、弱3个级别。

1.4 田间管理

定植前1个月每亩施腐熟牛粪10m³、秸秆5m³，整地两遍，定植前1周撒施复合肥75kg、发酵好的豆饼250kg。铺地膜定植，定植后1周浇缓苗水，水肥一体化滴灌管理，熊蜂授粉。

1.5 测产分析

整个生育期内观察植株长势及抗病情况，并及时记录。单果重选取第二果穗上10个生长正常且具有代表性的成熟果实称重，取平均值；随机选取10株，在每株第二果穗上选取有代表性的完熟果实1个，采用ATAGO测糖仪测定可溶性固形物含量，取平均值；随机选取3~5个完熟果实判断果实硬度，分为硬、中、软3个级别；随机选取第二穗以上的完熟果实5个，横切后用直尺测量果皮厚度。

2 结果与分析

2.1 田间植物学特征分析

从植株生长势上看，花吹雪、盼玉380、DLFT419、西方佳丽、柿都14203、龙丰欧克409、西润T2007，这几个品种生长势较弱，不适合济南地区秋冬茬种植，见表1。

表1 不同番茄品种性状比较

品种名称	开花期（月.日）	成熟期（月.日）	坐果难易性	植株生长势	果实形状	可溶性固形物含量（%）	果实硬度	果皮厚（cm）	折合亩产（kg）	对病毒病抗性
欧美	9.2	11.28	易	中强	扁圆	4.30	中	0.8	12 201.10	抗
华锦7号	9.3	12.4	易	强	圆	4.50	中	0.6	11 082.20	抗
希唯美	9.2	12.3	易	中	圆	5.50	中	0.7	9 537.10	抗
吉诺比利	9.4	12.3	中	强	高圆	5.50	硬	0.7	14 225.80	抗
寿研PT326	9.2	12.3	中强	中	圆	4.50	硬	0.7	14 438.90	抗
寿研PT328	9.7	12.7	易	强	高圆	5.00	中	0.6	15 557.80	抗
花吹雪	9.5	11.16	中	弱	扁圆	4.15	软	0.6	7 228.30	感
超大金罗旺斯	9.5	11.19	中	中	圆	4.15	硬	0.6	11 774.90	抗
山姆3号	9.5	11.27	中强	中	圆	4.00	中	0.8	8 311.70	抗

（续表）

品种名称	开花期（月.日）	成熟期（月.日）	坐果难易性	植株生长势	果实形状	可溶性固形物含量（%）	果实硬度	果皮厚（cm）	折合亩产（kg）	对病毒病抗性
18-03	9.7	11.17	中	中	圆	4.10	硬	0.6	9 590.40	抗
18-07	9.7	11.17	中	中	圆	4.00	中	0.6	6 997.40	抗
盼玉 380	9.3	11.27	中	弱	圆	4.00	软	0.6	11 540.50	抗
盼玉 31-02	9.3	12.4	中	中强	高圆	4.50	中	0.6	13 693.00	抗
金囤 216	9.3	11.29	中	强	扁圆	3.20	硬	0.85	11 188.80	抗
金囤 115	9.5	12.4	中强	强	高圆	4.50	中	0.6	12 733.90	抗
卡西亚	9.2	11.30	中	中强	扁圆	4.50	硬	0.7	13 320.00	抗
硕丰 818	9.5	12.3	中	中	扁圆	3.90	中	0.6	10 478.40	感
PT1575	9.8	12.7	中	中强	高圆	4.50	中	0.7	13 000.30	抗
PT1676	9.5	11.25	中	中强	圆	4.00	软	0.6	11 188.80	抗
华美 103	9.5	12.30	中	中	圆	3.20	硬	0.9	15 557.80	抗
DLFT419	9.5	11.25	中	弱	高圆	5.10	硬	0.6	7 761.12	感
金粉帅	9.4	11.25	中	中	高圆	7.00	硬	0.6	9 643.68	抗
鼎研粉二号	9.3	11.25	中	中	扁圆	5.00	软	0.6	9 590.40	抗
西方佳丽	9.4	11.16	中	弱	圆	4.50	中	0.8	8 169.60	感
正荷五号	9.4	11.30	中	中	圆	4.50	中	0.5	10 656.00	抗
柿都 1318	9.9	12.3	中	中	圆	4.50	硬	0.6	10 878.00	抗
柿都 1307	9.5	11.20	中	中	圆	4.00	软	0.8	12 414.20	抗
柿都 14203	9.5	11.16	中	弱	圆	5.35	软	0.7	9 199.70	感
龙丰欧克 409	9.4	11.16	中	弱	圆	4.15	中	0.6	11 455.20	抗
金圆宝 2288	9.4	11.25	中	强	高圆	6.00	软	0.9	11 188.80	抗
金圆宝 2725	9.4	11.25	中强	中强	圆	3.50	软	0.9	13 320.00	抗
西润 T2007	9.4	11.25	中	弱	高圆	3.70	中	0.6	7 459.20	感
东农 724	9.4	11.16	中	强	扁圆	4.50	中	0.8	11 455.20	抗
东农 728	9.4	11.30	中	中强	高圆	4.50	中	0.6	10 123.20	抗
东农 729	9.4	11.16	中	强	扁圆	4.30	中	0.8	10 869.12	抗
浙粉 711	9.9	11.20	中	强	圆	3.90	硬	0.6	10 833.60	抗
浙粉 712	9.6	12.7	中	中	圆	5.00	中	0.6	10 656.00	抗
金鹏秋盛	9.6	12.7	中	中	圆	4.30	硬	0.7	8 511.48	感
盛鸿一号	9.8	11.22	中	中	圆	4.50	中	0.7	13 426.56	抗
金红 4 号	9.8	11.26	中	中强	扁圆	5.00	中	0.6	8 231.76	感
红楼	9.6	11.26	中	中	圆	3.90	中	0.7	10 167.60	抗
东圣 T01	9.4	11.29	中	中强	扁圆	5.00	中	0.7	9 030.96	抗
东圣 T05	9.4	11.29	中	中强	高圆	5.50	中	0.6	12 627.36	抗
东圣 1306	9.4	—	中	中	圆	4.00	中	0.60	12 947.04	抗

2.2 果实品质比较

从果实品质上看，本次参选的番茄果实易裂的品种有浙粉711、金粉帅、盼玉31-02、金红4号、花吹雪；其中，柿都1318表现果实转色不均，有青肩。可溶性固形物含量较高的品种有柿都14203、DLFT419、鼎研粉二号、金粉帅、金圆宝2288、华锦7号、金圆宝2725、吉诺比利、希唯美。

2.3 经济效益及抗病性比较

经济性状上，本次参选的番茄果实较大的品种有柿都1318、柿都14203、浙粉711、金圆宝2725、卡西亚、寿研PT328、东圣1306；果实较小的品种有山姆3号、红楼。花吹雪、DLFT419、西方佳丽、柿都14203、龙丰欧克409、西润T2007、金红4号，这几个品种易感病毒病，不适合济南地区秋冬茬种植。

3 试验结论和讨论

通过本次筛选，综合果实品质、产量和抗病性，初步筛选出适于济南地区秋冬茬种植的番茄品种为欧美、希唯美、华锦7号、吉诺比利、超大金罗旺斯、金囤216、金囤115、卡西亚、鼎研粉二号、金粉帅、正荷五号、金圆宝2288、金圆宝2725、东农724、东农729、东圣T01、浙粉712、盛鸿一号。其中吉诺比利、盛鸿一号、卡西亚、金圆宝2725、欧美、超大金罗旺斯、东农724、金囤216产量较高；鼎研粉二号、金粉帅、金圆宝2288、金圆宝2725、吉诺比利、希唯美可溶性固形物含量较高，口感较好。

参考文献

[1] 杨超沙，王国华，尹伟平，等．日光温室秋冬番茄多抗优良品种的筛选［J］．西南大学学报，2019（5）：8-14

[2] 靳军良，王峰，陈龙，等．日光温室番茄新品种引进筛选试验研究初报［J］．陕西农业科学，2017，63（12）；70-72.

[3] 温学萍，曹瑾，徐苏萌，等．日光温室秋冬粉果番茄品种比较研究［J］．园艺与种苗，2019，39（8）；11-14

[4] 李芳，杨洁，倪栋，等．日光温室越冬番茄品种筛选比较试验［J］．蔬菜科技，2019，36（4）：52-53

【作者简介】杨丽娟（1988.8— ），女，山东济南人，汉族，硕士，农艺师，主要从事蔬菜技术推广工作。山东省济南市洪楼南路32号，0531-88706581，jnsczx@126.com。

济南地区秋冬茬辣椒品种筛选试验

杨丽娟，冯连杰，杨汝强，牛文静，彭庆堂，邹永洲*

（济南市蔬菜技术推广服务中心，山东济南 250100）

摘　要：为筛选出适合济南地区秋冬茬温室栽培的高产、优质辣椒新品种，选用多个辣椒品种，从田间表现、果实品质、经济效益等多个指标综合比较，初步选出适于济南地区秋茬温室种植的品种为墨秀八号、恒润三号、镇研 958 三号、镇研 958 六号、镇研 958 七号、镇研 958 十号、华之秀黄椒。

关键词：济南地区；秋冬茬辣椒；品种筛选

较高的经济价值使得辣椒在济南地区的种植面积和复种指数不断增加[1]，为适应济南市辣椒生产发展的需要，改善品种品质，特开展日光温室辣椒新品种引进筛选试验[2-3]。济南市蔬菜技术推广服务中心以近几年工作中筛选出的辣椒品种为基础，选用春华一号等品种进行对比筛选试验，通过综合参试品种的适应性、抗逆性、优质性、丰产性、商品性等多方面因素，旨在筛选出产量高、品质优的辣椒品种，为进一步的推广提供数据依据。

1　试验材料与方法

1.1　试验时间、地点

本试验于 2018 年 8—11 月在济南市唐王街道泉城农创谷园区内进行，设施栽培为南北朝向，长 60m、宽 13m 的日光温室。

1.2　供试材料

供试品种共计 19 个品种，春华一号、皇玛供种单位为河南鼎优农业科技有限公司，康大 301、康大 601 供种单位为郑州郑研种苗科技有限公司，驻椒 20 供种单位为驻马店市农业科学院，墨秀八号、华之秀黄椒供种单位为河南豫艺种业科技发展有限公司，恒润三号供种单位为江苏恒润高新农业发展有限公司，镇研 15 号、苏椒 958、镇研 958 三号、镇研 958 六号、镇研 958 七号、镇研 958 九号、镇研 958 十号供种单位为镇江市镇研种业有限公司，雄风勇士供种单位为四川种都高科种业有限公司，欧洲巨椒 16 号供种单位为济南学超种业有限公司，西椒 9 号供种单位为黑龙江省佳木斯市西林种子有限公司，37-74 供种单位为瑞克斯旺（青岛）有限公司。

1.3　试验设计

共设 19 个处理，即每个品种为 1 个处理，8 月 17 日定植，双行起垄栽培，定植密度 2 000株/亩。调查不同辣椒品种的始花节位、始花期、结果期、始收期、株高、株型及熟性等。第一片真叶着生节位到首花节位的节数为始花节位，调查 10 株，取平均值；30%以上植株第一朵花开放记为始花期，50%以上植株结果记为结果期，30%以上植株第一次采收成熟商品果记为始收期。

1.4 田间管理

定植前 1 个月每亩施腐熟牛粪 10m^3、秸秆 5m^3，整地两遍，定植前 1 周撒施复合肥 75kg、发酵好的豆饼 250kg。铺地膜定植，水肥一体化管理。

1.5 测产分析

整个生育期内观察植株长势及抗病情况，并及时记录。采收盛期选充分长足的 10 个商品果测定果长、果宽、单果重、肉厚、取平均值；并统计记录果形、果色、果面光泽、辣味等品质特征。

2 结果与分析

2.1 田间植物学特征分析

参与本次秋季筛选的辣椒在农艺性状上，生长势均属中强水平，全部为直立株型，株高在 80~100cm，雄风勇士株高最高，熟性除春华一号和皇玛外多属于中早熟性，见表 1。

表 1 不同辣椒品种物候期及植物学性状比较

品种名称	始花节位	始花期（月.日）	结果期（月.日）	始收期（月.日）	株高（cm）	株型	熟性
春华一号	8	9.5	9.10	10.12	92	直立	晚
皇玛	9	9.4	9.9	10.12	87	直立	晚
康大 301	9	9.3	9.9	10.12	96	直立	早
康大 601	9	8.30	9.5	10.12	91	直立	早
驻椒 20	9	9.5	9.7	10.12	105	直立	中
墨秀八号	7	9.4	9.6	10.12	94	直立	中
恒润三号	8	8.27	9.6	10.12	83	直立	中
镇研 15 号	9	9.2	9.8	10.10	81	直立	早
苏椒 958	10	9.2	9.8	10.10	88	直立	早
镇研 958 三号	9	9.2	9.8	10.10	94	直立	早
镇研 958 六号	8	9.2	9.6	10.10	96	直立	早
镇研 958 七号	9	9.1	9.5	10.10	92	直立	早
镇研 958 九号	9	9.2	9.8	10.10	106	直立	早
镇研 958 十号	9	9.2	9.9	10.10	90	直立	早
雄风勇士	10	9.2	9.10	10.10	132	直立	中
欧洲巨椒 16 号	9	9.2	9.9	10.12	113	直立	早
西椒 9 号	10	9.2	9.10	10.10	84	直立	早
华之秀黄椒	9	9.2	9.6	10.12	102	直立	中
37-74	9	9.5	9.11	10.11	119	直立	中

2.2 果实品质比较

果实品质比较，见表2。

表2 不同辣椒品种果实品质比较

品种名称	果形	果重（g）	果长（cm）	果宽（cm）	肉厚（cm）	果色	果面	辣味
春华一号	粗牛角	190	9.54	6.98	0.70	深绿	光滑	无
皇玛	羊角	200	8.52	7.30	0.75	绿	光滑	中
康大301	牛角	220	14.64	7.02	0.70	绿	微皱	无
康大601	粗长牛角	140	24.24	4.20	0.35	深绿	凹凸纵沟	无
驻椒20	长牛角	110	23.56	3.46	0.35	黄绿	光滑	无
墨秀八号	粗长牛角	120	19.56	4.50	0.33	深绿	有纵棱沟	微辣
恒润三号	粗牛角	130	20.68	4.42	0.34	深绿	微皱	微辣
镇研15号	粗长牛角	120	21.82	4.52	0.33	深绿	有纵棱沟	微辣
苏椒958	粗牛角	180	23.70	4.46	0.35	深绿	微皱	微辣
镇研958三号	长牛角	160	23.84	4.98	0.30	绿	微皱	微辣
镇研958六号	长牛角	140	24.60	4.54	0.33	绿色	微皱	微辣
镇研958七号	粗长牛角	110	19.80	4.30	0.35	绿色	微皱	微辣
镇研958九号	粗长牛角	160	27.66	4.70	0.31	绿色	皱	微辣
镇研958十号	粗牛角	180	25.96	5.20	0.33	绿色	皱	微辣
雄风勇士	牛角	150	23.26	4.74	0.32	深绿	有纵棱沟	微辣
欧洲巨椒16号	细长牛角	140	23.76	4.58	0.35	深绿	皱	微辣
西椒9号	细长牛角	160	21.92	5.06	0.35	绿色	皱	微辣
华之秀黄椒	细长牛角	130	20.72	5.06	0.31	绿色	皱	辣
37-74	牛角	100	25.67	3.54	0.25	黄绿	光滑	微辣

2.3 经济效益及抗逆性比较

除春华一号、皇玛、康大301和康大601外，本次参选的品种有不同程度的病毒病发生，病情指数皆在30%以下，为抗性品种。其中墨秀八号、恒润三号、镇研958三号、镇研958六号、镇研958七号、镇研958十号产量较高，见表3。

表3 不同辣椒品种折合亩产及抗性比较

品种名称	折合亩产（kg）	DI	对病毒病抗性
春华一号	7 748.9	2.3	高抗
皇玛	6 045.4	3.7	高抗
康大301	6 414.9	0	高抗
康大601	6 860.3	0	高抗
驻椒20	6 423.5	11.3	抗

（续表）

品种名称	折合亩产（kg）	DI	对病毒病抗性
墨秀八号	9 632.0	10.8	抗
恒润三号	8 521.6	15.2	中抗
镇研 15 号	7 502.2	5.6	抗
苏椒 958	7 373.0	16.7	中抗
镇研 958 三号	8 569.2	20.3	中抗
镇研 958 六号	9 591.6	25.1	中抗
镇研 958 七号	8 028.1	22.3	中抗
镇研 958 九号	7 493.5	5.7	抗
镇研 958 十号	8 532.5	23.3	中抗
雄风勇士	7 399.7	6.1	抗
欧洲巨椒 16 号	7 570.0	25.6	中抗
西椒 9 号	7 572.9	27.7	中抗
华之秀黄椒	7 617.6	25.1	中抗
37-74	6 840.5	6.7	抗

注：DI，病毒病指数；高抗，0≤DI≤5；抗，5<DI≤15；中抗，15<DI≤30。

3 试验结论和讨论

通过本次筛选，综合果实品质、产量和抗病性，初步筛选出适于济南地区秋茬温室种植的辣椒品种为墨秀八号、恒润三号、镇研 958 三号、镇研 958 六号、镇研 958 七号、镇研 958 十号、华之秀黄椒。其中墨秀八号、恒润三号、镇研 958 三号、镇研 958 六号、镇研 958 七号、镇研 958 十号产量较高。

参考文献

［1］ 赵明国，尹爱国，李立国 . 19 个辣椒新品种筛选试验［J］. 蔬菜，2018（6）：75-78.

［2］ 赵维，程娜，付毅，等 . 蔬菜大棚专用辣椒品种筛选试验探讨［J］. 现代园艺，2018（6）：4-5.

［3］ 刘恒，王社英，赵静，等 . 辣椒新品种引进对比试验初报［J］. 农业研究，2019（8）：63-68.

【作者简介】杨丽娟（1988. 8— ），女，山东济南人，汉族，硕士，农艺师，主要从事蔬菜技术推广工作。山东省济南市洪楼南路 32 号，0531－88706581，jnsczx@ 126. com。

济南地区中小果型西瓜品种筛选试验

杨丽娟[1]，王洪勇[2]，邹永洲[1]，冯连杰[1]，江英怀[1]，朱晓蕾[1]*

(1. 济南市蔬菜技术推广服务中心，山东济南 250100；

2. 济南市农业综合行政执法支队，山东济南 250100)

摘　要：为筛选出适合济南地区秋茬温室栽培的高效、优质中小型西瓜新品种，选用多个西瓜品种，从田间表现、果实品质、经济效益等多个指标综合比较，初步选出适于济南地区秋茬温室种植的品种为早春翠玉、众天春晖、菊城红玲、早春红玉 2 号、京澜、福祺麒麟、福祺墨橙香、众天 5318、豫艺瓜之宝 9 号、甜蜜蜜、新京美 4K。

关键词：济南地区；中小型西瓜；品种筛选

近年来，中小型西瓜因其果型小巧、肉质细嫩、方便携带、更适合现代人口少的家庭食用等特点，受到了广大消费者的青睐，已逐渐成为西瓜市场消费的热点[1-3]。济南地区主栽的小型西瓜品种小兰，因种植年限较长，连作障碍严重，因此筛选出适合本地区种植的优质中小型西瓜品种势在必行。济南市蔬菜技术推广服务中心以近几年工作中筛选出的中小型西瓜品种为基础，选用京颖、京澜等品种进行对比筛选试验，通过综合参试品种品质、产量、抗病性多方面因素，旨在筛选出产量高、品质优的西瓜品种，为品种的进一步推广提供数据依据，从而为农户和市民提供更多、更优质的中小型西瓜品种。

1　试验材料与方法

1.1　试验时间、地点

本试验于 2018 年 8—11 月在济南市唐王街道泉城农创谷园区内进行，设施栽培为南北朝向，长 60m、宽 13m 的日光温室。

1.2　供试材料

供试品种共计 30 个，W1215、W4410 供种单位为山东省农科院蔬菜研究所，京颖、京澜、新京美 4K 供种单位为北京市农林科学院蔬菜研究中心，扬帆 2020、早春红玉 2 号供种单位为上海惠和种业有限公司，彩虹瓜之宝、玲珑瓜之宝 2 号、豫艺瓜之宝 9 号、锦霞 8 号供种单位为河南豫艺种业科技发展有限公司，龙盛 1 号供种单位为黑龙江省农业科学院园艺分院，甜妞供种单位为合肥丰乐种业公司，甜蜜蜜、鲁青红玉供种单位为济南鲁青种苗有限公司，旺得福供种单位为山东省华盛农业股份有限公司，农友翠玲、农友黑宝、新金兰、明玉供种单位为农友种苗公司，菊城红玲供种单位为开封市农林科学研究院，福祺麒麟、福祺墨橙香供种单位为河南省庆发种业有限公司，中兴红 1 号、早春翠玉、众天 5318、众天 1293、众天春晖、众天红宝、朝霞供种单位为中国农业科学院郑州果树研究所。

1.3　试验设计

共设 30 个处理，即每个品种为 1 个处理，自根苗栽培。8 月 20 日定植，双行起垄栽培，定植密度 2 220株/亩。吊蔓，双蔓整枝，第二或第三雌花留瓜。

1.4　田间管理

定植前 1 个月每亩施腐熟牛粪 10m^3，秸秆 5m^3，整地两遍，定植前 1 周撒施复合肥 75kg，发酵好的豆饼 250kg。铺地膜定植，定植后 1 周浇缓苗水，水肥一体化滴灌，坐果后当瓜长至鸡蛋大小时，浇膨瓜水。

1.5　测产分析

整个生育期内观察植株长势及抗病情况，并及时记录，坐瓜后每处理调查连续 10 株西瓜的坐瓜节位，果实成熟后每处理取连续 10 株统计商品瓜率，分别测量单瓜重、皮厚和果形指数（纵径/横径），测量可溶性固形物含量，并由至少 10 名专业人员品尝评出纤维含量和口感。

2　结果与分析

2.1　田间植物学特征分析

参与本次秋季筛选的中小果型西瓜在农艺性状上，生长势均属中强水平，坐果大多偏中易，果实发育期在 30~50d，较早熟的品种有旺得福、农友翠玲、明玉、菊城红玲、中兴红 1 号，早春翠玉、众天 5318、众天 1293、众天红宝、朝霞、新京美 4K 等，个别较晚熟的是扬帆 2020。

2.2　经济效益及抗逆性比较

不同西瓜品种性状及抗逆性见表 1。

表 1　不同西瓜品种性状及抗逆性比较

品种名称	植株长势	第二雌花节位	坐果难易性	果实发育期（d）	单瓜重（kg）	折合亩产（kg）	对枯萎病抗性	其他表现
W1215	强	15	中下	43	1.32	2 930.4	抗	抗高温
W4410	强	13	易	40	1.35	2 997.0	抗	
京颖	强	16	易	38	1.13	2 508.6	抗	
京澜	强	19	易下	40	1.43	3 174.6	抗	
扬帆 2020	强	17	易	49	1.73	3 840.6	抗	畸形果多
早春红玉 2 号	中	13	中	38	1.15	2 553.0	抗	
彩虹瓜之宝	弱	17	中下	36	1.13	2 508.6	抗	
玲珑瓜之宝 2 号	强	16	易	38	1.17	2 597.4	抗	
豫艺瓜之宝 9 号	中	15	易	39	1.23	2 730.6	抗	裂瓜
锦霞 8 号	中	16	易	40	1.13	2 508.6	中抗	裂瓜
龙盛 1 号	强	14	易	38	1.23	2 730.6	抗	
甜妞	弱	15	易	35	1.35	2 997.0	中抗	叶片较小
甜蜜蜜	强	12	中	36	1.33	2 952.6	抗	不易坐果
鲁青红玉	中	16	中	33	0.98	2 176.6	中抗	
旺得福	中	16	中下	33	0.98	2 175.6	中抗	
农友翠玲	中	17	中	33	0.87	1 931.4	中抗	
农友黑宝	中	17	易	35	1.05	2 331.0	抗	
新金兰	强	15	易	34	1.23	2 730.6	抗	果实不均

（续表）

品种名称	植株长势	第二雌花节位	坐果难易性	果实发育期（d）	单瓜重（kg）	折合亩产（kg）	对枯萎病抗性	其他表现
明玉	中	16	中	33	1.13	2 508.6	抗	
菊城红玲	强	19	易	30	1.48	3 285.6	抗	
福祺麒麟	中	13	易	35	1.42	3 152.4	抗	
福祺墨橙香	强	19	易	37	1.45	3 219.0	抗	结瓜整齐
中兴红 1 号	强	19	易	33	0.93	2 064.5	抗	
早春翠玉	强	19	易	33	1.77	3 929.4	抗	
众天 5318	强	15	易	33	1.28	2 841.6	抗	裂果
众天 1293	强	18	易	33	1.03	2 286.6	抗	
众天春晖	强	16	易	36	1.62	2 286.6	抗	
众天红宝	强	15	中上	33	1.03	3 596.4	抗	
朝霞	强	15	中上	33	1.20	2 664.0	抗	
新京美 4K	强	17	易	33	1.23	2 730.6	抗	节位不齐

经济性状上，本次参选的西瓜单瓜重在 0.87～1.77kg，其中个头较大的有早春翠玉、扬帆 2020、众天春晖、菊城红玲、京澜、福祺麒麟、福祺墨橙香、甜妞等；农友翠玲、旺得福，众天红宝、彩虹瓜之宝为小果型。产量方面，本次筛选每株均留单瓜，各品种产量与单果重呈正相关。抗病抗逆性上，各品种在苗期和生长期均无主要病害发生，均耐低温，对枯萎病表现为中等以上的抗性。

2.3 果实品质比较

在果实品质上，本次参选的西瓜果实心糖在 8.5%～12.5%，边糖在 6.5%～11%，其中心糖含量较高的品种有朝霞、玲珑瓜之宝 2 号、新京美 4K、旺得福、彩虹瓜之宝、农友翠玲等；边糖含量较高的品种有新京美 4K、龙盛 1 号、众天 1293、中兴红 1 号、玲珑瓜之宝 2 号等。瓜皮厚度在 0.47～1.35cm，其中瓜皮较厚的品种有 W1215、扬帆 2020、农友黑宝，果皮较薄的品种有彩虹瓜之宝、京澜、豫艺瓜之宝 9 号、旺得福、明玉、众天 1293、众天 5318、众天红宝等，详见表 2。

表 2　不同西瓜品种果实品质比较

品种名称	纵径（cm）	横径（cm）	心糖（%）	边糖（%）	皮厚（cm）
W1215	13.50	13.10	10.80	7.0	1.35
W4410	14.50	13.55	8.90	8.0	0.65
京颖	15.03	12.03	10.30	9.5	0.70
京澜	14.70	13.87	11.20	6.5	0.53
扬帆 2020	14.43	15.23	10.50	8.7	1.00
早春红玉 2 号	15.47	12.27	10.30	9.0	0.63
彩虹瓜之宝	14.03	13.07	11.90	7.0	0.47
玲珑瓜之宝 2 号	13.87	12.97	12.20	10.0	0.73
豫艺瓜之宝 9 号	14.87	12.90	10.00	8.0	0.57
锦霞 8 号	14.60	12.37	10.17	8.0	0.67

（续表）

品种名称	纵径（cm）	横径（cm）	心糖（%）	边糖（%）	皮厚（cm）
龙盛1号	14.30	12.93	11.50	10.0	0.60
甜妞	16.20	12.77	8.50	7.1	0.67
甜蜜蜜	13.70	13.10	10.50	7.1	0.87
鲁青红玉	14.10	12.57	11.00	9.8	0.70
旺得福	13.53	11.73	11.90	9.2	0.57
农友翠玲	12.70	11.27	11.80	9.0	0.83
农友黑宝	14.37	11.90	10.50	9.0	1.07
新金兰	13.43	13.03	9.00	8.7	0.73
明玉	14.40	12.37	10.00	9.8	0.53
菊城红玲	14.63	13.97	11.00	9.1	0.97
福祺麒麟	14.00	13.47	9.00	8.1	0.70
福祺墨橙香	14.23	13.97	10.00	9.2	0.90
中兴红1号	14.87	11.47	10.20	10.0	0.73
早春翠玉	16.27	14.47	10.50	7.0	0.63
众天5318	14.23	13.27	10.00	8.5	0.53
众天1293	14.50	11.87	11.00	10.0	0.50
众天春晖	15.33	14.23	10.00	7.8	0.83
众天红宝	13.30	12.30	9.00	9.0	0.53
朝霞	13.90	12.70	12.50	9.0	0.60
新京美4K	15.43	12.33	11.80	11.0	0.93

3 试验结论和讨论

通过本次筛选，综合果实品质、产量和抗病性，初步筛选出适于济南地区秋茬温室种植的中小型西瓜品种为早春翠玉、众天春晖、菊城红玲、早春红玉2号、京澜、福祺麒麟、福祺墨橙香、众天5318、豫艺瓜之宝9号、甜蜜蜜、新京美4K。其中早春翠玉、众天春晖、菊城红玲、京澜、福祺麒麟、福祺墨橙香单瓜重较大，产量较高；早春翠玉、菊城红玲、众天5318、新京美4K较早成熟，可早上市，提高经济效益。

参考文献

［1］贾文红，于琪，靳凯业，等．北京地区小果型西瓜品种试验研究［J］．农业科技通讯，2018（12）：115-116.

［2］靳凯业，于琪，张保东，等．春大棚中国型西瓜品种筛选试验［J］．农业科技通讯，2018（12）：111-113.

［3］张进文，王艳霞，杨艳华，等．河北地区中果型西瓜品种筛选试验［J］．现代农业科技，2019（8）：59-60.

【作者简介】杨丽娟（1988.8— ），女，山东济南人，汉族，硕士，农艺师，主要从事蔬菜技术推广工作。山东省济南市洪楼南路32号，0531－88706581，jnsczx@126.com。

济南市高产大豆品种筛选

门洪文[1]，黄昌见[1]，康振强[2]，王宝国[2]，朱 利[1*]
（1. 济南市农业科学研究院，山东济南 250316；
2. 济南市种子公司，山东济南 250022）

摘 要：连续3年开展了大豆品种筛选试验，通过比较、分析不同大豆品种的田间农艺性状、产量等指标，筛选出了适合济南市种植的优质、高产大豆品种。结果表明：大豆产量与主茎高度、主茎节数、无效荚数极显著负相关；与主茎分枝数、单株粒数极显著正相关。在本试验条件下，菏豆23号连续3年产量均为最高，其中2017—2019年分别为173.21kg/亩、232.5kg/亩和315.9kg/亩。因此，推荐菏豆23作为高产品种在济南市进行重点推广。

关键词：大豆品种；农艺性状；产量提升

大豆起源于我国，古称“菽”，为五谷之一，在我国种植已有5 000多年历史，是我国重要的粮食作物和油料作物，在国家粮食安全中占有重要地位。我国的大豆需求量每年1.1亿t左右，而产量仅1 600万t左右，90%的大豆需要从其他国家进口[1]。

山东是我国夏大豆主产区之一，栽培历史悠久。但是由于大豆种植没有受到足够重视，山东大豆常年处在自发种植状态，栽培技术比较粗放，产量不高，效益不理想，种植面积逐年下降[2]。2018年，济南市大豆种植面积约6.42万亩，总产量1.15万t，单位面积产量179kg/亩。品种杂、面积小、单产低严重制约了济南市大豆产业的发展。2017年、2018年和2019年连续3年开展了多个大豆品种的品比试验。通过调查田间农艺性状、成熟期测产筛选出了综合农艺性状好，产量较高、抗逆性强的大豆品种，为济南市大豆种植选择良种提供了参考。

1 材料与方法

1.1 试验材料

试验于2017—2019年在济南市农业科学研究院试验田进行，该试验田位于黄淮海平原地区，属于半湿润温带大陆性季风气候区，年降水量约671.1mm，且多集中在夏季，年平均气温14.7℃，年无霜期235d，年日照时数2 616.8h。2017年、2018年和2019年分别收集了10个、26个和9个大豆品种进行了产量比较试验。

1.2 试验设计

本试验采用随机区组试验设计，每个品种作为1个处理，3次重复，小区面积为12m^2，畦宽2.4m，畦长5m，每畦播种5行，行距为40cm，株距15cm。管理同大田生产。

1.3 调查指标

成熟期调查株高、主茎分枝、单株荚数、荚长、荚粒数等指标，每个处理调查5株，收获期每个小区连续收获10株进行测产，重复3次。

2 试验结果与分析

2.1 2017 年大豆农艺性状及产量指标比较

由表 1 可得，在本试验条件下，临豆 12、临豆 13 号植株高大，主茎节数最多，分枝数中等，有效荚数和无效荚数均较少，导致单株粒数较少，产量较低，可能是由于大肥大水导致营养生长过旺，植株郁闭影响结实；从主茎高度看，临豆 12 号主茎最高，临豆 1 号主茎最矮，主茎节数较多，分枝数最少，单株荚数最少，导致单株粒数较少，产量最低。从主茎节数来看，临豆 12 号主茎节数最多，临豆 9 号最少；从主茎分枝数来看，菏豆 23 和菏豆 21 主茎分枝数最大，但各品种之间差距不大；从有效荚数和单株总荚数来看，菏豆 23 最高，临豆 12 号最低，总体来看菏豆系列有限荚数和单株荚数均显著高于临豆系列；从单株粒数来看，菏豆 23 最多，总体来看菏豆系列品种结实性较好。产量最高的 4 个品种均为菏豆，其中菏豆 23 产量最高，为 173.21kg/亩。

表 1 2017 年大豆农艺性状及产量统计

品种	主茎高度（cm）	主茎节数（个）	分枝数（个）	有效荚数（个）	无效荚数（个）	单株荚个数（个）	单株粒数（粒）	产量（kg/亩）
菏豆 23	106.9	13.0	5.5	105.9	25.9	131.8	317.2	173.21
菏豆 19	106.1	11.9	5.1	96.9	25.4	122.2	290.6	164.34
菏豆 21	115.6	12.8	5.5	79.5	31.1	110.6	238.4	108.10
菏豆 12	115.8	12.6	4.9	47.7	17.2	65.0	143.2	70.64
临豆 13 号	138.8	17.2	5.0	56.1	20.3	76.4	168.3	25.12
临豆 9 号	102.2	9.9	4.3	66.2	11.1	77.3	198.6	24.90
临豆 10 号	121.4	15.5	4.2	52.3	18.5	70.8	156.8	24.58
临豆 11 号	124.6	11.4	4.3	37.2	22.3	59.5	111.6	11.36
临豆 12 号	154.2	19.4	5.1	18.9	26.7	45.6	56.7	10.44
临豆 1 号	87.3	16.3	3.5	30.3	5.0	35.3	121.2	9.04

2.2 2018 年大豆农艺性状及产量指标比较

由表 2 可得，2018 年，主茎高度在 61.5~127.7cm。主茎节数在 10.9~22.3 个。分枝数在 2.0~4.8 个。有效荚数在 52.5~95.5 个。单株粒数在 94.8~189.7 粒。从产量指标来看，菏豆 23 产量最高，为 232.5kg/亩；其次为临豆 9 号、菏豆 19 号和菏豆 21 号，均超过 200kg/亩。

表 2 2018 年大豆农艺性状及产量统计

品种	主茎高度（cm）	主茎节数（个）	分枝数（个）	有效荚数（个）	无效荚数（个）	单株荚个数（个）	单株粒数（粒）	产量（kg/亩）
菏豆 23	70.3	11.9	3.0	79.7	6.7	86.4	162.7	232.5
临豆 9 号	65.1	12.7	3.7	56.9	4.0	60.9	107.9	229.7

（续表）

品种	主茎高度（cm）	主茎节数（个）	分枝数（个）	有效荚数（个）	无效荚数（个）	单株荚个数（个）	单株粒数（粒）	产量（kg/亩）
菏豆 19	71.8	13.2	3.8	95.5	7.1	102.5	189.7	213.1
菏豆 21	78.2	13.2	3.0	68.2	8.9	77.1	125.9	204.7
冀豆 12	61.5	12.0	3.9	70.1	13.4	83.5	112.4	187.1
临豆 21	84.4	14.5	2.8	67.9	9.5	77.4	133.7	176.9
陕垦豆 3 号	93.4	16.1	2.3	57.5	11.3	68.8	118.1	171.4
山宁 17	67.9	10.9	3.7	77.6	6.1	83.7	141.7	168.6
齐黄 34	71.3	11.8	2.3	55.6	5.1	60.6	106.7	157.5
潍豆 8 号	65.1	12.5	3.1	72.2	6.1	78.8	148.1	147.3
中黄 37	81.5	13.3	3.5	50.9	9.6	60.5	108.0	143.6
临豆 11	77.1	14.9	3.5	83.7	6.8	70.5	133.8	131.5
潍豆 9 号	95.9	15.9	2.7	53.1	14.6	67.7	123.3	131.5
菏豆 12	83.0	15.6	2.9	68.0	11.5	79.5	132.3	129.7
郑 1430	92.8	15.3	3.5	68.5	11.2	79.7	126.6	119.5
L84-2112	120.7	18.0	3.5	77.1	10.0	86.7	155.1	118.6
L91-8859	124.3	18.7	2.7	75.5	9.0	84.5	171.9	114.9
临豆 10 号	107.5	17.7	3.3	60.0	11.7	71.7	126.4	114.9
齐黄 35	93.2	14.7	2.9	72.3	11.5	83.7	123.3	106.5
山宁 16	75.5	13.3	2.9	58.8	11.7	70.5	120.5	97.3
L93-3539	109.0	16.6	2.0	61.4	11.1	72.1	143.5	93.6
齐黄 26	65.7	11.7	3.4	52.6	10.8	110.1	113.1	92.6
临豆 13	117.4	21.2	4.8	52.5	32.9	83.6	102.3	84.3
H0320	127.7	22.3	3.5	67.7	23.2	90.9	121.5	67.6
烟豆 4 号	116.7	19.5	3.3	52.8	15.6	68.4	94.8	59.3
L92-8580	106.4	16.6	2.4	52.9	8.0	60.9	122.1	57.4

2.3 2019 年大豆农艺性状及产量指标比较

由表 3 可得，9 个大豆品种均为直立株型，株高 38.2~72.8cm。主茎分枝 2.6~5.4 个。单株荚数 73~137.2 个，荚长 5~6cm，荚粒数 3.6~6.2 粒。从产量指标来看，菏豆 23、临豆 9 号、菏豆 19 号、菏豆 21 号、陕垦豆 3 号均超过 300kg/亩，其中菏豆 23 产量为 315.9kg/亩，且千粒重最高，达 238.4g。

表3 2019年大豆农艺性状及产量统计

品种	株型	株高（cm）	主茎分枝（个）	单株荚数（个）	荚长（cm）	荚粒数（粒）	单株产量（g）	产量（kg/亩）	千粒重（g）
菏豆23	直立	63.8	3.4	117.6	5.0	4.6	47.4	315.9	238.4
临豆9号	直立	53.8	3.2	86.6	5.1	3.8	47.3	315.4	218.8
菏豆19	直立	56.6	2.6	73.0	5.4	4.6	46.7	311.3	236.6
菏豆21	直立	58.4	3.0	96.2	5.3	6.2	46.1	307.5	222.7
冀豆12	直立	39.8	2.6	81.8	5.2	5.2	31.6	210.9	213.1
临豆21	直立	63.2	5.0	106.0	6.0	4.2	42.3	282.2	196.6
陕垦豆3号	直立	72.8	5.4	137.2	5.9	5.0	45.1	300.7	231.2
山宁17	直立	45.0	3.6	132.8	5.0	4.6	29.7	198.2	231.4
齐黄34	直立	38.2	3.0	76.2	5.3	3.6	27.9	186.2	243.4

2.4 大豆农艺性状相关性分析

由表4可得，大豆产量与主茎高度、主茎节数、无效荚数极显著负相关；与分枝数、单株粒数极显著正相关。单株粒数与分枝数极显著正相关，与主茎高度、主茎节数极显著负相关。无效荚数与主茎高度、主茎节数极显著正相关，与有效荚数显著正相关。有效荚数与主茎高度、主茎节数极显著正相关，与分枝数极显著负相关。分枝数与主茎高度和主茎节数极显著负相关。主茎高度和主茎节数显著正相关。

表4 大豆农艺性状相关性

	主茎高度（cm）	主茎节数（个）	分枝数（个）	有效荚数（个）	无效荚数（个）	单株荚个数（个）	单株粒数（粒）
主茎高度/cm	1						
主茎节数/个	0.780**	1					
分枝数/个	-0.569**	-0.817**	1				
有效荚数/个	0.392**	0.638**	-0.805**	1			
无效荚数/个	0.754**	0.541**	-0.439**	0.370*	1		
单株荚数/个	0.388**	0.485**	-0.625**	0.879**	0.537**	1	
单株粒数/粒	-0.480**	-0.776**	0.930**	-0.599*	-0.318	-0.388*	1
产量	-0.742**	-0.734**	0.693**	-0.370	-0.550**	-0.241	0.679**

注：**，在0.01水平（双侧）上显著相关；*，在0.05水平（双侧）上显著相关。

3 结论与讨论

大豆产量与主茎高度、主茎节数、无效荚数极显著负相关；与主茎分枝数、单株粒数极显著正相关。单株粒数与分枝数极显著正相关，与主茎高度、主茎节数极显著负相关。因此，在选择大豆品种时，应选择主茎高度适中、节数较少，主茎分枝数多的品种。在保障适当种植密度的条件下，尽量通过提高有效荚数提高单株粒数，并合理调控主茎高度和节数，降低营养生长消耗，为大豆丰产提供物质基础。

在本试验条件下，菏豆 23 号主茎分枝数最多，有效荚数和单株总荚数最多，结实性最好，连续 3 年产量均为最高，其中 2017 年为 173. 21kg/亩，2018 年为 232. 5kg/亩，2019 年为 315. 9kg/亩。因此，推荐菏豆 23 作为高产大豆品种在济南市进行适当推广。

参考文献

［1］ 王佶宁，商明蕊．我国大豆产业现状、问题及对策分析［J］．环渤海经济瞭望，2019（11）：105.

［2］ 李素真，李继存，赵云，等．山东大豆生产现状与发展对策［J］．山东农业科学，2010（9）：123-124.

【作者简介】门洪文（1986. 11— ），男，山东平阴人，汉族，硕士，助理研究员，研究方向为玉米育种及作物栽培技术研究。山东省济南市长清区明发路 717 号济南市农业科学研究院，18363066409，jnmhw1986@ 163. com。

网纹甜瓜新品种——伯格

李芳霞[1]，唐露苗[2]，曹建涛[2]，刘海军[2*]
（1. 济南护理职业学院，山东济南 250102；2. 济南市农产品质量检测中心，山东济南 250306）

摘　要：网纹甜瓜被称为厚皮甜瓜中的精品，以其特有的口感、风味及艺术性的网状裂纹，成为广大消费者的新宠。柏格是在引进的13个品种中，经过3年试种，筛选出的最适合当地种植的品种，填补了济南市济阳区秋季无瓜的空白。

关键词：网纹甜瓜；伯格；栽培技术要点

济南市济阳区具有悠久的西甜瓜种植历史，仁风富硒西瓜、太平镇西瓜、崔寨香瓜各具特色，仁风镇西瓜是农业农村部命名的“中国西瓜之乡”，为地理标志产品。为满足人民日益增长的美好生活需求，增加农民收入，确保四季有瓜的地域品牌，济南市济阳区丰叶农资推广中心从日本引进系列网纹甜瓜新品种 13 个（伯格、比美、米拉诺、阿鲁斯、蜜绿、夏乐、帕莉丝等），经连续 3 年试种试验与选择，确定柏格为优先品种。

1　特征特性

该品种植株长势旺盛，叶片中等大小，节间稍短。耐斑点病、白粉病和蔓割病。适应性强，在不良气候下，雌花发生稳定，网纹易形成、均匀美观、立体感强。果形正圆，果肉黄绿色，果肉厚，酥糯性口感，含有大量人体需要的糖类、维生素和纤维素以及矿物质[1]，平均单果重 1.6~1.8kg。授粉后 55d 左右成熟，糖度稳定在 15~16 度，储藏性好。

2　主要优势

2.1　适应性强

对土壤的适应性较强，无须对土质作特别的选择，一般来说，应选择耕作层深，肥力中等以上，土壤 pH 值为 6.5~8.5，富含有机质的田块；排灌方便，用地下水进行灌溉，排水设施完备。栽培设施多样，冬暖式大棚、大拱棚均可种植；适宜温度为 15~35℃，最低温不要低于 10℃，最高温度不要超过 40℃；耐重茬。

2.2　抗病性强

整个生长期用药 2~3 次。授粉前施药 1 次，主要防治白粉虱、蚜虫和菜青虫等虫害，授粉以后施药 1~2 次，主要防治立枯病、斑点病、白粉病和蔓割病等病害。

2.3　茬口灵活

可以与番茄、黄瓜、辣椒和芹菜等蔬菜进行茬口对接，灵活利用两茬作物的间隔期种植网纹甜瓜，也可以全年种植。

2.4　经济效益高

栽培技术简易，普通百姓能够掌握，用工少，可以节省大量的人工成本；生长周期短，夏季生产 85~90d，春秋季生产 100~110d，见效快；产品价格高，极品瓜每个 100 元以上，普通商品瓜收购价格稳定在 20 元/个左右，每亩纯收入 1.5 万元以上。

3 栽培技术要点

3.1 栽培设施要求

冬暖式大棚占地面积不少于 3 334m^2，棚高 4.5~4.8m，南北跨度 12~13m，东西长度 100~110m。外墙用土堆积，底部宽度 4.8~5.2m，顶部宽度 1.4~1.6m。工具房通过土洞与大棚相连，土洞长 4~5m，洞口加布帘。放风口设在大棚南部靠近地面处、顶部靠近后墙处，放风口安装防虫网。

大拱棚占地面积不小于 1 200m^2，棚高 3.5~4m，肩高 1.6m，南北跨度 12~13m，东西长度 100~150m。放风口设在大棚离地面 0.5m 处、顶部最高处，放风口安装防虫网。

3.2 田块种植要求

选择排灌方便、地下水位低、富含有机质、土层深厚疏松的壤土地块。棚室消毒：清理作物残体、杂物，保持田间清洁；结合深耕施用噻虫嗪颗粒剂有效成分 100g/亩，80%多菌灵可湿性粉剂 600g/亩，处理土壤。

基肥施用腐熟的牛粪或猪粪 1 000~1 500kg/亩，撒施生物有机肥 150~200kg/亩，N：P：K 配比为 15：15：15 的复混肥 20~30kg/亩。

施用基肥及化学消毒剂后深耕，深度 30~40cm，土地整平后按照沟距 120cm、畦宽 80cm、沟深 30cm 作畦。畦中央开沟，撒施少量微生物菌肥、微量元素肥料，每畦种植 1 行。

采用地下水灌溉（相对于使用地表水灌溉，地下水灌溉可以有效减轻立枯病的发生）。畦中央铺设滴灌支管道，大棚南边铺设主管道，安装水肥一体化设施。

3.3 育苗

准备腐熟的育苗土并进行彻底消毒，工厂化育苗可采用无菌土，穴盘内播种。种子发芽适宜温度 30~32℃，嫩芽顶出土表后逐渐把温度降至 28℃左右，在真叶展开一半前要确保 25℃的棚温，真叶展开 1.5~2 片时，确保 20~22℃的棚温，真叶达到 2.5 片时，保持 18℃的棚温，并逐渐开始降温适应性驯化，培育壮苗。

3.4 定植

大拱棚定植时间：第一茬 3 月中下旬开始，第二茬 6 月底至 7 月底开始。

冬暖式大棚定植时间：第一茬 2 月中旬至 4 月中旬开始，第二茬 6 月底至 8 月底开始。

移栽苗株高 6~8cm，茎粗 0.5cm 以上，三叶一心时开始定植，定植时地温稳定在 18℃以上。定植时行距 130cm，株距 30~40cm，种植密度 1 700~1 800株/亩。定植后畦埂覆盖黑色地膜，沟间铺稻壳。

3.5 苗期

3.5.1 温湿度控制

棚温白天控制在 25~30℃，晚上不低于 15℃，湿度控制在 40%~50%。

3.5.2 灌溉施肥

定植后马上浇水，第一次浇水应浇足浇透，1周后第二次浇水，授粉前浇第三水，第三次浇水量要少，滴灌1~2h即可，结合第二、第三次浇水，通过滴灌施用液体生物肥料，促进根部生长。

3.5.3 病虫害防治

每畦悬挂2~3片黄板、畦埂上放置毒饵进行物理杀虫；用化学试剂吡蚜·呋虫胺、阿维·螺虫酯杀灭蚜虫、白粉虱、菜青虫等害虫；苗期病害较轻，发现病株及时拔除，并对土壤进行杀菌消毒。

3.5.4 植株控制

5片真叶前后（定植后10d左右），苗势开始生长旺盛，此时注意去除子叶，打侧枝，适当抑制长势，促进花芽的分化；7~8片真叶前后（定植后15d左右），开始缠秧；13片真叶前后（定植后28d左右），是结果枝、茎叶充实肥大期，摘除下部3~4片老叶，适当增加通风量及时间，降低棚内湿度；在13~16叶间，留2~3个结果枝，坐果节位以最大展开叶、主枝呈"<"形弯曲的节位最为理想，结果枝留2片叶后摘心[2]。植株长到株高1m前后（定植后30d左右），展开叶达到17片左右，留20片叶进行摘心，摘心的程度通常是摘除植株顶端0.5~1cm，确保结果枝以上至少保证7~8片真叶，植株高度保持在1.6~1.8m，摘心控高可以确保养分流向果实。

3.6 开花坐果期

当雌花未完全开放，瓜直径0.5~1cm时（定植后35d左右），用喷壶喷施氯吡脲，每株保留2~3个瓜。

3.6.1 温湿度控制

棚温白天控制在26~32℃，晚上不低于15℃，湿度控制在30%~50%。

3.6.2 灌溉施肥

果实膨大到鸡蛋大小时，开始浇水，灌水以量少次多为原则。

3.6.3 保果

授粉后3~4d，由于棚内湿度较大，子房幼果易腐烂，需要摘光子房尾部的花瓣；授粉后7d左右，果实膨大到鸡蛋大小时开始蔬果，选坐果位好、瓜型端正、无伤疤的瓜留下，其余瓜摘掉，每株保留1个商品瓜；继续打侧枝、打雄、掐须，确保果实的营养生长。

3.7 果实膨大期

3.7.1 温湿度控制

棚温白天控制在28~34℃，晚上不低于15℃，昼夜拉开温差，提高瓜的糖度及品质；湿度控制在30%~60%，花纹形成期湿度控制尤为重要，授粉后16d左右开始裂纵纹，6~7d后裂横纹，裂纹时每天5—8时，关闭风口，洒水，增加湿度，湿度控制在50%~60%，8时以后逐渐加大通风，降低棚内湿度，下午湿度控制在20%~30%，晚上温度高时打开通风口，否则关上。

3.7.2 灌溉施肥

网纹瓜整个生长季追肥1次，果实膨大期追施高钾肥和钙镁肥可以提高瓜的品质和糖度[3]。结合浇水，追施大量元素水溶性肥料，肥料 N：P：K 配比为（6~8）：（6~8）：（35~45），施用量为6~8kg/亩，中量元素水溶肥料（含钙、镁元素），施用量为0.5~1kg/亩。

3.7.3 吊挂

授粉后18d左右，纵纹开始大量出现时开始吊挂，瓜统一吊在植株外侧，便于后期管理。

3.7.4 盖纸

横纹裂完后，网纹布满整个果实时盖纸。用不透明的纸折成草帽形，盖在瓜的上方。盖纸的作用：一是减少喷药时农药残留在瓜的表面；二是防止阳光直晒，保持瓜的底色；三是保持湿润的小环境，有利于瓜纹的进一步形成。

3.7.5 病害防治

果实膨大期易发生白粉病、炭疽病、霜霉病和斑纹病等病害，用唑醚喹啉铜、霜霉威盐酸盐等药物喷施；积极采取物理防治措施，打下的侧枝、老叶、病叶及时清理出棚，加大通风量，降低棚内湿度。

3.8 收获

授粉后55~60d收获，收获前3d进行果实糖度测定，果实糖度以15度为目标，糖度不达标的适当延期采收。用剪刀剪断果枝，瓜柄留“T”形。瓜收获后存放2~3d，口感更佳。

参考文献

[1] 叶喜琴．日本网纹甜瓜栽培技术要点［J］．福建农业，2010（10）：21-20.

[2] 张炳光，占鹏程．网纹甜瓜大棚无土栽培配套技术研究［J］．现代农业科技，2006（5）：8-9.

[3] 周剑，李天来，刘义玲．网纹甜瓜气雾栽培对产量与品质的影响研究［J］．北方园艺，2013（4）：16-19.

【作者简介】李芳霞（1969.2— ），女，山东济南人，汉族，本科，副教授，研究方向为食品营养。山东省济南市历城区港西路3636号，0531-87406088，1140641108@qq.com。

优质黄皮小型西瓜“金芒”的选育

翟景云
（山东省伟丽种苗科学研究院，山东济南 250212）

摘　要：西瓜是夏季消暑止渴的首选水果，黄皮西瓜外观新颖靓丽，与红色果瓤结合，配色美观，深受消费者的青睐，因此培育优质黄皮小西瓜是西瓜新品种选育的重要育种目标之一。本文详细介绍了市场畅销黄皮西瓜新品种“金芒”的选育过程、特征特性和栽培技术要点。
关键词：黄皮小型西瓜；金芒；自交系

西瓜是我国居民消费的主要水果之一，其栽培面积居世界第一，占世界总量 1/2 以上[1]。随着人民生活水平的提高，对西瓜外观及食用品质的要求也越来越高。西瓜育种工作只有以市场为导向，选出适合市场需求的优良品种才能取得西瓜种植的丰产丰收[2]。黄皮西瓜外观新颖靓丽，与红色果瓤结合，配色美观，深受消费者的青睐，因此培育优质黄皮小西瓜是西瓜新品种选育的重要育种目标之一。以山东伟丽种苗有限公司（以下简称伟丽公司）为例，目前伟丽公司西瓜年育苗总量达 1 300余万株，其中小型礼品西瓜占 300 余万株，且逐年上升。随着市场对小西瓜需求量的增加，伟丽公司也开始培育自己的小西瓜品种。目前，已培育出的小西瓜品种“红灵”“金麒麟”等优秀品种年推广株数达 200 余万株，种子销售量约 10 万粒。近年来又选育出优质黄皮小西瓜“金芒”，一经推出，伟丽公司就接到约 5 万株订单。

1　选育经过

在作物育种工作中，创造优良的种质资源是工作成败的关键。前人对美国 1870—2001 年育成的 235 个西瓜品种进行分析，发现利用优良的核心种质对新品种育成有很好的促进作用[3]。在一代杂种优势利用育种工作中，选育优良的双亲自交系至关重要。我国西瓜种质资源同源性较高，遗传基础狭窄[4]，为此在育种实践中，注意了基因突变新材料及具有欧美血统的西瓜分离材料的应用。

1.1　“金芒”母本的选育过程

“金芒”母本自交系 YHP 的选育过程。2003 年在云南收集到一个深绿色条纹中型椭圆西瓜，其肉质硬脆，品质较好。利用它进行了多次自交分离，早代该材料分离严重，表现为皮色深浅及条纹粗细不一；瓜形出现了从圆形到椭圆多个类型；植株从旺盛到弱小；叶片从大到中小；抗病性及结实率等方便差异也较大。于是从中主要选择了果形相对较小、品质较高、肉质硬脆度适中、椭圆形的西瓜作为主要的选择目标，对其他类型则大量淘汰。经过四代自交纯化后分离出多个不同类型的自交系。并于 2007 年在一个稳定的绿皮、条纹、椭圆瓜自交系中出现一个黄皮突变株。其皮色浅黄、有暗条纹、红色果肉、椭圆果形，茎秆、叶柄及叶脉均为浅黄色，植株长势中等。经过遗传性分析表明此黄色果皮性状是由一个显性基因控制的简单遗传。经纯化选出了一个黄皮、椭圆、红肉的优良自交系，定名为 YHP，YHP 选育系谱见图 1。

2003 年春　　Y 引-3 云南引种材料（短椭圆、条纹瓜）
↓
2004 年春　　Y 引-3-7（椭圆、细条纹瓜）
↓
2004 年秋　　Y 引-3-7-5（椭圆、细条纹瓜）
↓
2005 年春　　Y 引-3-7-5-11（整齐的椭圆、细条纹瓜）
↓
2005 年秋　　Y 引-3-7-5-11-6（黄皮、椭圆瓜）
↓
2006 年春　　Y 引-3-7-5-11-6-2（黄皮、椭圆瓜）
↓
2006 年秋　　Y 引-3-7-5-11-5-6-2-混系（全系整齐黄皮、椭圆瓜）
↓
2007 年春　　定名 YHP（黄皮、椭圆瓜）

图 1　YHP 选育系谱

1.2　“金芒”父本的选育过程

“金芒”父本自交系 XC 的选育过程。2013 年从北京市延庆县（现北京市延庆区）引进一个高圆、条纹、优质的小型西瓜杂交种。该品种外观秀丽，粉红肉，肉质爽脆，糖度较高。经 6 代自交纯化选出了一个椭圆、绿条纹、红肉、优质的自交系，定名为 XC，XC 选育系谱见图 2。

2014 年春　　XHS 引-3（延庆引入 F_1 分离后代，高圆、条纹瓜）
↓
2014 年秋　　XHS 引-3-7（高圆、条纹瓜）
↓
2015 年春　　XHS 引-3-7-10（短椭圆、条纹瓜）
↓
2015 年秋　　XHS 引-3-7-10-4（椭圆、条纹瓜）
↓
2016 年春　　XHS 引-3-7-10-4-13（椭圆、条纹瓜）
↓
2016 年秋　　XHS 引-3-7-10-4-13-混系（全系整齐，椭圆、条纹瓜）
↓
2017 年春　　定名 XC（绿皮、椭圆、条纹瓜）

图 2　XC 选育系谱

2017 年春季利用 YHP 与 XC 进行了试配，编号 17083，当季多次邀请种植户及青果商进行品评，根据其综合表现性质优良（黄皮、椭圆、红肉、高糖、抗裂）定名为

"金芒"（图 3、图 4）。

图 3　"金芒"田间

图 4　"金芒"剖面与切面

2　"金芒"的植物学性状

"金芒"皮色金黄有暗条纹、果形椭圆。剖面美观；果皮厚 7mm 左右，韧性较好，较抗裂。肉质硬脆，甘甜爽口，可溶性固形物达 14%以上。种子为深褐色中小籽，单果重 2~3kg。植株长势中等，植株茎秆为黄绿色；叶脉色及叶柄均为黄色；叶片绿与黄色斑点相间，中等大小，边缘为圆弧形缺刻；叶面有小绒毛。第一雌花出现一般在 6~8 节；选择第三朵雌花坐果最佳，果实发育期 30d 左右，成熟的果实饱满、润泽。属于早熟品种；抗病，极易坐果；好种好卖，消费者喜欢吃，种植户愿意种，经销商也愿意经营。

3　适应性与抗性

2017 年春季育成"金芒"新品种后，开始在山东多地和河南、江苏、河北、安徽、四川等省进行春秋季以及二茬、三茬等各时间段及不同管理方式的试种，在试种过程中发现"金芒"在早春种植时植株长势及结实性都较好，且果皮色金黄鲜亮，果形美观；在早秋茬种植时显示出它有较好的抗高温能力。在棚内午间温度高达 40℃以上时也能很好地结实。在做重茬试验时，"金芒"也表现出较好的适应性，其二茬结实性比很多绿皮条纹瓜的结实性与商品率都高出很多。但在同时面对高温与较强光照时"金芒"显示出了它的弱点。可能是果皮接收光波的不同，在特殊季节会有不同的反应（这个需要以后考证）。晚春及早秋季在高温+强光照条件下如果不适当遮阴，坐果 25d 左右后会出现水瓤的问题。如果期间适当遮阴则可避免水瓤的出现。

4　栽培技术要点

21 世纪是人类生产力与科技发展较快的时期，西瓜栽培技术也已发生巨大的改变。从前露地催芽直播地爬栽培，到后来陆地+地膜栽培，以及现在大拱棚、日光温室的保护地吊蔓栽培[5]。由于"金芒"的适应性较强，所以对于栽培方式的要求不严格，露地地爬、保护地地爬及保护地吊蔓都可以种植。种植密度从地爬 1 600株/亩至吊蔓 3 000株/亩都可以（图 5、图 6）。管理过程中应注意水肥管理，定植水要浇透，坐瓜水与膨瓜水很关键，授粉前1周大水浇透，避免授粉期间因浇水造成瓜秧徒长坐不住瓜；膨瓜水应在授粉结束10d后浇透，直至果实成熟可不再浇水。

图5 “金芒”1 800株/亩生长势

图6 “金芒”3 000株/亩生长势

5 综合评价与市场推广前景

2017年初次试配“金芒”后，2018年与2019年均在伟丽公司辛寨种苗场开展小型西瓜新品种品鉴会，针对“金芒”的外观、品质、耐储运等性状对参会专家、青果商、种植户、消费者等进行了调查。“金芒”的调查结果为果形椭圆，皮色金黄，肉色粉红，果皮厚0.8cm，肉质硬脆无酸味，风味好，可溶性固形物13%。评审专家认为该品种果形好，品质好，耐储运，有很好的推广价值。2020年该品种参加了DUS检测，并在全国多个省市开始试种。

参考文献

[1] 王鸣，焦定量．我国西瓜育种的进展［C］//中国园艺学会．全国蔬菜遗传育种学术论文讨论文集．成都：全国蔬菜遗传育种学术讨论会，2002：259-264.

[2] 高春慧，陈胜梅．浅析新形势下西瓜的种植与发展［J］．农技服务，2007，24（2）：1+5.

[3] 王浩波，王鸣，高秀武，等．美国西瓜育种历程及育成品种的种质基础［J］．园艺学报，2003（3）：366-369.

[4] 张法惺，栾非时，盛云燕．不同生态类型西瓜种质资源遗传多样性的SSR分析［J］．中国蔬菜，2010，1（14）：36-43.

[5] 焦自高，贺洪军，刘翔礼，等．山东西瓜70年发展回顾与展望［J］．中国瓜菜，2019（8）：23-26.

【作者简介】翟景云（1983.1—　），女，河南永城人，汉族，本科，主要从事西甜瓜新品种选育工作。山东省济南市章丘区刁镇镇辛三村伟丽种苗科学研究院，18510201047，1053259897@qq.com。

三、试验研究

暗纹东方鲀味觉受体第1家族 *T1R1* 基因克隆及功能域分析

马　嵩[1]，陈　葵[2]，姜文凤[3]，董　贝[4*]

（1. 济南市水产技术推广站，山东济南 250002；2. 苏州大学基础医学与生物科学学院，江苏苏州 215123；3. 济南市农药鉴定所，山东济南 250120；4. 济南市农业科学研究院，山东济南 250316）

摘　要：根据 Genbank 现有的数据，对暗纹东方鲀 *Takifugu fasciatus* 味觉受体 *T1R1* 基因进行了克隆。从基因组中得到了包含完整 ORF 框的基因序列 3 376bp。与红鳍东方鲀 *Takifugu rubripes* 相关基因同源性为 98.9%，总相异 27 个 bp，推测的表达蛋白有 11 个氨基酸差异。通过生物信息学分析，得到的味觉受体第 1 家族的 *T1R1* 符合此家族基因的 6 外显子、5 内含子结构特征，翻译蛋白质相应的位置出现了此家族信号位点和功能域。预测蛋白质的结构分析证明此类味觉受体基因属于 G 蛋白偶联受体超家族的成员。

关键词：暗纹东方鲀；味觉受体 *T1R1*；基因克隆；功能域

味觉受体第 1 家族（Taste Receptor Family 1 Member，T1R），是动物体内主要介导甜味和鲜味的受体蛋白家族。其主要是通过细胞上 GPCR 家族第 3 亚型完成介导过程。T1R 家族基因克隆研究主要在哺乳动物方面，本文通过对于暗纹东方鲀（*Takifugu fasciatus*）*T1R1* 的基因克隆，从而从分子生物学和基因编码构成方面对 T1R 家族参与调控的化学味觉刺激及反应应答机理进行相关研究分析。

1　材料和方法

1.1　试验材料

来源自海安市中洋集团的国家级暗纹东方鲀原种场。

1.2　试验设计

使用试剂盒解剖其头肾提取暗纹东方鲀基因组，参照 Genbank 现有的序列数据，采用分段 PCR 的方法，得到完整的 ORF 区域所在区域。

将所得的序列进行测序，然后进行生物信息学功能域分析。所有分子生物学试验皆设定 3 个平行重复，保证试验序列数据的准确。

2　结果

2.1　*T1R1* 基因扩增结果

通过设计引物分段克隆，得到暗纹东方鲀味觉受体 *T1R1* 基因的 DNA 片段全长 3 376bp，与之前公布的红鳍东方鲀的 *T1R1* 基因对比发现，其中包括 6 个外显子和 5 个内含子。外显子中 ORF 长度为 2 538bp，碱基中 A+T 的比率为 52.34%，C+G 的比率为 47.66%，推测编码 845 个氨基酸，以终止密码子为此片段结尾（图 1）。且经过分析可知，基因结构中所有内含子的剪切位点符合“GT-AG”法则。

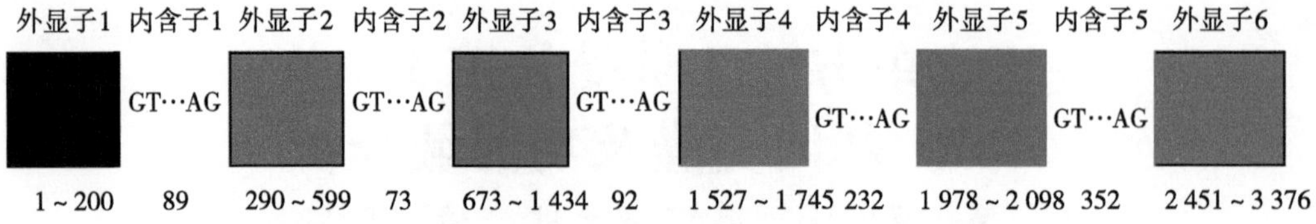

图1 暗纹东方鲀 *T1R1* 基因 ORF 框中内含子外显子示意

2.2 *T1R1* 基因同源性分析

暗纹东方鲀味觉受体候选基因 *T1R1* 测序结果与红鳍东方鲀[1]相应的序列同源性达 98.9%，相差 27 个碱基，推测的表达蛋白质、氨基酸序列与红鳍东方鲀的相差 11 个。与青鳉[2]相应的序列比较同源性达 72%，与斑马鱼相应的序列比较同源性达 65%。这些与之前的论断，味觉受体第一家族同一纲目内的同源性[3]较高的论断基本符合。另外，在外显子部分 500～700 和 2 240～2 360区间附近，与原鸡[4]同源性达到 70%，与鸭嘴兽[5]同源性达到 76%，与牛[6]等其他哺乳类动物在此区域间同源性也在 70%以上。

2.3 *T1R1* 基因核酸和蛋白性质结构与特性预测分析

T1R1 经之前的克隆扩增得到一个完整的 mRNA 转录体，其中转录体长 2 538bp，编码 845 个氨基酸，等电点为 6.491，分子量大小为 93.151kDa（图 2）。用 Expasy 网站提供的在线预测工具 SMART 分析发现该氨基酸序列主要包括有七个跨膜区，符合 G 蛋白耦联受体家族的结构特征。根据分析，除了 7 个跨膜域外，从第 57～212 个氨基酸残基可能为 GTP 酶活化蛋白（RhoGAP）家族，第 125～296 个氨基酸残基具有丛生蛋白 α 链（CLa）蛋白家族功能域，第 471～543 个氨基酸残基具备糖蛋白激素 α 链（GHB）功能域，第 489～560 个氨基酸残基与胰岛素样生长因子结合蛋白有相似的结构域，第 507～542 个氨基酸残基中有肿瘤坏死因子受体重复片段。利用 SOPMA 和 nnpredict 预测该蛋白序列的二级结构，结果表明其 α 螺旋（Hh）约占 38.46%，延伸链（Ee）约占 16.80%，β 转角（Tt）约占 2.96%，随机卷曲结构（Cc）约占 41.78%（图 3）。利用 TMpred 在线工具分析预测该氨基酸序列包含 14 个由内到外的跨膜螺旋和 13 个由外到内的跨膜螺旋，其中强螺旋区分别为 10 个和 9 个（图 4）。利用 SignalP 的神经网络分析法对 T1R1 蛋白质进行信号肽分析，结果显示，T1R1 蛋白在 1～24 区域为信号肽序列，分值最高达 0.989，在第 24 和 25 个氨基酸残基之间为分裂位点（图 5）。ScanProsite 的功能区域分析表明，第 572～837 个氨基酸残基之间具备 G 蛋白偶联受体家族 3 的特征（图 6），其中第 521～544 个氨基酸残基间和第 762～772 个氨基酸残基间

注：1. Transmembrane region，576～598，611～629，644～666，687～706，733～755，767～789，793～815。2. Low complexity region，279～286，308～319。

图2 *T1R1* 基因蛋白结构域分析

有2个明显的此家族信号区域。

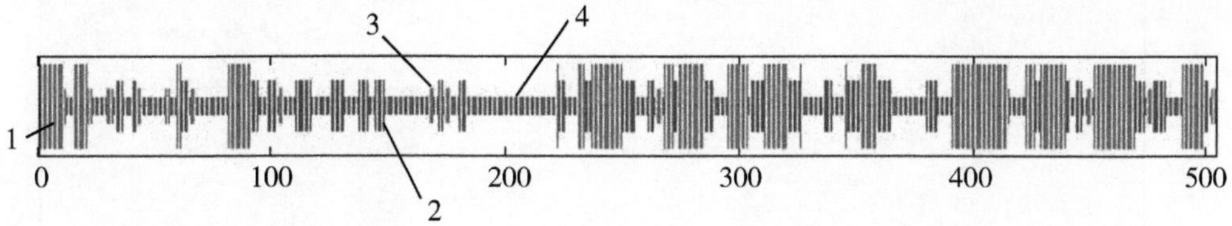

注：1. α螺旋（Hh），约占38.46%；2. 延伸链（Fe），约占16.80%；3. β转角（Tt），约占2.96%；4. 随机卷曲结构（Cc），约占41.78%。

图3 *T1R1*基因的蛋白二级结构预测

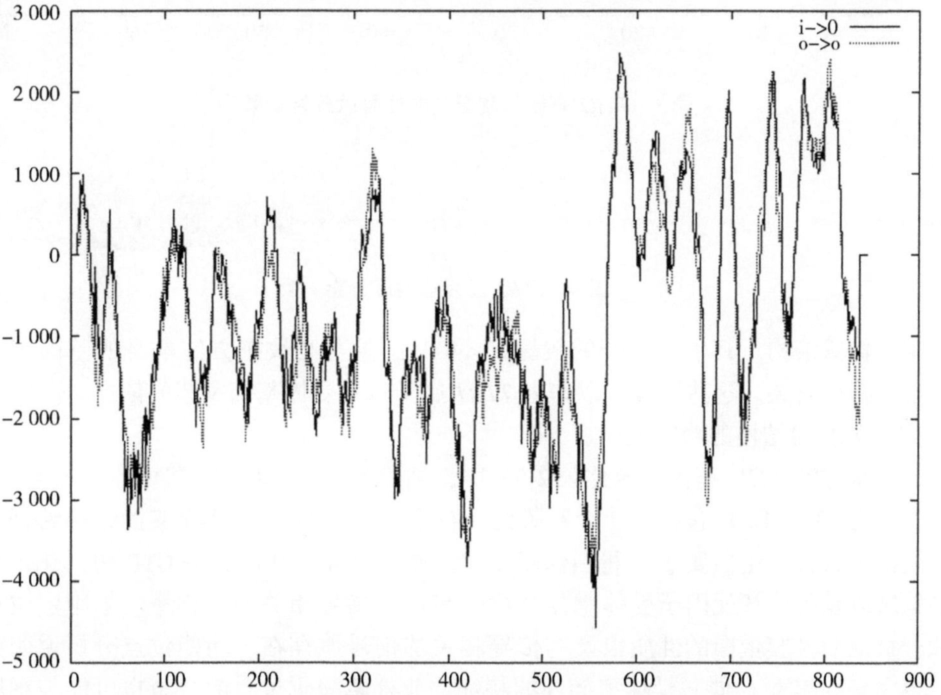

图4 *T1R1*基因预测蛋白的跨膜区出入波形

3 讨论

3.1 *T1R1*基因的物种进化

由于有关鱼类味觉受体相关基因的分子生物学研究较其他高等的脊椎动物起步较晚，所得到的基因序列数据在Genbank上只可以检索到的最接近的序列也只是哺乳类家族受体类似片段。

与已知序列比对，*T1R1*序列同源性达到98%以上，推测味觉受体在同属内的序列同源性比较高，但在不同的鱼种之间的存在序列不稳定性。从种间比较来看，*T1R1*其预测的保守区域应该有2个，分别位于此基因的500~700和2 240~2 360区间内。从得到的基因结构来看，*T1R1*具备完整的ORF，具备6个外显子和5个内含子的味觉受体

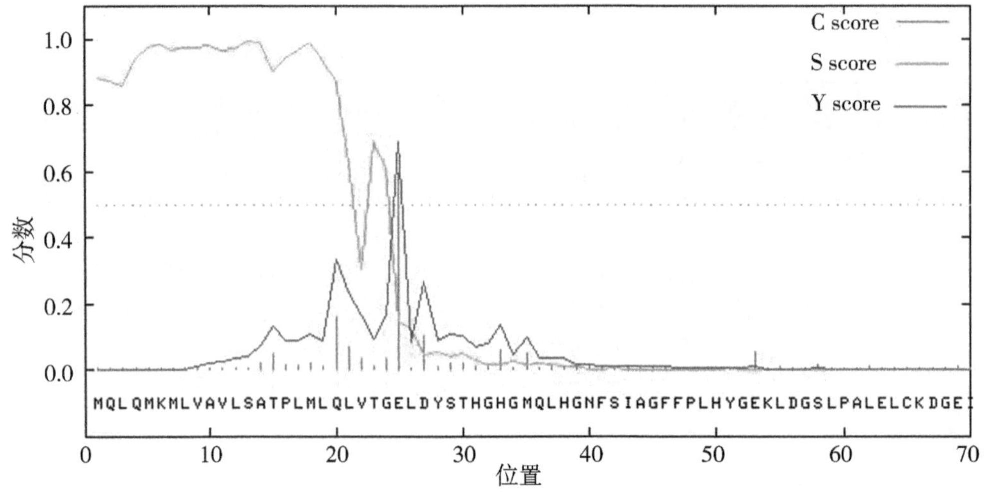

图 5 *T1R1* 基因预测蛋白的信号肽分析结果

图 6 *T1R1* 基因功能区分析

第一家族普遍结构。其中内含子的较短（<400），这与暗纹东方鲀本身的基因组[7]结构较小的特征有关。这些同样可以作为 *T1R1* 属于味觉受体基因家族的依据。

3.2 *T1R1* 基因结构的功能探讨

暗纹东方鲀 *T1R1* 基因转录体长 2 538bp，编码 845 个氨基酸，等电点为 6.491，分子量大小为 93.151kDa 包括有 7 个跨膜区，符合 G 蛋白偶联受体家族的结构特征。同样可能推定其推测蛋白属于 G 蛋白偶联受体家族。另外，其还具备 GTP 酶活化蛋白家族结构域以及肿瘤坏死因子受体重复片段等与信号传导相关的结构域。细胞定位和信号肽分析证明其膜蛋白的性质以及与传导相关的信号肽存在。功能位点分析说明此基因具备完整的 G 蛋白偶联受体家族 3 的特征，此外磷酸化位点的数量也可能与细胞信号传导调控有关联[8]，从而预示此基因有可能参与到外来信号应答反应。

通过对所得基因的分析，推测了其结构和可能的功能，从生物信息学角度验证了其为味觉基因的可能性，为以后进一步研究相关的味觉功能的分子表达调控打下了良好的基础。从位点上推测味觉受体基因在鱼类中有较好的保守性，为进一步化学物质感觉信号传导、研究味觉针对特异性化学物质底物刺激的反应机制等奠定了基础。同时对新的诱食剂的开发，或者为新型分子生物控制提供靶基因等具有重要意义，对暗纹东方鲀在农业生产和生活中的科技应用有一定的促进作用。

参考文献

[1] CONTE C, EBELING M, MARCUZ A, et al. Identification and characterization of human taste receptor genes belonging to the TAS2R family [J]. Cytogenetic and Genome Research, 2002,

98：45-53.

［2］ SCOTT K. The sweet and the bitter of mammalian taste［J］. Current Opinion in Neurobiology，2004，14（4）：423-427.

［3］ ISHIMARU Y，OKADAA S，NAITO H，et al. Two families of candidate taste receptors in fishes［J］. Mechanisms of Development，2005，122：1310-1321.

［4］ KINNAMON S C，CUMMINGS，T A. Chemosensory transduction mechanism in taste［J］. Annual Review of Physiology，1992，54：715-731

［5］ 陈葵．甜味剂溶液及其酸碱性对黄颡鱼趋向行为的初步研究［J］．西南农业大学学报，2002，24（1）：57-60.

［6］ LIU D，LIMAN ER. Intracellular Ca^{2+} and the phospholipid PIP2 regulate the taste transduction ion channel TRPM5［J］. Proceeding of the National Academy of Sciences of the United States of America，2013，100（25）：15160-15165.

［7］ OZECK M，BRUST P，XU H，et al. Receptors for bitter，sweet and umami taste couple to inhibitory G protein signaling pathways［J］. European Journal of Pharmacology，2014，489（3）：139-149.

【作者简介】马嵩（1983.7— ），男，山东济南人，汉族，硕士，工程师，从事水产绿色健康养殖技术研究推广工作。山东省济南市建设路 79 号，0531-66676376，yibin1127@163.com。

北方设施荔枝高产施肥栽培技术初探

杨东成[1]，刘占胜[2]，郭　萍[1]，顾　超[1]，孙广辉[3]，亓文田[1*]
（1. 济南市土壤肥料站，山东济南 250021；2. 莱芜区杨庄镇农业综合服务中心，
山东济南 271116；3. 钢城区农业农村局，山东济南 271102）

摘　要：在调研土壤类型、光照条件的基础上，在济南市莱芜区杨庄镇前郭庄村引种荔枝，对荔枝喷施有机水溶肥料进行了初步试验探讨，以期对种植户提供参考。

关键词：设施荔枝；有机水溶肥料；栽培技术

中国荔枝主要分布于北纬 18°~29°，广东栽培最多，属常绿乔木，成熟时至鲜红色。明代李时珍《本草纲目·果三·荔枝》〔释名〕记载“白居易云：若离本枝，一日色变，三日味变。”古人认识到，这种水果不能离开枝叶，如连枝割下，保鲜期会加长，故离支之名，或取此义。大约东汉开始，“离支”写成“荔枝”。随着科学技术进步和生活水平的不断提高，人们对果品质量的要求也越来越高，为提高济南本地荔枝产量，满足市民能够吃到当地生产新鲜美味的荔枝的需求，开展如下试验研究，以期为进一步南果北引提供技术依据。

1　时间与地点

本试验于 2020 年 1—7 月在济南市莱芜区杨庄镇前郭庄村实施，2020 年 7 月 15 日收获完毕。

2　材料与方法

2.1　供试土壤选择

荔枝园选择土层深厚、土质疏松、保水保肥性能强、排水性能好、通气良好，微酸性土壤（pH 值为 6~6.5）的地块。选好园地后，整地，做好挖穴工作。荔枝在春季定植，因春季定植成活率高。定植前，在穴内施足基肥，如草木灰、土杂肥、猪牛粪等（可改善土壤酸碱性，有利于减少裂果）[1]，见表 1。

表 1　土壤养分状况

有机质(g/kg)	碱解氮(mg/kg)	有效磷(mg/kg)	速效钾(mg/kg)	全氮(%)	pH 值
14.4	121.5	41.1	156.4	1.04	6.3

2.2　供试肥料

艾格福作物科技有限公司生产的大量元素水溶肥料，剂型（粉剂），技术指标（$N+P_2O_5+K_2O \geqslant 50\%$、Zn+B 为 0.2%~3.0%）。

2.3　供试品种

妃子笑中熟优质品种，7 月中旬上市，肉厚、口感好、核小质优，深受人民喜爱。该品

种是复生能力较强、综合性状最优的品种，具有速生、早结果、早丰产、早熟等优点，是优先推广的优质品种之一。妃子笑适合矮化密植种植，比较耐肥，在肥沃的土地中易获得高产[2]，它树形矮小，适合矮化密植，株行距 3m×3.9m，每亩定植 57 株，树龄 5 年。

2.4 试验方法

2.4.1 试验设计

试验田设常规施肥+喷施供试肥料、常规施肥+喷等量清水（CK）、常规施肥 3 个处理，重复 3 次，试验随机区组设计，每小区 6 株。小区设立保护行 1m。小区间用塑料薄膜隔离避免串灌串排，各小区单灌单排；温室栽培。处理一（K1）为常规施肥+喷施供试肥料。处理二（CK）为常规施肥+喷等量清水。处理三（K2）为常规施肥。

2.4.2 施肥方法

（1）K1 常规施肥+喷施供试肥料。常规施肥基础上，于 4 月 16 日、4 月 23 日、4 月 30 日喷施 500 倍大量元素水溶肥料稀释液，每亩每次施供试肥 100g。

（2）CK 常规施肥+喷清水。常规施肥基础上，与 K1 同期喷施等量供试肥料稀释液的清水。

（3）K2 常规施肥。荔枝萌芽前每亩基施圈肥 4 000kg、尿素 30kg、过磷酸钙 75kg、硫酸钾 25kg；4 月 20 日每亩追尿素 20kg、硫酸钾 35kg，5 月 25 日每亩追尿素 15kg。

果园管理同一般设施生产。

3 结果与分析

3.1 不同处理对荔枝生物学性状的影响

由表 2 可得，K1 处理的叶长、叶宽、百叶重、总糖、果皮厚度和单果重均比对照高，总酸和发病率比对照低。K2 处理的叶长、叶宽、百叶重、总糖、果皮厚度和单果重均比对照低，总酸和发病率比对照高。

表 2 不同处理荔枝生物学性状

处理	叶长（cm）	叶宽（cm）	百叶重（g）	总糖（%）	果皮厚（mm）	总酸（%）	单果重（g）	发病率（%）
K1	12.0	3.3	25.8	15.2	2.3	0.18	26.5	3.7
CK	11.7	3.1	24.5	14.4	2.2	0.20	24.2	9.3
K2	11.6	3.0	23.9	14.2	2.1	0.21	23.9	13.8

3.2 不同处理对荔枝产量的影响

不同处理荔枝产量统计如表 3 所示。

表 3 不同处理荔枝产量统计

处理	小区产量（kg）				折合亩产（kg）	比对照增产	
	Ⅰ	Ⅱ	Ⅲ	平均		增产量（kg）	增产比（%）
K1	44.9	45.0	45.1	45.0	427.5	28.5	7.14

（续表）

处理	小区产量（kg）				折合亩产（kg）	比对照增产	
	Ⅰ	Ⅱ	Ⅲ	平均		增产量（kg）	增产比（%）
CK	41.8	42.0	42.2	42.0	399.0	—	—
K2	41.6	41.2	41.7	41.5	394.3	—	—

3.3 不同处理对荔枝产量影响的方差分析

不同处理对荔枝产量影响的方差分析如表4所示。

表4 不同处理对荔枝产量影响的方差分析

误差来源	平方和	自由度	均方	F	F（0.05）	F（0.01）
区组	0.13	2	0.06	2.24	6.94	18.00
处理	21.50	2	10.75	379.41**	6.94	18.00
误差	0.11	4	0.03			
总平方和	21.74	8				

注：** 在0.01水平（双侧）上显著相关。

经 F 值检验，区间组 F 值$=2.24<F_{0.05}$（2，4），说明区间组差异不显著；处理间 F 值$=379.41^{**}>F_{0.01}$（2，4），说明处理间差异极显著。

采用PLSD法进行比较，$df_e=4$ 时，$t_{0.05}=2.78$、$t_{0.01}=4.60$；$PLSD_{0.05}=0.7528$、$PLSD_{0.01}=1.2457$。以上数据分析表明，K1与CK、K2差异达极显著水平，CK与K2差异不显著（表5）。

表5 不同处理对荔枝产量影响的差异显著性分析

处理编号	平均数	0.05显著水平	0.01显著水平
K1	45.0	a	A
CK	42.0	b	B
K2	41.5	b	B

3.4 供试肥料的经济效益分析

K1处理通过增施供试肥料，每亩成本增加93.0元，每亩增产28.5kg，增值855.0元，产投比为9.19（表6）。

表6 供试肥料的经济效益分析

处理	亩产（kg）	亩产值（元）	亩增产（kg）	亩增值（元）	肥料亩成本（元）	产投比
K1	427.5	12 825.0	28.5	855.0	93.0	9.19

（续表）

处理	亩产（kg）	亩产值（元）	亩增产（kg）	亩增值（元）	肥料亩成本（元）	产投比
CK	399.0	11 970.0	—	—	—	—
K2	394.3	11 829.0	—	—	—	—

注：荔枝 30.0 元/kg，供试肥料 1.0 元/100g，人工每次 30 元计算。

4 试验结论

试验表明，荔枝喷施有机水溶肥料较喷施清水对照、常规施肥对荔枝生长发育、品质、抗病性有显著效果，其中叶长、叶宽、百叶重、总糖、果皮厚、单果重分别增加 0.3cm、0.2cm、1.3g、0.8%、0.1mm、2.3g，总酸、发病率分别下降 0.02%、5.6%。荔枝喷施有机水溶肥料比喷施清水对照亩增产 28.5kg，增产率 7.14%，每亩增值 855.0 元，投入产出比为 1∶9.19，增产效果显著，建议在同等地区推广应用。在荔枝生产技术上还存在雌雄花期不遇的问题，下一步将采取断根和肥水管理方面的试验，以进一步提高产量。

参考文献

［1］ 陈永兴．荔枝不同树龄施肥技术［J］．果农之友，2009（9）：26-27.

［2］ 钟艳秋，冼承斌．妃子笑荔枝的生长习性及高产栽培技术［J］．现代农业科技，2019，754（20）：79+81.

【作者简介】杨东成（1974.12— ），男，山东济南人，汉族，本科，农艺师，研究方向为农业技术推广应用。山东省济南市建设路 79 号，0531－66676256，W1390149@126.com。

不同氮素水平下肥水运筹对小麦产量影响的差异性分析

张荣亭[1]，黄昌见[1]，王道远[2]
（1. 济南市农业科学研究院，山东济南 250316；2. 济南市章丘区农业农村局，山东济南 250200）

摘　要：为研究不同氮素水平，不同施肥浇水模式对小麦产量的影响，本试验设置 25kg、20kg、15kg 和 10kg 4 种氮素水平试验平台，每氮素水平平台内，确定基追比为 5∶5，采用返青、拔节 2 个时期进行追肥，设置返青肥 25%+拔节肥 25%、蒙头水+越冬水+返青水+拔节水+孕穗水 2 次追肥 5 次滴灌浇水模式；蒙头水+越冬水+返青水+孕穗水返青追肥 4 次浇水模式；蒙头水+越冬水+拔节水+孕穗水拔节追肥 4 次浇水模式。试验采用二因素完全随机设计设置 12 个处理，每处理面积 5 亩，不设重复。小麦成熟期每处理选取 3 个点，取样实打，对产量进行差异性分析。研究表明，每亩施纯氮 15kg 产量最高，与每亩施纯氮 20kg、每亩施纯氮 10kg 差异显著，与每亩施纯氮 25kg 差异极显著。

关键词：小麦产量；氮素水平；浇水施肥；差异性分析

山东省是小麦生产大省，常年播种面积稳定在 333.3 亿 hm^2 以上，小麦总产占全省粮食产量的 48.8%。2019 年山东省小麦最高单产记录达 12 600kg/hm^2，平均单产突破 6 150kg/hm^2[1]。

氮肥是决定小麦产量的关键因子，合理的氮肥运筹有利于减少无效分蘖，提高小麦成穗率，提高养分利用率，增加穗粒数，有利于发挥小麦品种优势，提高产量[2]。但在产量提高的背后是大量氮素化肥的投入。过量氮肥的投入，既增加了生产成本，又造成土壤、水资源的氮素污染。国内外学者对小麦氮肥运筹技术的研究较多，在不同地力水平、不同气候条件、不同品种下得出的结论差别很大。朱新开等[3]认为施氮量 180kg/hm^2，基肥：拔节肥：孕穗肥 7∶1∶2 易实现高产；陆增根等[4]认为在施氮量 200kg/hm^2的情况下，获得 7 000kg/hm^2最佳氮肥运筹技术是基肥：拔节肥：孕穗肥为 7∶2∶1；李斌[5]认为氮肥基追比为 5∶5 或 4∶6 的配置下，产量达到最高；王曙光等[6]认为，在总施氮量为 225kg/hm^2条件下，基追比 5∶5 的条件下可实现弱筋小麦优质高产。

为提高肥料利用率，减少水资源投入量，济南市农业农村局采取各种资金扶持政策，大力推广肥水一体化技术。为研究在肥水一体化条件下冬小麦最佳的施氮量和肥水运筹模式，课题组在章丘区建立 60 亩的试验地，采取二因素完全随机设计，设置 12 个试验区，每试验区占地 5 亩，进行了肥水一体化条件下，不同氮素水平下不同肥水运筹模式对产量影响的差异性研究。

1　试验材料和方法

1.1　参试品种

济麦 23。

1.2 试验地要求

具备滴灌条件、地力均匀、产量水平在550kg/亩以上的高肥水地块。

1.3 试验处理

1.3.1 化肥施用量

氮肥总施用量（纯氮）设置 10kg/亩（N10）、15kg/亩（N15）、20kg/亩（N20）、25kg/亩（N25）4 个水平；P_2O_5 6.16kg/亩，K_2O 6kg/亩。

1.3.1.1 基肥

用撒可富三元复合肥（N∶P∶K=18∶22∶5），每亩施 28kg；另外，用氮素含量为 46%的尿素补齐各处理氮肥施用量。

1.3.1.2 追施肥

用含氮 46%尿素追施氮肥，在浇蒙头水时对 N15、N20、N25 处理分别追施尿素 5.5kg、11kg、16.5kg；同时各处理冲施 50%的硫酸钾水溶肥 9.2kg。

1.3.2 施肥浇水模式

基肥 50%+返青肥 25%+拔节肥 25%，蒙头水+越冬水+返青水+拔节水+孕穗水（S1）；基肥 50%+返青肥 50%，蒙头水+越冬水+返青水+孕穗水（S2）；基肥 50%+拔节肥 50%，蒙头水+越冬水+拔节水+孕穗水（S3）。

1.3.3 施肥模式

磷钾肥全部基施，氮肥施用量按表 1 结合灌溉进行施肥。

表 1 施肥浇水模式

处理	纯氮用量（kg/亩）	施肥模式	浇水模式
1	25	基肥 50%+返青 25%+拔节 25%	蒙头水+越冬水+返青水+拔节水+孕穗水
2	25	基肥 50%+返青 50%	蒙头水+越冬水+返青水+孕穗水
3	25	基肥 50%+拔节 50%	蒙头水+越冬水+拔节水+孕穗水
4	20	基肥 50%+返青 25%+拔节 25%	蒙头水+越冬水+返青水+拔节水+孕穗水
5	20	基肥 50%+返青 50%	蒙头水+越冬水+返青水+孕穗水
6	20	基肥 50%+拔节 50%	蒙头水+越冬水+拔节水+孕穗水
7	15	基肥 50%+返青 25%+拔节 25%	蒙头水+越冬水+返青水+拔节水+孕穗水
8	15	基肥 50%+返青 50%	蒙头水+越冬水+返青水+孕穗水
9	15	基肥 50%+拔节 50%	蒙头水+越冬水+拔节水+孕穗水
10	10	基肥 50%+返青 25%+拔节 25%	蒙头水+越冬水+返青水+拔节水+孕穗水
11	10	基肥 50%+返青 50%	蒙头水+越冬水+返青水+孕穗水
12	10	基肥 50%+拔节 50%	蒙头水+越冬水+拔节水+孕穗水

1.3.4　试验区组划分

设置 12 个区组处理，每区组试验面积 5 亩，每个区组内设 3 个重复，共 36 个试验小区，各处理追施尿素量见表 2。

表 2　各处理追施尿素（46%）量　（单位：kg）

处理	1	2	3	4	5	6	7	8	9	10	11	12
起身期	13.7	0	27.5	11	0	22	8.2	0	16.5	5.5	0	11
拔节期	13.7	27.5	0	11	22	0	8.2	16.5	0	5.5	11	0

1.3.5　试验安排

（1）播前处理。秸秆还田后深耕或旋耕 2 遍，采用二次镇压宽幅播种机播种，实现播前播后二次镇压，播后铺设滴灌带。

（2）播种时间。10 月中旬足墒播种。

（3）亩播量。9kg，实现 15 万~18 万基本苗。

2　数据处理及结果分析

小麦成熟期，每个处理选取 3 个重复点，每点选取 $2m^2$，取样实打测产，每个取样点产量见表 3。

表 3　试验小区取样数据　（单位：kg）

纯氮量	施肥浇水模式	重复 1	重复 2	重复 3	平均值
25.00	S1	466.16	443.99	472.49	460.88
	S2	410.42	409.15	400.29	406.62
	S3	424.99	442.72	435.75	434.49
20.00	S1	474.69	496.69	476.69	482.69
	S2	432.69	424.69	426.69	428.02
	S3	474.02	450.02	445.36	456.47
15.00	S1	500.03	489.36	488.02	492.47
	S2	399.35	422.02	472.02	431.13
	S3	477.36	476.69	466.69	473.58
10.00	S1	468.06	461.09	456.66	461.93
	S2	401.55	391.42	437.02	410.00
	S3	426.25	437.66	449.69	437.87

2.1　不同氮素水平对产量影响的差异性分析

经过对 4 种氮素水平下对产量的差异性分析，每亩施纯氮 15kg 产量最高（表 4），产量从高到低的顺序为 N15>N20>N10>N25。在 10%显著性水平下，每亩施 15kg 纯氮与每亩施 20kg、每亩施 10kg 产量差异显著，与每亩施 25kg 差异极显著。说明在水肥一体化条件下，超过每亩 15kg 纯氮情况时，增施氮肥不但不增产，反而减产。

表 4　4 种氮素水平下亩产量差异性分析

处理	均值（kg）	0.1 显著水平
N25	434.00	b
N20	455.73	ab
N15	465.73	a
N10	436.60	ab

2.2　不同施肥模式对产量影响的差异性分析

在肥水一体化滴灌浇水条件下，经过对 S1、S2、S3 三种施肥浇水模式对产量影响的差异性分析，S1 产量最高，S3 产量次之，S2 产量最低，三者差异显著，见表 5。这说明，在水肥一体化条件下，采用返青、拔节 2 次追肥、播种期、越冬期、返青期、拔节期、灌浆期 5 次滴灌浇水可显著增产。

表 5　不同施肥模式对产量影响的差异性分析

处理	均值（kg）	0.1 显著水平
S1	474.49	a
S2	418.94	c
S3	450.60	b

3　结论

施肥是小麦生长过程中的重要增产措施之一。不同的施肥模式对小麦产量有不同影响，不同的施肥条件会导致作物群体内微气候群体的差异，影响植株的生理代谢，使其生理特性发生相应变化[7]，从而影响作物整体的生长发育。根据于振文院士团队的研究结论，测墒补灌节水栽培条件下，氮肥基追比例为 5∶5的处理显著提高了小麦冠层的光能利用，促进了中层营养器官开花前贮藏干物质向籽粒的转运，获得了最高的籽粒产量[8]。经过课题组在水肥一体化条件下，对 4 种氮素水平 3 种肥水运筹模式对产量影响的差异性分析，可以得出以下结论：一是根据分析结果在 3 种肥水模式下，N15 水平下小麦产量最高；另外在返青期一次性追施氮肥的模式下，4 种氮素水平差异不显著。这说明冬小麦采取水肥一体化条件下，最佳的施肥方案是氮素肥基追比为 5∶5，采用返青拔节期两次追肥或拔节期一次性追肥的总量应控制在 7.5kg 以下，返青期一次性追肥应控制在 5～7.5kg；二是在水肥一体化条件下，采取返青拔节期二次追肥，在不增加氮肥投入量的情况下，可以有效提高小麦产量，提高肥料利用率；采取一次性追肥的，拔节期追施是最佳时期。

参考文献

[1] 黄杰，禚其翠，司纪升，等．不同耕种模式对小麦群体光合和氮肥利用的影响 [J]．山东农业科学，2020，52（7）：19.

[2] 陈旭，张秋丽，周锋，等．氮肥运筹对小麦农艺性状、产量与产量结构的影响 [J]．上海农业学报，2016，32（2）：65.

[3] 朱新开，郭文善，何建华，等．淮南麦区超高产小麦产量形成特点及其生理特性分析 [J]．麦类作物学报，1998，18（6）：40.

[4] 陆增根，戴廷波，姜东，等．氮肥运筹对弱筋小麦群体指标与产量和品质形成的影响 [J]．作物学报，2007，33（4）：590-597.

[5] 李斌．密度和氮肥运筹对超高产小麦产量和品质的影响 [D]．合肥：安徽农业大学，2009.

[6] 王曙光，许轲，戴其根，等．氮肥运筹对太湖麦区弱筋小麦宁麦 9 号产量与品质的影响 [J]．麦类作物学报，2005，25（5）：65.

[7] 陈旭，张秋丽，周锋利，等．氮肥运筹对小麦农艺性状、产量与产量结构的影响 [J]．上海农业学报，2016，32（2）：65.

[8] 张振，于振文，张永丽，等．氮肥基追比例对测墒补灌小麦冠层不同层次光能利用及干物质转运的影响 [J]．植物营养与肥料学报，2019，25（1）：97-105.

【基金项目】2018 年济南市成果转化项目；山东省现代农业产业技术体系（SDAIT-04-022-13）。

【作者简介】张荣亭（1970.3— ），男，汉族，硕士，高级农艺师，研究方向为小麦栽培。山东省济南市长清区明发路 717 号，0531-87406678，zhangrting@163.com。

不同镇压方式对冬小麦产量影响的差异性分析

张荣亭[1]，麻常妍[2]，马建海[3]，刘　佳[4*]

（1. 济南市农业科学研究院，山东济南 250316；2. 山东省龙口市兰高镇农业综合服务中心，山东龙口 265709；3. 潍坊悍马农业装备有限公司，山东潍坊 261000；4. 山东省农业科学院作物研究所，山东济南 250100）

摘　要：黄淮海冬小麦区冬季冻害、春季干旱、倒春寒现象时有发生，对冬小麦生产造成危害；经过多年玉米秸秆还田，土壤表层过于疏松，影响小麦播种质量，极易出现悬空苗、疙瘩苗、缺苗断垄现象。为解决以上问题，找到适合这一地区最佳的镇压模式，项目组以济麦 23 为试验品种，选择地力均匀、地势平坦、小麦产量水平在 550kg/亩以上的高肥水地块，对小麦播前、播后、冬季、春季不同镇压方式对产量的影响进行研究。研究结果表明：首先，在采用播前、播后二次镇压播种的前提下，冬前进行第三次镇压，小麦产量最高；其次，在二次镇压播种前提下，春季返青期进行第三次镇压，也有利于产量提高；最后，播前镇压处理产量比未进行播前镇压处理增产显著。由此可以得出，二次镇压播种、冬前镇压、春季镇压有利于小麦增产增收，尤其播前镇压增产效果更为显著。

关键词：镇压方式；小麦产量；差异性分析

山东地区的粮食作物种植以小麦玉米轮作为主要模式，长期进行玉米秸秆还田，在增加土壤有机质的同时，也使土壤表层比较疏松。很多农户秸秆还田后常年采用旋耕整地作业，致使土地耕层变浅，旋耕土层悬而不实，土壤的蓄水保肥能力大幅下降，又因水资源短缺，导致整个小麦生育期干旱频发，小麦根系下扎困难，后期早衰情况严重[1]。传统耕作方式在秸秆还田后，进行深翻或旋耕整地施肥后，进行小麦播种，播种后镇压一次，播种前不镇压。有研究表明，播前镇压有助于小麦增产，其增产的主要原因在于播前镇压提高了土壤的紧实度，增多了土壤表层的水分，尤其在黏重的土壤上进行播前镇压，更有压碎土块有利保墒有利出苗的作用[2]。另外，播后镇压也可以使土壤紧实，减少水分蒸发，保水提墒，有利于实现苗全苗壮[3]。

项目组认为，传统播种模式主要存在三个弊病：其一，土壤表层大空隙较多，播前不镇压，播种后小麦种子与土壤不能充分接触，影响水分养分吸收，不利于种子发芽；其二，土壤过于疏松，不利于把握播种深度，播种过深，出苗过程消耗养分过多，容易形成深度弱苗，致使小麦抗旱、抗寒能力降低；其三，种子播在过松的土壤表层，镇压或浇水后，因土壤表层下沉，种子在土壤中流动，造成种子分布不均匀，出苗后，出现“疙瘩苗”、缺苗断垄现象。俗话说“小麦七分种三分管”，传统方式因播种质量不好，严重影响了小麦增产增收。

山东地区冬季降水量较少，气温变化异常，往往是初冬季节温度较高，致使麦苗旺长，尤其是播种早、播量大的麦田，旺长更加严重。对旺长麦田冬前不采取镇压蹲苗的话，遇到气温骤降天气，极易发生小麦冻害。济南市在 2017 年、2019 年已两次发生不同程度小麦冬季冻害，造成不同程度减产。另外，山东地区春季降水少，春季多风又加大了水分蒸发，易发生干旱，影响小麦春季生长；又因土壤表层疏松、空隙大，倒春寒出现时，不进行春季镇压的地块容易发生早春冻害。2020 年济南市春季冻害比较严重，个别地块冻穗率超过 30%，对产量影响较大。

为通过简便易行的镇压方式提高小麦播种质量、减少小麦冻害、避免麦田春旱，项目组在济南市章丘区进行了不同镇压方式对小麦产量影响的试验，旨在找到适合冬小麦生产的最佳的镇压时期和镇压次数，为冬小麦生产提供技术支持。

1　材料与方法

1.1　供试品种

济麦 23，10 月 10 日播种，基本苗 15 万/亩左右。

1.2　试验地概况

试验于 2018—2019 年在山东省济南市章丘区刁镇办事处小辛村进行，试验地小麦产量水平在 550kg/亩以上的高肥水地块，面积 11 亩。玉米秸秆还田后，旋耕两遍，每亩施纯氮 20kg、P_2O_5 7kg、K_2O 8kg。根据天气和土壤墒情分 3 次浇水。

1.3　试验处理

1.3.1　试验设计

确定 4 种镇压组合模式处理。①播后+冬季 2 次镇压模式；②播后+春季 2 次镇压模式；③播前+播后+冬季 3 次镇压模式；④播前+播后+春季 3 次镇压模式。每个处理模式设置 3 个重复。

1.3.2　小区设置

采用完全随机组合设置，4 个处理水平，3 次重复，设置 12 个小区，每个小区 0.72 亩，每个小区种植 2 畦，畦宽 3m、长 80m，小区随机排列。

1.3.3　镇压工具选择

（1）播前播后二次镇压。采用潍坊悍马农业装备有限公司的 HM-220 型二次镇压播种机，二次镇压、播种一次性完成。

（2）播后一次镇压。采用山东菏泽郓城工力农机公司生产的 BMYF 系列免耕播种施肥一体机，播种播后镇压一次性完成。

（3）春季、冬季单次镇压。用国产镇压滚轮，配备 12 马力拖拉机动力牵引，分别进行冬季、春季单次镇压。

1.3.4　镇压时期

（1）播前、播后镇压在 10 月 10 日冬小麦播种时进行。

（2）冬前镇压在 12 月 2 日，冬小麦达到三叶一心、土壤上冻前进行。

（3）春季镇压在土壤化冻后、小麦返青前后进行。

1.4　测定项目及方法

小麦成熟期，对每个小区随机选取 3 点取样，脱粒称重，测水分，求产量平均值，再按国标水分含量 13%折算小麦产量（表 1、表 2）。

表 1　试验小区三点取样产量调查数据

处理	水分（%）	重量（kg）	千粒重（g）	亩产量（kg/亩）
播后+冬季 1	7.1	0.782	44.4	556.72
播后+冬季 2	6.9	0.655	54.8	467.31
播后+冬季 3	7.2	0.657	53.6	467.22
播后+春季 1	7.1	0.713	56.9	507.59
播后+春季 2	6.9	0.722	54.8	515.11
播后+春季 3	7.5	0.709	44.7	502.57
播前+播后+冬季 1	6.9	0.926	44.9	660.65
播前+播后+冬季 2	7.1	0.838	65.1	596.58
播前+播后+冬季 3	7.0	0.859	41.6	612.19
播前+播后+春季 1	6.8	0.754	46.9	538.52
播前+播后+春季 2	7.5	0.785	41.5	556.45
播前+播后+春季 3	7.1	0.761	56.5	541.77

表 2　不同处理各重复产量数据　（单位：kg/亩）

编号	镇压方式	重复 1	重复 2	重复 3	平均值
1	播后+冬季	556.72	467.31	467.22	497.08
2	播后+春季	507.59	515.11	502.57	508.42
3	播前+播后+冬季	660.65	596.58	612.19	623.14
4	播前+播后+春季	538.52	556.45	541.77	545.58

2　结果与分析

经过对 4 种处理 3 个重复的产量数据进行方差分析，得到表 3。

表 3　5%显著水平下不同镇压方式对产量影响的显著性分析

处理	均值（kg）	0.05 显著水平
S3	623.140	a
S4	545.580	ab
S2	508.423	b
S1	497.083	b

通过表 3 可以看出，在 5%显著水平下，S3 处理产量最高，与 S4 处理差异显著，与 S2、S1 处理差异极显著；S4 与 S2、S1 差异显著；S2 与 S1 差异不显著。

从研究结果可以看出，在播前、播后二次镇压播种的前提下，再进行冬前第三次镇压，小麦产量最高；二次镇压播种前提下，在春季返青期进行第三次镇压，也有利于产量提高；与播后加冬前两次镇压处理的小麦产量相比较，播前、播后二次镇压配合冬前第三次镇压处理的小麦增产25.36%；播前、播后两次镇压配合春季第三次镇压的小麦产量比只进行播后和春季两次镇压的产量增产7.31%；这说明增加镇压处理增产较为显著，尤其在播后加冬季两次镇压的条件下，增设播前镇压，产量有较大幅度的提高。

3 讨论

本试验经过采集产量数据进行统计分析结果表明如下。镇压处理对小麦产量的影响极为明显，但不同镇压模式对小麦产量影响不同。采用播前播后二次镇压播种，小麦增产效果显著。据李笃仁等的研究表明，播前镇压可以紧实土壤，冬季不透风，避免冻苗死苗，由此可以显著提高冬小麦的产量[4]。2018—2020年，项目组进行了3年的二次镇压播种技术试验示范，经专家测产，采用播前播后二次镇压播种技术，分别比传统播种技术增产15.47%、13.10%、16.87%；其中，2020年5月27日在济南市章丘区300亩试验示范田测产，试验品种为济麦22，平均亩产742.34kg。经试验表明小麦二次镇压播种技术可在黄淮海冬麦区大面积推广。在二次镇压播种前提下，冬小麦越冬前进行冬前镇压，可培育壮苗、防治麦苗徒长，有效提高小麦产量，冬前镇压比春季镇压提高产量显著。在小麦返青期前，进行小麦春季镇压，可减少水分蒸发，同时也能增强麦田抗冻性。综上所述，在黄淮海冬麦区，在秸秆还田条件下，采用小麦二次镇压播种，再配合冬前、春季镇压，可有效增加小麦抗逆性，提高产量。由于镇压效果与小麦群体、土壤墒情、气候条件等诸多因素有关，在实际生产中，因根据苗情、墒情、土壤类型、气候条件等情况采取相应的镇压措施；另外，本试验仅对小麦产量做了试验分析，对基本苗、最高总茎数、亩穗数、千粒重等其他指标均未进行调查分析，尚缺乏镇压技术对冬小麦增产作用机理方面的研究。

参考文献

[1] 李晓静，刘彦军，张雪花，等．不同镇压处理对小麦生长发育特性及产量的影响[J]．农业科技通讯，2019，572（8）：114-117.

[2] 周书府，张永富，徐容秋，等．小麦播前镇压在生产实践中的作用[J]．农业科学通讯，1997（9）：489-490.

[3] 肖轶娆，景东林．不同时期镇压对冬小麦生长发育和产量的影响[J]．农业科技通讯，2019，569（5）：156.

[4] 李笃仁，李玉山．播前镇压对小麦产量的影响[J]．农业科学通讯，1955（9）：506-507.

【基金项目】2018年济南市成果转化项目（2018-30）；山东省现代农业产业技术体系（SDAIT-04-022-13）。

【作者简介】张荣亭（1970.3— ），男，汉族，硕士，高级农艺师，研究方向为小麦栽培。山东省济南市长清区明发路717号，0531-87406678，zhangrting@163.com。

济南地区草莓日光温室棚型结构研究

邹永洲[1]，贾怀豹[2]，刘　矿[1]，杨丽娟[1]，杨汝强[1]，丁　健[1*]

（1. 济南市蔬菜技术推广服务中心，山东济南 250100；
2. 济南市历城区蔬菜技术服务中心，山东济南 250100）

摘　要：通过对济南地区草莓生产普通日光温室和新设计日光温室棚型，从温室采光、棚内地温和草莓产量等方面指标进行了对比分析，总结确定了适宜济南地区的草莓日光温室棚型结构。

关键词：济南地区；草莓；日光温室；棚型结构

济南地区日光温室草莓种植的设施条件一般为宽度 10~11m，顶高 3.5~4m 的日光温室或简易日光温室（后墙为彩钢板或玉米秸秆）。根据草莓的植物学性状，草莓对光照要求为光补偿点 5 000~8 000lx，光饱和点 30 000lx，适宜光照强度为 20 000~30 000lx，即光照强度大于 30 000lx 以后，草莓的长势随光照强度的增强变化不再明显[1]，而且草莓相对较耐低温，草莓适宜生长温度为 17~25℃，草莓根系 1℃以上就开始活动，7~10℃以上正常生长，能短时耐受-1℃低温[2]。因此种植户在建造草莓日光温室时，为降低建造成本，一般按照经验数值降低后墙高度、减小棚面采光角度、减少后墙建设用料，为确定适宜济南地区的草莓日光温室棚型结构，结合济南地区实际总结设计了新棚型，以农户普通棚型为对照，对温室采光、棚内地温和草莓产量为分析指标进行了对比分析，结果如下。

1　材料与方法

1.1　试验时间、地点

试验于 2014 年 8 月至 2015 年 5 月在济南市历城区农业科技示范中心进行，2015 年 8 月至 2016 年 5 月在济南市历城区丰收家庭农场进行，试验草莓品种为甜宝。

1.2　试验材料

试验共分 2 个处理，分别为新设计草莓生产专用棚型和农户普通棚型（图 1、图 2），以农户普通棚型为对照。新设计棚型结合济南地区所在纬度和草莓的生长特性，在普通棚型的基础上做了如下改进。一是在相同温室宽度（10m）和相同温室高度（4m）的情况下，加大了温室前部 4.5m 之前范围内的拱梁的弧度。这是因为按照草莓对光照的需求特点，在对光照度调节上，应该是尽量增加低温弱光时的冬季光照，降低高温强光时的春夏季光照，分析发现，这可以根据太阳高度角的变化，通过增大温室前部棚面弧度，降低温室后部的棚面弧度来实现，这是因为加大温室前部的弧度后，有助于减小温室前部棚弧面冬季太阳光的入射角，提高入射率，而春季温度升高以后，随着太阳高度角的升高，太阳光线照射温室的主要摄入位置后移，而改进温室拱梁后部的弧度较小，相比传统棚型增大了太阳光入射角，降低了入射率，根据草莓对适宜光照的要求，符合冬季增强光照、春夏季减少光照的需求。按照这一设计方案，需要保证冬季太阳照射温室前部弧面的时候，能够至少照射到温室后墙前 1m 处（棚后墙一般留 1m 左右的管理路，而且由于草莓植株矮，不用像黄瓜、西红柿一样考虑由于植株高度而引起的上部光照问题），通过对济南地区太阳高度角最低时的冬至日极值分析，济南冬至日太阳高度角 30°，综合既要尽量减少入射角，又要保证冬季下雪时积雪能自然下垂滑落，确定了温室前部弧度数值。10m 宽温室距温室前沿 1m 处，温室弧面高度 1. 75m；距温室前沿 2. 5m 处，温室弧面高度 2. 65m；距温室前沿 4. 5m 处，温室弧面高度 3. 2m。二是提高了温室后墙高度，降低了温室后屋面的跨度。这是因为温室后部拱梁弧度变小后，温室弧面和后屋面结合处的受力增大，提高温室后墙高度，同时减小后屋面跨度，有利于减少后屋面的受力、提高墙体对棚弧面的支撑，而且有助于增强温室后墙的蓄热保温能力。

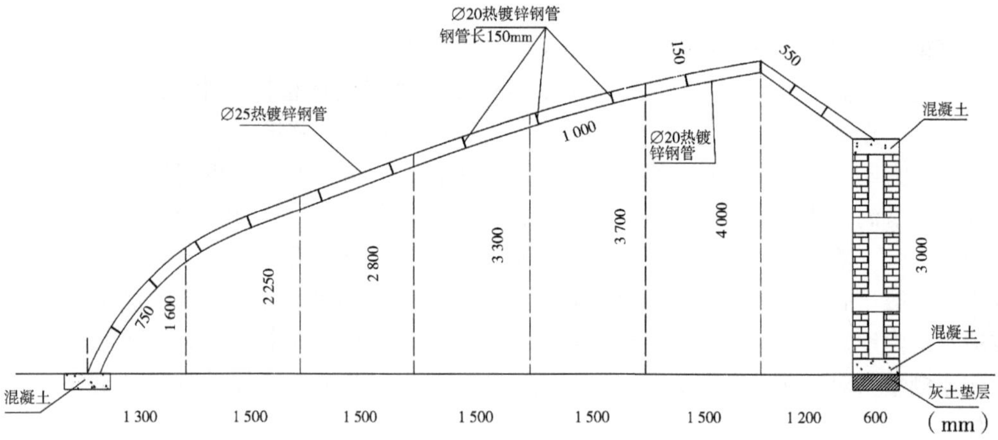

图 1　普通棚型

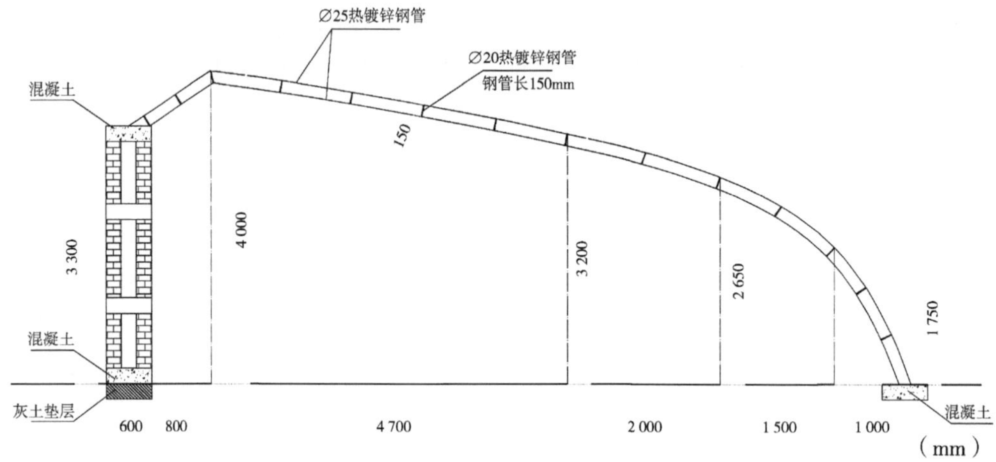

图 2　试验设计棚型

1.3 试验方法

1.3.1 太阳光线入射率调查

草莓生产专用温室与普通温室前后相邻，选取晴天太阳光线入射率较好的 10—12 时，用太阳光度计测量光照强度，测量时间 5min 以内，光照强度测量点分别为距温室后墙和前侧棚膜 1m 处、棚中间位置以及棚外空地，测量高度为紧挨草莓叶片上方。

1.3.2 不同温室棚型实测产量调查

分月对不同棚型的草莓产量进行了实测对比，实测时间为 2014 年 11 月至 2015 年 3 月 15 日，3 月中旬以后，随太阳高度角升高，对草莓管理已不再是提高光照为主，因此不再统计，两个温室实种面积皆为 850m^2。

1.3.3 不同温室棚型草莓整体产量测定

2016 年 4 月 15 日，专家对课题组在济南市历城区丰收家庭农场的试验点进行了测产，在两种棚型温室内随机取有代表性的 3 个点，测量行距，每点量取 2m 长的一段，调查单株结果数（分已采果和未采果）；随机摘取 50 个商品果，称重，求出单果重。产量计算公式：

亩产量=平均单果重×单株结果数×小区株数×667÷小区面积×缩值系数（0.8）

2 结果分析

2.1 不同温室棚型的入射率比较

由表 1 可以看出，两种温室内的光照强度由前到后呈现光照强度逐渐变弱的特征，总体上光照强度对入射率变化的影响不大，普通棚型和专用棚型在温室中部以前的光照强度差别不大，但对温室后部光照强度影响较大，专用棚型较普通棚型入射率提高 9.3%~13.2%，对于冬季提高温室后部光照强度效果很好，同时加大了温室前部的拱梁弧度，提高了温室前部的管理操作空间，方便了日光温室草莓的生产管理和当前日渐兴起的市民休闲采摘的需要。

表 1 不同温室棚型入射率比较

时间	棚型	温室前部		温室中部		温室后部		同期温室外光照强度（lx）
		强度（lx）	入射率（%）	强度（lx）	入射率（%）	强度（lx）	入射率（%）	
2015.1.28 10：30	普通	10 300	64.4	9 500	59.4	4 900	30.6	16 000
	专用	10 800	67.5	10 200	63.8	7 000	43.8	
2015.1.29 10：30	普通	10 900	67.7	9 600	59.6	5 400	33.5	16 100
	专用	11 500	71.4	11 000	68.3	7 400	46.0	
2015.2.3 11：15	普通	18 200	69.2	16 000	60.8	9 800	37.3	26 300
	专用	18 600	70.7	17 200	65.4	12 300	46.7	
2015.2.4 11：15	普通	21 900	68.5	19 500	60.9	12 000	37.5	32 000
	专用	22 200	69.3	21 000	65.6	15 000	46.8	

2.2 不同温室棚型实测产量比较

由表2可以看出，试验研制的专用棚型较普通棚型草莓收获早，11月即获得8kg产量，而且在12月至翌年2月的整个低温、寡照季节，专用棚型实测产量明显高于普通棚型，进入3月以后随着温度升高，光照变强，普通棚型产量超过了改进棚型，这其中也有普通棚型草莓植株前期产能一直没能释放有关，但按照市场规律3月以后，草莓价格下降明显，因此还是应重点抓好前期产量为宜，综合统计，专用棚型较传统棚型产量增加了644.8kg，提高29.2%，越冬期间的增产效果显著。

表2 不同温室棚型实测产量比较 （单位：kg）

棚型	产量					折合亩产
	11月	12月	1月	2月	3月	
普通	0	369	1 022	1 044	382	2 209.5
专用	8	437	1 520	1 388	286	2 854.3

2.3 不同温室棚型草莓整体产量测定

由表3可知，设计草莓日光温室产量每亩达到3 192.6kg，较对照增产39.2%，表现出较强的增产能力。

表3 不同温室棚型草莓整体产量

处理	小区		小区果数				平均单果重（g）	折亩产（kg）	缩值后产量（kg）
	畦宽（m）	长（m）	Ⅰ（个）	Ⅱ（个）	Ⅲ（个）	平均（个）			
专用	0.88	2	456	760	590	602	17.5	3 990.8	3 192.6
普通	0.88	2	496	416	536	482	15.7	2 866.6	2 293.3

3 结论与讨论

结合济南地区所在纬度和草莓的生长特性，对济南地区普通草莓日光温室棚型进行了设计研制试验，试验确定了济南地区草莓专用日光温室棚型结构，温室前部弧度数值。10m宽温室距温室前沿1m处，温室弧面高度1.75m；距温室前沿2.5m处，温室弧面高度2.65m；距温室前沿4.5m处，温室弧面高度3.2m。设计草莓专用日光温室与普通温室在温室中部以前的光照强度差别不大，但对温室后部光照强度影响较大，设计专用温室较对照温室入射率提高9.3%～13.2%；试验研制的专用棚型较普通棚型草莓收获早，12月至翌年2月低温、寡照期间，专用棚型较传统棚型实测产量增加了644.8kg，提高29.2%。2016年4月15日邀请专家测产，新设计日光温室棚型亩产3 192.6kg，较对照增产39.2%。设计研制的草莓专用日光温室越冬期间的增产效果显著，适宜作为济南地区草莓越冬生产的主导棚型日光温室推广。

参考文献

［1］ 王晓健．草莓的生长特性及栽培技术［J］．现代农业科技，2018（13）：65.

［2］ 王晓立，韩浩章，苗昌云，等．草莓栽培现状与栽培方式概述［J］．安徽农学通报，2020，26（18）：36-37+116.

【作者简介】邹永洲（1979.3— ），男，山东济南人，汉族，硕士，高级农艺师，研究方向为蔬菜、草莓栽培技术。山东省济南市洪楼南路 32 号，0531－88021083，jnsczx@ 126. com。

济南市设施黄瓜、甜椒土壤分析

马 盼[1]，于成广[1]，蔡玫芳[2]

（1. 济南市农业科学研究院，山东济南 250316；2. 济南市农业广播电视学校，山东济南 250316）

摘 要：针对济南市设施黄瓜、甜椒种植土壤的氮、磷、钾含量等方面进行了化验分析。调查结果表明，济南市市郊设施黄瓜、甜椒土壤基础地力不均衡，氮、磷、钾元素含量有所富集，铁、锰、铜、锌微量元素含量极不平衡，设施黄瓜，甜椒土壤 pH 值偏高。济南市黄瓜、甜椒种植土壤中有效铜和有效锌有富集，有效铁含量正常，有效锰含量则满足不了作物的需求。设施黄瓜、甜椒水溶性盐含量平均值都属于中度盐化。在所调查的土壤中，1～3mm 粒径的团聚体远远达不到最佳要求，而在>10mm 的结构数量又大幅增多。因此，改善土壤 pH 值、土壤结构，配施有机肥和无机肥可以缓解块状结构体形成，使 5mm 以上的结构数量减少，对应的 1～3mm 结构数量增加。本调查研究为济南市设施黄瓜、甜椒产业的健康高效发展提供了科学依据。

关键词：黄瓜；甜椒；生产状况；土壤理化状况；发展策略

山东省是我国蔬菜大省，也是设施蔬菜生产大省。2010 年全省蔬菜（含西、甜瓜）播种面积为 205. 15 万 hm^2(3 077. 25万亩)，总产量 1. 04 亿 t，总产值 1 695. 4亿元。其中，设施（含日光温室、塑料大棚和中小拱棚）蔬菜面积 88. 70 万 hm^2(1 330. 50万亩)，其产值占全省蔬菜总产值的 75% 以上[1]，成为山东蔬菜的重点和特色，对丰富蔬菜市场供应和增加菜农收入发挥了极其重要的作用。近年来，济南市发展甜椒、黄瓜产业的势头也不容小觑。甜椒、黄瓜作为经济作物的重要组成部分在济南市农业生产中占有重要地位。笔者对济南市甜椒、黄瓜种植区域的土壤养分状况进行了调查分析，以期为甜椒、黄瓜产业健康发展提供可靠依据。

1 材料与方法

采集济南市设施冬暖棚种植基地有代表性的黄瓜土壤样品 18 个、甜椒 11 个样本进行室内化验，黄瓜调研地点在济南市济阳和商河，甜椒调研地点在济南市商河，对有机质、全氮等 6 项指标进行测定。依照《无公害食品番茄保护地生产技术规程》（NY/T 5007—2001）规定的菜田保护地土壤肥力分级标准对采样点的耕层土壤的基础地力进行分析。

土壤样品从种植地取回后按常规方法处理，并与山东省制定的相应标准进行对比分析。pH 值测定用玻璃电极法；有机质测定用重铬酸钾—硫酸溶液—油浴法；全氮测定用半微量凯氏定氮法；碱解氮测定用碱解扩散法；有效磷测定用碳酸氢钠浸提—钼锑抗比色法；速效钾测定用乙酸铵浸提—火焰光度法；有效锌测定用 DTPA 浸提—原子吸收法；有效硼测定用沸水浸提—甲亚胺比色法；有效锰测定用 DTPA 浸提—原子吸收法；有效铁测定用 DTPA 浸提—原子吸收法；有效铜测定用 DTPA 浸提—原子吸收法。土壤团粒结构测定用机械筛分法[2]。

2 土壤理化性质及分析

2.1 土壤氮磷钾含量变化及分析

碱解氮是衡量土壤肥力的一个重要指标[3]。济南市设施黄瓜土壤中速效氮含量平均为264.3mg/kg，范围在172.7~422.6mg/kg，最高含量是最低含量的2.45倍，范围跨度大，对照《山东省耕地地力评价指标分级》分析发现100%的黄瓜土壤处于1级水平（>150mg/kg）。速效磷含量平均在451.8mg/kg，范围在306.1~708.3mg/kg，其中100%的土壤速效磷含量在120mg/kg以上，处于1级水平。土壤速效钾平均含量为391.3mg/kg，范围在231.0~535.0mg/kg，其中94.4%的土壤速效钾含量在300mg/kg以上，处于1级水平。

济南市设施甜椒土壤中速效氮含量平均为233.5mg/kg，范围在158.0~448.3mg/kg，最高含量是最低含量的2.84倍，范围跨度大，对照《山东省耕地地力评价指标分级》分析发现100%的甜椒土壤处于1级水平（>150mg/kg）。速效磷含量平均在246.3mg/kg，范围在165.3~395.1mg/kg，其中100%的土壤速效磷含量在120mg/kg以上，处于1级水平。土壤速效钾平均含量为512.6mg/kg，范围在477.0~531.0mg/kg，其中100%的土壤速效钾含量在300mg/kg以上，处于1级水平。

从上述数据中分析得出，黄瓜、甜椒都存在施肥过量的情况。

2.2 土壤pH值变化分析及土壤酸化

土壤酸碱度是土壤的一个重要性质，也是土壤肥力的另一重要因素。土壤pH值不同，会影响土壤中营养元素的化学行为和存在形式[4]。土壤酸碱度对于土壤中的物质的转化、元素有效性以及根系对矿质营养的吸收有一定的影响，进而影响作物的生理生化代谢、生长发育和产量品质。黄瓜最适pH值在5.5~7.2，但所调查的设施黄瓜土壤中，最低pH值为6.77，最高pH值达到8.61，平均pH值也高达7.21，因此，所调查设施黄瓜土壤pH值偏高。

甜椒最适pH值在6.5~7，但所调查的设施甜椒土壤中，最低pH值为7.54，最高pH值达到8.22，平均pH值也高达7.90，因此，所调查设施甜椒土壤pH值偏高。

2.3 土壤盐渍化

土壤盐分积累是设施栽培突出的问题，在设施栽培中，盐渍化是引起连作障碍一个很大的原因。盐分的不断积累，使土壤溶液浓度增大。当盐分达到一定浓度时，植株会发生盐害。所调查设施黄瓜水溶性盐含量平均为2.46g/kg，与我国滨海盐土的分级标准比较可以看出，属于中度盐化，其中11.1%的土壤处于强度盐化土。所调查设施甜椒水溶性盐含量平均为2.05g/kg，与我国滨海盐土的分级标准比较可以看出，属于中度盐化，其中9%的土壤处于强度盐化土。

设施大棚内土壤长期得不到雨水的冲淋，土壤溶液中盐分经毛细管的作用带到表层，造成耕作层盐分积累，产生盐渍化。农户过量的肥料投入仍然积累了一定量盐分，对日后黄瓜、甜椒的生产有一定影响。所以，农户可根据自家盐渍化情况，采取措施，盐渍化重的，除在生产中减少化肥施用量外，还可在休闲季灌水洗盐、种植吸盐作物等减轻盐害。

2.4 土壤有机质

有机质含量多少是土壤肥力高低的重要指标，且有机质能显著提高土壤的缓冲性。在土壤学中，一般把耕作层中含有机质20%以上的土壤称为有机质土壤，含有机质在20%以下的土壤称为矿质土壤。所调查黄瓜土壤的有机质含量在28.12~68.33g/kg，平均值为40.05g/kg，属于高含量范围。所调查甜椒土壤的有机质含量在20.95~42.45g/kg，平均值为31.35g/kg，属于高含量范围。

2.5 土壤微量元素现状分析

土壤微量元素是土壤的重要组成成分，是表征土壤质量的重要因子[5]。济南市设施黄瓜、甜椒土壤中微量元素含量极不平衡，在长期施肥连作的影响下，有效态铁锰铜锌等元素有较大幅度的变化。其中设施黄瓜有效铁含量平均值为28.28mg/kg，对照《山东省耕地地力评价指标分级》分析发现，其中72.2%的土壤有效铁含量处于1级水平。83.3%的土壤有效铜含量处于1级水平，平均值为4.1mg/kg，黄瓜土壤有效铜含量有所富集；土壤有效锰平均含量为9.83mg/kg，虽然66.7%处于3级水平，但整体含量偏低，满足于最小范围值，但远远小于适合值；土壤有效锌全部处于1级水平，平均含量19.65mg/kg，和适合值相比含量偏高。

设施甜椒有效铁含量平均值为13.4mg/kg，对照《山东省耕地地力评价指标分级》分析发现，其中90.9%的土壤有效铁含量处于2级水平。90.9%的土壤有效铜含量处于1级水平，平均值为4.1mg/kg，黄瓜土壤有效铜含量有所富集；土壤有效锰平均含量为10.5mg/kg，虽然81.8%处于3级水平，但整体含量偏低，满足于最小范围值，但远远小于适合值；土壤有效锌全部处于1级水平，平均含量9.4mg/kg，和适合值相比含量偏高。

可见，济南市黄瓜、甜椒种植土壤中有效铜和有效锌有富集，有效铁含量正常，有效锰含量则满足不了作物的需求。影响有效态铁锰铜锌含量的主要原因是农户对土壤的利用和管理措施的不同。

2.6 不同粒径土壤的测定结果及分析

土壤团聚体组成是评价土壤肥力质量的另一个重要指标。不同粒径的团聚体在营养元素的保持、供应及转化能力等方面发挥着不同的作用[6]。各处理团聚体以大于10mm结构最多，占总含量27.38%和22.81%；0.25~0.5mm团聚体结构最少，分别占总含量的3.89%和4.54%。一般认为，在农业生产上有价值的团粒结构是粒径在1~3mm，它可使根和土壤接触紧密，利于吸收养分水分，且土壤氧气充足。

在所调查的土壤中，1~3mm粒径的团聚体分别约占15.62%和19.25%，远远达不到最佳要求，大于5mm粒径的大块团聚体分别达到总含量的39.88%和36.83%。通过肉眼和手触发现，大于5mm大团聚体多成立方体型，棱角不明显，比较黏重，属于土壤中的块状结构，且内部紧实、孔性差，不利于作物生长，易在缺乏有机质的土壤中形成。分析得出，土壤越接近碱化，在0.25~1mm这一结构区域团聚体数量明显减少；而在大于10mm的结构数量有大幅增多。因此，改善土壤pH值、土壤结构，配施有机肥和无机肥可以缓解块状结构体形成，使5mm以上的结构数量减少，对应的1~3mm结构数量增加是下一步的重点工作之一。

3 结论

济南市设施黄瓜，甜椒土壤中速效氮、速效磷、速效钾含量大部分处于1级水平，都存在施肥过量的情况。设施黄瓜，甜椒土壤pH值偏高。设施黄瓜水溶性盐含量平均为2.46g/kg，属于中度盐化，其中11.1%的土壤处于强度盐化土。设施甜椒水溶性盐含量平均为2.05g/kg，属于中度盐化，其中9%的土壤处于强度盐化土。所调查黄瓜土壤的有机质含量在28.12~68.33g/kg，平均值为40.05g/kg，属于高含量范围。所调查甜椒土壤的有机质含量在20.95~42.45g/kg，平均值为31.35g/kg，属于高含量范围。济南市黄瓜、甜椒种植土壤中有效铜和有效锌有富集，有效铁含量正常，有效锰含量则满足不了作物的需求。在所调查的土壤中，1~3mm粒径的团聚体远远达不到最佳要求，分析得出，土壤越接近碱化，在0.25~1mm这一结构区域团聚体数量明显减少；而在>10mm的结构数量又大幅增多。因此，改善土壤pH值、土壤结构，配施有机肥和无机肥可以缓解块状结构体形成，使5mm以上的结构数量减少，对应的1~3mm结构数量增加是下一步的重点工作之一。

参考文献

[1] 何启伟，焦自高．山东设施蔬菜专用品种育种研究现状与前景展望［J］．中国蔬菜，2012（17）：8-11.

[2] 李跃进，苗青旺，陈昌和，等．土壤碱化和化学改良对土壤团粒结构的影响［J］．干旱区资源与环境，2006，20（1）：136-139.

[3] 张水清，林杉，郭斗斗，等．长期施肥下潮土全氮、碱解氮含量与氮素投入水平关系［J］．中国土壤与肥料，2017（6）：23-29.

[4] 谢志南，庄伊美，王仁玑，等．福建亚热带果园土壤pH值与有效态养分含量的相关性［J］．园艺学报，1997，24（3）：209-214.

[5] 王学军，邓宝山，张泽浦．北京东郊污灌区表层土壤微量元素的小尺度空间结构特征［J］．环境科学学报，1997，17（4）：412-416.

[6] 陈恩凤，关连珠，汪景宽，等．土壤特征微团聚体的组成比例与肥力评价［J］．土壤学报，2001，38（1）：49-53.

【作者简介】马盼（1983.11— ），女，山东滨州人，汉族，硕士，助理研究员，研究方向为土壤改良以及新材料研发。山东省济南市长清区明发路717号，0531-87406663，mplv@163.com。

济南市玉米田杂草种类及优势种群调查研究

赵克思[1]，陆广梅[2]，李义强[1]，张　健[1]，朱国亮[3]*

（1. 济南市植物保护站，山东济南 250004；2. 济南市长清区植物保护站，山东济南 250300；3. 济南市章丘区农业农村局，山东济南 250200）

摘　要：通过近几年的调查，摸清了济南市玉米田杂草种类组成及优势杂草种群结构。调查结果表明：济南市玉米田杂草共有 47 种，隶属于 24 科，43 属，其中禾本科杂草 10 种，菊科杂草 8 种，两者占整个杂草种群的 75.02%。优势杂草有马唐、狗尾草、牛筋草、小麦、反枝苋、刺儿菜、马齿苋、香附子、败酱、铁苋菜、田旋花、藜、猪毛草 13 种。

关键词：济南；玉米田；杂草种类；优势种群

济南地处黄淮海夏玉米种植区，全市粮食种植面积 44.25 万 hm^2，玉米常年种植面积 20.67 万 hm^2左右。玉米生长期田间杂草种类多，为害重，对玉米稳产高产影响较大。为掌握济南市玉米田杂草发生种类和分布现状，实现对杂草的可持续治理，本课题组 2015—2017 年对玉米田杂草分布进行了详细地跟踪调查。

1　调查与数据分析方法

1.1　调查方法及样点分布

针对济南市不同玉米种植栽培管理条件，将济南市分为 2 个类型，分别为水浇地和旱地。2015 年 11 月至 2017 年 7 月，在玉米播种前期、苗期、小喇叭口至大喇叭口期 3 个时期对济南市 9 区县 27 个镇（街道）122 处 1 098块，采取倒置“W”形九点取样法[1]进行调查，每点 0.25m^2，详细调查杂草种类、株数、株高等，并详细记录调查地点、生育期、栽培方式、往年茬口、土壤质地及调查时间等。

1.2　数据统计及分析

根据调查结果，计算杂草的相对密度、相对频度、相对盖度，并计算杂草的相对优势度。

$$种群密度(D)=\frac{该种植物的个体总数}{所有样方的面积之和}$$

$$频度(F)=\frac{该种植物出现的样方数}{该地内选区的样方总数}\times 100\%$$

$$相对优势度（RA）=（RD+RF+RC）/3$$

$$相对密度（RD）=\frac{该种植物的种群密度}{所有植物的种群密度之和}\times 100\%$$

$$相对频度（RF）=\frac{该种植物的频度}{所有植物的频度之和}\times 100\%$$

$$相对盖度（RC）=\frac{该种植物的覆盖度}{所有植物的覆盖度之和}\times 100\%$$

2 结果与分析

2.1 济南市玉米田杂草种类

调查结果显示，济南市玉米田杂草有 47 种，隶属于 24 科，43 属，其中禾本科杂草 10 种，菊科杂草 8 种，两者占整个杂草种群的 75.02%。济南市玉米田杂草的优势度见表 1。

表 1 济南市玉米田杂草的优势度

杂草名称	科类别	属类别	优势度		
			水浇地	旱地	全市
小麦	禾本科	麦属	8.82	0	8.35
牛筋草	禾本科	穇属	6.70	10.33	6.90
稗	禾本科	稗属	0.87	0.88	0.87
马唐	禾本科	马唐属	42.44	14.01	40.91
狗牙根	禾本科	狗牙根属	0.26	0	0.24
狗尾草	禾本科	狗尾草属	11.89	7.53	11.66
千金子	禾本科	千金子属	0.13	0	0.12
白茅	禾本科	白茅属	0.01	0	0.01
大画眉草	禾本科	画眉草属	0	0.88	0.05
芦苇	禾本科	芦苇属	0.01	0	0.01
小蓬草	菊科	白酒草属	0.19	0	0.18
苍耳	菊科	苍耳属	0.37	2.8	0.50
蓟	菊科	蓟属	0.06	0	0.06
刺儿菜	菊科	蓟属	4.69	9.63	4.96
苣荬菜	菊科	苦苣菜属	0.12	0	0.11
蒲公英	菊科	蒲公英属	0.03	0	0.03
鬼针草	菊科	鬼针草属	0	0.88	0.05
石胡荽	菊科	石胡荽属	0.01	0	0.01
蒺藜	蒺藜科	蒺藜属	0.01	0.53	0.04
皱果苋	苋科	苋属	0.13	0	0.12
反枝苋	苋科	苋属	4.68	6.65	4.79
藜	藜科	藜属	0.93	8.41	1.33

（续表）

杂草名称	科类别	属类别	优势度		
			水浇地	旱地	全市
地肤	藜科	地肤属	0.01	0	0.01
田旋花	旋花科	旋花属	2.92	7.36	3.16
打碗花	旋花科	打碗花属	0.52	1.23	0.56
牵牛	旋花科	牵牛属	0.07	2.45	0.20
葎草	桑科	葎草属	0.99	2.80	1.09
苘麻	锦葵科	苘麻属	0.81	1.05	0.82
野西瓜苗	锦葵科	木槿属	0.24	0	0.22
马齿苋	马齿苋科	马齿苋属	3.46	9.63	3.80
猪殃殃	茜草科	拉拉藤属	0.01	0	0.01
萹蓄	蓼科	蓼属	0.17	0	0.16
铁苋菜	大戟科	铁苋菜属	1.32	4.03	1.46
地黄	玄参科	地黄属	0.02	0	0.02
繁缕	石竹科	繁缕属	0.03	0	0.03
败酱	败酱科	败酱属	1.63	3.5	1.73
鸭跖草	鸭跖草科	鸭跖草属	1.63	0	1.55
节节草	木贼科	木贼属	0.02	0.35	0.04
猪毛草	莎草科	藨草属	0.05	3.50	0.23
香附子	莎草科	莎草属	3.12	1.57	3.04
挂金灯	茄科	酸浆属	0.04	0	0.04
龙葵	茄科	茄属	0.2	0	0.19
鹅绒藤	萝藦科	鹅绒藤属	0.14	0	0.13
乌蔹莓	葡萄科	乌蔹莓属	0.11	0	0.10
野豇豆	豆科	豇豆属	0.10	0	0.09
车前	车前科	车前属	0.04	0	0.04

2.2　济南市玉米田优势杂草种类

济南市玉米田的优势杂草有马唐、狗尾草、牛筋草、小麦、反枝苋、刺儿菜、马齿苋、香附子、败酱、铁苋菜、田旋花、藜、猪毛草 13 种（表 2）。

表 2　济南市玉米田优势杂草种类

	优势杂草种类	百分比（%）
水浇地	马唐、狗尾草、牛筋草、马齿苋、反枝苋、刺儿菜、小麦、香附子	85.80
旱地	马唐、狗尾草、牛筋草、马齿苋、反枝苋、刺儿菜、败酱、铁苋菜、田旋花、藜、猪毛草	84.58

3　结论

从本次调查结果来看，济南市玉米田杂草有 47 种，隶属于 24 科，43 属，其中禾本科杂草 10 种，菊科杂草 7 种，两者占整个杂草种群的 75.01%。马唐、狗尾草、牛筋草、小麦、反枝苋、刺儿菜、马齿苋、香附子、败酱、铁苋菜、田旋花、藜、猪毛草 13 种杂草为济南市玉米田优势杂草种类。其中，水浇地优势杂草种类为马唐、狗尾草、牛筋草、小麦、反枝苋、刺儿菜、马齿苋、香附子；旱地优势杂草种类为马唐、牛筋草、狗尾草、马齿苋、败酱、刺儿菜、铁苋菜、反枝苋、田旋花、藜、猪毛草。

参考文献

[1]　代伟程，高兴文，马成立，等．泰安市夏玉米田杂草种类及群落构成研究［J］．山东农业科学，2013，45（9）：96-98.

【作者简介】赵克思（1976—　），男，山东济南人，汉族，学士，高级农艺师，从事植物检疫、植物保护工作。山东省济南市市中区建设路 79 号，13969103460，zks6266@ jn. shandong. cn。

秸秆纤维阴离子吸附剂的制备及性质研究

马 盼[1]，于成广[1]，蔡玫芳[2]
（1. 济南市农业科学研究院，山东济南 250316；
2. 济南市农业广播电视学校，山东济南 250316）

摘　要：以纸纤维为原料，经阳离子化改性将其制备成新型阴离子吸附剂，并采用元素分析、扫描电子显微镜（SEM）、红外光谱（IR）、比表面积分析等多种现代分析技术，对修饰后纸纤维的结构形貌、组成元素、所含官能团等进行了分析，并研究其在水中对硝酸根离子的吸附，采用静态吸附法研究改性纸纤维的吸附性能。测定其在不同影响因素（如剂量和 pH 值等）下对硝酸根离子的去除率。剂量大小对去除率有正面影响，但当去除率达到 93%以后，不再随用量的增多而提高，增大 pH 值也有助于吸附剂对阴离子的吸附，在 pH 值为 5~10 时，去除率均高于 90%。同时依据 Langmuir 和 Freundlich 两个吸附热力学模型研究了改性纸纤维的吸附性能。
关键词：秸秆纤维；阴离子吸附；季铵化

中国的秸秆资源丰富，但其中大部分被丢弃或在田里焚烧，不但不能得到有效合理的利用，还引发环境污染和安全事故等一系列问题。地下水中存在着多种阴阳离子，硝酸盐便是其中一种有害的阴离子。市政、工业废水、动物垃圾和农业用水等水资源的渗漏导致地下水硝酸盐含量较高。世界各地地下水资源中硝酸盐浓度在几十年内大大增加。饮用水中的高浓度硝酸盐会导致六个月以下儿童发生高铁血红蛋白血症，所以硝酸盐应有效地从饮用水中去除。饮用水中硝酸盐的去除常常应用一些电凝聚、吸附、离子交换、电渗析、反渗透等化学催化的非常规技术，而各种改性纤维吸附剂由于低成本、方便设计、环保等优点，已被广泛应用于水中硝酸盐的去除。基于原有的改性方法，本文改进合成新型阴离子吸附剂，并应用于水中硝酸根离子吸附的研究。此研究以我国过剩秸秆资源为原料，经改性试验使其具有阴离子吸附功能，从而处理富营养化等水污染问题。因此，农业秸秆残留物的新应用有助于保护环境和可持续发展。

1　改性纤维吸附剂的制备方法

选取玉米秸秆、小麦秸秆等秸秆纤维所制的纸纤维，60℃烘干 12h，粉碎过筛约 100 目，密封保存。取 8g 纸纤维分散于 80mL 以上的乙醇中，可多加直至能均匀搅拌，用恒压分液漏斗缓慢滴加 6.0mL 2%NaOH 水溶液和 16.0g 3-氯-2-羟丙基三甲基氯化铵，将其置于水浴锅中加热至 45℃并搅拌，控制时间为 3h，反应完毕用冰醋酸和氢氧化钠溶液调节体系 pH 值为中性，将纸纤维抽滤，依次用甲醇和乙醇充分洗涤，90℃烘干至恒重，得到季铵化微晶纸纤维。

2　结果与讨论

2.1　纸纤维改性前后扫描电子显微镜图片变化

改性前后纸纤维经真空干燥后，黏附于载物台，在纤维表面喷涂金膜 90s，用扫描电子显微镜（SEM）观察样品表面形貌。根据两组 SEM 图像的比较，纸纤维改性前表面粗糙且不规则，纤维上颗粒状杂质附着较多，而改性后纸纤维表面相对平滑整齐，这是因为改性前纸纤维除木质素、纤维素等成分外，还含有少量有机或无机成分，这些物质一些被包裹着附着于纤维表面，一些存在于纤维素的非结晶区，因此改性前纸纤维表面较为粗糙[1]。而化学改性去除了这些杂质，提高了纸纤维的有序度，物态性质更加平滑。

2.2 纸纤维改性前后比表面积的变化

测量改性前后的纸纤维的比表面积，将改性前后的适量纸纤维置于设定为 60℃ 的干燥烘箱中干燥 12h，并于分析天平上精确称量 100mg 样品。在玻璃弯管处，通过交替液氮和蒸馏水来完成氮气的吸附和解吸，吸附剂的比表面积由吸附和解吸峰的面积计算。结果显示，改性前后的纸纤维比表面积都没有被检测出，这意味着样品的比表面积低于此型号比表面积最小检测限 0.1m^2/g，说明阳离子化后的纸纤维比表面积未发生重大变化，且比表面积低于 0.1m^2/g 的最低限制，也就是说，阴离子纸纤维的吸附类型是凝胶型吸附。

2.3 纸纤维改性前后 Zeta 电位的变化

使用 ZetaPALS 型 Zeta 电位计测量改性纸纤维的电位。将电极内置于 0.5cm 厚玻璃样品池中，每次取用样品 0.5mL，采样时间设为 4~10s，电极正负转向时间设为 0.30~1.20s。电压、pH 值等参数可按照试验需要进行调整。分析结果表明，修饰前的纸纤维表面带负电，Zeta 电位为 -52.539mV，改性后，纸纤维的表面带正电，Zeta 电位为+32.228mV。这是由于改性前的纸纤维木质素、半纤维素中含有的—OH、—COOH、—OCH_3等带负电的基团对纸纤维造成负电影响，改性后的纸纤维引入季铵基团，使其转为正电[2-3]。

2.4 纸纤维改性前后元素含量变化

采用元素分析仪分析改性前后纸纤维中的碳、氮、氢和其他元素，并确定元素含量。在试验中，载气为氩气，纸纤维在 950℃ 下被加热和氧化，收集各元素氧化物，测定各自的含量。定量分析每个元素的百分比。改性前纸纤维的元素分析结果为氮含量 0.13%，碳含量 39.75%，氢含量 6.001%，改性前纸纤维的元素分析结果为氮含量 13.02%，碳含量 40.12%，氢含量 6.065%。结果表明，改性前后纸纤维碳、氢、硫等元素含量变化不大，而氮元素含量变化明显，这是因为在改性过程纸纤维与 3-氯-2-羟丙基三甲基氯化铵相连，从而引入季铵基团，使得氮元素含量显著增加。

2.5 纸纤维改性前后 IR 图谱的变化

对改性前后纸纤维进行红外分析，未改性的纸纤维与改性后纸纤维的 IR 图谱基本相同，它表明改性前后纸纤维的化学结构没有发生重大变化。处理后纸纤维的 IR 图谱在 3 100cm^{-1}处有强振动峰，这是 C—OH 振动，它表明处理前纸纤维的纤维素中有较多羟基；在 2 893.2cm^{-1}处存在吸收峰，即 CH—CO—的伸缩振动，说明纸纤维的木质素结构中存在酮基基团；在 1 602cm^{-1}处有强振动峰，此处为芳香环的特征振动，说明纸纤维中的木质素结构中存在芳香环基团；在 1 350cm^{-1}处有强吸收峰，这是 C—N 叔胺基团的特征振动，表明改性纸纤维掺入了叔胺基团。

2.6 改性纸纤维在水中对硝酸根的吸附研究

2.6.1 投加量对吸附效果的影响

分别称取 0.01g、0.05g、0.1g、0.2g、0.3g、0.5g 改性后纸纤维，置于 250mL 带塞锥形瓶中，加入 25mL 10mg/L 的硝酸根离子溶液，并在振荡器中振荡，设定转速 120r/min，时间 100min。振荡后取 12.5mL 清液于 25mL 容量瓶中，进行水样分析，随后用紫外分光光度法测定溶液吸光度，所得数据与硝酸根标准曲线对比，得出吸附后溶液硝酸根离子的浓度，计算得出改性纸纤维投加量与硝酸根离子去除率的关系曲线。

随着改性纸纤维量的增加，溶液中硝酸根离子的去除率也增加。当用量为 0.1g（即固液比为 4g/L）时，去除率增加到 85%，随后增长缓慢，当用量增加到 0.2g（即固液比 8g/L）时，去除率达到 93%，用量继续增加，去除率基本不变。这是在增大改性纸纤维投加量之后，它也增加了其可以提供的吸附表面积，同时增加了纸纤维带来的正电荷的数量，这也增加了溶液中硝酸根离子的静电吸引力，有利于对硝酸根的吸附。考虑吸附效果及吸附剂用量后，选择 0.2g（即 8g/L）作为最佳用量。

2.6.2 pH 值对吸附效果的影响

改性的纸纤维用量为 0.2g，将其置于 250mL 带塞锥形瓶中，加入 25mL 10mg/L 硝酸根标准溶液，用 0.5mol/L HCl 及 2%NaOH 溶液调节溶液 pH 值分别为 2、3、4、5、6、7、8、9、10，放入振荡器内振荡，设定转速 120r/min，时间 100min。振荡后分别取 12.5mL 清液于 25mL 容量瓶中，进行水样分析后，用紫外分光光度法测定溶液吸光度，所得数据与硝酸根标准曲线对比，得出吸附后溶液的硝酸根离子浓度，计算得出固定改性纸纤维投加量。

改性纸纤维对硝酸根离子的吸附效果与溶液的初始 pH 值关系紧密，初始溶液 pH 值由 2.0 上升到 5.0 时，硝酸根离子的去除率由 0.67 增加到 0.92，溶液的初始 pH 值由 5.0 上升到 10.0 时，去除率均为 0.9 以上，变化不明显。这是因为当 pH 值低于 2.0 时，溶液呈强酸性，并含有高浓度的 H^+，硝酸盐主要存在形式为硝酸，硝酸根和表面纸纤维被高度质子化，纸纤维中的纤维素及木质素基团也被 H^+ 包围，阻碍其对硝酸根离子的吸附。当 pH 值高于 6.0 时，溶液中 H^+ 浓度降低，硝酸根离子以硝酸盐的形式存在，纸纤维表面的质子化程度大大降低，纤维素和木质素中含有吸附功能的基团也可以发挥作用，硝酸根离子吸附量增加。因此提高 pH 值有利于提高硝酸根离子的吸附。在富营养化的水体中，pH 值多为 6.0~7.0，即水体偏中性，因此在此类水体中，改性纸纤维有良好应用前景。之后的研究均在溶液 pH 值为中性的条件下进行[6-7]。

2.6.3 改性纸纤维上硝酸盐的吸附等温线

改性纸纤维用量为 0.2g，硝酸根离子溶液浓度分别为 1mg/L、2mg/L、3mg/L、5mg/L、10mg/L，溶液体积为 25mL，于 250mL 带塞锥形瓶中振荡 100min，速率 120r/min。振荡完毕后离心 3min，取上层清液 12.5mL 进行水样分析，根据紫外分光光度法测定水样吸光度，与硝酸根标准工作曲线对比，计算相应的吸附量。

与改性前相比，改性后纸纤维对硝酸根的最大吸附量 Qmax 从 0.16mg/g 增加到 2.34mg/g，最大吸附量增大约 100 倍。同时，Langmuir 和 Freundlich 两个吸附等温线模型与改性纸纤维对硝酸盐的吸附模型非常吻合，Freundlich 模式描述效果更好，说明改性纸纤维对硝酸盐的吸附模式为单层吸附和多层吸附之间，另外，纸纤维的吸附表面不均匀也会引起硝酸盐吸附的不均匀性。

2.6.4 改性纸纤维上硝酸盐的吸附动力学

设定改性后纸纤维投加量为 0.2g，配置 25mL 10mg/L 和 5mg/L 的硝酸根标准溶液于 250mL 带塞锥形瓶中，设定振荡速度为 120r/min，设定时间间隔为 4min，按设定时间间隔振荡后，离心 1min，取 12.5mL 的上层清液进行水样分析，用紫外分光光度法测定其吸光度值，与硝酸根标准曲线对比计算吸附量，获得初始浓度为 10mg/L 和 5mg/L 的硝酸根离子溶液的吸附动力学曲线。

吸附速率反映的是单位时间内，吸附剂吸附溶液中的吸附质的量的多少。关系曲线上每个点的斜率表示某个时刻的瞬时吸附速率（dq/dt）。在不同的初始溶液浓度下，吸附动力学的变化趋势大致相同，也就是说，吸附量随着时间急剧增加，然后缓慢上升，瞬时吸附率下降，曲线出现一个平台上。初始溶液浓度越大，吸附量也越大。动力学曲线分为三部分，第一部分吸附时间为 0~12min，吸附斜率很大，吸附剂和被吸附物之间的范德华力导致吸附量急剧增加，表明吸附过程的这一部分为快速的物理过程。第二部分吸附时间为 12~24min，吸附斜率小，吸附量随时间缓慢上升，此时，纤维吸附剂上的活性部位得到充分利用，属于表面吸附过程。第三部分吸附时间为 24~64min，此时曲线呈一个平台，随着时间推移，吸附量不再增大，说明此时吸附达到平衡。

3 结论

以纸纤维为原料，将其改性制备为一种阴离子吸附剂，并利用元素分析、扫描电子显微镜（SEM）、红外光谱（IR）、X 射线衍射光谱（XRD）等多种化学分析方法，分析了其结构形貌、组成元素及所含官能团，并研究其在水中对硝酸根离子的吸附作用，测定其在投加量、pH 值等不同影响因素下对硝酸根离子的去除率，确定了固液比 8g/L 为适宜投加量，pH 值中性至偏碱性为适宜吸附环境。同时对改性纸纤维进行吸附动力学试验，并把试验数据分析为不同级数的动力学方程。此外，此阴离子吸附剂经多次吸附利用后，杂质的吸附增加，吸附剂的孔径减小，吸附容量降低，导致吸附效率降低。因此，有必要研究吸附剂的再生利用。

参考文献

[1] 曾永德. 碱木质素基吸附材料制备及对配水中阳离子和阴离子染料的吸附 [D]. 湘潭：湘潭大学，2016.

[2] IQBAL M，VICIA F. Bioassay for environmental toxicity monitoring [J]. Chemosphere，2016，144：785-802.

[3] 李京京，白金明，RDPH O. 中国生物质资源可获得性评价 [M]. 北京：中国环境科学出版社，1998.

[4] 钱程，柱明生，刘兴勇. 改性小麦秸秆的制备及其对水中亚甲基蓝的吸附性能 [J]. 环境工程，2014（12）：42-51.

[5] 徐光耀，张晨，李晓燕. 硝酸根、硫酸根、氯离子在土壤中的吸附研究 [J]. 农业观察，

2016（2）：152-153.

［6］ 杨超，龚仁敏，刘必融．花生壳粉生物吸附水溶液中阴离子染料的研究［J］．应用生态学报，2004，15（11）：2195-2198.

［7］ 韩香云，张玉国．花生壳吸附水溶液中阴离子染料的研究［J］．污染防治技术，2010，23（6）：4-6.

【作者简介】马盼（1983.11—　），女，山东滨州人，汉族，硕士，助理研究员，从事土壤改良以及新材料研发。山东省济南市长清区明发路 717 号，0531-87406663，mplv@163.com。

全自动石墨消解仪—电感耦合等离子体质谱法测定蔬菜中的10种元素

刘　帅，袁　青，吕　亮
（济南市农产品质量检测中心，山东济南 250316）

摘　要：建立了一种同时检测蔬菜中多种元素的方法。该方法采用硝酸—过氧化氢的消解体系，使用全自动石墨消解仪消解样品，利用电感耦合等离子体质谱仪（ICP-MS）作为检测手段，可以同时测定蔬菜样品中铅、镉、汞、砷、铬、镍、铜、锌、锰、硒10种元素的含量，各元素方法检出限为0.002~0.2mg/kg，定量限为0.005~0.5mg/kg。试验结果表明，该方法检出限较低，具有良好的准确度和精密度，检测过程简便、高效、安全，尤其适合大批量蔬菜样品中多种元素的同时检测。

关键词：全自动石墨消解仪；电感耦合等离子体质谱仪；蔬菜；多种元素

蔬菜是人们日常生活中必不可少的重要食物和经济作物，是人体必需的多种营养元素的主要来源之一。随着现代工业的发展，环境污染的加剧和含重金属农药、化肥的不合理使用，近年来蔬菜中重金属污染加剧，对人民群众的身体健康造成了极大的潜在危害，监测和治理蔬菜中重金属的污染刻不容缓[1]。同时，锌、铜、硒、铬等又是人体必需的微量元素，人体摄入不足或缺乏又会引起人体生理异常或发生疾病，严重时甚至危及生命。因此，准确地检测各种蔬菜中多元素的含量，使其既能保障人民身体健康，提高生活品质，又能预防疾病与毒害，具有极大的现实意义。

目前，蔬菜中铅、镉、汞、砷、铬、镍、铜、锌、锰、硒10种元素的检测通常采用微波消解、压力罐消解、干湿消解法作为前处理方法，在同时处理大批量蔬菜样品时具有较大限制，前处理效率尚有较大的提升空间，同时消解和赶酸过程对试验操作人员的安全和健康有一定的潜在危害[2]。

全自动石墨消解仪又称程序控温石墨消解仪，与传统方法相比，更适合于大批量样品的前处理，可一次处理几十到上百个样品，极大地节省了前处理时间。在操作方面，全自动石墨消解仪用全自动的电脑控制代替了人工，能一站式自动完成加酸、消解、赶酸、冷却、定容、混匀转移等操作。同时，由于所有加酸操作均在自带通风柜中完成，避免了酸气对操作者的伤害，使整个样品前处理过程更加安全[3]。电感耦合等离子体质谱仪（ICP-MS）具有灵敏度高、检出限低、线性范围宽、能同时测定多种元素等特点，对大多数元素可提供10^{-12}级的检出限，能满足大量样品快速分析的需要。

本方法采用全自动石墨消解仪对蔬菜样品进行前处理，消解后的样品经ICP-MS检测，整个过程简便、快捷、安全、高效，尤其适合大批量蔬菜样品中多种元素的同时测定。

1 材料与方法

1.1 仪器与试剂

1.1.1 仪器设备

全自动石墨消解仪（Vulcan-84，加拿大 Questron 公司）；电感耦合等离子体质谱仪 ICP-MS（7500a，美国安捷伦公司）；万分之一天平（TB-215D，德国赛多利斯）。

1.1.2 试剂

浓硝酸（优级纯，国药集团化学试剂有限公司）；30%过氧化氢（优级纯，国药集团化学试剂有限公司）；高纯氩气（≥99.995%）；试验用水为符合 GB/T 6682—2008《分析实验室用水规格和试验方法》中规定的一级水[4]；生物成分分析标准物质：圆白菜 GBW10014、胡萝卜 GBW10047（地球物理地球化学勘察研究所）。

1.1.3 标准溶液

铅、镉、汞、砷、铬、镍、铜、锌、锰、硒、金单元素标准溶液（1 000mg/L，中国计量科学研究院）；含有钪（^{45}Sc）、锗（^{74}Ge）、铟（^{115}In）、铋（^{209}Bi）的内标储备溶液（100mg/L，美国安捷伦公司）。

1.1.4 调谐液

含有锂、铍、钇、钴、铟、铊、铋元素的质谱调谐溶液（10μg/L，美国安捷伦公司）。

1.1.5 汞标准稳定剂

取 2mL Au 元素标准溶液，用 2%硝酸溶液稀释至 1 000mL。

1.2 蔬菜样品的采集与制备

采集山东省济南市周边地区的 6 种代表性蔬菜样品，即韭菜、甘蓝、菠菜、番茄、黄瓜、豇豆，按照 NY/T 3304—2018《农产品检测样品管理技术规范》附录 B 中蔬菜类样品的相关要求进行制备。

1.3 蔬菜样品的消解

称取试样 1.0~2.0g（精确至 0.000 1g）于消解杯中，置于全自动石墨消解仪上，按照如下步骤编程。加入 5mL 浓硝酸，60℃加热 30min，等待 10min，加入 3mL 浓硝酸和 2mL 30%过氧化氢，110℃加热 30min，加盖，130℃加热 60min，取盖，110℃加热 90min，等待 15min 后，用 2%硝酸溶液定容至 25mL，待测。

1.4 仪器条件

仪器操作条件见表 1。

表 1 仪器操作条件

参数名称	参数	参数名称	参数
射频功率	1 200W	雾化器	同心雾化器
等离子体流量	15.0L/min	采样锥/截取锥	镍/铂锥
载气流速	1.00L/min	采样深度	7~10mm

（续表）

参数名称	参数	参数名称	参数
辅助气流量	1.00L/min	测定点数	3
雾化器温度	2℃	重复次数	3
样品提升速率	0.1r/s	分析时间	0.1s

1.5 标准曲线的配制

吸取适量的各元素标准溶液，用2%硝酸溶液逐级稀释配制成混合标准工作溶液。吸取适量的汞元素标准溶液，用汞标准稳定剂逐级稀释配制成汞标准工作溶液。

1.6 样品测定

将混合标准工作溶液和汞标准工作溶液依次注入电感耦合等离子体质谱仪中，测定待测元素和内标元素的信号响应值，以待测元素的浓度为横坐标，待测元素与所选内标元素响应信号值的比值为纵坐标，绘制标准曲线。在相同工作条件下进行试样的测定。若试样中待测目标元素浓度超出标准曲线范围，用2%硝酸溶液稀释后，重新测定。同时做空白试验。

2 结果与分析

2.1 方法检出限和定量限

蔬菜试样以称取1.0g定容至25mL计算，本方法各元素的检出限和定量限见表2。

表2 方法检出限和定量限

元素	检出限（mg/kg）	定量限（mg/kg）	元素	检出限（mg/kg）	定量限（mg/kg）
铅	0.005	0.02	镍	0.02	0.05
镉	0.002	0.005	铜	0.02	0.05
汞	0.002	0.005	锌	0.2	0.5
砷	0.002	0.005	锰	0.05	0.2
铬	0.02	0.05	硒	0.005	0.02

2.2 方法准确度和精密度

为考察本方法的准确度和精密度，对生物成分分析标准物质圆白菜GBW10014和胡萝卜GBW10047进行铅、镉、汞、砷、铬、镍、铜、锌、锰、硒10种元素的6次平行测定，结果见表3。

表 3　方法准确度和精密度测试数据

标准物质	元素	平均值（mg/kg）	标准偏差 S（mg/kg）	相对标准偏差 RSD（%）	标准物质标准值（mg/kg）
圆白菜 GBW10014	铅	0. 196	0. 008	3. 85	0. 19±0. 03
	镉	0. 033 6	0. 001 1	3. 25	0. 035±0. 006
	汞	0. 011 6	0. 000 7	5. 98	0. 010 9±0. 001 6
	砷	0. 062 7	0. 000 9	1. 44	0. 062±0. 014
	铬	1. 83	0. 05	2. 54	1. 8±0. 3
	镍	0. 916	0. 01	1. 05	0. 93±0. 10
	铜	2. 74	0. 06	2. 23	2. 7±0. 2
	锌	26. 0	0. 5	1. 83	26±2
	锰	18. 2	0. 4	2. 05	18. 7±0. 8
	硒	0. 216	0. 006	2. 81	0. 20±0. 03
胡萝卜 GBW10047	铅	0. 434	0. 008	1. 82	0. 43±0. 07
	镉	0. 033 2	0. 001	3. 08	0. 034±0. 004
	汞	0. 003 02	0. 000 14	4. 76	0. 003 2±0. 000 8
	砷	0. 110	0. 004	3. 66	0. 11±0. 02
	铬	1. 06	0. 04	3. 52	1. 04±0. 13
	镍	0. 670	0. 009	1. 34	0. 67±0. 10
	铜	4. 23	0. 06	1. 32	4. 1±0. 3
	锌	11. 4	0. 5	4. 20	11. 2±0. 5
	锰	12. 1	0. 4	3. 67	12. 1±0. 5
	硒	0. 036 4	0. 000 8	2. 26	0. 031±0. 010

由结果可见，6 次平行测定的平均值都在标准物质的标准值允许范围内，相对标准偏差均小于 10%，说明本方法具有较好的准确度和精密度。

3　结论

本文建立了全自动石墨消解仪—电感耦合等离子体质谱仪（ICP-MS）测定蔬菜中铅、镉、汞、砷、铬、镍、铜、锌、锰、硒 10 种元素的方法。经过方法学验证和实际样品的检测，本方法完全能够满足蔬菜样品中多种元素同时测定的要求。本方法检出限较低，准确度和精密度高，前处理过程全自动，省时省力，同时有效地保护了操作者的人身安全，是一种稳定、快速、简便、安全的检测方法，尤其适用于大批量蔬菜样品的多元素同时测定。

参考文献

［1］ 刘希元，吴春燕，张广臣，等．蔬菜重金属污染与防治研究综述［J］．安徽农业科学，2019，47（15）：10-12+17.

［2］ 赵意娜，孙飞燕．食品中重金属元素检测方法研究进展［J］．现代农业科技，2018（1）：239-240.

［3］ 赵雯玮，刘吉爱，朱红波，等．全自动消解仪在分析领域的发展与应用［J］．西藏科技，2015（11）：79-80.

［4］ 中华人民共和国国家卫生和计划生育委员会，中华人民共和国国家食品药品监督管理总局．食品安全国家标准 食品中多元素的测定：GB/T 5009.268—2016［S］．北京：中国标准出版社，2017.

［5］ 全国化学标准化技术委员会．分析实验室用水规格和试验方法：GB/T 6682—2008［S］．北京：中国标准出版社，2008.

【作者简介】刘帅（1982.1— ），男，山东济南人，汉族，本科，工程师，研究方向为农产品及产地环境中重金属检测。山东省济南市长清区明发路 717 号，0531-87406072，jnjc401@163.com。

3 种特色野菜的营养成分检测与营养价值分析

郭守鹏，黄昌见，卢绪鹏
（济南市农业科学研究院，山东济南 250316）

摘　要： 本文测定了水芹菜、莱芙蓉和婆罗门参新鲜食用部位的蛋白质、总糖、膳食纤维、类胡萝卜素、总黄酮、维生素 C、铁离子、钙离子 8 种营养元素的含量，并用平均营养估算法对 3 种叶菜的总体营养价值进行了分析。结果显示，水芹菜综合营养价值最高，莱芙蓉次之，婆罗门参最低。莱芙蓉花在总黄酮的含量上显著高于其他两种野菜，婆罗门参在铁离子的含量上显著高于其他两种蔬菜。本研究结果对人们正确消费和食用特色野菜具有指导意义。

关键词： 野菜；营养成分；营养价值；检测分析

野生蔬菜是指野外自然生长，未经人工栽培，其根茎叶花或果实等器官可作蔬菜食用的植物。近年来，随着人们生活水平的提高及健康意识的增强，生活习惯也由温饱型向营养型转变。野生蔬菜因其风味独特等特点，有些还具有较好的医疗保健作用，越来越受到人们的青睐。野菜资源的合理开发，既可满足市场需求，获得巨大经济效益，又可调整产业结构，帮助农民脱贫致富[1]。因此，引进和栽培特色野菜成为蔬菜产业发展的新方向，大量的野菜资源被宣传开发、推广种植和消费食用[2]。然而，野菜种植消费热的背后存在着隐忧，一是很多大肆宣传的野菜品种其确切营养价值尚不明确[3]，如田七菜、养心菜等；二是很多野菜与有毒植物不易鉴别，极易造成中毒事件，如水芹和野芹；三是很多野菜重金属含量和毒性缺乏理论研究，多食易对人体造成伤害。为了给广大消费者食用野菜提供理论支持，促进野菜相关产业的健康快速发展，笔者对水芹菜、莱芙蓉、婆罗门参 3 种特色野菜的营养成分和营养价值进行了初步研究，以期为消费者提供借鉴。

1　材料与方法

1.1　试验材料

试验材料均采自济南市农业科学研究院自有试验田。试验当天的 9 时，分别摘取水芹菜嫩茎叶若干、莱芙蓉鲜花若干，挖取婆罗门参新鲜根茎若干，洗净晾干备用。

1.2　试剂耗材

石英砂，无水乙醇，无水丙酮，盐酸，维生素 C，淀粉，碘，碘化钾，葡萄糖，蒽酮，浓硫酸，亚硝酸钠，氢氧化钠，氢氧化钾，正辛醇，过氧化氢，硼酸，溴甲基酚绿，甲基红，HI93721-0，HI9352A-0，HI9352B-0，Buffer Reagent。

1.3　试验仪器

电子天平 BSA2202S，电热恒温水浴锅 HWS-24，分光光度仪 Lambda25，调温电热套 DZTW；酸式滴定管，超纯水器 UPD-I-30T，粉碎机 DFT-50，电子分析天平 AUY120，超声波清洗器 KQ-700V，粗纤维测定仪 VELP，马弗炉 SX-4-10，KDX 型控温定时消化炉，KDY-9820 凯氏定氮仪，滴定仪 Titrette，万用电炉，铁离子浓度测定仪

HI96721，钙离子浓度测定仪 HI96752。

1.4 试验方法

类胡萝卜素采用分光光度法，维生素 C 采用直接碘量法，总糖采用蒽酮法，总黄酮采用芦丁对照法[4]，膳食纤维采用酸碱消煮法，蛋白质采用凯氏定氮法，铁离子和钙离子采用灰化溶液测定法，综合营养价值采用平均营养价值估算法。

2 结果与分析

2.1 类胡萝卜素

3 种野菜类胡萝卜素含量差异明显，达到显著水平（表 1）。水芹菜含量最高为 15.42mg/kg，婆罗门参最低，为 5.69mg/kg。

表 1 类胡萝卜素的含量

野菜品种	测得类胡萝卜素质量浓度（μg/mL）			折合类胡萝卜素含量（mg/kg 鲜样）
	重复 1	重复 2	重复 3	
水芹菜	1.23	1.16	1.05	15.42a
菜芙蓉	1.15	1.04	1.00	13.02b
婆罗门参	0.47	0.49	0.41	5.69c

2.2 维生素 C

3 种野菜维生素 C 含量差异较大（表 2）。水芹菜含量最高为 185.58mg/kg，但是与菜芙蓉（184.84mg/kg）含量很接近，差异不明显；婆罗门参最低，为 60.54mg/kg。

表 2 维生素 C 的含量

野菜品种	测得维生素 C 溶液浓度（μg/mL）			折合维生素 C 含量（mg/kg 鲜样）
	重复 1	重复 2	重复 3	
水芹菜	13.95	17.05	13.54	185.58a
菜芙蓉	16.07	13.51	14.79	184.84a
婆罗门参	0.47	0.49	0.41	60.54b

2.3 总糖

3 种野菜总糖含量均较高（表 3）。水芹菜含量最高为 20 909.21mg/kg；菜芙蓉次之，为 19 042.55 mg/kg，与水芹菜差异不显著；婆罗门参最低，为 12 580.03mg/kg。

表 3　总糖含量

野菜品种	测得葡萄糖含量（μg/mL）			折合总糖含量（mg/kg 鲜样）
	重复 1	重复 2	重复 3	
水芹菜	25.82	19.40	23.78	20 909.21a
莱芙蓉	22.45	16.91	23.49	19 042.55a
婆罗门参	14.88	13.83	12.80	12 580.03b

2.4　总黄酮

3 种野菜总黄酮含量表现出极大的差异性（表 4）。水芹菜含量最低为 7 183.01mg/kg；莱芙蓉最高，高达 56 421.57 mg/kg；婆罗门参介于两者中间，为 11 107.84mg/kg。

表 4　总黄酮含量

野菜品种	测得总黄酮含量（μg/mL）			折算总黄酮含量（mg/kg 鲜样）
	重复 1	重复 2	重复 3	
水芹菜	19.25	10.76	13.08	7 183.01c
莱芙蓉	112.00	111.12	115.41	56 421.57a
婆罗门参	22.24	22.24	22.18	11 107.84b

2.5　膳食纤维

3 种野菜膳食纤维含量同样表现出极大的差异性（表 5）。水芹菜含量最低为 6 326.64mg/kg；莱芙蓉最高，高达 11 744.28 mg/kg；婆罗门参介于两者中间，为 9 135.45mg/kg，总体含量低于总黄酮。

表 5　膳食纤维的含量

野菜品种	实测膳食纤维含量（g/kg 干样）			折算膳食纤维含量（mg/kg 鲜样）
	重复 1	重复 2	重复 3	
水芹菜	69.6	61.4	64.0	6 326.64c
莱芙蓉	129.2	138.0	161.8	11 744.28a
婆罗门参	100.5	100.7	99.9	9 135.45b

2.6　蛋白质

3 种野菜蛋白质含量相对差异较小，但也达到了显著水平（表 6）。水芹菜含量最高为 15 538.45 mg/kg；莱芙蓉次之，为 13 876.43 mg/kg；婆罗门参最低，为 10 710.20mg/kg。

表 6 蛋白质含量

野菜品种	实测全氮含量（%干样）			粗蛋白含量（%干样）	折算蛋白质含量（mg/kg 鲜样）
	重复 1	重复 2	重复 3		
水芹菜	3.028	2.993	2.97	17.09	15 538.45a
菜芙蓉	2.698	2.672	2.664	15.27	13 876.43b
婆罗门参	2.069	2.050	2.082	11.78	10 710.20c

2.7 铁离子

3 种野菜铁离子含量都很低，差异显著（表 7）。婆罗门参含量最高，为 16.94mg/kg；菜芙蓉含量最低，仅为 3.03mg/kg。

表 7 3 种野菜铁离子含量

野菜品种	实测铁离子浓度（mg/L）			折算铁离子含量（mg/kg 鲜样）
	重复 1	重复 2	重复 3	
水芹菜	0.91	1.00	1.03	8.91b
菜芙蓉	0.34	0.32	0.34	3.03c
婆罗门参	1.87	2.00	1.72	16.94a

2.8 钙离子

3 种野菜钙离子含量都很高，差异极显著（表 8）。水芹菜含量尤其高，达到 1 299.87mg/kg；婆罗门参含量最低，为 399.96mg/kg。

表 8 钙离子含量

野菜品种	实测钙离子浓度（mg/L）			折算钙离子含量（mg/kg 鲜样）
	重复 1	重复 2	重复 3	
水芹菜	143	151	126	1 299.87a
菜芙蓉	59	52	45	645.39b
婆罗门参	39	31	35	399.96c

2.9 营养价值评价

采用平均营养价值估算法对 3 种野菜营养价值进行分析，平均营养价值 ANV = 蛋白质（g）/5+纤维素（g）+钙（mg）/100+铁（mg）/2+胡萝卜素（mg）+维生素 C（mg）/40。结果显示，水芹菜平均营养值最高为 4.69，菜芙蓉居中为 4.01，婆罗门参最低为 3.10。

3 结论与讨论

蔬菜的营养功能主要是供给人体所需的各种维生素、矿物质及纤维素，还可补充供给一些植物蛋白、脂肪及热量，并有维持人体内酸碱平衡及帮助消化等功能[5-7]。由于蔬菜的营养价值是由多种成分组成的，为了综合评估其营养价值，科研人员进行了大量研究，形成了多种评估方法，主要有平均营养价值估算法、营养评分分类估算法、综合评价指数法、隶属函数法和综合营养值及营养供给单位法五大类。本研究测定了蛋白质、纤维素、总糖、总黄酮、钙、铁、胡萝卜素、维生素 C 8 种营养物质的含量，采用平均营养价值估算法对水芹菜、莱芙蓉和婆罗门参 3 种野菜的综合营养价值进行了对比，对它们的营养价值有了初步的了解，为人们购买和食用特色野菜提供了依据。

通过测定不同营养元素，发现不同的野菜营养元素含量差异非常显著。如莱芙蓉总黄酮含量显著高于水芹菜和婆罗门参，婆罗门参铁离子含量显著高于莱芙蓉和水芹菜，水芹菜钙离子的含量显著高于莱芙蓉和婆罗门参。测定结果显示，花中总黄酮含量最高，根中铁离子含量最高，茎叶中钙离子含量最高，该结果是否为普遍规律还需要进一步研究确定。另外，试验结果显示，莱芙蓉膳食纤维含量最高，这与茎叶纤维含量高的一般规律不同，是否为试验误差，还需进一步确认。总体来看，水芹菜在类胡萝卜素、维生素 C、总糖、蛋白质、钙离子 5 种营养元素的含量上最高，总体营养价值也最高；莱芙蓉与水芹菜总体营养价值差距不大，而婆罗门参营养价值相对较低。

参考文献

[1] 胡朝松，刘德兵，李绍鹏．我国野菜资源的开发与利用［J］. 热带农业科学，2005，25（5）：45-47.

[2] 郭守鹏，李佳嫘，吕亮．3 种特色野菜食用安全性研究［J］. 安徽农业科学，2016，44（36）：145-148.

[3] 龙祥儒，龙艳玲．仙茅与婆罗门参解纷［J］. 基层中药杂志，2002，16（1）：38-39.

[4] 仇燕，王明珠，赵紫华．莱芙蓉总黄酮提取物抑菌作用及其稳定性研究［J］. 北方园艺，2016（8）：150-153.

[5] 蹇黎．水芹和旱芹的营养成分分析［J］. 北方园艺，2008（2）：33-34.

[6] 汪雪勇，张海洋．野生水芹的合理开发利用［J］. 中国野生植物资源，2006，25（4）：31-32.

[7] HAN Y Q，HUANG Z M，YANG X B，et al. *In vivo* and *in vitro* anti-hepatitis B virus activity of total phenolics from Oenanthe javanica［J］. Journal of Ethnopharmacology，2008，118（1）：148-153.

【作者简介】郭守鹏（1983. 4—　），男，山东平阴人，汉族，硕士，农艺师，主要研究方向为蔬菜新品种选育和栽培技术。15966308939，山东省济南市长清区明发路 717 号，80624386@ qq. com。

双源腐植酸有机水溶肥肥效研究

马　村[1*]，季　静[1]，杨修勤[2]，康　振[2]，李婷婷[3]
（1. 山东鲁蔬种业有限公司，山东济南 250108；2. 济南市农业开发服务有限公司，山东济南 250002；3. 山东佐田氏生物科技有限公司，山东平阴 250400）

摘　要：本文以山东佐田氏生物科技有限公司的双源腐植酸有机水溶肥为试验材料，该水溶肥采用专利技术及创新工艺生产，以自主活化的腐植酸络合态中微量元素与氮钾、生化黄腐酸配比而成。研究了双源腐植酸水溶肥稀释 3 000倍、5 000倍在盆栽油菜、苦菊、白菜 3 种蔬菜生长过程中提苗、壮棵、增色作用，并以保力丰平衡（18-18-18）水溶肥为对照。试验结果表明，双源腐植酸有机水溶肥能络合氮钾元素，具有促进有益菌繁殖、增强根系发育、补充中微量元素、疏松土壤的作用。

关键词：双源腐植酸；有机水溶肥；肥效研究

矿源腐植酸是存在于泥炭、草炭、褐煤、烟煤、无烟煤、风化煤等矿产资源的腐植酸[1]。生物腐植酸是生物质原料通过生物腐植酸工程（主要是微生物的转化作用）而生成的腐植酸。双源腐植酸是采用双源腐植酸技术对生物质原料与矿源腐植酸原料进行生物共转化而生产的一类生物制品，同时富含生物腐植酸与矿源腐植酸两种来源的腐植酸成分，还含有酶、氨基酸、维生素、糖类、有益微生物等活性成分，是一种优质高效的农用生物制品。它具有改良土壤、促进植物生长发育、增强植物抗病与抗逆能力、提高产品和品质的作用[2]。为此，进行了双源腐植酸施用试验，以期获得双源腐植酸在蔬菜生产上的使用效果。

1　试验材料与方法

1.1　供试作物和肥料。

油菜、苦菊、白菜、双源腐植酸水溶肥。

1.2　试验方法

不同蔬菜施肥处理方案见表 1，白菜冲施处理见表 2。

表 1　不同蔬菜施肥处理方案

油菜冲施		苦菊冲施		白菜喷施	
编号	处理	编号	处理	编号	处理
CK1	对照（保力丰稀释 3 000 倍）	CK2	对照（保力丰稀释 3 000 倍）	CK3	对照（保力丰稀释 3 000 倍）
YC1	浓度稀释 3 000 倍	KJ1	浓度稀释 3 000 倍	BP1	浓度稀释 3 000 倍
YC2	浓度稀释 5 000 倍	KJ2	浓度稀释 5 000 倍	BP2	浓度稀释 5 000 倍

表 2　白菜冲施处理

编号	处理
CK4	对照（保力丰稀释 3 000 倍）
BC1	冲施 500mL，浓度稀释 3 000 倍
BC2	冲施 500mL，浓度稀释 5 000 倍
BC3	冲施 200mL，浓度稀释 3 000 倍
BC4	冲施 200mL，浓度稀释 5 000 倍

采用基质盆栽，油菜冲施用量为每盆 500mL，定株 10 棵，重复 2 次。于 2020 年 1 月 18 日补冲 1 次。水分管理按温室管理方法。苦菊冲施，用量为每盆 500mL，定株 10 棵，重复 5 次，于 2020 年 1 月 18 日补冲 1 次。土壤为温室常用基质，水分管理按照温室管理方法。白菜喷施用量为每盆 300mL，定株 10 棵，重复 3 次，于 2020 年 1 月 18 日补喷 1 次。土壤为温室常用基质，水分管理按温室管理方法。白菜冲施用量设 2 个水平，即每盆冲施 500mL 和每盆冲施 200mL，重复 3 次。土壤为温室常用基质，水分管理按温室管理办法。

2　结果分析

2.1　油菜试验结果分析

由图 1 可以看出，冲施双源腐植酸水溶肥可激活油菜根系细胞休眠，提升根系活力，生根快、须根多、根色白、根系壮、黄根少，能够有效促进油菜生长发育，提高产量。显著提高拮抗与化感双重作用，对重茬死棵、沤根烂根、恶苗僵苗死苗等干预增强[3]。双源腐植酸与毛细根生理活动交互作用，化解油菜自毒物质、调节油菜根际酸碱、缓冲土壤盐渍、调节氮磷钾吸收。能够有效促进油菜生长发育，增加油菜产量，改善油菜品质。其中冲施效果最好为浓度稀释 3 000倍，此时油菜生长最为旺盛，叶片

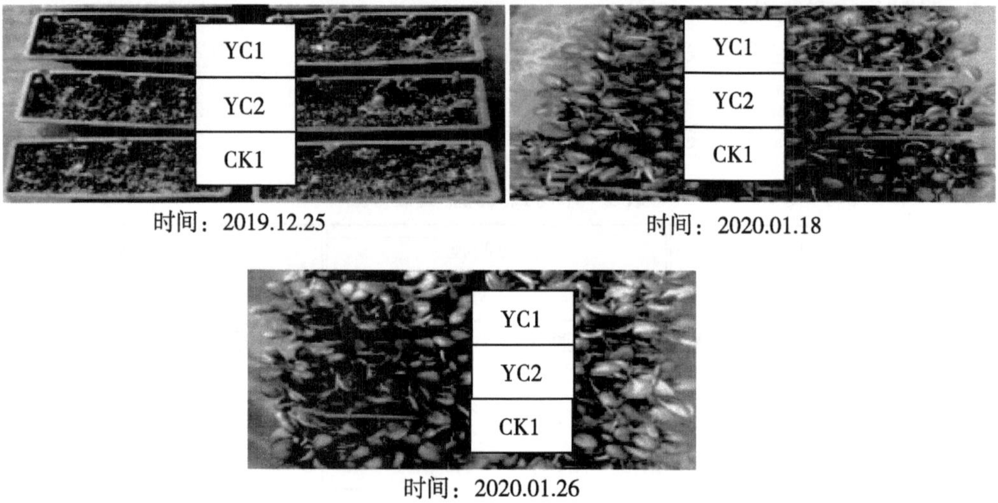

图 1　油菜不同时间长势情况对比

最大、较厚，叶色最深，植株较高，茎秆粗壮；其次为浓度稀释 5 000倍，油菜生长发育旺盛，长势略差于浓度稀释 3 000倍；长势最为缓慢为对照，叶片较小、较薄，叶色较浅，茎秆较细，生长发育状况较差。

2.2 苦菊试验结果分析

由图 2 可以看出，双源腐植酸水溶肥可激活苦菊根系细胞休眠，提升根系活力，生根快、须根多、根色白、根系壮、黄根少，能够有效促进缓苗和苗期生长发育，避免死棵、沤根烂根、恶苗僵苗死苗等现象。双源腐植酸与毛细根生理活动交互作用，化解自毒物质、调节根际酸碱、缓冲土壤盐渍、调节氮磷钾吸收，能够有效促进苦菊中后期生长发育，增加苦菊产量，提升苦菊品质和口感。其中冲施效果最好为浓度稀释 3 000倍，此时苦菊根系发达，叶片最大、较厚，叶色最深，植株比对照高 2～3cm，茎秆粗壮；其次为浓度稀释 5 000倍，苦菊根系相对较好，生长发育正常，长势略差于浓度稀释 3 000倍；对照长势最为缓慢，根系少，叶片较小、较薄，叶色较浅，茎秆较细，生长发育状况较差。

时间：2019.12.30

时间：2020.01.18

时间：2020.01.26

图 2　苦菊不同时间长势情况对比

2.3 白菜喷施试验结果分析

由图 3 看出，喷施双源腐植酸水溶肥能够有效促进白菜生长，提高白菜品质，增加白菜产量。其中效果最为显著的是浓度稀释 5 000倍，此时白菜叶片最大，叶色较

时间：2020.01.08

时间：2020.01.26

图 3　白菜不同时间长势情况对比

深，植株较高，生长发育旺盛；其次为浓度稀释3 000倍，白菜生长旺盛，长势略差于浓度稀释5 000倍；对照生长发育状况最差，叶片较小，叶色较浅，植株矮小，生长发育缓慢。

2.4 白菜冲施试验结果

由图4可以看出，冲施双源腐植酸水溶肥可激活白菜根系细胞休眠，提升根系活力，缩短缓苗时间，能够有效促进缓苗和生长发育，对重茬死棵、沤根烂根、恶苗僵苗死苗等干预增强。双源腐植酸与毛细根生理活动交互作用，化解白菜自毒物质、调节白菜根际酸碱、缓冲土壤盐渍、调节氮磷钾吸收，能够有效促进白菜缓苗和生长发育，提升白菜品质，增加白菜产量，并且在3 000~5 000倍范围内，冲施量越大，肥效越显著。其中白菜长势最好为浓度稀释3 000倍、每盆冲施500mL，此时白菜生长发育旺盛，叶片最肥厚，茎秆粗壮，植株高大。其次为浓度稀释5 000倍，冲施量为每盆500mL，长势略差于浓度稀释3 000倍；浓度稀释3 000倍、每盆冲施200mL白菜长势略差于浓度稀释5 000倍、每盆冲施500mL，但优于浓度稀释5 000倍、每盆冲施200mL；生长状况最差为对照，白菜生长发育缓慢，叶片小、株矮，长势较差。

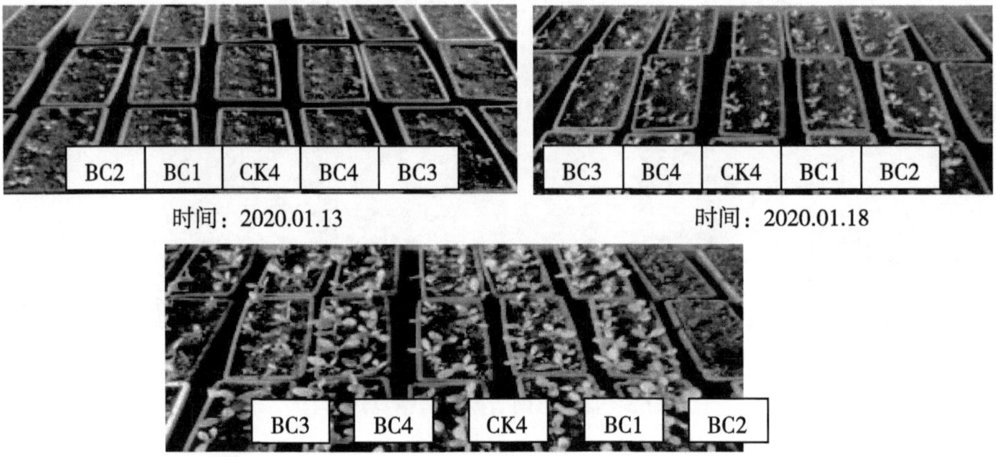

图4 白菜不同时间长势情况对比

3 结论与讨论

双源腐植酸水溶肥的技术优势，富含多种生物活性物质，生物质原料经生物转化形成的生物腐植酸—是多种生物活性成分的混合物（腐植酸、酶、PAPM菌群及其代谢产物），其应用效果优于矿源腐植酸。矿源腐植酸经历了双重活化，矿源腐植酸经化学活化，再经生物活化，活性基团数量增加，活化水平提升，应用效果更好。生物腐植酸的形成促进了矿源腐植酸的活化，提供微生物、酶、能量、NADH等还原力等[4]。矿源腐植酸的加入促进了生物腐植酸的形成，为生物腐植酸的形成，提供前提物质，提高生成速度和生成数量。双源腐植酸技术将“生物腐植酸工程”与“矿源腐植酸生物活化”两个生物转化过程揉合到同一个生产过程中，二者相互促进，互补增益“1+1>2”。

双源腐植酸水溶肥可激活根系细胞休眠，提升根系活力，生根快、须根多、根色白、根系壮、黄根少，能够有效促进作物生长发育，提升作物品质，提高产量。显著提高拮抗与化感双重作用，对重茬死棵、沤根烂根、恶苗僵苗死苗等干预增强。

双源腐植酸与毛细根生理活动交互作用，化解自毒物质、调节根际酸碱、缓冲土壤盐渍、调节氮磷钾吸收。双源腐植酸水溶肥喷施效果较好为浓度稀释5 000倍，冲施效果较好为浓度稀释3 000倍，且在一定范围内，冲施量越大，效果越显著。

参考文献

[1] 王仕霞. 腐植酸类有机肥施用技术 [J]. 现代农业科技，2001（10）：24.

[2] 王彪. 腐植酸有机肥对蔬菜产量和品质影响的研究 [D]. 延吉：延边大学，2011.

[3] 王兴远，张显东，张志鹏，等. 腐植酸有机肥在蔬菜上的施用效果 [J]. 现代农业科技，2011（12）：276-277.

[4] 罗章. 怎样施用腐植酸类有机肥 [J]. 农村经济与技术，2001（8）：40-41.

【作者简介】马村（1973.9— ），男，山东济南人，汉族，学士，高级工程师，主要从事设施蔬菜栽培技术和休闲农业研究工作。山东省济南市历城区桑园路28号，0531-66659005，macun2008@126.com。

桃园土壤酸化修复效果试验研究

王兆华[1]，王芙蓉[2]，田　丽[2]，许冠新[3]，冯　燕[3]，亓文田[2*]
（1. 济南市莱芜区牛泉镇，山东济南 271124；2. 济南市土壤肥料站，山东济南 250021；3. 莱芜区农业农村局，山东济南 271101）

摘　要：在桃树生产上，桃农由于长期偏施氮肥、大水漫灌等农业措施，导致桃园土壤的理化性质恶化，土壤孔隙堵塞，土壤团粒结构破坏，土壤营养元素失衡、不利于根系的生长发育，影响微生物的分解活动，致使有毒物质积累，土传病害加重，土壤有机质含量降低，进而加速土壤酸化，陷入恶性循环，严重影响了桃树生产。为此，在酸化土地桃树生产上进行了基施“土壤修复剂”的试验，收到了良好效果。

关键词：桃树；土壤酸化；试验；修复效果

1　概况

近年来，由于一些桃农一味追求桃树高产，大都采取了偏施氮肥、大水漫灌、清耕除草等农业措施，导致土壤出现障碍现象，主要表现为土壤理化性质恶化，土壤孔隙堵塞，团粒结构破坏，造成土壤营养元素失衡、板结、污染和肥力下降，酸化严重，严重危害桃树生产[1]。尤其土壤酸化问题，已成了桃树生产的“老大难”问题，多数土地 pH 值在 6.0 以下，有的地区甚至达到 5.0 以下。土壤酸化后不仅不利于根系的生长发育，影响根系的吸收作用，而且影响树势、产量和品质；同时土壤酸化对土壤中微生物的分解活动产生影响，有毒物质积累，土传病害加重，危害果树，也使得土壤有机质含量降低，而有机质含量的降低又加速土壤的酸化，陷入恶性循环，化肥利用效率降低[2]。

为此，通过在酸化土地桃树生产上进行了基施土壤修复剂的试验，为指导桃树生产提供依据。

2　时间与地点

本试验于 2019 年 4—8 月在济南市莱芜区寨里镇公家庄村开展。

3　材料与方法

3.1　试验材料

供试土壤：棕壤，地势平坦，排灌条件较好，肥力中等，地力均匀，土壤状况见表 1。

表 1　土壤理化性状

年份	有机质（mg/kg）	碱解氮（mg/kg）	速效磷（mg/kg）	速效钾（mg/kg）	全氮（%）	容重（g/cm^3）	孔隙度（%）	EC 值（mmol/L）	pH 值
2019	10.1	67.7	25.4	96.7	0.93	1.52	59.1	0.53	5.2

试验肥料：土壤修复剂，剂型（粉剂），指标（有效活菌数≥10 亿个/g，胞外多

糖≥1mg/g，有机质≥25.0%）。

供试作物品种及栽培方式：桃树品种“红冠”，五年生，穴栽，覆草栽培。

3.2 试验方法

本试验设4个处理，随机区组排列，3次重复，每亩栽植57株，每处理6株，保护行1m。

处理1（K1）为常规施肥+供试土壤修复剂。将土壤修复剂2kg与55kg细土混合，每株穴施1kg。

处理2（CK）为常规施肥+供试基质。将土壤修复剂基质2kg与55kg细土混合，每株穴施1kg。

处理3（K2）为常规施肥+细沙。与处理1同期施土壤修复剂等量细沙，每株穴施1kg。

处理4（K3）为常规施肥。在每亩施圈肥3 000kg的基础上，每亩基施42%复混肥料（14-16-12）50kg，5月16日每亩追施硫型复合肥35kg、尿素15kg。田间管理及病虫防治同大田。

4 结果与分析

4.1 不同处理对土壤性状的影响

由表2可知，K1处理有机质、碱解氮、速效磷、速效钾和全氮含量均高于对照（CK），而K2和K3处理均低于对照。

表2 不同处理对土壤养分的影响

处理	有机质（mg/kg）	碱解氮（mg/kg）	速效磷（mg/kg）	速效钾（mg/kg）	全氮（%）
K1	10.5	71.0	27.7	102.5	0.97
CK	10.3	68.9	26.5	98.4	0.95
K2	10.2	68.5	26.3	97.3	0.94
K3	10.2	68.4	26.3	97.1	0.94

由表3可得，K1处理降低了土壤容重、土壤孔隙度和EC值，提高了土壤pH值。而处理K2、K3提高了土壤容重、孔隙度、EC值，降低了土壤pH值。

表3 不同处理对土壤理化性状的影响

处理	土壤容重（g/cm^3）	土壤孔隙度（%）	EC值（mmol/L）	pH值
K1	1.48	53.2	0.49	5.7
CK	1.51	58.1	0.51	5.3
K2	1.52	58.9	0.52	5.2
K3	1.52	59.0	0.52	5.2

4.2 不同处理对 pH 值的影响

经 F 值检验，区间组 F 值=1.62<$F_{0.05}$（2，6），说明区间组差异不显著；处理间F值=43.69** >$F_{0.01}$（3，6），说明处理间差异极显著。K1 与 CK、K2、K3 差异达极显著水平，CK 与 K2 、K3 及 K2 与 K3 之间差异不显著。K1 处理提高了土壤 pH 值，改善了土壤的酸化现象，K2、K3 降低了土壤 pH 值，加剧了桃园土壤的酸化（表 4）。

表 4　不同处理对 pH 值的影响

处理	pH 值				增减	
	Ⅰ	Ⅱ	Ⅲ	平均	（单位）	（%）
K1	5.7	5.8	5.6	5.7Aa	0.4	7.55
CK	5.4	5.3	5.3	5.3Bb	—	—
K2	5.2	5.3	5.2	5.2 Bb	-0.1	-1.89
K3	5.2	5.2	5.2	5.2 Bb	-0.1	-1.89

4.3 不同处理对桃树生物学性状的影响

由表 5 可知，供试土壤修复剂比其他处理效果明显，K1 处理的叶长 14.3cm，叶宽 3.9cm，叶色明亮，单果重较对照增加 16g，成熟期较对照提前 2d，发病率 4.1%，较对照下降 5.5%。K2 和 K3 处理的叶长、叶宽、单果重均低于对照，成熟期较对照晚 1d，发病率明显高于对照。

表 5　不同处理对桃树生物学性状的影响

处理	叶长（cm）	叶宽（cm）	成熟期（月.日）	叶色	单果重（g）	发病率（%）
K1	14.3	3.9	7.5	明亮较深	309	4.1
CK	13.9	3.8	7.7	较浅	293	9.6
K2	13.7	3.7	7.8	较浅	289	17.8
K3	13.7	3.7	7.8	较浅	288	19.1

4.4 不同处理对桃树经济性状的影响

施用土壤修复剂对桃树经济性状的影响见表 6。

表 6　施用土壤修复剂对桃树经济性状的影响

处理	产量（kg/6 株）				产量（kg）	增减产	
	Ⅰ	Ⅱ	Ⅲ	平均		（kg/亩）	（%）
K1	347.4	342.3	341.7	343.8Aa	3 266.1	172.9	5.59
CK	327.7	326.1	323.1	325.6Bb	3 093.2	—	—
K2	321.8	320.2	318.9	320.3Bb	3 042.9	-50.3	-1.63
K3	317.6	318.4	318.3	318.1Bb	3 022.0	-71.2	-2.30

经 F 值检验，区间组 F 值=3.54<$F_{0.05}$（2，6），说明区间组差异不显著；处理间 F 值=151.56**>$F_{0.01}$（3，6），说明处理间差异极显著。K1 与 CK、K2、K3 差异达极显著水平；CK 与 K2、K3 之间差异不显著，K2 与 K3 之间差异不显著。

4.5 不同处理的效益情况分析

不同处理的效益情况分析见表 7。

表 7 不同处理效益情况分析

处理	亩产量（kg）	亩产值（元）	亩增值（元）	亩成本（元）	亩纯增收（元）	投入产出比
K1	3 266.1	32 661	1 729	102	1 627	1 : 16.95
CK	3 093.2	30 932	—	—	—	—
K2	3 042.9	30 429	—	—	—	—
K3	3 022.0	30 220	—	—	—	—

注：土壤修复剂 36.0 元/kg，桃 10.0 元/kg，人工 30 元/亩次。

5 试验结论

试验表明，在常规施肥的基础上，酸性土壤桃树基施土壤修复菌剂增产效果显著，基施供试肥料的 K1 比对照 CK 亩增产 172.9kg，纯增收 1 627元，增产率为 5.59%，投入产出比为 1 : 16.95。

在常规施肥的基础上，酸性土壤桃树基施土壤修复菌剂 K1 比对照修复效果显著，K1 比 CK 在 pH 值、有机质、碱解氮、速效磷、速效钾和全氮分别提高了 0.4、0.2g/kg、2.1mg/kg、1.2mg/kg、4.1mg/kg、0.02%；土壤孔隙度、土壤容重、EC 值分别下降了 4.9%、0.03g/cm^3、0.02mmol/L，修复效果显著，建议在同等地区桃树生产上示范推广应用。

参考文献

[1] 隋秀奇，李洪研．果园土壤酸化对果树的危害及改良措施［J］. 烟台果树，2011（1）：49.

[2] 张晓玲．土壤酸化成因与改良管理技术研究［J］. 安徽农业科学，2011，39（35）：21729-21731.

【作者简介】王兆华（1964.3— ），男，山东济南人，汉族，学士，高级农艺师，从事农业技术推广应用。山东省济南市莱芜区牛泉镇金牛路 1 号，0531-76721215，W1380149@126.com。

土壤中多种元素同时测定技术研究

姜 斌[1]，李芳霞[2]，唐露苗[1]
（1. 济南市农产品质量检测中心，山东济南 250316；
2. 济南护理职业学院，山东济南 250102）

摘 要：本文建立了微波消解—电感耦合等离子体质谱法同时测定土壤中汞、砷、铅、镉、铬、铜、锌、镍 8 种重金属元素的分析方法。研究了微波消解用酸体系、内标元素的选择、质谱干扰与校正等。进行了土壤标准样品和实际样品加标回收试验，8 种元素的测定结果与标准值相符，相对标准偏差均小于 5%，加标回收率在 81%~96%，方法检出限为 0.01~0.50mg/kg。建立的方法样品处理程序简单快捷、线性范围宽、分析重现性好、结果准确，而且能够对 8 种重金属元素进行同时测定，大大提高了检测效率。

关键词：土壤成分；重金属元素；微波消解；电感耦合等离子体质谱技术

食品、农产品安全问题是关系到人身健康和国计民生的重大问题，长期以来也一直受到人们的密切关注。食品、农产品的生产离不开自然环境，环境污染必然导致食品的污染，尤其在农产品的种植、生产过程中，环境的优劣直接影响了产品的质量。因此，在无公害、绿色、有机农产品认证过程中都对产地环境质量提出要求。目前国内土壤环境质量评价标准主要有《农田土壤环境质量监测技术规范》（NY/T 395—2012）、《土壤环境质量 农用地土壤污染风险管控标准》（GB 15618—2018）、《温室蔬菜产地环境质量评价标准》（HJ/T 333—2006）、《食用农产品产地环境质量评价标准》（HJ/T 332—2006）等，其中对汞、砷、铅、镉、铬、铜、锌、镍元素含量都有限量要求。因此，对土壤样品中的汞、砷、铅、镉、铬、铜、锌、镍元素进行快速、准确的测定具有重要意义。

目前，土壤中金属元素的测定多使用原子吸收光谱法、原子荧光法、X 射线原子荧光法、电感耦合等离子体原子发射光谱法、电感耦合等离子体质谱法。火焰原子吸收光谱法和原子荧光法只能单元素（或两个元素）逐一测定，测定多个元素耗时较长，工作效率较低；X 射线原子荧光法、电感耦合等离子体原子发射光谱法、电感耦合等离子体质谱法可以同时测定多种元素，但 X 射线原子荧光法和电感耦合等离子体原子发射光谱法灵敏度略低，难以实现对现有环境质量标准中要求的镉、汞等低含量元素的分析要求。在日常工作中电感耦合等离子体质谱法（ICP-MS）具有检出限低、干扰少、选择性好、线性范围宽、灵敏度高、多元素同时测定等优点，可以满足对环境质量标准中所要求元素同时分析的需求，进而大大减少工作量[1]。

酸溶消解法是使用最为普遍的土壤消解方法。该方法从使用加热介质和所用仪器不同的角度又可分为电热板加热法、微波消解法、高压密闭消解法和全自动石墨消解法等。电热板消解法是传统的土壤消解方法，设备要求最为简单，但操作步骤较为繁琐，耗时较长，对操作人员的技术熟练程度要求较高。高压密闭消解法是将土壤样品与混合酸密封于耐压的不锈钢套筒中，在烘箱内进行加热。该法具有用酸量少、挥发元素损失少、操作危险性小的优点；但消解用时较长，消解效率不高。此外，高压罐消解有一定危险性，需要人工调节消解时间和温度，由于涉及密封高压，酸溶体系中尽量不使用产生高温或易爆的浓 H_2SO_4 和 $HClO_4$。微波消解法具有从物体内部加热、加热效率高的特点，高压密闭环境则减少了试样损失和操作安全性。所以，两者相结合的微波消解法是目前使用最多的一种方法。微波酸消解技术具有加热速度快、消解能力强、溶剂用量少、高效节能、选择性好、准确度高、通用性强、绿色环保等显著特点。传统的加热设备如电热板、电炉等，因温控精度不高、样品受热不均匀、样品消解程度不统一、环境污染严重、消解元素易损失等问题，已逐渐被微波消解仪取代[2]。

综上分析，本文采用微波消解[3]前处理样品，以电感耦合等离子体质谱仪（ICP-MS）对土壤中汞、砷、铅、镉、铬、铜、锌、镍 8 种元素进行同时测定，方法的检出限、定量限、准确度、精密度、回收率均取得了满意的结果。

1 试验内容

1.1 仪器及试剂

Agilent7500a 电感耦合等离子体质谱仪（美国 Agilent 公司）；ETHOS UP 微波消解仪（意大利 Milestone 公司）；Millipore 超纯水制备装置（美国密理博公司）。

汞、砷、铅、镉、铬、铜、锌、镍、金元素标准储备溶液（1 000mg/L，国家有色金属及电子材料分析测试中心）；选用钪（^{45}Sc）、锗（^{74}Ge）、铟（^{115}In）、铋（^{209}Bi）为内标元素；硝酸、氢氟酸，30%过氧化氢均为优级纯，汞稳定剂，取金元素溶液 2mL，用 2%硝酸溶液稀释至 1 000mL，用于汞标准溶液的配制；试验用水均为电阻率 18.2MΩ · cm 的超纯水。

1.2 样品制备

将采集的土壤试样（一般不少于 500g）混匀后用四分法缩分至约 100g。缩分后的土样经风干（自然风干或冷冻干燥）后，除去土样中石子、枝棒、叶片等异物，用木棒（或玛瑙棒）研压，通过 2mm 土壤筛，混匀。用玛瑙研钵将通过 2mm 土壤筛的试样研磨至全部通过 100 目（孔径 0.149mm）土壤筛，混匀后备用。

1.3 样品前处理

称取试样 0.1g（精确至 0.000 1g）于微波消解罐中，加入 6mL 硝酸，轻微摇动使样品与酸液充分混合，然后沿罐壁加入 2mL 氢氟酸和 2mL 30%过氧化氢，混匀，旋紧外盖置于微波消解仪中进行消解。冷却后取出，缓慢打开罐盖排气，用少量试验用水冲洗罐盖，然后置于通风橱内控温电热板 140℃进行赶酸处理（如需测汞元素，赶酸时加入 1mL 汞稳定剂，温度不超过 110℃），每隔 20min 轻微摇动消解罐，赶酸至近干，取下稍冷，加入 1mL 硝酸溶液温热溶解残渣，然后转移至 50mL 容量瓶内，转移过程中用少量水清洗罐体内壁至少 3 次，冷却后用水定容至刻度，摇匀后静置 30min，待测。随同做空白试验。

2 结果与讨论

2.1 微波消解用酸体系的确定

目前微波消解过程中常用的酸包括硝酸、盐酸、氢氟酸以及30%过氧化氢等[4]，对于有机物含量较高的样品一般推荐使用硝酸和过氧化氢组合。而对于含有较高硅成分的样品则推荐加入少量的氢氟酸，以提高样品的消解完全程度，从而提高测定回收率。本方法选用6mL硝酸、2mL氢氟酸、2mL过氧化氢的配比进行消解，消解完全。

2.2 内标元素的选择

ICP-MS分析过程中，分析信号会随时间而发生漂移，而且受分析样品的基体干扰，被测元素的信号会出现抑制或增强。通过合适的内标校正体系，不仅能在一定程度上减少或消除基体干扰，同时还能很好地减少因分析信号漂移而造成的误差，大大改善分析精度。内标元素选择的原则主要包括：质量数相近、电离电位相近、沸点相近。

2.3 质谱干扰与校正

2.3.1 质谱型干扰

质谱型干扰主要包括同量异位素重叠干扰、多原子离子重叠干扰、氧化物和双电荷干扰等[5]。消除同量异位素的干扰可以采取选用次灵敏度的质量数或使用数学方程式进行校正或在分析前对样品进行化学分离。但最主要的方法是使用数学方程式的方法消除干扰。多原子离子重叠干扰是样品本身和等离子体本身中未完全分解的分子发生电离，在离子化时相互结合，形成多原子离子。在实际分析中，只有少数的这种离子才会产生严重的干扰效应。多原子离子干扰可以利用校正方程、仪器优化以及碰撞反应池技术加以解决。氧化物和双电荷干扰，是由于样品基体不完全解离或由于在等离子体尾焰中解离元素再结合而产生的，通过调节仪器参数可以降低影响。

2.3.2 非质谱型干扰

非质谱型干扰主要包括基体抑制干扰、空间电荷效应干扰、物理效应干扰等。非质谱型干扰程度与样品基体性质有关，通过内标法、仪器条件最佳化等措施可以消除。所有分析都应使用内标标化来校正仪器漂移和物理干扰。推荐的内标元素钪（^{45}Sc）、锗（^{74}Ge）、铟（^{115}In）、铋（^{209}Bi）在环境土壤样品中含量较少，不存在同素异形体干扰，且属于比较常见的元素，是比较常用的内标元素。

2.4 方法检出限和定量限

仪器正常工作状态下，连续测量试剂空白溶液11次，以11次空白值3倍标准偏差对应的浓度为检出限。同时根据文中的定容体积及称样量，得出各项元素的方法检出限和定量限见表1。

表1 方法检出限和定量限 （单位：mg/kg）

元素名称	元素符号	检出限	定量限	元素名称	元素符号	检出限	定量限
汞	Hg	0.01	0.04	铬	Cr	0.10	0.40

（续表）

元素名称	元素符号	检出限	定量限	元素名称	元素符号	检出限	定量限
砷	As	0.10	0.40	铜	Cu	0.50	2.00
铅	Pb	0.10	0.40	锌	Zn	0.50	2.00
镉	Cd	0.01	0.04	镍	Ni	0.50	2.00

注：表中方法检出限按称取 0.2g 定容至 50mL 计算。

2.5 准确度及精密度

应用本方法对土壤标准样品（ESS-2、ESS-3、ESS-4）进行测定，各样品平行测定 11 次。由表 2 可见，测试结果与标准值基本吻合，方法精密度为 1.04%~5.58%。

表 2 准确度及精密度

元素	ESS-2			ESS-3			ESS-4		
	测定值（mg/kg）	标准值（mg/kg）	RSD（%）	测定值（mg/kg）	标准值（mg/kg）	RSD（%）	测定值（mg/kg）	标准值（mg/kg）	RSD（%）
汞	0.018 6	0.019 0	3.97	0.111 0	0.112 0	2.83	0.019 9	0.021 0	4.58
砷	10.2	10.0	2.68	15.1	15.9	2.44	11.1	11.4	1.87
铅	24.2	24.6	1.13	33.0	33.3	2.18	21.7	22.6	2.41
镉	0.040 8	0.041 0	4.34	0.043 0	0.044 0	2.47	0.080 5	0.083 0	2.26
铬	72.2	75.9	1.37	95.0	98.1	1.36	69.1	70.4	1.97
铜	27.6	27.6	1.04	28.9	29.4	0.66	57.0	56.3	1.72
锌	62.6	63.5	1.23	87.2	89.3	1.17	67.4	69.1	1.86
镍	32.9	33.6	2.18	33.0	33.7	1.99	32.8	32.8	2.15

3 结论

本试验建立了土壤中汞、砷、铅、镉、铬、铜、锌、镍 8 种元素含量测定的微波消解—电感耦合等离子体质谱法，具有灵敏度高、准确度好、操作简便等优点，适合于大批量土壤中多元素的测定，大大提高了检测效率。实际样品的加标回收试验和标准样品的试验，均取得了满意的结果。

参考文献

[1] 王小如．电感耦合等离子体质谱应用实例 [M]. 北京：化学工业出版社，2005：66-78+258-302.

[2] 蔺凯，刘建利，王舒婷，等．土壤中重金属消解方法的比较 [J]. 安徽农业科学，2013 (22)：9259-9260.

[3] 刘冬莲，刘会媛，刘征原．微波消解技术在环境分析中的应用 [J]. 唐山师范学院学报，2006，28 (5)：42-44.

[4] 许海，王杰琼，徐进，等．土壤重金属测定中不同消解方法的比较 [J]. 常州工学院学报，

2008，21（2）：70-74.

[5] 刘虎生，邵宏翔．电感耦合等离子体质谱技术与应用［M］. 北京：化学工业出版社，2005：113-122.

【作者简介】姜斌（1981.1— ），男，山东济南人，汉族，学士，农艺师，研究方向为农产品质量安全。山东省济南市长清区明发路 717 号，0531-87406072，190831858@qq.com。

西瓜花粉储藏对花粉活力和后代种子发芽率的影响

翟景云，张祺恺
（山东省伟丽种苗科学研究院，山东济南 250212）

摘　要：储藏西瓜花粉可以解决西瓜育种时花期不遇、F_1代杂种制种时因天气等原因造成雄花花药开裂延迟、不能及时授粉等问题，也可解决大量制种时盛花期花粉量不足的问题。储藏花粉时应注意整花采摘，避免污染，注意防水，使用食品级方便袋或密封盒密封储藏，2℃低温储藏。本研究分别于2019年秋季与2020年春季进行2次花粉低温储藏试验，结果表明花粉储藏至第二天的花粉质量与当天采摘的花粉无显著差别，2020年春季储存至第二天花粉所授粉产生种子数量甚至高于当天花粉授粉产生种子数量，储藏至第三天后花粉授精能力显著下降。利用储藏花粉受精结出的种子进行直播催芽试验，发芽率无明显差异。

关键词：花粉储藏；花粉活力；繁育授精；发芽率

西瓜是我国消费量最大的水果之一。因其水分充足、口感爽脆、药食同源等特点，深受消费者青睐，是夏季人们消暑止渴的首选水果。在特定条件下储藏西瓜花粉可以解决育种时的花期不遇及F_1代杂种繁种授粉不及时或花粉量不充足等问题，可大大提高育种和制种工作效率[1]。一般西瓜制种田父本与母本的比例为1∶(7~10)，整个授粉过程持续15d左右。要求在整个繁种过程中有足够量的花粉，如果繁种田盛花期遇到阴雨天气，雄花不能正常开放及散开花药，这就会严重影响授粉工作的正常进行。储藏花粉可以很好地解决这一难题，减少因天气等原因造成的损失。目前，针对西瓜花粉储藏后花粉活力及授精力的关系研究较少。通过本次试验数据分析，明确了西瓜花粉简易储藏方法及有效的储藏时间。

1　试验材料与方法

1.1　试验材料

此试验父本及母本使用同一材料“红灵”。

1.2　试验方法

1.2.1　花粉采摘与储藏

西瓜每天开花时间并不完全一致，温度和光照不但会影响花粉活力也会影响花药的散开程度[2]。准备要储藏花粉的花，需在花开后花药未散开前及时整花采摘。采摘过程中注意避免污染花朵及花药，防止花药沾水。将采摘下来的鲜花用塑料袋或密封盒装好并密封。避免太阳直射，以免失水萎蔫，影响花粉活性，增加取粉操作难度。应尽量避免花期喷施农药及熏烟雾剂农药，防止花粉活力降低。本试验分别于2019年秋季和2020年春季，把同一天采摘的花粉放进温度为2℃的冰箱。

1.2.2　花粉储藏时间及授粉

鲜花采摘后储藏至第二天开始授粉，至第七天结束授粉。

2 结果与分析

2.1 花粉储藏时间对结种数的影响

将不同储藏时间的花粉授粉后所长出来的西瓜随机取 15~20 个，数出每个西瓜中成熟瓜籽数量。计算试验结果如下。2019 年秋茬，使用当天新鲜花粉与储藏至第五天的花粉单瓜平均结子数分别为 129.5 粒、127.2 粒、64.4 粒、39.5 粒和 25 粒。2020 年春茬，使用当天新鲜花粉与储藏至第五天的花粉单瓜平均结子数分别为 146.3 粒、169.3 粒、121.5 粒、62.7 粒、55.3 粒。具体结果见图 1。

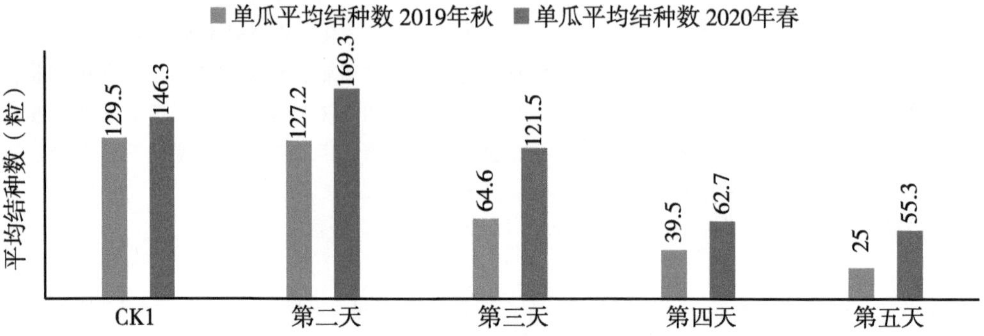

图 1 花粉储藏时间与单瓜平均结种数对比

经数据方差分析结果可知（图 1），储藏 1d 后的花粉可以正常授粉，且平均单瓜结种数与鲜花授粉结种数无差异，2020 年春季花粉储藏 1d 后，授粉单瓜结种数显著高于鲜花授粉结种数。从 2019 年和 2020 年结果可以看出，花粉储藏至第三天后，授粉后平均单瓜结种数显著低于鲜花授粉结种数。说明花粉储存至第三天后，花粉活力显著降低，影响授粉后结籽数量，但仍具有一定活性。

2.2 花粉储藏时间与种子发芽率的关系

研究证明储藏花粉时间长短会影响花粉活力及授精能力[3]，从而影响结实及单瓜结籽数量。本试验对不同储藏日期授粉后所得种子进行直播催芽试验，发现利用储藏的花粉授粉成熟后的种子的发芽率，与正常花粉授粉所结种子的发芽率无差异。具体试验结果见图 2。

从图 2 可以看出，不同储藏日期授粉后所得种子在催芽 75h 和 115h 均无显著差异，催芽 115h 种子发芽率高于催芽 75h 种子发芽率。2019 年秋季花粉储藏所结出的种子发芽率整体偏低，可能与秋季后期温度低有关，种子成熟受到影响。

2.3 花粉活力分析

有前人的研究结果表明，用化学染色法测定花粉在一定条件下储藏一段时间后虽有活力，但花粉没有萌发。而花粉萌发率是花粉授粉受精最为直观的表现。另外文中也提到，在自然条件下西瓜雄花开放几个小时后就失去活力。在 5℃和相对湿度 20%~40%条件下，西瓜花粉保存期可达 60d。在相对湿度和温度较低的条件下可以延长花粉寿命[4]，但花粉活力有迅速降低的趋势。从 2019 年秋季与 2020 年春季两次储藏花粉使用得出的结果来看，花粉虽在合适的温度及湿度条件下仍可保持活性，但并不一定可以完成授精结实。

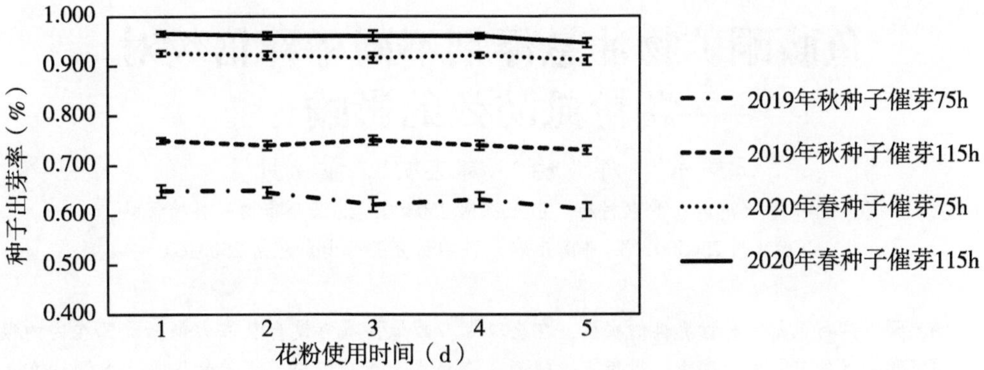

图 2　不同储藏时间花粉授粉种子发芽率对比

通过试验，储藏时间至第六天的花粉就没有授精结实能力，储藏的花粉从第三天开始活力与授精能力下降较快，至第五天活力与授精能力非常低，储藏至第六天、第七天已无授精结实的能力。这一结果也佐证了：在实际操作中花粉有活力但不一定可以完成授精，使胚珠发育成种子。

本试验还证明了储藏花粉一旦完成授精，其受精体发育成熟后的种子的发芽率并不受花粉储藏时间长短的影响。

3　小结

利用本花粉储藏方法可以减少因阴雨天等天气原因导致的无花粉使用等情况的发生，从而可提高繁种效率。花粉储藏时间 2d 以内的花粉活力与授精能力与正常开放的花粉活力与授精能力差异较小。花粉储藏时间超过 3d 活力与授精能力下降。花粉储藏 3~5d，虽活力及授精能力逐步下降，但不影响已经受精发育的种子的发芽率。从两次试验可以看出，西瓜花粉储藏超过 6d 均无结实能力，也可能与花粉储藏条件比较简易有关，花粉储藏 6d 后是否还具有正常受精结实能力，待进一步研究。

参考文献

［1］ 钟惠宏，钮心恪，吴飞燕．大白菜花粉简易贮藏可保持生活力四年以上［J］. 中国蔬菜，1989（2）：52.

［2］ 韩笑冰，苗琛．热胁迫对辣椒花粉发育及其生活力的影响［J］. 园艺学报，1996，23（4）：359-364.

［3］ 尹桂蕾，赵惠恩．花粉生活力影响因素及花粉贮藏概述［J］. 中国农学通报，2005，21（4）：110-113.

［4］ 宋红霞，侯璐芬，武喆，等．贮藏温度和湿度对萝卜花粉生活力的影响［J］. 上海农学报，2011，27（1）：65-67.

【作者简介】翟景云（1983. 1—　），女，河南永城人，汉族，学士，从事西甜瓜新品种选育。山东省济南市章丘区刁镇镇辛三村伟丽种苗科学研究院，18510201047，1053259897@ qq. com。

鱼藤酮矿物油悬浮剂不同稀释倍数对烟粉虱防效的影响

王建东[1]，邢　静[2]，郑志明[2]，董　贝[3]*

（1. 济南市长清区农业农村局，山东济南 250300；2. 滨州市博兴县植保站，山东滨州 256500；3. 济南市农业科学研究院，山东济南 250316）

摘　要：烟粉虱是一种世界性的害虫，在全球大多数地区都有发生且成为包括我国在内的很多国家和地区的重要农业害虫。近年来，随着生态环保、生产安全、可持续发展，各国均在大力发展生物防治。本文利用了生物提取剂鱼藤酮的杀虫作用，测试不同稀释倍数的鱼藤酮矿物油悬浮剂对烟粉虱防效的影响，同时与传统化学药剂做对比，观察对试验植物西红柿的影响，从而找出最适的杀虫浓度。

关键词：鱼藤酮；烟粉虱；防效

鱼藤酮（*Rotenone*），又名鱼藤精，是农业领域重要的传统生物农药之一。1848年，Oxley 最先报道了从毛鱼藤（*Derris elliptica*）的根部提取出鱼藤酮可以用作杀虫剂使用，自此鱼藤酮作为杀虫、杀螨剂和鱼毒剂开始在亚洲和南美洲使用[1]。鱼藤酮及鱼藤酮类化合物是从豆科植物的鱼藤属、灰叶属、合生果属、鸡血藤属、毒鱼豆属和蝶豆属等植物中提取的一类能够抑制神经组织和肌肉组织的具有选择性的杀虫活性物质，其中鱼藤酮毒性最强[2]。鱼藤酮是用于蔬菜、果树和茶叶的新型植物源杀虫剂，广泛存在于鱼藤属植物的根皮部，因其高效低毒、广谱、杀虫快、残留时间短、害虫不易产生抗性等特点，被视为较理想的杀虫剂[3]。鱼藤酮在毒理学上是一种专属性很强的物质，尤其是对菜粉蝶幼虫、小菜蛾和蚜虫具有强烈的触杀和胃毒作用[4-5]，也使害虫细胞的电子传递链受到抑制，从而降低生物体内的 ATP 水平，使害虫得不到能量供应，然后行动迟滞、麻痹而缓慢死亡[6]。

烟粉虱（*Bemisia tabaci*），为半翅目粉虱科的杂食性昆虫，别名甘薯粉虱，主要分为 A 型烟粉虱、B 型烟粉虱、Q 型烟粉虱 3 种。烟粉虱广泛分布于 90 多个国家和地区，是一类植食性刺吸式口器农业昆虫。烟粉虱的一生经历卵、若虫、成虫 3 个阶段，若虫又分为 1~3 龄期及伪蛹期。其体型微小，体长不足 1mm，但寄主范围广泛[7]。烟粉虱通过若虫和成虫取食植物的汁液、分泌蜜露诱发煤污病、传播植物病毒及引起植物生理异常等方式进行危害，主要为害蔬菜花卉、棉花、烟草等农作物[8]，若不及时有效防治，可能造成严重的产量损失[9]。

1　材料与方法

1.1　试验对象

西红柿：福特斯（72-152）。

1.2　试验田基本情况

在现代农业示范园 2 处核心示范区内，各选择两个蔬菜大棚，所选示范大棚土壤肥力均一，种植统一品种，采用同步的生产管理。土壤类型为褐土，灌溉方式为滴灌，种植作物株数（株/亩）2 680。施肥情况为复合肥、钾肥、钙肥每亩分别 50kg、50kg、100kg，微肥 100kg，京博惠尔 10kg。

1.3 试验处理

在 1 号棚设置 4 个处理。一是鱼藤酮矿物油悬浮剂稀释倍数 200 倍，处理一区；二是鱼藤酮矿物油悬浮剂稀释倍数 300 倍，处理二区；三是鱼藤酮矿物油悬浮剂稀释倍数 500 倍，处理三区；四是鱼藤酮矿物油悬浮剂稀释倍数 800 倍，处理四区。各处理区用防虫网间隔，分两次喷雾防治，间隔时间为 7d。

2 号棚按常规防治处理，用阿维 · 吡丙醚（火眼）两次常规喷雾防治，间隔时间为 7d，在最里边用防虫网间隔出 4 垄西红柿，作为空白对照区。

1.4 试验设计

1 号棚和 2 号棚试验设计见图 1。

1 号棚试验设计

<table>
<tr><td>处理一区
200 倍</td><td>处理二区
300 倍</td><td>处理三区
500 倍</td><td>处理四区
800 倍</td></tr>
<tr><td colspan="4">过道</td></tr>
</table>

2 号棚试验设计

<table>
<tr><td>常规处理区</td><td>空白对照区</td></tr>
<tr><td colspan="2">过道</td></tr>
</table>

图 1　1 号棚和 2 号棚试验设计

1.5 调查方法

调查次数和时间：第一次施药前调查基数，施药后 1d、3d、7d 进行残虫调查和安全性观察，第二次施药后 7d 进行残虫调查和安全性观察。

调查方法：调查时，在每个处理区内定点 10 株，每株标计顶端 5 片新叶，在早晨成虫不大活动时（9 时前），在已标记的叶子上调查虫数。

防效计算方法如下：

$$虫口减退率（\%）=（药前活虫数-药后活虫数）/药前活虫数\times100$$

$$防治效果（\%）=（处理区虫口减退率-对照区虫口减退率）/（100-对照区虫口减退率）\times100$$

2 结果与分析

不同处理区粉虱防效见表 1。

表 1　不同处理区粉虱防效

处理	施药前虫数（头）	第一次药后 1d（头）	防治效果（%）	第一次药后 3d（头）	防治效果（%）	第一次药后 7d（头）	防治效果（%）	第二次药后 7d（头）	防治效果（%）
一区	25	10	66.72	12	68.71	15	50.66	9	68.39
二区	112	40	70.30	46	73.21	59	56.66	14	89.03
三区	68	41	49.83	38	63.56	53	35.94	19	75.50
四区	58	35	49.83	33	62.91	50	29.11	23	65.14
常规	268	7	97.84	3	99.28	4	98.77	3	99.03
对照	208	250	—	319	—	253	—	237	—

12 月 2 日第一次喷药，分别调查施药前粉虱基数、药后 1d、药后 3d、药后 7d 残虫数。12 月 9 日第二次喷药，药后 7d 调查残虫数。由于处理一区靠近大棚口，粉虱数量较少，防效不明显。鱼藤酮矿物油悬浮剂稀释倍数 200 倍、300 倍、500 倍、800 倍第一次药后 1d 对粉虱的防治效果较好，药后 3d 防效好，药后 7d 防效较差；第二次药后 7d 防效最好。鱼藤酮矿物油悬浮剂稀释 200 倍、300 倍对防治粉虱效果较为理想。

3　结论

鱼藤酮矿物油悬浮剂稀释 200 倍、300 倍对粉虱防治效果较好，由于试验年度冬季多阴天、雾霾、光照时数少，鱼藤酮矿物油悬浮剂对西红柿生长无明显影响。另外配合使用物理、生物等防治措施，提高产品质量，改善品质，减少化学农药使用量，保护生态环境，达到了理想的防治效果。

4　讨论

植物源农药鱼藤酮是一种高效、安全的杀虫剂，不污染农业生态环境和农产品，对人类和大多数动物的健康无害，并且杀虫的毒性很强，在食品安全问题日益引起重视的情况下，具有广 阔的发展潜力和前景。我国目前登记产品剂型较单一，多为乳油，且不环保，因此应大力发展环保的新型制剂。此外，鱼藤酮与诸多农药具有显著的协同增效作用，大力研制更多新型的复配制剂，不断进行技术创新，必将得到市场的回馈[2]。

参考文献

[1]　谭辉，魏太阳，任少鹏．鱼藤酮在农药应用中的专利技术综述［J］．河南科技，2019（15）：50-52.

[2]　黄培鑫．鱼藤酮产品登记概况及未来展望［J］．农药市场信息，2017（28）：28-29.

[3]　周游，张宁，黄其亮，等．鱼藤酮在甘蓝上的残留消解动态研究［J］．西南农业学报，2013，26（2）：587-590.

[4]　曾鑫年，张善学，方剑锋，等．毛鱼藤酮与鱼藤酮杀虫活性的比较［J］．昆虫学报，2002

(5)：611-616.
[5] 娄予强，叶燕萍，张林辉，等．生物农药资源——鱼藤的研究进展［J］．农业科技通讯，2010（1）：108-111.
[6] 李亚南，葛晓群．鱼藤酮毒性及含量测定方法研究进展［J］．国际药学研究杂志，2009，36（5）：366-369+396.
[7] 卢丁伊慧，刘勇，戈大庆，等．烟粉虱为害特点及其综合防治技术［J］．长江蔬菜，2020（18）：69-71.
[8] 李汉丰，杜公福，党选民，等．6种杀菌剂对西瓜炭疽病的防效试验［J］．蔬菜，2017（8）：41-44.
[9] 陆志杰，曹怡，居梦婷，等．22%氟啶虫胺腈悬浮剂对温室烟粉虱的防效研究［J］．现代农业科技，2020（18）：108+110.

【作者简介】王建东（1986.8—　），男，山东武城人，汉族，大学本科，助理农艺师，研究方向为植物保护。山东省济南市长清区宾谷街798号，15098951802，pblovejb@163.com。

玉米“3415”的高产施肥技术研究

张　萌，方爱贤
（山东省济南市长清区农业农村局，山东济南 250300）

摘　要：通过田间试验掌握各个施肥单元优化施肥数量，基肥、追肥的分配比例及施肥时期和施肥方法；摸清土壤养分校正系数、土壤供肥能力，养分吸收量和肥料利用率等基本参数；构建玉米施肥模型，为施肥分区和肥料配方设计提供数据，验证土壤养分测试方法，建立施肥指标体系。

关键词：玉米；校正系数供肥能力；施肥指标体系

为提高玉米产量，提升玉米生产的经济效益，初步建立起全区玉米生产上科学合理的施肥指标体系，2019 年实施完成了玉米“3414”肥效试验，另加习惯施肥处理，组成“3415”试验。试验结果表明，合理施用氮（N）、磷（P）、钾（K）肥对玉米增产效果显著。

1　材料和方法

1.1　供试土壤

试验地地势平坦，土层深厚，肥力均匀，排灌方便。土壤为褐土，质地为中壤。整地前取土化验土壤有机质 16.2g/kg，碱解氮 80mg/kg，有效磷 35mg/kg、速效钾 90mg/kg。

1.2　供试肥料

（1）加拿大产氯化钾，养分含量 K_2O 60%。

（2）美国产嘉吉牌磷酸二铵，养分含量 P_2O_5 64%。

（3）明水化肥厂产尿素，养分含量 N 46%。

1.3　供试作物

试验作物夏玉米，品种为郑单 958。

1.4　试验方案和方法

1.4.1　试验设计

采用“3414”试验的完全实施方案，另加习惯施肥处理，组成“3415”试验方案（表 1）。

表 1　“3414”试验方案

试验编号	处理	N	P	K
1	N0P0K0	0	0	0
2	N0P2K2	0	2	2
3	N1P2K2	1	2	2
4	N2P0K2	2	0	2

（续表）

试验编号	处理	N	P	K
5	N2P1K2	2	1	2
6	N2P2K2	2	2	2
7	N2P3K2	2	3	2
8	N2P2K0	2	2	0
9	N2P2K1	2	2	1
10	N2P2K3	2	2	3
11	N3P2K2	3	2	2
12	N1P1K2	1	1	2
13	N1P2K1	1	2	1
14	N2P1K1	2	1	1
15	习惯施肥	习惯施肥量	习惯施肥量	习惯施肥量

注：1、0 水平指不施肥，2 水平指当地最佳施肥量的近似值，N 为 14kg/亩，P 为 4kg/亩，K 为 6kg/亩；1 水平 = 2 水平×0.5，3 水平 = 2 水平×1.5（该水平为过量施肥水平）。P 指 P_2O_5，K 指 K_2O。习惯施肥：每亩施尿素 40kg、二铵 20kg。

玉米肥料小区试验小区施肥量明细见表 2。

表 2　玉米肥料小区试验小区施肥量明细

处理号	处理	施纯养分量（kg/亩）			施尿素量（$kg/40m^2$）	施磷酸二铵量（$kg/40m^2$）	施氯化钾量（$kg/40m^2$）
		N	P_2O_5	K_2O			
1	N0P0K0	0	0	0	0	0	0
2	N0P2K2	0	4	6	0	磷肥 1.5	0.6
3	N1P2K2	7	4	6	0.71	0.52	0.6
4	N2P0K2	14	0	6	1.83	0.26	0.6
5	N2P1K2	14	2	6	1.72	0.52	0.6
6	N2P2K2	14	4	6	1.62	0.78	0.6
7	N2P3K2	14	6	6	1.52	0.52	0.6
8	N2P2K0	14	4	0	1.73	0.52	0.0
9	N2P2K1	14	4	3	1.62	0.52	0.3
10	N2P2K3	14	4	9	1.62	0.52	0.9
11	N3P2K2	21	4	6	2.54	0.52	0.6
12	N1P1K2	7	2	6	0.81	0.26	0.6
13	N1P2K1	7	4	3	0.71	0.52	0.3
14	N2P1K1	14	2	3	1.72	0.26	0.3
15	习惯施肥	22	9.2	0	2.40	1.2	0

1.4.2 试验重复与小区排列

试验小区长 9.1m、宽 4.4m，小区面积 40m²。田间试验不设重复，采用随机排列。

1.4.3 施肥方法及施肥时期

根据试验设计的肥料数量，将氮肥、钾肥及磷肥，在玉米小喇叭口期 1 次追肥施入，其他如浇水、病虫草害的防治等措施一致[1-2]。

2 结果与分析

该试验 9 月 26 日各小区测产计算产量，产量结果见表 3。

各处理产量均比习惯施肥产量高，且以 N2P2K3 产量最高，为 618.2kg/亩。通过“3414”统计软件进行回归和方差分析进一步计算推出：氮、磷、钾施肥量与玉米产量间具有显著相关性。最高产量施肥量纯 N 为 23.03kg/亩、纯 P_2O_5为 7.51kg/亩、纯K_2O为 23.03kg/亩，最高产量是 611.74kg/亩；最佳产量施肥量纯 N 为 7.32kg/亩、纯P_2O_5为 3.18kg/亩、纯 K_2O 为 5.31kg/亩，最佳产量是 585.97kg/亩；缺氮相对产量为 89.29%、缺磷相对产量为 94.57%、缺钾相对产量为 96.50%。

氮磷钾肥料双因素效应分析：N—P、N—K、P—K 两种肥料配比处理在另一种肥料固定 2 水平上。

N—P 肥料效应分析：最高产量施肥量纯 N 为 10.18kg/亩、纯 P_2O_5为 2.72kg/亩，最高产量是 591.87kg/亩，最佳产量施肥量纯 N 为 10.66kg/亩、纯 P_2O_5为 4.4kg/亩，最佳产量是 594.37kg/亩。

N—K 肥料效应分析：最高产量施肥量纯 N 为 10.8kg/亩、纯 K_2O 为 4.81kg/亩，最高产量是 593.15kg/亩，最佳产量施肥量纯 N 为 10.56kg/亩、纯 K_2O 为 6.4kg/亩，最佳产量是 594.58kg/亩。

P—K 肥料效应分析：最高产量施肥量纯 P 为 5.75kg/亩、纯 K_2O 为 7.64kg/亩，最高产量是 607.7kg/亩，最佳产量施肥量纯 P 为 5.09kg/亩、纯 K_2O 为 7.03kg/亩，最佳产量是 606.29kg/亩。

氮磷钾肥料单因素效应分析：N、P、K 3 种肥料各在另两种肥料固定 2 水平时的效果。

表 3 测产结果 （单位：kg）

区组	处理	X1（N）	X2（P）	X3（K）	Y（产量）
1	N0P0K0	0	0	0	528.1
2	N0P2K2	0	4	6	545.9
3	N1P2K2	7	4	6	573.4
4	N2P0K2	14	0	6	578.2
5	N2P1K2	14	2	6	578.0
6	N2P2K2	14	4	6	611.4
7	N2P3K2	14	6	6	608.8

（续表）

区组	处理	X1（N）	X2（P）	X3（K）	Y（产量）
8	N2P2K0	14	4	0	590.0
9	N2P2K1	14	4	3	580.4
10	N2P2K3	14	4	9	618.2
11	N3P2K2	21	4	6	573.4
12	N1P1K2	7	2	6	592.3
13	N1P2K1	7	4	3	599.7
14	N2P1K1	14	2	3	548.1
15	习惯施肥				545.3

3 结论

上述试验中 N、P、K 肥料效应显著相关、N—P、N—K、P—K、N、P、K 肥料效果不显著，结果说明在本试验条件下对玉米产量的影响主要来自氮磷钾肥料综合应用。最高产量施肥量纯 N 为 23.03kg/亩、纯 P_2O_5为 7.51kg/亩、纯 K_2O 为 23.03kg/亩，最高产量是 611.74kg/亩；最佳产量施肥量纯 N 为 7.32kg/亩、纯 P_2O_5为 3.18kg/亩、纯 K_2O 为 5.31kg/亩，最佳产量是 585.97kg/亩。

参考文献

［1］ 薛全义，白百一．不同肥料配比对玉米生物学性状产量影响的试验研究［J］．农业科技与信息，2020（17）：5-7.

［2］ 吴家琼，刘克芝，付勇，等．潜江市夏玉米氮磷钾肥料施用量效应试验结果分析［J］．湖北植保，2020（4）：31-35.

【作者简介】张萌（1973.11— ），男，汉族，农学学士，农艺师，农业部四级/中级肥料配方师，济南市肥料执行专家，研究方向为测土配方施肥。山东省济南市长清区宾谷街 798 号，13853173837，240383382@ qq. com。

章丘大葱病虫害绿色防控技术研究与利用

范继强，郑华梅，李琳琳，徐晓雪
（济南市章丘区农业农村局，山东济南 250200）

摘　要：为了有效控制大葱病虫害的发生、降低大葱化学农药残留危害，章丘区植保站开展了大葱病虫害绿色防控配套技术试验示范工作。系统调查大葱病虫害的发生情况，开展大葱蓟马、潜叶蝇、甜菜夜蛾等主要病虫害关键绿色防控技术试验研究，将多种绿色防控技术进行优化集成配套使用，杜绝乱用农药现象。

关键词：章丘大葱；病虫害；绿色防控技术；试验研究

章丘大葱是一个古老的地方品种，距今已有 2 000多年的栽培历史，以其植株高大、味道甜美、营养丰富而享誉国内外，常食有保健作用，被誉为“世界葱王”。为了有效控制大葱病虫害的发生、降低大葱化学农药残留危害，章丘区植保站开展了大葱病虫害绿色防控配套技术试验示范工作，以农业防治为基础，大力推广生物防治、物理防治、生态调控等非化学防治技术。近年来在章丘大葱的原产地绣惠女郎山及周边大葱生产基地建立绿色防控示范区，将多种绿色防控技术进行优化集成配套使用，杜绝乱用农药现象，确保大葱质量安全，打造章丘大葱质量安全品牌。

1　大葱绿色防控关键技术试验与应用

1.1　系统调查大葱病虫害的发生情况，摸清其发生发展规律，以便对症下药，采取相应防治措施

章丘大葱常发病害主要有紫斑病、腐烂病、灰霉病、霜霉病、菌核病等；虫害主要有甜菜夜蛾、蛴螬、葱地种蝇、潜叶蝇、蓟马等[1]。章丘植保站采取系统调查与大田普查相结合的方法，初步摸清了大葱的发生发展规律。

1.1.1　大葱紫斑病

章丘一般在 8 月开始发病，发病适温为 23～27℃，低于 10℃一般不发病。在温暖多湿或阴雨多湿的年份发病较重。

1.1.2　大葱腐烂病

大葱腐烂病在章丘称“化葱”，有多种因素造成，由多种病原菌侵染发病。在整个生长季节都可发病，造成严重减产。

1.1.3　甜菜夜蛾

甜菜夜蛾在章丘 1 年发生 4～5 代，世代重叠，为害期长。一般 7 月上中旬越冬蛹开始羽化，7 月中下旬开始为害。

1.1.4　大葱潜叶蝇

章丘一般每年发生 5~6 代，9—10 月为害严重。

1.1.5　葱蓟马

在章丘一般发生 8～10 代，4—5 月开始为害葱苗，继而进入大田为害。8 月进入为

害高峰期。

1.1.6 葱蛆（葱地种蝇）

该虫在章丘每年发生3~4代。第一代幼虫为害期在5月中旬，第二代幼虫为害期在6月中旬，第三代幼虫为害期在10月中旬。卵期3~5d，幼虫期一般17~18d[2]。

1.2 采用的关键绿色防控技术

1.2.1 大葱蓟马、潜叶蝇防控技术试验研究

1.2.1.1 色板设置

设置黄蓝板诱杀潜叶蝇、蓟马。色板在大葱田均匀分布，每亩设置黄板（25cm×20cm）20块，蓝板（25cm×20cm）20块。色板下端距大葱顶部20cm。色板从7月下旬开始悬挂，根据田间实际情况及时更换。

1.2.1.2 色板诱杀防治大葱害虫试验及效果分析

试验区设置在绣惠女郎山大葱基地生产田中。设置试验区与空白对照区，试验区首先使用黄蓝板，必要时进行药剂防治；隔3d调查色板诱集潜叶蝇、葱蓟马数目并合并统计。每个小区内固定选取标记10片葱管，记录活若虫数，统计为害率，与对照区为害率比较，计算相对防效（表1至表3）。

表1 黄板诱杀害虫效果调查统计 （单位：头）

编号	8.11		8.14		8.17		8.20		8.23	
	潜叶蝇	蓟马	潜叶蝇	蓟马	潜叶蝇	蓟马	潜叶蝇	蓟马	潜叶蝇	蓟马
1	214	102	854	407	1 496	715	2 005	980	2 153	1 037
2	231	113	926	445	1 621	789	2 235	1 001	2 386	1 069
3	193	92	774	369	1 354	634	1 873	890	2 025	955
4	224	97	886	376	1 566	669	2 142	965	2 283	1 036
5	206	105	831	423	1 445	734	1 981	1 106	2 134	1 165
平均	213.6	83.8	854.2	404	1 496.4	698.2	2 047.2	988.2	2 196.2	1 052.4

表2 蓝板诱杀害虫效果调查统计 （单位：头）

编号	8.11		8.14		8.17		8.20		8.23	
	潜叶蝇	蓟马	潜叶蝇	蓟马	潜叶蝇	蓟马	潜叶蝇	蓟马	潜叶蝇	蓟马
1	102	161	405	641	715	1 126	1 010	1 512	1 102	1 650
2	120	166	476	665	836	1 163	1 187	1 654	1 276	1 785
3	91	129	369	517	635	901	887	1 369	978	1 510
4	113	160	452	636	792	1 122	1 125	1 597	1 215	1 722
5	105	154	420	616	734	1 076	1 088	1 576	1 178	1 696
平均	106.2	154	424.4	615	742.4	1 077.6	1 059.4	1 541.6	1 149.8	1 672.6

表 3　黄篮板+虫螨腈、阿维菌素对田间若虫防治效果

处理编号	安装黄篮板前虫口基数（头）	安装后 12d		首药后 5d	
		虫口数（头）	防效（%）	虫口数（头）	防效（%）
1	19	106	68.3	15	93.5
2	21	127	65.6	17	93.3
3	18	93	70.6	11	95
4	20	352		243	
平均	—	—	68.2	—	93.9

由表 1 至表 3 可以看出使用黄篮板对大葱蓟马、潜叶蝇成虫有一定的诱杀作用，对田间若虫起到了一定的控制力，但防效并不十分理想，在害虫高峰期及时补防 1 次高效低毒农药起到了非常理想的防治效果（93.9%），大葱蓟马、潜叶蝇得到了有效控制。由此可以看出全程使用黄蓝板，关键时期使用 1 次高效低毒农药既有效控制害虫的发生又减少了化学农药的使用量，是一种理想的防控模式。同时由表 1、表 2 也可以看出黄板对潜叶蝇诱杀能力强，蓝板对蓟马诱杀能力强[3]。

1.2.2　大葱甜菜夜蛾防控技术试验研究

1.2.2.1　试验地点

绣惠街道女郎山大葱基地生产田中，甜菜夜蛾发生普遍，百株虫量达到 50 头以上，被害株率在 75%以上。

1.2.2.2　试验方法

示范地总面积为 30 亩，挂诱蛾器的示范区面积 25 亩，不挂性诱剂对照区面积 5 亩，对照区与示范区之间隔 2 000m。8 月 20 日开始挂诱蛾器，诱蛾器分布采取了均匀分布的方式，每 2 个诱蛾器之间的间隔距离为 50m，每亩挂 1 个，诱蛾器用竹竿挂于田间，悬挂高度高于大葱 20cm 左右[4]。试验区首先使用性诱剂，必要时进行药剂防治。隔 3d 调查诱集甜菜夜蛾成虫数目，试验区固定选取标记 100 片葱管，记录活虫数，统计为害率，与对照区为害率比较，计算相对防效（表 4）。

表 4　甜菜夜蛾性诱剂诱虫效果调查　　（单位：头）

编号	8.23	8.26	8.29	9.2	9.5	9.8	9.11	总计
1	36	33	39	52	67	92	69	388
2	27	25	24	45	56	87	62	326
3	41	40	38	61	69	99	76	424
4	43	46	45	78	93	122	98	525
5	32	35	28	51	70	94	67	377
平均	35.8	35.8	34.8	57.4	71	98.8	74.4	2 040

1.2.2.3　结果分析

（1）诱蛾情况。诱蛾器隔3d调查1次，数清蛾子数量后，清理瓶子，重新拧在诱蛾器上。从8月23日开始到9月11日，5个诱蛾器共调查7次，共诱蛾数量2 040头，单个诱蛾器单次诱蛾量最少25头，最多122头，由此看出性诱剂对甜菜夜蛾成虫有不错的诱杀力。

（2）幼虫情况。挂诱蛾器10d后，示范区和对照区百株虫量分别是7头和9头，示范区的防效是22.2%；20d后示范区和对照区虫量分别是11头和26头，示范区的防效是57.7%。虽然防治效果随着挂诱蛾器日期的延长而增加，但仍不能对甜菜夜蛾起到完全控制的作用，然后及时在示范区补防1次氯虫苯甲酰胺，5d后示范区和对照区虫量分别是5头和47头，示范区的防效是89.4%，可以看出全程使用性诱剂，高峰期及时喷洒1次高效低毒农药对甜菜夜蛾田间诱虫起到有效的控制，是一种理想的防控模式。

2　存在问题及建议

绿色防控技术集成还不完善，对于生物农药试验研究不够。通过开展试验示范、举办现场会、开展各类技术培训等多种形式加大对大葱绿色防控技术的推广应用力度，增强农民绿色控害意识，要继续加大绿色防控技术试验研究，不断丰富绿控技术范围，以期使绿色防控技术集成更完善。

参考文献

［1］郑华梅，李革．大葱病虫害全程绿色防控技术模式探讨［J］．农业开发与装备，2019（6）：204-205.

［2］丁晓华．浅谈大葱病虫害症状及防治技术［J］．河北农业，2018（5）：38-39.

［3］周旋，刘备，李兵，等．几种药剂对大葱蓟马的田间药效试验［J］．农业科技通讯，2020（2）：190-191.

［4］王柱宽．大葱病虫害绿色防控技术［J］．北方园艺，2016（11）：204-205.

【作者简介】范继强（1976.12—　），男，山东济南人，汉族，学士，农艺师，主要从事植物保护。山东省济南市章丘区三农服务中心，0531-83327301，jnzqnyjzbz@jn.shandong.cn。

硒肥对西瓜嫁接苗生长及果实品质的影响

苏长跃[1]，车亚莉[1]，夏永香[1]，宋全斌[1]，谢凤春[1]，
江　虹[1]，刘先芹[2]，郭守鹏[3]*
（1. 济南三园园艺科技有限公司，山东济南 250106；2. 济阳区新市镇农业综合服务中心，山东济南 201401；3. 济南市农业科学院，山东济南 250316）

摘　要：为探索硒肥对西瓜嫁接苗生长发育及果实品质的影响，选用东方明珠为砧木品种，小兰西瓜作为接穗，采用不同浓度的四季风硒肥和硒丰 5138 硒肥进行苗期试验，四季风硒肥设 3 个浓度梯度，分别为 0.5mg/L（S1）、1mg/L（S2）、1.5mg/L（S3），硒丰 5138 硒肥设 5 个浓度梯度，分别为 450 倍（X1）、350 倍（X2）、250 倍（X3）、150 倍（X4）、50 倍（X5），对照喷施等体积的清水，研究两种硒肥不同浓度处理对西瓜嫁接苗生长指标、产量、果实品质的影响。试验结果显示，随着硒肥浓度的增加，西瓜嫁接苗生长指标、产量、品质整体呈先升高后降低的趋势，四季风硒肥 3 个处理中 S2 处理整体表现优异，硒丰 5138 硒肥 5 个处理中 X3 结果优势明显，综合考虑嫁接西瓜的生长指标、产量、品质，在西瓜嫁接苗苗期硒肥选用硒丰 5138 浓度为 250 倍（X3）时整体表现最优。

关键词：西瓜；硒；富硒；嫁接

富硒农产品作为养生保健的最佳食品，近几年来吸引大量科研工作者的兴趣。有研究表明，在适当的浓度下，硒元素可以使农作物的产量、品质、抗性等显著提高。张海英[1]研究表明，桃、枣和草莓叶面喷施适宜浓度硒肥可提高果实硒含量。另外，有研究发现叶面喷施蛋氨酸硒或土壤增施蛋氨酸硒不仅能提高厚皮甜瓜果肉中硒含量，而且能增强甜瓜植株光合性能，从而提高甜瓜产量和综合品质。长期缺硒会导致人体多种疾病，由于人体内既不能合成又不能储存硒，人体所需的硒主要是从水果、蔬菜等植物中直接获取的[2]。我国地质地理环境独特，72%的国土都属贫硒或缺硒土壤，造成一般植物性食品含硒量比较低，因此富硒技术和富硒植物栽培开发越来越受到人们的关注[3]。为此，本试验通过研究西瓜嫁接苗增施硒肥对西瓜生长、产量、品质及果肉硒含量的影响，为高产优质和富硒西瓜生产提供一定的科学依据。

1　材料与方法

1.1　供试材料

供试砧木品种为东方明珠（购买自东方正大公司），西瓜接穗品种为小兰（台湾农友种苗公司提供），硒肥品种为四季风叶面硒肥、硒丰 5138。

1.2　试验设计

试验位于山东省济南市现代园艺科技示范园，砧木于 2019 年 12 月 25 日干籽播种，接穗于 12 月 31 日于平盘播种，嫁接日期为 2020 年 1 月 10 日。嫁接苗于三叶一心时喷施硒肥，喷施时间为 10 时，四季风叶面肥设 3 个浓度梯度，分别为 0.5mg/L（S1）、1mg/L（S2）、1.5mg/L（S3），硒丰 5138 设 5 个浓度梯度，分别为 450 倍（X1）、350

倍（X2）、250 倍（X3）、150 倍（X4）、50 倍（X5），对照喷施等体积的清水，每隔 5d 喷施 1 次，共喷施 3 次。对照与处理于 2020 年 2 月 26 日定植于冬暖棚，常规管理。

1.3 数据分析

试验数据采用 Excel 软件进行处理，SPSS 软件进行统计分析和差异显著性检验。

2 结果与分析

2.1 硒肥处理对西瓜嫁接苗生长指标的影响

通过表 1 可以看出，两种硒肥在低浓度处理西瓜嫁接苗时对生长有促进作用，各项生长指标高于对照，随着处理浓度的增加嫁接苗生长受到抑制，各项生长指标降低，四季风硒肥在 S2 处理时各项生长指标显著高于其他处理，硒丰 5138 各项处理中 X3 处理优势明显，并且通过调查发现，随着浓度增加，X5 处理西瓜嫁接苗叶片边缘枯萎。两种硒肥对比，S2 处理的西瓜嫁接苗各项生长指标除株高外均高于 X3 处理。

表 1 不同浓度硒肥处理对西瓜嫁接苗生长指标的影响

处理		株高（cm）	砧木茎（mm）	接穗茎（mm）	地上鲜重（g）	根鲜重（g）	地上干重（g）	根干重（g）	壮苗指数
	CK	22.63cd	4.097ab	3.09b	4.68d	0.767b	0.516bc	0.054c	0.162 8
四季风	S1	23.47bc	4.277ab	3.353b	5.86ab	0.977a	0.534b	0.062ab	0.177 8
	S2	23.3bc	4.290a	3.767a	6.13a	0.94ab	0.628a	0.070a	0.206 3
	S3	21.2d	4.073b	3.127b	5.397bcd	1.017a	0.504c	0.066ab	0.184 2
硒丰5138	X1	23.77bc	4.167ab	3.297b	4.993cd	0.853ab	0.514bc	0.060b	0.167 6
	X2	24.6ab	4.127ab	3.153b	5.207bcd	0.903ab	0.522b	0.062ab	0.167 3
	X3	25.5a	4.13ab	3.143b	5.44abc	0.913ab	0.596ab	0.062ab	0.175 0
	X4	22.9c	4.077b	3.13b	4.943cd	0.913ab	0.524b	0.060b	0.170 8
	X5	22.3cd	4.107ab	3.323b	5.05cd	0.920ab	0.482d	0.056c	0.161 6

2.2 硒肥处理对西瓜嫁接苗根系活力的影响

图 1 显示，硒肥处理对西瓜嫁接苗根系活力影响差异显著，两种硒肥不同浓度的处理根系活力都呈现先升高后降低的趋势，四季风硒肥处理中 S2 处理的根系活力显著高于其他处理，比对照高 31.06%；硒丰 5138 处理中 X3 处理的西瓜嫁接苗根系活力显著高于其他处理，比对照高 27.75%。S2 处理与 X3 处理差异不显著。

2.3 硒肥处理对西瓜嫁接苗产量及果实品质的影响

表 2 显示，不同硒肥不同浓度处理西瓜嫁接苗其产量及果实品质差异显著。S2 浓度处理的平均单果重和亩产量显著高于对照，较对照增产 16.22%；中心糖含量和边糖含量在 3 个处理中表现优异且高于对照；随着处理浓度的增加，果实硒含量逐渐增加，S3 处理硒含量最高，达到 0.0138mg/kg，S2 次之。硒丰 5138 各浓度处理差异显著，其中 X3 平均单果重及亩产量最高，较对照增产 26.49%，并且中心糖含量、边糖含量、硒含量都显著高于其他处理。通过整体比较，X3 处理表现优异。

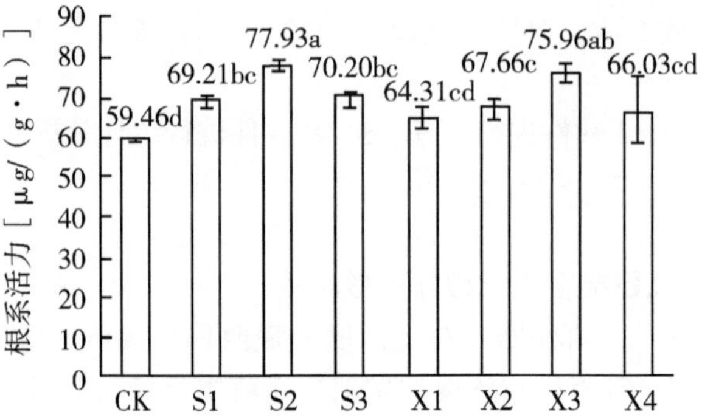

图 1　不同浓度硒肥处理对西瓜嫁接苗根系活力的影响

表 2　硒肥处理对西瓜嫁接苗产量及果实品质的影响

处理		平均单果重（kg）	折合亩产（kg）	较对照增产（%）	中心糖（%）	边糖（%）	硒含量（mg/kg）
	CK	1. 85e	4 440	—	10. 1b	8. 1f	0. 004 2
四季风	S1	1. 97de	4 728	6. 49	10. 4a	8. 8c	0. 006 5
	S2	2. 15bc	5 160	16. 22	10. 4a	9. 0b	0. 007 7
	S3	1. 87e	4 488	1. 08	9. 8c	8. 6d	0. 013 8
硒丰 5138	X1	2. 09cd	5 016	12. 97	9. 8c	8. 2e	0. 006 3
	X2	2. 25ab	5 400	21. 62	10. 2ab	9. 0b	0. 007 7
	X3	2. 34a	5 616	26. 49	10. 4a	9. 2a	0. 010 4
	X4	2. 23ab	5 352	20. 54	10. 1b	8. 1f	0. 009 1

3　结论与讨论

硒是一种天然的微量元素，对于植物的生长发育来说一般表现为双重作用，具有低浓度促进，高浓度抑制的作用效果[4]。本试验表明，在一定浓度范围内，叶面喷施硒肥可以增加西瓜嫁接苗生长量、增加茎粗、提高干物质含量，其中四季风硒肥 1mg/L、硒丰 5138 浓度 250 倍时效果最佳。随着硒肥浓度的增加，西瓜嫁接苗生长指标逐渐降低，浓度升高，叶片出现伤害，生长受到抑制。这与呼世斌[5]、朱丽琴[6]、施和平[7]、王永勤[8]等的研究结果一致。

植物根系是植物重要的营养汲取部位，而对根系是否发达的主要判断标准就是根系活力，活力越好，说明通过吸收养分和水分的能力越强。研究表明，叶面喷硒也可以提高植物根系的活力[9]。邓正春等通过研究发现，随着硒肥浓度的增加，油菜根系活力先增强后降低[10]。张驰等[11]通过研究硒对油菜根系活力的影响发现，不同质量浓度硒处理都比对照能保持根系的生长活力，根系的还原活力随硒的质量浓度上升而增加；而高质量浓度的硒处理根系的还原活力降低。本试验也得出类似的结果，硒肥浓度在 S2、X3 时西瓜嫁接苗的根系活力最高；硒肥浓度小于 S2、X3 时，根系活力随浓度上升而增加；硒肥浓度高于 S2、X3 时，根系活力降低。

大量的研究表明，外源喷施硒肥可有效改善作物品质[10]。Zhu 等[12]的研究表明，在番茄花期叶面喷施 1mg/L 硒酸钠溶液可提高番茄可溶性糖、氨基酸和维生素 C 等营养成分。众多研究表明，作物施硒可以显著提高作物体内有机硒含量[13]，本研究证实了这一结果，施硒使西瓜中硒含量比对照提高了 50%~228.6%。其中 S2、X3 处理硒含量分别比对照提高了 83.3%、147.6%，平均单果重和产量分别比对照提高了 16.22%、26.49%。并且通过产量和品质对比发现，X3 处理优势明显。

因此，通过本试验得出：苗期喷施低浓度的硒肥，可以促进西瓜嫁接苗生长发育、提高果实品质、有助于果实硒含量积累。本试验可为富硒西瓜精准化集约化育苗提供参考。

参考文献

[1] 张海英，韩涛，田磊，等．桃、枣和草莓对硒的吸收及富集特性研究［J］．果树学报，2010，27（5）：802-806.

[2] 王张民，袁林喜，朱元元，等．我国富硒农产品与土壤标准研究［J］．土壤，2018，50（6）：1080-1086.

[3] 薛梅，陈悦，刘红芹，等．富硒肥的研究及其应用［J］．中国土壤与肥料，2016（1）：1-6.

[4] SCHIAVON M，PILON-SMITS EA H. The fascinating facets of plant selenium accumulation-biochemistry，physiology，evolution and ecology［J］. New Phytologist，2017，213（4）：1582-1596.

[5] 呼世斌，薛澄泽，李嘉瑞，等．食物链植物施硒的研究进展［J］．西北农业学报，1996，5（3）：87-90.

[6] 朱丽琴，魏钦平，许雪峰，等．葡萄对硒的吸收、分布和积累特性的初步研究［J］．园艺学报，2007，34（2）：325-328.

[7] 施和平，张英聚，刘振声．番茄对硒的吸收、分布和转化［J］．植物学报，1993，35（7）：541-546.

[8] 王永勤，曹家树，李建华，等．施硒对大蒜产量和含硒量的影响［J］．园艺学报，2001，28（5）：425-429.

[9] AWASTHI Y C，BEUTLER E，SRIVASTAVA S K. Purification and properties of human erythrocyteglutathione peroxidase［J］. Journal of Biological Chemistry，1975，250：5144-5149.

[10] 邓正春，吴平安，吴仁明，等．硒对农作物生长发育的影响及其补充方法［J］．作物研究，2014，28（6）：771-774.

[11] 张弛，周大寨，吴永尧，等．硒对油菜根系活力的影响［J］．湖北民族学院学报（自然科学版），2003，21（4）：8-10.

[12] ZHU Z，ZHANG Y B，LIU J，et al. Exploring the effects of selenium treatment on the nutritional quality of tomato fruit［J］. Food Chemistry，2018，252：9-15.

[13] 段咏新，傅庭治，傅家瑞．硒在大蒜体内的生物富集及其抗氧化作用［J］．园艺学报，1997，24（4）：343-347.

【作者简介】苏长跃（1986.6— ），男，硕士，农艺师。山东省济南市历城区工业北路 180 号，121084710@ qq. com。

基质拌菌对南瓜砧木生长的影响

夏永香[1]，宋全斌[1]，苏长跃[1]，谢凤春[1]，江　虹[1]，刘先芹[2]，车亚莉[1*]
（1. 济南三园园艺科技有限公司，山东济南 250106；
2. 济阳区新市镇农业综合服务中心，山东济南 251401）

摘　要：以“崛京隆”白籽南瓜砧木为试材，采用 50 孔穴盘育苗，采用育苗基质拌菌的方法，选取 4 种常用促生微生物菌剂（枯草芽孢杆菌、多黏类芽孢杆菌、哈茨木霉菌和荧光假单胞杆菌），探究不同生物菌剂、不同用量对南瓜砧木出苗率及生长的影响。结果表明：枯草芽孢杆菌处理育苗基质，最佳用量为 2g/kg；多黏类芽孢杆菌处理育苗基质，最佳用量为 2g/kg；哈茨木霉菌处理育苗基质，最佳用量为 2g/kg；荧光假单胞杆菌处理育苗基质，最佳用量为 3g/kg。4 种生物菌剂以最佳用量处理育苗基质，对提高南瓜砧木的出苗率及生长效果为多黏类芽孢杆菌>枯草芽孢杆菌>哈茨木霉菌>荧光假单胞杆菌。

关键词：基质拌菌；南瓜砧木；出苗率

微生物菌剂是一类能共生的、有互补作用的、人工培植的微生物菌群经混合后制成水剂、粉剂、固体剂的活性物质，它含有大量的有益活菌物质及多种天然发酵活性物质，能够在根区土壤繁殖形成有利于作物生长的微生物优势菌群，来调节根际营养环境，制造和协助作物吸收营养，改善和恢复土壤微生态平衡[1]。有研究表明，微生物菌剂中有效活性成分在土壤中与植物根系紧密结合，在根皮层细胞内、外生长形成菌根，增加植物对矿质元素和微量元素的吸收，改善植物的营养状况，促进作物生长[2-3]。研究表明，微生物菌剂与有机肥混合施用能促进小白菜生长发育，提高小白菜的株高[4]。枯草芽孢杆菌能增加株高与叶面积[5]。同时也有研究证明：育苗基质中添加芽孢杆菌后，辣椒根际微生物区系将从低肥力的“真菌型”向高肥力的“细菌型”转化，根际微生物多样性和酶活性提高，从而促进辣椒幼苗生长，并提高产量[6]。

南瓜具有根系发达，抗病、抗逆能力强等特点，被作为砧木广泛应用于瓜类嫁接。因此，本试验以南瓜砧木为试材，通过在育苗基质中添加有益微生物菌剂，研究不同种类微生物菌剂不同用量对南瓜砧木出苗率及生长的影响，以期为微生物菌剂在瓜类集约化嫁接育苗中的应用提供理论依据。

1　材料与方法

1.1　试验材料

1.1.1　试验菌剂

枯草芽孢杆菌（有效活菌≥400 亿个/g，山东绿陇生物科技有限公司，以下简称“BS”）；多黏类芽孢杆菌（有效活菌 50 亿 CFU/g，山西省临猗中晋化工有限公司，以下简称“PP”）；哈茨木霉菌（有效活菌≥10 亿个/g，山东绿陇生物科技有限公司，以下简称“TH”）；荧光假单胞杆菌（有效活菌 5 亿个芽孢/g，山东泰诺药业有限公司，以下简称“PF”）。

1.1.2　供试品种

白籽南瓜砧木：崛京隆。

1.2 试验设计

试验安排在山东省济南市历城区唐王街道济南现代园艺科技示范园内，试验采用单因素随机区组设计，每处理播种1盘（50孔），3次重复，基质拌菌比例见表1。

表1 基质拌菌比例 （单位：g/kg）

菌剂处理	CK	BS			PP			TH			PF		
		T1	T2	T3	T4	T5	T6	T7	T8	T9	T10	T11	T12
基质拌菌比例	0	1	2	3	1	2	3	1	2	3	2	3	4

2 结果与分析

2.1 基质拌菌对南瓜砧木出苗率的影响

项目组于2020年9月15日浸种，9月16日按照试验设计进行基质拌菌播种。南瓜砧木于9月20日开始出土，于9月25日调查出苗率，每个处理50株，3次重复，共计150株。

由表2可知，不同浓度BS处理，以T2处理出苗率最高，较对照提高9.55%。不同浓度PP处理，T5、T6处理南瓜砧木的出苗率均达100%，较对照提高10.29%。不同浓度TH处理，T8、T9处理南瓜砧木的出苗率相同，较对照分别提高8.08%。不同浓度PF处理，以T11处理出苗率最高，较对照提高6.61%。

表2 基质拌菌对南瓜砧木出苗率的影响

指标处理	CK	BS			PP			TH			PF		
		T1	T2	T3	T4	T5	T6	T7	T8	T9	T10	T11	T12
测定数量（株）	150	150	150	150	150	150	150	150	150	150	150	150	150
出苗数量（株）	136	146	149	148	148	150	150	141	147	147	140	145	144
出苗率（%）	90.67	97.33	99.33	98.67	98.67	100	100	94.00	98.00	98.00	93.33	96.67	96.00
出苗率较对照（%）	—	7.35	9.55	8.82	8.82	10.29	10.29	3.67	8.08	8.08	2.94	6.61	5.88

以上4种生物菌剂最佳用量之间比较，（T5、T6）>T2>（T8、T9）>T11，以T5、T6处理出苗率最高，达100%。生产上考虑成本，T5在保证出苗率的前提下，成本较低。

2.2 基质拌菌对南瓜砧木生长指标的影响

2020年9月27日，每个处理随机选3株，即重复3次。测定株高、茎粗、下胚轴长、第一片真叶长、第一片真叶宽。

如表3所示，基质拌菌对南瓜砧木的生长影响极显著，其中各处理株高、茎粗、下胚轴长、第一片真叶长、第一片真叶宽均显著高于对照处理。不同浓度BS处理，以

T2 处理最佳。不同浓度 PP 处理，以 T5 处理最佳。不同浓度 TH 处理，以 T8 处理最佳。不同浓度 PF 处理，以 T11 处理最佳。

表 3 基质拌菌对南瓜砧木生长指标的影响

处理 指标		株高 （cm）	茎粗 （mm）	下胚轴长 （cm）	第一片真叶长 （cm）	第一片真叶宽 （cm）
	CK	13. 60h	4. 05h	5. 73g	3. 57h	3. 83h
BS	T1	17. 87d	4. 65e	8. 20d	4. 97e	5. 87de
	T2	20. 73ab	5. 07ab	9. 43ab	6. 07ab	6. 90ab
	T3	20. 23b	5. 00b	9. 20bc	5. 73bc	6. 80abc
PP	T4	20. 03b	4. 81c	8. 90c	5. 47cd	6. 63bc
	T5	21. 40a	5. 13a	9. 83a	6. 43a	7. 10a
	T6	21. 17a	5. 11a	9. 57ab	6. 20a	6. 97ab
TH	T7	16. 23f	4. 18fg	6. 67f	4. 50fg	5. 33g
	T8	19. 30c	4. 76cd	8. 43d	5. 13de	6. 53c
	T9	18. 90c	4. 71de	8. 27d	5. 03e	6. 07d
PF	T10	15. 37g	4. 11gh	6. 57f	4. 27g	5. 37fg
	T11	17. 13e	4. 26f	7. 53e	4. 87ef	5. 70ef
	T12	16. 80ef	4. 23f	7. 37e	4. 73ef	5. 60efg

注：同列中相同小写字母表示在 5%水平上差异不显著，下同。

以上 4 种生物菌剂最佳用量之间比较，T5>T2>T8>T11，以 T5 处理最佳，其株高、茎粗、下胚轴长、第一片真叶长、第一片真叶宽分别较对照提高 57. 35%、26. 67%、71. 55%、80. 11%、85. 38%。

2. 3 基质拌菌对南瓜砧木生物量及壮苗指数的影响

2020 年 9 月 27 日，每个处理随机选取 3 株，称取地上部/地下部鲜重，取平均值，3 次重复。然后在 105℃下杀青 10min，再在 80℃下烘至恒重称取干物质量。

如表 4 所示，基质拌菌可显著提高南瓜砧木的生物量及壮苗指数，其中各处理地上鲜、地下鲜、地上干、地下干重及壮苗指数均显著高于对照处理。不同浓度 BS 处理，以 T2 处理最佳。不同浓度 PP 处理，以 T5 处理最佳。不同浓度 TH 处理，以 T8 处理最佳。不同浓度 PF 处理，以 T11 处理最佳。

表 4 基质拌菌对南瓜砧木生物量及壮苗指数的影响

处理 指标	地上鲜 （g）	地下鲜 （g）	地上干 （g）	地下干 （g）	总干重 （g）	壮苗指数
CK	3. 42h	0. 49i	0. 280h	0. 033j	0. 313h	0. 0464

（续表）

处理 指标		地上鲜（g）	地下鲜（g）	地上干（g）	地下干（g）	总干重（g）	壮苗指数
BS	T1	4.25de	0.70ef	0.318cde	0.038fg	0.355de	0.0513
	T2	4.48a	0.78bc	0.327abc	0.041bc	0.368abc	0.0552
	T3	4.42ab	0.77bc	0.327abc	0.040cd	0.367bc	0.0540
PP	T4	4.36bc	0.75cd	0.323bcd	0.039de	0.362cd	0.0528
	T5	4.52a	0.82a	0.336a	0.042a	0.379a	0.0568
	T6	4.50a	0.80ab	0.333ab	0.042ab	0.375ab	0.0560
TH	T7	3.89g	0.56h	0.304fg	0.035i	0.339fg	0.0475
	T8	4.32cd	0.73de	0.313def	0.039ef	0.352de	0.0521
	T9	4.25de	0.72def	0.308efg	0.038ef	0.346ef	0.0517
PF	T10	3.80g	0.53h	0.297g	0.034ij	0.330g	0.0465
	T11	4.15ef	0.69fg	0.308efg	0.037gh	0.345ef	0.0495
	T12	4.11f	0.65g	0.301g	0.036h	0.337fg	0.0487

以上4种生物菌剂最佳用量之间比较，T5>T2>T8>T11，以T5处理最佳，其地上鲜、地下鲜、地上干、地下干及壮苗指数分别较对照提高32.16%、67.35%、20%、27.27%及22.41%。

3 结论

通过以上研究表明，育苗基质中添加有益生物菌剂可提高南瓜砧木的出苗率并促进生长。其中枯草芽孢杆菌处理育苗基质，最佳施用量为2g/kg；多黏类芽孢杆菌处理育苗基质，最佳施用量为2g/kg；哈茨木霉菌处理育苗基质，最佳施用量为2g/kg；荧光假单胞杆菌处理育苗基质，最佳施用量为3g/kg。4种生物菌剂以最佳用量处理育苗基质，提高南瓜砧木出苗率及生长效果为多黏类芽孢杆菌>枯草芽孢杆菌>哈茨木霉菌>荧光假单胞杆菌。

4 讨论

研究证明，基质拌菌可以提高南瓜砧木的出苗率、促进生长，可能由于促生微生物通过自己一系列代谢产物直接或间接地对作物的生长产生影响。这在黄瓜[5]、烟草[7]等作物上均有报道。枯草芽孢杆菌能够产生类似细胞分裂素、植物生长激素的物质，促进植物的生长，蔡学清等[8]对内生枯草芽孢杆菌BS-2对水稻的促生效果及其促生机制进行研究结果表明，该菌的菌体或其外分泌物均可促进水稻的生长，促进水稻体内吲哚乙酸的产生，蔡学清等[9]还发现BS-2对辣椒苗有明显的促生作用，同时，该菌株还可诱导辣椒体内吲哚乙酸等促进植物生长的激素含量提高。多黏类芽孢杆菌促生长主要通过固氮、溶解磷、获取铁产生植物生长调节剂促进植物生长[10]。木霉菌对植物具有良好的促生作用，其促生机制引起大量学者的研究，但其促生机制很复杂，因此目前还没有公认的能够解释木霉促生作用的机制[11]。顾金刚等[12]研究发现，荧光假单胞杆菌 RB-42 和 RB-89 通过促进烟草对磷和钾的吸收，从而促进烟草的生长。

参考文献

[1] 解开治，徐培智，张发宝，等．接种微生物菌剂对猪粪堆肥过程中细菌群落多样性的影响［J］．应用生态学报，2009，20（8）：2012-2018.

[2] 耿广东，谢兵，李莉，等．VA 菌根对黄瓜幼苗生长及生理特性的影响［J］．长江蔬菜，2008（11）：29-31.

[3] 李建华，郜春花，卢朝东，等．菌剂与肥料配施对矿区复垦土壤白三叶草生长的影响［J］．中国生态农业学报，2011，19（2）：280-284.

[4] 于恩晶，高丽红，陈青云．微生物菌剂与有机肥配施对日光温室小白菜产量和品质的影响［J］．北方园艺，2010（7）：57-59.

[5] 尹汉文，郭世荣，刘伟，等．枯草芽孢杆菌对黄瓜耐盐性的影响［J］．南京农业大学学报，2006，29（3）：18-22.

[6] 王其传，孙锦，束胜，等．微生物菌剂对日光温室辣椒生长和光合特性的影响［J］．南京农业大学学报，2012，35（6）：7-12.

[7] 王开宇，张之帆，孟源，等．育苗基质中添加微生物菌剂对烟草生长及病害的影响［J］．植物保护与栽培，2018，11（33）：45-48.

[8] 蔡学清，林彩萍，何红，等．内生枯草芽孢杆菌 BS-2 对水稻苗生长的效应［J］．福建农林大学学报（自然科学版），2005，34（2）：403-410.

[9] 蔡学清，何红，胡方平．内生菌 BS-2 对辣椒苗的促生作用及对内源激素的影响［J］．亚热带农业研究，2005，1（4）：49-52.

[10] 田宇曦，闵勇，杨自文，等．多黏类芽孢杆菌研究进展［J］．湖北农业科学，2017，56（18）：3401-3404.

[11] 朱双杰，高智谋．木霉对植物的促生作用及其机制［J］．菌物研究，2006，4（3）：107-111.

[12] 顾金刚，方敦煌，李天飞，等．荧光假单胞杆菌 RB-42、RB-89 促烟草生长机理初探［J］．2002，8（4）：493-496.

【基金项目】济南市农业应用技术创新计划项目（202002）。

【作者简介】夏永香（1986.10—　），女，山东济南人，汉族，硕士，从事园艺工作。山东省济南市历城区工业北路 180 号，295035282@qq.com。

四、特色产业

淡水石斑鱼养殖技术总结

彭　福，臧　涛，郑元强，张　红
（济南市淡水养殖科学研究所，山东济南 250316）

摘　要：本文根据淡水石斑鱼多年养殖经验，总结了该品种在繁育、苗种培育、养成及病害防治等方面的技术。其中繁育方面重点介绍了亲鱼的挑选、苗种的收集等方面的操作技术；苗种培育方面重点介绍水泥池标粗、池塘大规格苗种培育及鱼种雌雄挑选的技术；成鱼养成方面重点介绍了池塘养成技术；病害防治方面主要介绍了小瓜虫病的防治办法。

关键词：淡水石斑鱼；苗种培育；养成技术；病害防治

淡水石斑鱼，学名马拉瓜丽体鱼（*Cichlasoma managuense*），又称花老虎、珍珠石斑等，属鲈形目（Perciformes），隆头鱼亚目（Labroidei），慈鲷科（Cichlidae），丽体鱼属（*Cichlasoma*），原产于中美洲的尼加拉瓜、洪都拉斯、哥斯达黎加等地的河流及湖泊中[1-5]。

淡水石斑鱼不仅鱼体美观、色彩鲜艳，而且肉质细嫩、味道鲜美，所以在销售市场上认可度极高，目前淡水石斑鱼市场批发价格达到 40~60 元/kg，每亩养殖效益可达上万元，养殖效益非常可观，同时淡水石斑鱼在养殖方面还具有产量高、耐低氧、抗病力强等优点，因此该品种是一种极具发展前景的名优新品种。济南市淡水养殖科学研究所从 2001 年引进淡水石斑鱼进行试养，经过近 20 年养殖和试验，在繁育、苗种培育、养成及病害防治等方面积累了较多经验，现将相关方面的技术总结如下。

1　淡水石斑鱼繁殖技术

淡水石斑鱼的繁殖采用池塘自然繁育方式，每年室外池塘水温稳定在 20℃ 以上时就可以将亲鱼放入繁殖池进行繁殖。

1.1　繁育池的条件及准备

亲鱼繁育池一般选择 1~2 亩池塘，水深 1.5m 左右，池底淤泥厚度 20cm 池塘进排水方便。在亲鱼放养两周前使用生石灰或漂白粉进行彻底清塘，清除野杂鱼。清塘 1 周后进水 1m，进水时使用 60 目筛绢过滤，防止野杂鱼或鱼卵进入。进水 1 周后待水温稳定在 20℃ 以上时投放亲鱼。

1.2　亲鱼的选择及投放

淡水石斑鱼亲鱼可每年从生长性能优良的商品鱼中挑选留用，亲鱼选择标准：体质健壮，颜色鲜艳，无病无伤；鱼龄最好为二至四龄；体重雄鱼在 500g 以上，雌鱼在 400g 以上。雄鱼体型较大，体色较黑，体表布满黑色小型斑点，躯干两侧大型斑块不明显；雌鱼体型较小，体色较淡，并带有黄色，躯干两侧大型斑块明显，腹鳍胸位，尾鳍圆尾型，具生殖突。淡水石斑鱼有“一夫一妻”的繁殖习性，而且有明显的领地行为，亲鱼密度过大会造成领地竞争，增大亲鱼的紧张感．从而降低产卵率、受精率和孵化率，因此亲鱼放入产卵池要按雌雄 1∶1 配对，放养密度为 1 组/m^2 为宜[4]。亲鱼投放后，要做好消毒工作，亲鱼投放后可每天全池泼洒二氧化氯 0.5mg/kg，连用 3d。

1.3 饵料投喂及日常管理

亲鱼投喂饲料应选用蛋白含量 40%以上膨化配合饲料，每天投喂饲料 2 次，投喂量根据摄食情况灵活掌握。亲鱼繁殖期间保持周围环境安静，每天巡池，观察亲鱼活动情况。如发现异常情况及时处理。一般亲鱼在入池后 10~15d 可交配产卵，亲鱼产卵行为一般在夜间进行，将卵产在鱼巢中，鱼卵呈带状单层均匀排列。鱼卵产出后，雌雄鱼分工协作护卵，受精卵在温度 25~28℃时，经 3~4d 可破膜。亲鱼繁殖期间应水质保持清新活爽，可每天加注 0.5h 新水。因为鱼苗孵化产出以后，需要进食轮虫等浮游动物，所以池水应补充一定量的有机肥培育轮虫饵料生物。

1.4 鱼苗收集

因为淡水石斑鱼鱼苗属于分批分期产出，且各组亲鱼产卵不同步，造成鱼苗规格相差较大，鱼苗之间会出现自残现象，这就需要及时将达到一定规格的鱼苗捞出，一般鱼苗达到 1.5cm 左右就可收苗了。淡水石斑鱼受精卵孵化出以后，在温度 25~28℃时，经 4~6d 鱼苗可平游，鱼苗平游后可进食池塘中的轮虫、枝角类等小型浮游动物，经过 1 周左右的生长，鱼苗可达 1.5cm 左右，鱼苗在雌雄亲鱼的看护下成群游动，每群鱼苗在几百条不等，在阳光明媚的中午鱼苗群经常上浮到亲鱼池四周，这时就可以用大的抄网（抄网一般采用 20~40 目的筛绢制成，网口圆形或方形均可，直径 1m 左右，前宽后窄，长 1.5m 左右），若鱼苗较多也可采取拉网的形式，将鱼苗捞起放入鱼苗培育池进行培育了。

2 淡水石斑鱼苗种培育技术

淡水石斑鱼鱼苗培育采用两级培育：一级为水泥池标粗阶段，另一级是池塘培育阶段。

2.1 水泥池标粗技术

利用水泥池进行淡水石斑鱼培育，有利于鱼苗的投喂、施药、分级及易于观察等管理工作，可大大提高鱼苗的成活率，鱼苗可实现规模化生产。

2.1.1 标粗水泥池条件

鱼苗培育池为圆形或长方形水泥池，面积在 15~20m²，水深 1m 左右，池底成坡度较小的漏斗形，排水口在池底中央，排水处使用 40 目筛绢密封，防止鱼苗排出。具有独立的进排水系统，进排水方便，供气采用鼓风机提供气源。水质要求清新无污染，最好为地下井水，水温保持在 25~30℃。使用前 7~10d，用漂白粉 20mg/kg 消毒，待药性消失后注水 100cm 深。

2.1.2 鱼苗放养

将鱼苗放入培育池时要保持鱼苗规格齐整，每池放养鱼苗最好 1 次放足，鱼苗放养密度 200~300 尾/m²，数量可用小烧杯打标和计数，整个过程动作要轻柔，以免鱼苗受伤。

2.1.3 饲养管理

这一阶段前期饵料使用鲜活红线虫进行投喂，方法是将红线虫放置在饵料台进行投喂，每天投饵2次，投喂量按鱼体重的8%~10%，也可根据鱼的吃食情况灵活掌握。红线虫投喂前要在清水中养殖2~3d，投喂时用高锰酸钾消毒，防治病菌带入。在生长10d左右，鱼苗就可达到3cm左右，这时开始转化投喂人工配合饲料，饲料要求用0.8~1mm粒径膨化饲料，蛋白质含量45%左右，每天投喂3次。

2.1.4 日常管理

每天更换新水30~40cm，保持水质清新，换水时注意水流要缓，避免冲得鱼苗随水流转动。每3~4d彻底排污1次，清除池底的食物残渣和粪便等。

大约经30d的养殖，石斑鱼鱼苗就可达到5cm以上，随着鱼苗规格的增大，其适应性也逐步增强，这时就可以将鱼苗放入室外池塘进行下一步培育工作了。

2.2 鱼苗池塘培育技术

2.2.1 鱼苗培育池塘条件

一般选择1~2亩池塘，水深1~1.5m，池底淤泥厚度<20cm，进排水方便。在鱼苗放养两周前进行彻底清塘，使用生石灰或漂白粉均可，彻底清除野杂鱼。清塘1周后进水1m，进水时使用60目筛绢过滤，防止野杂鱼或鱼卵进入，进水1周后可以待投放鱼苗了。

2.2.2 鱼苗放养

从水泥池移入室外池塘时，要用鱼筛将鱼苗进行分级，每池的放养的规格尽量保持一致，移池时要带水操作，鱼苗的放养密度最好1万~2万尾/亩。鱼苗下塘后，全池泼洒二氧化氯0.5mg/kg，连续3d。

2.2.3 饲养管理

鱼苗下塘2d后开始投喂，饲料选用粒径1.0~1.5mm，蛋白含量45%的膨化饲料，投喂时将饲料洒在池塘四周，每天投喂3次，时间分别为8时、13时、17时，每次投喂量按1h吃完为准。在饲料投喂过程中，可在饲料中添加乳酸菌，提高饲料的转化率。随着鱼苗规格的增大，要适时增大投喂饲料的粒径，使鱼苗吃食适口。

2.2.4 日常管理

养殖过程中要定期加注新水，保持水质清新活爽。做好疾病的预防工作，定期泼洒药物，可每月泼洒消毒和杀虫药1次。每天巡池，观察鱼苗活动情况，如发现异常情况及时处理。

2.3 苗种人工雄性鱼种挑选

淡水石斑鱼雌雄鱼在生长速度上存在差异，在相同生长环境条件下雄鱼生长速度快于雌鱼，而且随着鱼体规格增大生长差异更加明显，从我们养殖试验观察，经过1年饲养的雌雄鱼体重可相差1倍，此外淡水石斑鱼1龄即可性成熟，可自然交配产卵，其繁育生产必然影响生长性能，所以在苗种培育阶段进行雄性苗种的挑选对于淡水石斑鱼成鱼养殖有非常高的实际生产意义。淡水石斑鱼在苗种阶段，雌雄鱼在形态特征上几乎没有差异，所以无法区分，但在生长速度上存在差异，但这种差异存在阶段性，从我们苗种培育试验观察，雌雄鱼在生长到8cm左右时，生长速度差异不大，但从8cm以后差异明显增大，因此我们可以利用这一生长特性将雌雄鱼区分开，雌雄鱼越早区分开经济效益越高，从我们挑选经验来看，待同一池鱼种中规格大达到12~13cm

时，就可以进行雌雄区分了，具体方法：将池中鱼种用渔网拉起，用竹制的 1 寸（1 寸≈3. 33cm）寸鱼筛在网箱中将不同规格区分开，在筛鱼操作过程中，动作要轻柔，要让鱼筛中的小规格鱼慢慢筛出，防止鱼体受伤，并且每次鱼筛中筛鱼数量不要太多，以每次 5kg 左右为佳。

3　淡水石斑鱼养成技术总结

3. 1　池塘条件及准备

池塘一般选择 1～2 亩池塘，水深 1～1. 5m，池底淤泥厚度<20cm，进排水方便。在鱼苗放养两周前进行彻底清塘，使用生石灰或漂白粉均可，彻底清除野杂鱼。清塘 1 周后进水 1m，进水时使用 60 目筛绢过滤，防止野杂鱼或鱼卵进入，进水 1 周后待水温稳定时可以投放鱼种。

3. 2　鱼种投放

鱼种应选择规格 150g 左右雄性苗种，要求规格齐整，无病无伤，放养密度每亩投放 3 000～4 000尾，鱼苗下塘后，全池泼洒二氧化氯 0. 5mg/kg，连续 3d。

3. 3　饲养管理

鱼种下塘 3d 后开始投喂，饲料先选用粒径 2. 0mm，蛋白含量 40%的膨化饲料，投喂采用定点投喂，用 PVC 软管做成直径 3～4m 的饵料台，将饲料投入饵料台中投喂，每天投喂 3 次，分别为 8 时、13 时、17 时，每次投喂量按 1h 吃完为准。随着鱼规格的增大，要适时增大投喂饲料的粒径，使鱼苗吃食适口。

3. 4　日常管理

养殖过程中要定期加注新水，保持水质清新活爽。做好疾病的预防工作，定期泼洒药物，可每月泼洒消毒和杀虫药 1 次。每天巡池，观察鱼活动情况，如发现异常情况及时处理。

大约经过 4～5 个月的养殖，鱼种就可达到 500g 以上的上市规格。

4　淡水石斑鱼小瓜虫病防治技术

淡水石斑鱼抗病能力强，在养殖过程中病害较少，没有出现较严重爆发性细菌及病毒性疾病，主要危害还是小瓜虫病，下面将该疾病病症情况及防治方法介绍如下。

小瓜虫病病鱼得病后体表、鳍条或鳃部布满白色囊胞，镜检可见大量小瓜虫虫体。此病对幼苗危害极大，病程短，危害大，死亡率 95%以上，受伤后的成鱼感染后死亡率也比较高。对于鱼苗小瓜虫病以预防为主，现有药品在杀灭虫体的同时往往对幼苗也造成极大伤害，因此在鱼苗培育时特别是水泥池标粗过程中一定要注意水质的管理，要勤排污，防治污物滋生小瓜虫；同时在投喂红虫等活饵料时注意消毒工作，防治带入病原虫体。对于成鱼，一定做好受伤后的病鱼消毒工作，防治小瓜虫侵害病鱼伤口，鱼体受伤后用二氧化氯 0. 5mg/kg 或聚维酮碘 0. 3mg/kg 制剂全池泼洒，连用 3d。若成鱼得病后，可用槟榔粉、苦楝树、生姜或辣椒粉等成分的中成药全池泼洒，连用 5～7d，施药期间减少投喂，每天换水，将脱落的虫体排掉。

参考文献

[1] 刘永华，周海平，沈卫红，等．淡水石斑鱼的生物特性及其养殖技术［J］．科学养鱼，2000（9）：35-36.

[2] 吕梅良，顾志华，赵伟政．淡水石斑鱼池塘高产养殖试验［J］．科学养鱼，2004（8）：22-22.

[3] 陈迪虎．淡水石斑鱼的温室养殖试验［J］．水产科技情报，2006，33（1）：15-16.

[4] 王春，林小涛．亲鱼密度、透明度和基质对马拉瓜丽体鱼繁殖的影响［J］．生态学杂志，2006，25（2）：175-179.

[5] 杨宁，黄海，张希．马拉瓜丽体鱼人工繁殖与育苗技术试验［J］．热带农业科学，2012，33（5）：87-89

【作者简介】彭福（1979.6— ），男，山东济南人，汉族，硕士，高级工程师，主要从事渔业增养殖研究。山东省济南市长清区平安南路济南市现代渔业示范园，pengfu509@126.com。

济南草莓产业现状特色与发展策略

邹永洲[1]，张陆阳[2]，牛文静[1]，杨丽娟[1]，李　纲[3]，李增武[1*]
（1. 济南市蔬菜技术推广服务中心，山东济南 250100；2. 山东省农业广播电视学校济南市分校，山东济南 250300；3. 济南市历城区现代农业双创中心，山东济南 250100）

摘　要：本文总结了济南草莓产业概况和“早、鲜、香、美、甜”的产业特色，分析了济南草莓产业在基础设施配套、服务体系打造、生产技术提升、产业体系构建等方面存在的不足，提出了全地域提升基础设施水平、全方位提升休闲服务水平、全环节提升生产技术水平、全链条提升产业经营水平的草莓产业发展策略。

关键词：济南市；草莓；产业现状发展策略

近年来，草莓产业在全国均呈现良好发展势头，“小草莓、大产业”成为各方共识。山东省自20世纪20年代引种草莓已近百年，目前种植面积接近50万亩，年产量超过100万t，形成了济南、临沂、烟台、潍坊等规模化草莓种植基地。济南市自20世纪80年代开始发展草莓产业，至今已有近40年历史，以日光温室设施栽培为主要栽培模式，种植区域涉及历城、章丘、高新、莱芜、长清等地，年种植面积近4万亩，年产量超过10万t，年产值超过20亿元，无论在生产规模还是在产品质量均走在了全省的前列，以“早、鲜、香、美、甜”的产业特色享誉全国，是济南市十大农业特色产业之一，也成为农业增效和农民增收的重要途径。

1　济南草莓产业发展现状特色

1.1　济南草莓的“早”

1.1.1　济南草莓种植的历史早

济南草莓的种植在文献记载中，可追溯到20世纪80年代，《济南市志（1840—1990）》第六卷中记载，“80年代初引进的苹果良种有富士、红富士、辽伏、烟青、烟红蜜等；梨有晚三吉、锦丰、日本酥等；桃有元丰、阿七、上六等。另外，还引进了欧洲李子、大樱桃、草莓等小杂果”。特别是济南的温室草莓生产，借着20世纪90年代初，草莓塑料大棚、日光温室栽培在我国兴起开始发展。1994年，历城区董家镇张而村书记赵顺桂带领9户党员干部，拔掉玉米建起12个冬暖式温室，1995年3月上市，每千克售价90元，开启了济南市温室草莓种植的先河。1995年草莓温室发展到100个，1996年草莓温室发展到900多个，至2006年，仅历城区董家镇张而村建成草莓温室达2 100多个，辐射周围多个街镇，全市草莓温室达到2万余个，是我国最早开始日光温室草莓规模化种植的地区之一。

1.1.2　济南草莓收获的时间早

济南草莓在生产过程中，通过抓品种、促缓苗、促花芽分化等技术措施，草莓上市时间由20世纪90年代的春节前上市，到2000年左右达到元旦前上市，再到2010年左右11月中旬上市，目前已能够实现10月下旬上市，11月上中旬进入盛果期，济南成为中国北方地区最早上市鲜果草莓的地区之一。

1.2 济南草莓的“鲜”

1.2.1 保障省城鲜食采摘

济南的大部分草莓基地、园区多与城区融为一体，距市区核心 30km 左右路程，交通便利，草莓产量的 45%通过市内商超销售，成为市民餐桌上的新鲜果品；30%通过市民亲自体验采摘，年接待采摘游客已达 200 万人次，并辐射周边的淄博、聊城等地。

1.2.2 快递全国新鲜送达

一是通过选用新材料、使用新方法、设计新包装，减轻了运销损耗；二是采取由企业牵头的统一规格、统一包装、统一价格、统一发货，整合大宗单降低运销成本；三是通过培育鲁浩国际、新程果蔬、三郭城、化深果蔬等地方营销大户广联北京、天津、上海等国内客商；四是通过与盒马鲜生、鑫荣懋、本来生活、百果园、每日优鲜、京东、苏宁易购等 50 多家电商广泛合作，扩大国内远程订单。济南草莓批发外销占总产量的 20%，电商销量占 5%，2017 年成功举办“中国张而草莓电商推介会”以后，电商物流、订单直销等营销新模式不断推进，实现了全国除偏远地区外第二天就能够新鲜送达，加快了济南草莓走出去的步伐。

1.3 济南草莓的“香”

1.3.1 优选系列品种，满棚香

济南草莓主栽品种经历了宝交早生、明宝、全明星、丰香、红颜、章姬的发展历程，并且形成了目前以章姬为主栽品种，雪里香、红颜、白雪公主、通州公主、桃熏、妙香 7 号等为辅助的系列优质品种，这是济南草莓香的基础。

1.3.2 集成创新技术，香满园

济南草莓在发展过程中，大力推广草莓脱毒三级育苗、高畦育苗、二氧化碳肥、硫黄熏蒸器、水肥一体化、生物菌肥、高架栽培、天敌防虫、专用型温室、物联智能控制等新技术，并进行了集成应用，形成了地方可操作规范，铸就了济南草莓的香。

1.4 济南草莓的“美”

1.4.1 冬春时节里的一道美景

一是规模不断扩大。济南市高度重视草莓产业发展，将草莓产业纳入《济南市十大农业特色产业振兴专项规划》，年扶持资金千万元，既从产业发展方面扶持引导，又成立了国内知名专家领衔的草莓科创团队，为济南草莓产业发展护航助力。2018 年以来全市新增草莓面积超过 12 000亩；二是档次不断提升。济南草莓随着建设规模的不断扩大，建设档次也不断提升，草莓产业土地流转面积超过 1 万亩，建成规模化草莓园区 150 多个，高标准日光温室、连栋温室、高架草莓栽培面积逐年提升，在冬春时节展现了生机勃勃的田园美；三是产业不断融合。济南草莓除不断发展运销和采摘外，积极与科研院所合作，形成了馥羽系列草莓酒和加工产品，以及莓可可、草莓兔、秋俪园、芬芳农场等系列文创产品，延长了草莓链条，丰富了济南草莓的美。

1.4.2 享誉省内外的区域美名

济南草莓是济南农业的亮丽名片，品牌美誉度是在不断苦练内功和对外交流互鉴中建立起来的。一是自 2008 年开始已连续举办 10 届张而草莓文化旅游节，多年的积累

沉淀，使济南草莓走向全省、走向全国的步伐厚实而坚定；二是通过开展对外交流、乡村振兴作用发挥、贫困地区产业帮扶等举措，进一步提升了济南草莓的国内、国际美誉度；三是成功申报“历城草莓”区域公共品牌，由历城区草莓协会负责品牌授权管理，维护并发挥好品牌美名价值。

1.5 济南草莓的“甜”

1.5.1 莓农的草莓甜

济南草莓2004年通过山东省农业厅无公害草莓产地认定，2007年获农业部颁发“绿色食品证书”，2009年获评为“泉城市民最喜爱的十佳特色农产品”之一，济南草莓品质在全国范围内得到了广泛认可，其中在“第17届中国（建德）草莓文化旅游节暨第11届建德新安江草莓节”上，济南市共有47个草莓样品参加大会精品擂台赛，共摘得15金15银和5个优秀奖。济南草莓的甜因品种而甜、因管理技术而甜，是让消费者放心的甜。

1.5.2 莓农的生活甜

综合济南近30年来各种果菜作物的产量收益，草莓属于效益最稳定和最高的之一。经调查，20世纪90年代中期，济南草莓平均亩产和亩收入为1 500kg和1.5万元，2000年左右为2 000kg和2万元；2010年左右上升到2 000kg和2万元，2018年达到3 500kg和7万元。以目前济南高标准温室100～120元/m^2的造价计算，不少莓农当年建棚收回成本，有的还稍有盈余，“两口子、两个棚，相当于城里双职工”，是很多莓农引以为傲的经济账，越来越多的莓农依靠种草莓过上了舒心的甜美生活。

2 济南草莓产业存在不足

2.1 基础设施配套方面

草莓产业是济南城郊优势特色产业，结合济南草莓主产区的区位优势和产业特色，与深入推进“乡村振兴战略”密切契合，也是济南市发展“都市精致农业”的重要一环，这就对基地在水电路基础设施、环境打造、配套服务设施完善等方面提出了更高要求，即不仅要满足农民的生产需求，还要满足市民的休闲需求。

2.2 服务体系打造方面

历城草莓产业的发展方向是“实现农民、市民双向互动”的现代都市农业，营造的是“以草莓产业为基础的地区产业经济升级”，这就需要在产业文化打造、旅游资源整合、科普体验拓展、餐饮接待保障、交通物流支撑等多方面加强产业配套体系的统筹完善，从而实现“小草莓带动大产业”。

2.3 生产技术提升方面

设施建设标准上存在仅仅以满足最基本生产条件为导向的误区，应对生产管理过程中突发状况的能力差；生产中还存在凭经验、随大流现象，缺乏生产中的精准化、一致化追求和技术创新集成引导。

2.4 产业体系构建方面

一方面需要加强从种苗生产供给、田间栽培管理、产品运输销售的质量安全全程控制，实现质量安全的可追溯，打造“安全、放心、健康”的产业链，这是产业化经营的基础[1]；另一方面需要加强生产、运销、加工、物流、品牌推广、经营主体引导等多环节构建，打造以消费者为导向的全产业链经营体系，促进产业升级。

3 济南草莓产业发展策略

3.1 全地域提升基础设施水平

加强济南草莓主产区路网建设，形成城乡统筹的骨干路网体系，加强骨干路网与精品园区内部路网建设，完善与路网有关的景观设计、草莓文化标识、游客服务中心、民宿康养等配套设施建设。

3.2 全方位提升休闲服务水平

按照生态绿色、美丽乡村的建设要求，以草莓休闲采摘、观光体验为核心，积极发展农家乐（民宿、餐饮），推进乡村旅游业的发展，加大村庄和生态环境的整治力度，实施“泉城农家乐”培育计划，对精品民宿、精品农家乐予以奖励或补助，充分利用草莓主产区的自然景观和名胜古迹，打造与草莓产业相融合的省会城市乡村旅游地。

3.3 全环节提升生产技术水平

加强草莓科技创新，大力推进新品种、新技术、新装备集成应用。一是结合市场不同需求，以多样化的目标性状为导向，加强新品种筛选试验和选育研究；二是以降低育苗成本、提高育苗产出、培育优质壮苗为目标，扩大草莓脱毒苗、穴盘苗工厂化生产应用及配套技术推广；三是开展设施草莓专用型保护生产设施、轻简栽培、设施高效利用、设施环境优化调控以及智能机械化等技术研究，扩大现代化设施规模，推进设施装备的更新换代，推动生产设施和农机农艺融合，促进草莓生产绿色、安全、高产、高效[2]。

3.4 全链条提升产业经营水平

加强草莓生产龙头企业、专业化合作社、家庭农场和种植大户等新型经营主体培育，加快发展农业社会化服务组织，推进草莓产业绿色发展，塑造地区知名品牌。大力发展基于草莓产业的新业态新模式，引进培育草莓加工企业，推广现代化物流和标准化农产品电子交易模式，加强产地预冷、冷藏保鲜、温控运输等智能型物流设施建设和产业流通体系构建[3]，依托草莓产业打造田园综合体，大力发展二三产业，特别是外向型出口工作，进一步促进三产融合。

参考文献

［1］ 杨晓虎，宋祥雨．长丰草莓发展现状及产业提升对策［J］．园艺与种苗，2019（11）：33-35+44.

［2］ 倪添，刘银萍，苏烨琴．海宁市草莓产业生产现状、问题及发展对策［J］．安徽农学通报，2020，26（18）：50+161.

［3］ 林元琨，蒋亚龙，李文川．建德市草莓产业发展现状、问题及对策［J］．当代农村财经，2020（11）：58-60.

【作者简介】邹永洲（1979.3— ），男，山东济南人，汉族，硕士，高级农艺师，研究方向为蔬菜、草莓栽培技术。山东省济南市洪楼南路 32 号，0531－88021083，jnsczx@126.com。

济南市渔业品牌建设现状及对策研究

杨 波[1]，亓立发[2]，张陆阳[3]

（1. 济南市水产技术推广站，山东济南 250099；2. 济南市农业农村局，山东济南 250099；3. 山东省农业广播电视学校济南市分校，山东济南 250099）

摘 要：品牌是企业和消费者直接信任的纽带，是实现产品溢价、生产增值的重要杠杆，更是展示现代渔业发展的名片。本文通过对济南市渔业品牌建设的现状进行研判，分析品牌建设过程中存在的问题与短板，从培育创建主体、夯实建设基础、延长支撑链条、打造整体形象、健全扶持体系等方面有针对性地提出发展对策，促进济南渔业的长期全面发展。

关键词：渔业；品牌建设；现状；对策研究

品牌建设是优化渔业供给侧结构、助推新旧动能转换的有效途径，是加快推进渔业提质增效、高质量发展的重要手段，是实现渔业增效、渔农民增收的重要举措。2020年中央一号文件《中共中央 国务院关于抓好“三农”领域重点工作确保如期实现全面小康的意见》指出：“继续调整优化农业结构，加强绿色食品、有机农产品、地理标志农产品认证和管理，打造地方知名农产品品牌，增加优质绿色农产品供给。”实施渔业品牌战略意义重大，打造知名渔业品牌，保障优质水产品供给具有相当的紧迫性和必要性。本文通过分析总结济南市渔业品牌建设现状与存在的不足，针对性地提出渔业品牌建设的方法途径。

1 渔业品牌建设现状

1.1 重视程度高，品牌建设初见成效

济南地处鲁中南低山丘陵与鲁西北冲积平原的交接带，受天然资源和城市发展等因素限制，渔业养殖水域面积有限，但市场、交通、物流、科技、信息等省会优势明显。近年来，济南市围绕省会区位优势，以品牌建设为抓手，着力抓好渔业标准园、渔业休闲观赏园建设，打造培育了白云湖甲鱼、黄河乡黄河鲤、唐王锦鲤、在唐锦鲤等一批渔业区域公用品牌和企业品牌。通过实施品牌战略，企业主体在积极打造优质水产品生产基地的同时，在产品质量控制、系列产品开发、市场开拓等方面进行了一系列的革新措施，提高了产品的知名度、扩大了市场，为企业带来了良好的经济效益。

1.2 消费增长快，市场需求潜力巨大

随着城市居民生活水平的提高，市民对优质蛋白质消费量逐渐增加，尤其是中老年和青少年人群，对水产品的品质、品牌有着更高的要求，水产品消费市场日趋成熟，消费增长空间潜力巨大。从市场层面来看，国内名优水产品区域公用品牌和企业品牌，如胶东刺参、阳澄湖大闸蟹、千岛湖有机鱼、獐子岛、好当家、“淳”牌等，通过品牌经营，获得了较高的市场认可，其产品价格不仅高于同类，而且消费需求旺盛，经济效益明显。通过抓好渔业品牌培育，优化拓宽市场渠道，来实现水产品消费的跨越式发展，是将来产业发展的重中之重。

1.3 知名品牌少，行业普及亟须加速

近年来，济南市渔业品牌建设虽取得了一定成效，但与其他渔业发达城市和地区相比，优势还不明显，品牌的先进性、代表性、示范性作用不佳。就水产品而言，由于其属于初级产品，品牌化与工业产品相比较为困难，发展水平整体滞后于工业产品，水产品品牌还处于低、小、散的局面，在农贸市场销售的大部分初级鲜活水产品几乎没有品牌，竞争主要集中在价格方面。同时，由于品牌建设需要巨大的投资以及长期系统的规划[1]，经济效益不能马上兑现，故行业短期行为较为普遍，品牌普及度远远不够，产品市场竞争力不强，特别是知名水产品品牌较少。同时，水产品竞争同质严重，市场无序竞争现象难以规范等问题，也大大影响了水产品品牌化的建设[2]。虽然，有些企业认识到品牌的重要性，但并未真正从“流通”为主导的惯性营销思维向品牌营销思维转变。

2 渔业品牌建设存在的问题

2.1 品牌发展内生动能不强

渔业生产经营主体也是渔业品牌建设的主体，但通过调研发现，济南小而分散的渔业生产经营主体仍然存在，这些单位大都基础设施较为落后，基层硬件配置薄弱，缺乏稳定的产量和供应能力，难以形成规模效应。同时，由于生产经营主体组织化程度不高、成果创新不足，缺少精、深加工，产品的科技含量及附加值不高，用于自身品牌打造的投入更是捉襟见肘。一些企业对自有品牌的培育和保护意识有所欠缺[3]，即使创建了自己的品牌，但是由于在品牌塑造中没有系统规划、缺乏核心价值、个性不鲜明[4]，消费者认知度不高，没有产生真正的品牌战效应。在当前，水产品消费趋向逐渐向优质品牌产品转移时，企业的竞争也已经从数量、规模的竞争逐渐转变为品质、品牌的竞争，缺乏品牌、结构单一的企业主体水产品市场机会将更狭小，发展将更艰难。

2.2 产业链条延伸存在短板

从产业全链条来看，济南市多数水产繁育、养殖、加工、运输、仓储、配送等质量安全管控和标准化体系建设滞后，产品质量和品牌效应提升较慢，有的虽有标准但在执行上要求并不严格。从产业要素来看，区域自然禀赋和比较优势还没有充分挖掘，现有的渔业主题的乡村文旅整体发展和管理水平还比较低，休闲观赏渔业与乡村旅游业普遍存在进入壁垒低，企业规模小，经营能力弱等问题。从产业布局来看，整合优势品牌资源、优化产业布局、拓展渔业旅游功能等融合带动能力还较弱，发展规模对游客的影响力还不够高，一二三产融合式全产业链发展程度不高。渔业的生态、社会、文化等功能挖掘不足，品牌引领示范作用不强，缺乏横向及多元化的经营发展思路。

2.3 产品社会认知程度不够

产品安全、质量过硬、品质优良，是广大消费者对水产品的客观需求。无公害、绿色、有机、地理标志产品的认证不仅是打开市场的大门，也是打造农产品品牌和产品溢价的基础。虽然济南市农产品“三品一标”认证总数在全省领先，但在水产品方面还相对滞后，如全市水产品地理标志仅有 2 件，远不能产生较强的社会共鸣。从申

请主体上讲，生产经营主体申请“三品一标”的动力不足，多数靠政府的奖励政策在维持；从消费群体上讲，“三品一标”产品还没有形成广泛而忠实的消费群体，品牌认知度还很低，多数消费者知道“无公害”“绿色”“有机”等字眼，但并不知其内在含义。同时，由于水产品品牌建设普遍存在创新意识不强、特色宣传不突出、品牌集中度不够、整体效益不高等问题[5]，品牌的社会信任度不高，品牌资源未能很好整合，多数品牌本地群众知晓率不高，影响力停留在局部，跨区域品牌不多。

3 实施渔业品牌战略的对策建议

3.1 培育壮大品牌创建主体

品牌化是价值提升的过程，其核心在于能够吸纳稳定的消费群体、形成稳定的市场占有率，增强企业在市场竞争中抵御风险的能力。因此，要改变重产量轻质量的传统观念和模式，引导和支持各类主体实行标准化生产、品牌化营销，积极开展品牌创建，增强使用、培养和开发农产品区域品牌的自律意识，增强品牌保护和维权意识。要加强新型农民农技队伍建设，健全农技推广服务网络，着力培养具有品牌意识、懂技术、会经营的优秀企业家和新型农民，按照“分段式、重实训、参与式”培育模式，发展壮大渔业品牌建设的优秀人才队伍，促进渔业发展观念从重自然资源开发向重品牌培育经营开发转变。充分发挥品牌创建主体作用，鼓励发展渔业产业化经营联合体，大力发展“企业+合作社+渔户”的合作经营体系，培育壮大一批起点高、规模大、带动力强的大型骨干龙头企业，加强家庭农场、合作社规范化建设，健全内部管理机制，提高农户生产的组织化程度。

3.2 夯实渔业品牌建设基础

质量和标准是渔业品牌提档升级的前提和基础。要加快品牌水产品质量标准的制定和修订工作，制定和完善水产品生产经营技术规程和标准，引导和支持各类主体严格实行标准化生产和质量安全认证。要着力提高渔业整体规模化、设施化水平，围绕渔业主产区片区，积极发展鱼塘工程化养殖、工厂化设施养殖、山区坑塘特色生态养殖建设。要大力推进农产品品牌标准化基地建设，聚焦规模化、标准化、品牌化建设，持续开展好“渔业标准园”“渔业休闲观赏园”的创建和认证工作，全面提升渔业经营主体基础设施、养殖生产、经营管理等标准化水平。要强化属地监管职责，落实生产经营者质量安全主体责任，推动实施农产品合格证制度及“三项纪录”制度，推进水产品质量安全信息化管理和水产品质量安全追溯体系、行业诚信体系建设。要狠抓“三品一标”水产品认证，加强和规范证后监管，筑牢品牌建设根基。

3.3 延长渔业品牌支撑链条

渔业品牌创建是一项系统工程，联结繁育、养殖、加工、流通各环节，需要全产业链谋划、上下游联动。要利用多种现代营销手段，尽快加强渔业信息工程建设与市场信息服务力度，尤其是要重视线上水产品交易与直播带货等现代营销方式的发展，建立健全准确、快速的信息服务体系，积极搭建渔超电商对接平台，结合“益农信息社”等信息进村入户工程，进一步完善水产品现代物流网络，丰富水产品产销渠道。要不断优化产业下游结构，延伸产业链、提升价值链，重点补足水产精深加工这一链条短板，鼓励和支持鱼丸、鱼片等水产品加工企业抓住机遇，实现产品的多样化、特色化、差异化发展。支持水产品冷链物流体系建设，引导活鱼消费向便捷加工产品消费转变。要拓展渔业功能，促进种养结合、一二三产业融合，推动传统水产养殖场生态化、景观化、休闲化改造，发展休闲观光渔业及观赏渔业，打造观赏鱼养殖基地。

3.4 打造渔业品牌整体形象

要立足区域资源禀赋和主导产业，跳出同质化，寻求差异化，充分挖掘地方优势的品牌内涵，积极开展特色水产品品牌的培育。深入提炼和挖掘品牌核心价值，在做大、做强传统食用水产品品牌基础上，不断培育锦鲤、金鱼等观赏鱼特色品品牌，大力培育“名优特稀新”品种。同时，要在宣传推介和产品包装上下功夫，充分借助“泉水人家”济南市农产品区域公用品牌这一农产品整体品牌形象，按照“区域公用品牌+企业产品品牌”的模式开展品牌打造培育工作，不断提升渔业整体品牌形象的知名度和影响力。加强对渔业品牌化发展的宣传引导，把优势品牌宣传列入政府性或公益宣传内容，充分做好人文、地理等要素和渔业品牌的融合，借助和利用互联网、新媒体、各类大赛、展销推介会等各种媒介和平台，建设线上和线下相结合的营销体系，不断提高广大生产经营者的商标意识、品牌意识以及广大市民的品牌消费意识，为实施品牌战略提供强有力的保障。

3.5 健全渔业品牌扶持体系

要不断丰富创新工作体制，健全渔业品牌发展的扶持、保障、保护和监管等机制，形成支持渔业品牌发展的强大合力。要制定渔业品牌中长期发展规划，强化政策支持引导，建立品牌建设长效投入机制。要健全品牌服务体系，强化人才和技术支撑，积极组建渔业品牌经理人团队，打造渔业品牌专业人才队伍，推进渔业品牌专业化服务，支持行业协会、科研教育机构、中介组织参与企业渔业品牌开发。

参考文献

[1] 洪霞．我国水产品品牌战略实施现状及对策研究［J］．安徽农业科学，2015（43）：361-363.

[2] 赵蕾，孙慧武，郑思宁．基于地理标志的我国水产品品牌化 SWOT 分析［J］．中国畜牧杂志，2016（12）：53-58.

[3] 骆乐，杨德山．关于实施水产品品牌战略的思考［J］．中国渔业经济，2007（1）：38-40.

[4] 周红燕．山东省渔业品牌战略现状分析及对策研究［J］．中国渔业经济，2014（3）：10-14.

[5] 邱洁，刘勤．中国水产品品牌建设研究进展［J］．中国渔业经济，2019（1）：102-110.

【作者简介】杨波（1986.1— ），男，汉族，硕士，工程师，主要从事渔业管理、水产技术推广。山东省济南市历下区龙鼎大道 1 号，0531-66609123，yangbofree@ 163. com。

济阳区推动水稻产业振兴发展的对策和建议

许增海，郭传仑，孙慧慧
（济南市济阳区农业农村局，山东济南 251400）

摘　要：济阳区紧靠黄河，大力发展水稻生产，水稻种植面积最大时达到 10 万余亩。但是，近几年，因为多种因素的影响，水稻面积锐减。本文调研了济阳区水稻生产的历史和现状，分析了水稻生产中存在的主要问题，提出了推动水稻产业振兴的措施及建议，为促进济阳区水稻生产的恢复发展提供决策依据。

关键词：水稻产业；济阳区；发展对策

济阳区紧靠黄河，得天独厚的黄河水利资源为济阳发展水稻生产提供了极为有利的自然条件，水稻种植面积最大时达到 6 740hm^2，总产达到 51 000t，成为济阳第三大粮食作物。可是，近几年因为多种因素的影响，水稻面积锐减，让人惋惜。恢复扩大水稻种植面积，推动济阳水稻产业振兴，是济阳人民面临的一项重要任务。

1　济阳区水稻生产的历史和现状

济阳的稻区主要集中在济阳街道办事处及曲堤镇、仁风镇、崔寨街道的沿黄村庄。水稻在济阳区的种植是济阳人民群众的一个创新之举。最早引进水稻是在济阳街道稍门管区的稍门、高楼、苇园、徐家湾、小任家等沿黄村。这一带地势低洼，历史上一直是盐碱涝洼地区，“冬春白茫茫，夏秋水汪汪，遍地蛤蟆叫，产碱不产粮”是沿黄一带当年真实的写照；加上黄河河床逐年淤积抬高，造成地下水位不断上升，盐碱日益严重，地里种啥啥不长，老百姓做梦都盼着把盐碱治住，让地里长出好庄稼。20 世纪 60 年代末期，济阳县委、县政府大力号召发动、引导沿黄村民种植水稻，以水压碱，实行稻改，修建引黄闸，建设引黄灌溉工程，无污染而清冽甘甜的黄河水灌溉浸泡的稻田，其土壤盐分下降，土壤变得松软而肥沃，泛滥了多年的碱灾终于被压住，昔日贫瘠的盐碱地里长出了“晶莹剔透、软筋香甜”的优质大米。从此以后，水稻种植面积越来越大，水稻产量也逐年提高，经济效益不断增加，不仅在济阳街道而且扩大到曲堤、仁风、崔寨等乡镇，到 2005 年面积最大时达到 6 740hm^2，总产达到 51 000t。夏秋时节，沿黄稻田一望无垠，田园风光十分美丽，被人们称为“鲁北小江南”“鱼米之乡”。济阳所产黄河大米光泽鲜亮，无杂质、无碎米，味道可口、香气怡人，深受城乡居民青睐，不仅占据了济南大市场，还远销北京、天津、石家庄、廊坊等地区。稍门稻区稻米被“农博会”评为全国优质米之一，成功注册为“稍门”牌黄河大米，并且获得了省级无公害产品称号。

近几年，水稻种植面积逐年减少，据初步调查，2020 年济阳区水稻种植面积不到 667hm^2，这对于济阳区乃至济南市的水稻生产都造成了不利影响，水稻产业发展不容乐观，值得有关部门引起高度重视。

2 济阳区水稻生产中存在的主要问题

2.1 水稻种植面积锐减

水稻种植面积由最大时的 6 740hm^{2}降到现在的不到 667hm^2。水稻面积减少的主要原因有以下几项。一是种植效益低。水稻种植用工量大，仅插秧费用每亩地就需要 2 个以上人工，每个人工成本从原先的几十元提高到现在的 200 元，每亩只插秧就需费用 400~500 元。除此之外，浇水、追肥、喷药、收割都需要很多人工，种植成本太高，而大米的价格却一直提不上来，农民群众感觉种水稻不划算。特别是随着济阳区产业结构调整力度的加大，蔬菜面积越来越大，种植水稻相对于种植蔬菜比较效益更低。二是水资源短缺。济阳区种植水稻主要依靠黄河水，水稻种植面积大时，黄河天天放水，现在是调和用水，需要水时，没指标，来不了水，无水没法种水稻。三是劳动强度大。种植水稻比较辛苦、劳累，有人说是“育秧、插秧、收割三弯腰”，年轻人不愿意种，原先种水稻的群众年龄越来越大，有的已经没有劳动能力，致使水稻种植面积越来越小。四是田间基础设施落后。当前，许多排灌设施不齐全，年久失修，水稻该浇水时，不能实现自流，需要多级提水，不仅增加了成本，而且进一步增加了劳动强度，推迟了插秧时间，降低了产量；即使水到了田间，地面不平，也会影响插秧，特别对于机械插秧不利。

2.2 农药、化肥施用不当

大部分农户在水稻生产中存在着重化肥施用、不施或很少施用有机肥，重大量元素、轻中微量元素，相近或相似的肥料多年连续施用等问题，致使稻田养分含量不均衡，测土配方施肥项目数据显示：济阳区稻田大部分氮、磷含量较高，有机质和钾不足，中微量元素中有效锌含量水平较低[1]。而且化肥施用量较大，一般每亩施复合肥（主要含氮磷钾）40~50kg 作基肥，30~40kg 尿素作追肥；另外，水稻病虫害多发，农药施用量较大，一般农户在一季水稻生产中打药 6~7 次，多的达到十几次。化肥、农药施用量大，虽一定程度上提高了水稻产量，但不利于大米品质的提高，同时也对稻田产生了一定的环境污染，不利于水稻的可持续发展。

2.3 机械化程度低

在济阳区水稻生产中，有的专业化公司或合作社已经配备了播种机、插秧机、收割机等机械，不仅自己实现了播种、插秧、收割等环节的机械化，还能帮助周围部分农户实现机械化；但在浸种、育秧、浇水、排水、病虫害防治等环节还没有相应的机械，机械化水平还比较低；即使播种、插秧环节实现了机械化也需要许多人工配合，不能完全实现机械化，济阳区水稻生产离全程机械化还有一定差距。

2.4 加工、包装、品牌混乱

济阳黄河大米以优秀的品质多次获得金奖称号，但济阳黄河大米只是一个笼统的称号，品牌虽多但到现在还没有一个叫得响的统一品牌。以前的“稍门”牌，已被其他公司收购，很难再被利用。除此之外，有的加工企业为了谋取利益，从外地购进大米，冒充济阳黄河大米销售，以假乱真，以次充好；还有的在产品包装上随意标注，夸大宣传，使得济阳大米品牌受到很大影响。

3 推动水稻产业振兴的对策和建议

得天独厚的黄河水利资源为济阳区发展水稻生产提供了有利的自然条件，水稻面积锐减，让人惋惜。恢复扩大济阳水稻种植面积，重塑济阳黄河大米品牌，优化管理，推进济阳黄河大米产业升级，使“济阳大米”同“济阳蔬菜”一样，叫响全国，是济阳区农业的一个发展目标。

3.1 加快土地流转，走规模化发展道路

一家一户的生产，面积小，不适合机械化生产，也不利于先进农业技术的推广，影响了水稻生产的发展。为此，要加快土地流转步伐，将水稻生产集中在专业化公司、专业合作社或种粮大户等新型经营主体手中，走规模化发展道路，规模大，也有利于水稻品牌的形成。

3.2 从品种选择、田间管理到烘干加工各个环节，提升科技含量

通过品种对比试验选出适宜当地种植的优质新品种，改高产为优质，以优质高效、口感好为目标，满足人民群众日益增长的高品质生活需要。在田间管理上探索、试验、应用新技术，如规模化智能化育秧、水稻富硒技术、免追肥技术、生物炭技术、黄板诱杀物理驱虫、绿色高效除草剂应用等技术，改变传统种植方式，提高大米品质，同时做到无化肥农药残留，无重金属污染，走可持续发展的道路。

3.3 推广水稻生产全程机械化，提高劳动生产率

加快水稻专用育苗基质、智能化育秧等技术的研究，实现从浸种、播种到暗室催芽、育秧、插秧、病虫害防治、收获、脱粒等全程机械化，不断改良机械，适应当地水稻生产，克服机械插秧缓苗慢等影响机械化推广的难题，使得稻区群众乐意接受全程机械化，降低劳动强度，提高生产效率。

3.4 政府强化支持，加大资金投入

一是建议上级有关部门设立水稻产业发展基金或水稻产业投融资基金，加大资金投入，推动水稻生产高效发展。对水稻种植进行补贴，充分调动农民群众水稻生产积极性；对新型经营主体土地流转给予补贴，降低生产成本，促进土地流转；对推广应用绿色高效新技术进行补贴，推进水稻生产可持续发展；对购置水稻生产机械，进行补贴，推进水稻生产全程机械化；对于知名品牌给予奖励，鼓励品牌打造。二是政府出资搞好农田基础设施建设，建设高标准水稻示范方，示范方内田间路网布设密度合理，连通顺畅；地块网格化，网田方正规则、大小基本一致；田块方向一致，田面平整，耕作长度、方向合理；水源、渠系配套，方内骨干、末端排灌渠系健全；农电设施配套、齐全、方便；基础设施完善配套，建成“田成方、路成网，沟相通、水相连、旱能浇、涝能排”的水稻生产示范基地。

3.5 注重品牌建设，重塑济阳黄河大米形象

有关部门要加强协调、引导和管理，成立水稻协会，使得水稻生产企业、合作社等抱团发展，将济阳黄河大米统一注册为“济阳黄河大米”牌，对已经注册了其他牌子的大米，或进行整合，或将其作为旗下子品牌。市场监管部门要加强对稻米加工销售市场管理，对以次充好、以假乱真冒充济阳黄河大米的要严厉打击，逐出市场。农

业部门要加强技术指导，统一技术标准，规范化管理，积极组织有关企业参加各种类型的农交会、博览会，提高济阳黄河大米影响力；同时，加强对绿色有机大米的管理检查力度，对质量不达标的坚决取消绿色、有机称号。在水稻生产上，采用“公司+合作社+农民+基地”的模式，把能流转的土地集中起来，把分散的农户组织起来，通过对水稻种植、产品加工、包装、宣传营销等各个环节统一管理，提高水稻的品质和价格，提高水稻种植效益。在包装策划上，树立精致化包装的理念，把济阳的黄河文化、地域特色融入包装当中，让济阳历史文化底蕴成为黄河大米品牌的强力支撑。在销售上，用工业品牌的营销理念宣传“济阳黄河大米”品牌，采用建立直销店、订单销售、电商销售等多种方式相结合的形式，多方面、多层次提高“济阳黄河大米”的知名度、美誉度。

参考文献

［1］ 齐建俊，郭荣海，李涛，等．济阳耕地［M］．济南：山东大学出版社．

【作者简介】许增海（1967.7—　），男，山东济阳人，汉族，本科，高级农艺师，研究方向为农业技术推广。山东省济南市济阳区新元大街 13 号，0531－84211458，xuzenghai123@ 163. com。

莱芜白花丹参高产栽培技术

张 华[1]，卢俊英[1]，颜 晓[1]，张乃国[1]，王凤昌[2]，亓文田[1*]

（1. 济南市土壤肥料站，山东济南 250021；2. 钢城区农业农村局，山东济南 271102）

摘 要：本文根据白花丹参生育特性及莱芜区地域性气候、环境特点，从基地选择、育苗移栽及田间管理等方面探索研究适合白花丹参大面积种植的栽培模式，为白花丹参高产栽培技术大面积推广提供参考。

关键词：白花丹参；高产栽培；技术研究

丹参又名赤参，红根等。根据其花色区分为紫花丹参和白花丹参，白花丹参相对于紫花丹参更为稀有和珍贵，主要产于山东济南莱芜地区，具有非常高的药用价值。莱芜白花丹参于2011年获国家地理标志性证明商标，白花丹参成为莱芜的一大特色产业，促进了莱芜农业发展。

1 白花丹参产地环境条件

1.1 气候条件

白花丹参主要分布于山东莱芜苗山白花丹参种植基地及附近山区，分布地域属鲁中山区，境内地势呈东南高、西北低走势，属于暖温带大陆性季风气候，年均气温13.2℃，1月平均气温-2.7℃，7月平均气温25.2℃，极端最低气温-19.3℃，极端最高气温39.9℃，年降水量711.6mm，年均无霜期187d，其气候适合于白花丹参的生长[1]。

1.2 生长条件

白花丹参适宜生长在年平均气温11~13℃，降水量760.0mm，日照长2 589.3h，无霜期204d左右的山地丘陵地区。出苗期最适宜气温为20~25℃，土壤温度为10~15℃；生育期适宜气温为20~25℃，土壤温度10~15℃[1]。

1.3 土壤条件

白花丹参对土壤要求不严格，在中性、微酸性、微碱性土壤均能生长，最佳适宜土壤为沙壤土。

白花丹参产地土壤主要为沙壤土，土壤基本理化性质为有机质0.75%，全氮0.06%，碱解氮56mg/kg，有效磷32.1mg/kg，速效钾83mg/kg，交换性钙1 089mg/kg，交换性镁110mg/kg，有效铁57.4mg/kg，有效锰42.9mg/kg，有效铜2.38mg/kg，有效锌1.35mg/kg，有效硼0.33mg/kg。

2 选地整地

2.1 选地

白花丹参种植地周围3km范围内不允许有工业“三废”污染存在，栽培白花丹参宜选择地势较高，地势平坦、排水良好、浇水方便，土壤要求土层深厚、质地疏松，耕作土层一般不低于30cm，pH值为6~8的沙质壤土[2]。

白花丹参忌连作。连作地块可采取土壤熏蒸消毒净化处理，当土壤湿度达60%时，用99.5%氯化苦水剂25kg/亩，机械均匀施入土壤中，覆盖0.01mm塑料薄膜，密闭10d以上，敞膜散气5~7d。

2.2 整地

白花丹参为深根多年生植物，在前茬作物收获之后，一般施优质腐熟的农家肥5 000kg/亩，过磷酸钙50~60kg/亩，钾肥25~30kg/亩，均匀撒施于地表，深翻30~40cm，耙细整平，作宽60~70cm、高15~20cm的高畦[2]。

3 栽培品种

3.1 品种特性

白花丹参为多年生草本植物，根肥厚，表面红色。茎高40~80cm，有长柔毛。叶常为单数羽状，复叶；小叶1~3对，卵形或椭圆状卵形，两面有毛；花为白花，轮伞花序，组成顶生或腋生假总状花序，密生腺毛或长柔毛；苞片披针形，花萼白色，有11条脉纹，长约11mm，外有腺毛，2唇形，上唇阔三角形，顶端有。3个聚合小尖头，下唇有2齿，三角形或近半圆形；花冠白色，长2~2.7cm，筒内有毛环，上唇镰刀形，下唇短于上唇，3裂，中间裂片最大；雄蕊着生下唇基部。小坚果黑色，椭圆形。花期4—6月，果期7—8月。

白花丹参具有抗逆性强、生长快、产量高、无污染等优点。白花丹参耐旱、耐寒、少病虫害，全国各地都可种植，既可种子直播，也可种根繁殖；既能单独栽种，也可和其他作物间作。

3.2 繁殖

白花丹参可选用分根繁殖，芦头繁殖，种子繁殖、离体快速繁殖及扦插繁殖等几种形式，其中以种子繁殖为主。

3.3 种子采收

白花丹参栽植后当年开花结实，从5月下旬或6月初开始，种子陆续成熟，要及时采收。种子成熟的顺序为自下而上，当白花丹参果穗的2/3果壳变枯黄时，剪下果穗，去掉果穗顶端未成熟的1/3部分后捆扎成束，置通风处晾3~5d，及时脱粒；然后对种子进行清选；清选去掉种子中的秕粒、杂草种子、病虫粒、破损粒以及其他杂质，使种子纯洁，萌发整齐[1]。

由于白花丹参种子较小，常选择筛孔大小适宜的筛子，将杂质和不合格的种子筛除，再用簸箕将种子杂物、瘪粒等去除。

3.4 种子处理

白花丹参种子不宜久贮，要即收即播，一般在6月底或7月初。播种前先将收获的白花丹参的种子晾晒1d，然后用45~50℃温水浸泡，不停搅拌2~3min，浸泡24h后，将漂浮在水面上的秕子捞出，选用饱满的种子。

4 育苗移栽

4.1 播种

要求前一年栽种作物为禾本科植物如小麦、玉米或休闲地，前茬种植花生、蔬菜和丹参的地块不能作为育苗田，播种前应灌足底墒水，播种量 0.5kg/亩，与 2~3 倍细土混匀以后，均匀撒播在苗床上，然后均匀覆土 1.0cm，覆土厚度以盖住种子为宜，用扫帚拍打，使种子和土壤充分接触后，加盖塑料薄膜或麦秸、麦糠盖严至不露土为宜，以保持足够的湿度，15d 左右出苗。

4.2 苗畦管理

苗高 6cm 时进行间苗，剔除弱苗和过密苗，保持苗株距为 5cm 左右。根据天气情况做好灌排水、除草以及病虫草害的防治工作。

4.3 种苗处理

移栽时，优选无病虫的白花丹参苗，用 50%多菌灵或 70%甲基硫菌灵 800 倍液蘸根后 10~20min 移栽，以有效控制根腐等病菌的侵染。

4.4 移栽定植

3 月初移栽，移栽前对烂根、色泽异常及有虫咬或病苗、弱苗要除去。选出白花丹参种苗后，在做好的垄上挖坑定植，穴深以种苗根长为宜，苗根过长的，要剪掉下部，保留 10cm 长的种根即可；每个垄上种植丹参 2 行，一般行距 30cm，株距 15~20cm，将种苗垂直立于穴中，培土、压实至微露心芽，定植后浇水，覆土 1~2cm，将厚度为 0.1mm 黑色地膜覆盖于垄的上方，周边于垄间压实，宽度为 1 500mm。约 20d 后，应于 10 时前或 15 时后，在露芽处将薄膜割开，使白花丹参幼苗顶出薄膜，并用土将苗子周围压严。

5 田间管理

5.1 中耕除草

白花丹参苗期生长缓慢，要及时松土除草，封垄前应结合追肥中耕 2~3 次。

5.2 肥水管理

白花丹参生长时间长，需肥量大，不同生长时期应及时追肥，一般生长季节追肥 2 次。第一次在返青时期施提苗肥，施用有机无机复混肥 30~40kg/亩；第二次 7 月中旬在采收种子后施长根肥，施硫酸钾型复合肥 100kg/亩。

5.3 及时排涝

白花丹参喜湿怕涝，雨季来临遇连阴雨天气，要视情况及时排涝，防止土壤出现积水形成内涝。

5.4 打顶摘蕾控苗

不准备收种子的白花丹参，在 4 月下旬至 5 月上旬主轴上和侧枝上陆续生出蕾芽 2cm 时立即用手指掐掉，每 5~10d 摘剪 1 次，连续几次。花苔要摘得早，摘得勤，以抑制生殖生长，减少养分消耗，以保证养分集中到根部，促进根部生长发育，这是白花丹参增产的重要措施。

6 病虫害防治

白花丹参种苗病害主要有叶枯病、菌核病、根腐病和根结线虫病，虫害主要有地老虎、蚜虫。

6.1 叶枯病

种苗处理（参见 4.3），发病初期喷洒 50%多菌灵 800 倍液喷雾防治。

6.2 菌核病

发病初期用40%菌核净可湿性粉剂20g/亩或40%腐霉利可湿性粉剂15~20g/亩喷雾防治。

6.3 根腐病

发病初期喷25%腈嘧菌酯悬浮剂34g/亩或50%甲基硫菌灵可湿性粉剂800倍液灌根防治。

6.4 根结线虫病

早春整地土壤熏蒸消毒。栽苗时，用0.5%阿维菌素颗粒剂10kg/亩，穴施。

6.5 地老虎

可人工捕捉。

频振式杀虫灯。每20 667~30 667m^2悬挂1盏杀虫灯（220V，15W），离地高度1.2~1.5m。

药剂防治。可用90%敌百虫500g加水2.5~5kg，喷拌麦麸30~35kg，于傍晚撒在行间苗根附近。

6.6 蚜虫

冬季清园，将枯株落叶深埋或烧毁；发生时喷50%杀螟硫磷1 500倍液，每7~10d喷1次。连喷数次。

7 采收加工

7.1 根部采收

在大田生长1年或1年以上，于霜降后10月底至11月初地上部分开始枯萎，土壤干湿度合适，选晴天采挖。也可于翌年解冻后与种根一起出土。采收时将白花丹参地上部茎叶割除，揭除薄膜，用机械顺垄沟逐行翻地，深20~30cm，将地下部翻出，刨出鲜根平放于地面晒蔫，去掉泥沙、残茎、腐根，在田间晾晒1d，忌用水洗，扎成小捆晒干待售。

7.2 储藏

当白花丹参根变软后，除净泥土和杂质，晾晒于芦席或干净的水泥地板上，或采用烘干机进行干燥，加工晾晒过程中应防止污染和雨淋。白花丹参的安全水分为11%~14%，储藏适宜温度在20℃以下。白花丹参根质脆易断，要防重压，防潮防霉，防虫蛀。储藏期间定期检查，发现受潮或温度过高，及时翻垛、摊晾。白花丹参根晾晒完成后，将其堆垛整齐，底下铺一层木板，上层用防水布盖好，以确保其品质。

参考文献

[1] 亓会兵．莱芜白花丹参施肥技术规程［J］．农家科技，2018（2）：88.

[2] 杨贵华，高燕．莱芜白花丹参标准化种植技术［J］．农业开发与装备，2015（8）：128.

【作者简介】张华（1976.11— ），女，山东济南人，汉族，本科，高级农艺师，研究方向为农业技术推广应用。山东省济南市建设路79号，0531－66676256，W1380149@126.com。

莱芜生姜产业发展现状分析与展望研究

魏海刚

（济南市农业技术推广站，山东济南 250022）

摘　要：莱芜生姜是济南市“十大农业特色产业”之一，生姜产业是莱芜区的传统产业、特色产业、主导产业。通过蹲点调研、座谈调查和发放问卷等形式，对莱芜区生姜产业发展现状进行认真梳理，对存在的主要问题有针对性地分析，研究提出了生姜产业发展的对策建议与展望，以期为生姜特优区新型产业化模式化发展与绿色一体化高质量发展提供有益的借鉴。

关键词：莱芜生姜；产业发展；现状分析；展望研究

生姜产业是济南市“十大农业特色产业”之一和莱芜区的传统产业、特色产业、主导产业。通过调研，认为加快生姜产业化发展是促进农业农村绿色增效、农民持续增收，加快统筹城乡一体化高质量发展步伐的重要抓手；必须继续把加快生姜产业发展作为当前和今后一个长时期莱芜区农业产业化和经济工作的重点，进一步强化措施，加大力度，提升水平，壮大规模，形成竞争优势。

1　基本情况

莱芜生姜常年种植面积 20 万亩，总产 50 万 t，是当地重要的支柱产业，已成为我国重要的商品姜生产、加工、出口基地，并以其独特的“基础优势、产业优势、科研优势、贮藏优势、品牌优势”显示出巨大的发展潜力。莱芜生姜作为一个驰名中外的品牌，已获得国内外市场的广泛认可。

1.1　稳定种植面积，积极推进土地流转，大力推行标准化生产，引领了全国生姜种植的发展方向

建立推行一系列生姜生产标准体系。相继制定了《生姜生产技术规程》《无公害生姜病虫草害综合防治技术规程》《生姜无公害生产操作规程》《出口生姜良好农业操作规范（GAP）》4 个技术规程。其中，《出口生姜良好农业操作规范（GAP）》属国内首创，于 2007 年由山东省质监局颁布为全省的出口生姜种植标准。

推动建立一系列企业生产基地。坚持把土地流转和发展农民合作组织作为推动企业建立生产基地的主要手段，先后制定出台一系列关于推进土地承包经营权流转的文件，建立健全政策引导体系和流转服务体系，总结推广万兴公司实行的“村委牵头、农户分租、企业承包”的做法等 7 种土地流转模式，加快企业建立生产基地步伐。以万兴公司为例，坚持从源头抓起，实行全程质量监控，利用租赁方式实现土地流转，建立 3 500亩创新技术核心示范基地。通过“公司+合作社”的模式，建立合同基地 30 000亩，实行统一规划标准、统一技术规程、统一种植管理、统一投入品供应、统一病虫害防治的“五统一”管理模式，并辐射带动周边区域，发展认证基地 80 000亩，通过欧盟 GAP 认证，并先后被命名为“亚洲食品卫生安全控制（HACCP）协会中国莱芜示范园”和“英国超级食品公司生姜基地”，所产生姜全部出口欧盟、美国等高端市

场，每吨比东南亚、中东等低端市场高 800 美元左右。积极发展“公司+基地+农户”的模式，带动生姜大规模种植，培育壮大生姜主导产业。在合同型标准化种植基地建设区，大力推广生姜标准化种植，积极引导树立“莱芜生姜”区域品牌影响力和产品质量信誉。公司以平均每千克高于市场价 0.4 元的价格收购农民种植的生姜产品，每亩地可为当地农民增加收入 1 400元。通过土地流转建立起生姜标准化种植基地 3 500 亩，仅土地流转金一项，每年就给当地农民增收 210 余万元；雇用周边村镇农民约 230 余人，每年支付工资约 570 万元，人均年收可达 25 000余元。

推动企业通过一系列产品质量认证。通过大力实施国家“948”项目示范工程和山东省出口农产品“绿卡行动计划”，生姜加工企业的产品质量水平大大提高，全市有 5 家企业通过了欧盟 GAP 认证，8 家企业通过中国 GAP 认证，60 家企业通过亚洲食品卫生安全控制（HACCP）认证。其中，万兴公司是全省首家通过欧盟 GAP 认证的企业，也是全国首家通过 TNC 认证的企业。

推动企业通过一系列品牌认证。通过大力实施品牌战略，积极引导企业实施品牌认证，相继有“通海”牌、“赢牟”牌等 8 个品牌被认定为国家级无公害农产品，“鹏泉”牌等 8 个品牌生姜被认定为绿色食品，“姜老大”和“泰山”牌生姜被认定为有机产品。2006 年，万兴公司生产的“泰山”牌生姜被推荐为首批“山东名优农产品”；2008 年被指定为北京奥运会专供产品，是全国唯一的生姜专供产品。

1.2 加工规模不断扩大，加工链条不断延伸，加工园区建设稳步推进

加工储运规模不断扩大。截至目前，全市生姜加工储运企业近 400 家，年加工储运能力 100 多万 t，其中销售收入过亿元的 20 多家，省级重点龙头企业 10 家，国家级重点龙头企业 2 家，具有自营进出口权的企业 69 家。

加工链条不断延伸。加工产品已从以往的保鲜姜块、腌渍姜块（姜片）、姜芽，逐步发展到脱水姜片、姜粉、姜油、姜酒、姜茶等附加值较高的 10 多个系列 100 多个品种。以万兴为例，公司集生姜种植、储存、加工、出口于一体，加工产品主要有姜片、姜丝、姜芽、姜块等。东兴源公司“姜老大”牌生姜被列入“知名农产品区域公共品牌”，被山东省商务厅认定为“山东省重点培育的国际自主品牌”。公司坚持科技强企战略，致力改善出口初级农产品，不断扩大农产品深加工产业规模，形成保鲜、腌制、脱水、速冻 4 大系列 100 多个品种，年销售产品突破 20 万 t，销售收入达到 15 亿元，连续 10 年被评为全国生姜出口第一大户。

加工园区建设进展顺利。按照“集约化布局、集群化发展”的思路，集中建设加工园区，引导企业向园区集聚。万兴公司积极建设 320 亩的现代化脱水产业园区和 230 亩的腌制产业园。公司立足日本寿司系列、国内传统糖蒜、开发黄瓜、萝卜开胃菜系列深加工，打造多品种、多风味的国际化专业料理生产商。目前，脱水产品年出口超过 12 000t，形成国际领先、全球资源调配的一流调味品现代农业产业园区。

1.3 点面结合，以点带面，全面提升，引领了全球生姜交易的发展方向

全市有 600 多家农民购销大户参与生姜购销，全年购销生姜超过 100 万 t，是当地产量的 2 倍，形成羊里、寨里、杨庄等生姜购销大镇。积极引导农业加工企业开发生产各类农产品，其中影响比较大的品牌有山东万兴食品、莱芜东兴源食品生产的“姜

老大”“头道菜”生姜制品、山东孔之道生产的“孔之道”姜汤、山东四季风酒业生产的“四季风”姜酒。同时，东兴源公司的“头道菜”、东井公司的“开心菜”打入银座、十八乐、馨百等60家超市。万兴、东兴源等公司在北京等地设立直销机构，产品打入上海、沈阳、济南等20余个大中城市，并远销日本、欧盟、韩国、新加坡等国家和地区。目前已在万兴公司基地示范推广有机生姜安全生产出口基地2 000亩，开发4大系列100余种产品，远销欧美等上百个国家和地区。

1.4 科技研发全面推进，重点项目实现突破，部分领域全国领先

近年来，紧紧围绕“世界生姜看中国，中国生姜看莱芜”远景目标，在生姜的种植、储藏和加工等方面研究中投入了大量的人力、物力和财力，开展大量卓有成效研究，使生姜科技研发走在全国前列。如生姜品种培育、加工开发、储藏、高产栽培技术、病虫害防治等多方面研究居于全国领先地位，为进一步整合生姜研发资源促进生姜研发平台转化升级奠定坚实的基础。其一，土壤熏蒸消毒技术走在全国前列，有效地降低生姜姜瘟病发病率，破解生姜产量一直在低水平徘徊瓶颈制约；其二，通过组装集成“秋延迟”技术，根据生姜在适宜条件下可周年生长实际情况，成功实现生姜高产高效生产[1]。据专家测产，最高亩产突破10 000kg大关；其三，不断加快植保技术创新应用，科学筛选出生姜生长储存期间高效低毒生物农药，大大提升了生姜产品质量水平。

2 存在问题

经过多年的发展，莱芜区已形成从种植、储存到加工、销售的完整的生姜产业链条和产业群。生姜产业成为莱芜区中西部强镇富民的优势产业、主导产业，成为促进农民增收、推动区域经济发展、加快统筹城乡一体化发展步伐的主要力量，生姜主产区农民收入的50%来自生姜产业。在看到成绩的同时，通过调查也找到了制约莱芜生姜产业可持续健康发展的问题和不足，需引起高度重视，不断强化措施，加大力度，认真应对。

2.1 国外技术性贸易壁垒越来越高，企业扩大生姜出口的难度越来越大

亟须多手段加大推介莱芜生姜知名品牌，增强基础产品、基本制度和特色姜文化创新供给侧改革，进一步提升“莱芜姜，保健康”世界知名品牌。

2.2 省内其他生姜产区竞争日趋激烈

由于气候、储存方式等方面的原因，国内外其他地区的生姜，不论在规模还是在质量上都无法和莱芜生姜竞争。但是，近些年来，省内安丘、沂水等地的生姜产业发展迅速，生姜品质好、颜色好、商品性强，市场前景看好，对莱芜生姜销售造成一定程度的挤压。

2.3 莱芜生姜产业链延伸不够、价值链有待提升、供应链尚需完善

虽然莱城区生姜生产加工企业较多，但大多数规模较小，加工转化总量小，难以对济南市生姜产业产生较大的带动作用；同时，设备简单，技术落后，科技含量不高，机械化、自动化程度低，加工产品大多还停留在原料型和粗加工、初加工阶段。

2.4 土壤污染加大导致绿色发展遭遇诸多科技短板

生姜种植区由于常年种植生姜，过度使用农药、化肥、农膜等，再加上土地常年得不到轮作、休耕，致使土壤中农药残留、重金属、亚硝酸盐等超标，不利于提高生姜产

量、质量和效益。亟须生姜种植领域的科技配套，不断增创莱芜生姜绿色发展新动能。

3 几点建议与展望研究

通过充分挖掘优势，加快补齐短板，转型升级主导产业、促进产业融合发展、加快聚集现代要素、引领绿色发展、示范乡村振兴，打造全国生姜绿色生产示范高地、科技创新转化高地、加工物流出口高地，真正把莱芜生姜“小作物”做成“大产业”，真正叫响“莱芜姜，保健康”国际知名品牌。

3.1 充分挖掘姜产业文化内涵，全面加强生姜品牌宣传推介

着力增加生姜产品的文化内涵，提升产品附加值和竞争力，依靠文化内力扩大品牌影响力和市场占有率，为生姜产业的发展壮大提供强大的文化支撑。筹备建立生姜博物馆，开展姜产品研发，组织开展生姜艺术品创作。打造生姜古村落，推出一批生姜种植能手、文化研究挖掘能手。尤其通过市场化运作加速地理标志的应用，进一步明晰商标所有人与使用人的权、责、利关系，将分散的农户以地理标志商标为纽带、以龙头企业为平台，使农民共享地理标志商标增值带来的好处[2]。

3.2 围绕“四个一流”发展目标，集中建设中西部姜蒜加工储运产业板块

本着“突出重点、整体推进、全面提升、不断突破”的原则，集中精力，集聚要素，集成力量，争取再利用3~5年的时间，建设全国“一流的生姜种植基地，一流的生姜加工基地，一流的生姜集散基地，一流的生姜研发基地”，使生姜基地面积发展到20万亩以上，其中标准化基地15万亩左右，40%的生姜实现加工增值，生姜及制成品出口增长100%以上。

3.3 大力加快生姜产品精深加工，进一步叫响“莱芜姜，保健康”知名国际品牌

集中引进一批规模大、档次高、带动力强、成长性好的农副产品精深加工大项目，推动农产品加工业集群式快速发展。广泛宣传济南市农业和新农村建设成果，推介全市特色产业、特色产品和龙头企业，促进农产品贸易，树立莱芜生姜产品的良好形象，持续扩大市场份额。

3.4 不断加大科技合作和科技交流力度，着力提高农业科技创新和成果转化能力

坚持走“挂靠联合”的路子，增强依托意识，加强与山东农业大学、山东省农业科学院等国内外科研单位的合作与交流，推动形成产学研相结合的农业科技创新体系，通过自主创新、科技合作和技术集成，加快科技攻关、成果引进、试验示范和技术推广步伐。

参考文献

[1] 魏海刚．以品牌化保障莱芜生姜质量安全的研究［J］．农产品质量与安全，2013（5）：65-68.

[2] 高燕，魏海刚，史秀娟，等．生姜周年高效栽培因素研究［J］．蔬菜，2018，333（9）：13-17.

【作者简介】魏海刚（1973.5— ），男，汉族，本科，高级农艺师，主要从事农业技术研究、示范与推广。山东省济南市市中区建设路79号，13863475083，0531-66676249，lwswhg@126.com。

浅谈平阴县畜禽规模养殖场监管存在的问题和对策

陈贞晓，张秀海
（平阴县畜牧事业发展服务中心，山东平阴 250400）

摘　要：随着畜牧业向现代化、产业化发展，规模养殖成为必然，畜禽规模养殖可以提高养殖效益、实现管理科学规范，从源头上预防疫病发生、提高畜产品质量。但是畜禽规模养殖由传统庭院经济发展而来，不少养殖场基础建设不完善、法律意识不够、管理水平较低，为当地兽医行政机构监管提出新的挑战。本文主要介绍了平阴县畜禽规模养殖场监管存在的问题和对策。

关键词：平阴县；畜禽规模养殖；监管对策

平阴县是济南市的远郊农业县，畜牧业发展日新月异。特别是近年来，伊利优然牧业、东方希望（种猪场、育肥场）等大型企业落地，进一步提升了其养殖场规模化、标准化、现代化的水平，畜牧业的发展由过去的散养，小规模，向规模化、公司集团化发展，改变了传统的养殖理念，带动了养殖场的整体提升。然而，平阴县养殖场水平参差不齐，饲养管理和畜产品安全以及监管组织体系仍存在很多问题，给监管工作带来很大的困难和压力。

1　现状

2019 年全县生猪存栏 98 319头，出栏 144 267头；肉牛存栏 9 229头，出栏 2 116头；奶牛存栏 14 534头，产奶 80 726t；肉羊存栏 157 226只，出栏 131 642只；禽类存栏 3 173 401只，年出栏 8 897 577只。畜牧业产值 6 亿元。全县规模养殖场 83 个，规模化程度 32%。其中拥有国家级畜禽标准示范化场 3 家，省级 9 家，市级 16 家；拥有省级畜牧产业化重点龙头企业 2 家，市级 3 家，县级 6 家[1]。

2　存在的问题

2.1　选址不合理

有的养殖场距离其他养殖场少于 500m，增加了互相传染风险；有的距离村庄太近，人员流动大，既带来传染风险，也带来养殖粪污气味扰民的问题，加剧了邻里矛盾；有的选址地势低洼，雨季积水，影响生产，苦不堪言。

2.2　布局不合理

有的养殖场场区没有围墙，人员随意出入；有的生产区与生活办公区没有分开，也没有隔离设施；有的生产区内清洁道和污物道没有分开，出入一个大门；有的生产区没有更衣消毒室，各养殖栋舍出入口未设置消毒池或消毒垫；有的污水污物存放、处理设施简单，不能真正做到防淋、防溢、防渗，污染场区周围环境，生物安全无法保障。

2.3 生产管理不规范

有的养殖场没有建立健全的检疫管理制度，检疫申报不积极，不落实，出售和引入动物不执行检疫、监测、隔离等相关规定，造成疫病传播，损失严重；有的养殖场没有建立严格的免疫制度，防疫程序不科学，抗体监测不落实，补防不及时，疫病发生隐患大；有的养殖场没有严格执行兽药饲料使用管理制度，使用违禁药物和滥用抗生素，不执行休药期，畜产品安全无法保障；有的养殖场消毒意识不强，没有自己的消毒制度，人员与车辆出入不消毒，圈舍和场区消毒不及时，消毒记录填写不齐全；有的养殖场防控疫病意识淡薄，随意丢弃病死畜禽，不及时做无害化处理，场内犬猫啃食、满场抛撒未食完尸体，场内粪便清理不及时，臭气熏天，细菌和病毒滋生，疫病不断。

2.4 专业技术人员缺乏

大多数养殖场夫妻共同经营，年龄偏大，文化水平不高，接受专业知识困难，理解能力差，没有基本的专业知识和正确的养殖理念，缺乏疫病防控知识，养殖技术不高，乱打疫苗，抗生素滥用，甚至是人用药兽用，引种不经隔离随意混群，养殖档案填写不齐全或不如实填写，无法追溯，畜产品安全得不到保障。

2.5 监管队伍力量薄弱

全县 8 个街道、镇，346 个村，7 个畜牧兽医站现实有在编在岗人员 24 人，其中 40 岁以上 21 人，50 岁以上 3 人，人员少，有的站仅有两名在编在岗人员，队伍结构老龄化、业务素质差、监管能力低，与当前工作信息化、网络化、大数据衔接有困难。2018 年全县招聘了 50 名防疫协管员，有力地推动了畜牧兽医站的工作，但是由于工作环境艰苦，待遇低，部分年轻的防疫协管员思想动摇，流失严重，重新招聘的新防疫协管员业务不熟悉，需要再培训，队伍不稳定，给监管工作带来了麻烦。“上边千条线，基层一根针”，基层站既要负责免疫、检疫、无害化处理、兽药饲料监管、畜牧养殖项目的扶持、发展与落实，畜产品监管，还要配合相关部门做好养殖场的粪污治理、生产安全，甚至还要分担街道、镇安排的诸如包村、包户、扶贫等其他工作。交通车辆不足，经费不足，人员不足，到场监管压力大。

2.6 畜产品安全监管体系不完备

目前畜产品检测方法落后，检测项目能力有限、不足。基层检测实验室缺乏检测设备，检测参数范围小、精确度不高、数量少。监管人员对一些传染病及寄生虫类的病只能肉眼感官检查，不能满足对动物食品检测和监管的需要，制约了动物产品监管水平的提高。

3 养殖场监管的对策

3.1 加强对养殖场动物防疫条件的审查

要求规模养殖场必须符合规定的动物防疫条件，包括选址、工程设计、工艺流程、防疫制度和人员等[2]。对已建场按照动物防疫条件要求对其存在的问题要求限期整改，对经整改后仍达不到养殖场动物防疫条件的，一律限养、转产或关停。能够整改、完善或提升的，给予指导整改。拒不整改的，依据动物防疫法相关规定进行处理。对于新建养殖场，要严格按照动物防疫条件进行选址、布局，完善设施设备，建立免疫、用药、检疫申报、疫情报告、消毒、无害化处理、畜禽标识等制度及养殖档案[3]。

3.2 与规模养殖场签订责任书

为加强监管，落实责任，在强化监管人员责任的同时，当地兽医行政主管部门以“致规模养殖场的一封信”和签订“规模养殖场责任书”的形式，将《中华人民共和国动物防疫法》《动物检疫管理办法》《动物防疫条件审核管理办法》《病死及死因不明动物处置办法》等相关的法律、法规和外调动物审批制度向规模养殖场做面对面、一对一的宣传，介绍动物卫生监管机构的职责，以责任书的形式确定规模养殖场应承担的法律义务，进一步增强监管相对人的法律意识和责任意识，为顺利实施各项动物防疫及畜产品质量安全监管措施铺平道路。

3.3 加强对养殖场业主的法律法规宣传和培训

加强定期培训，提升安全科学养殖水平，举办培训班，并定期集中学习《中华人民共和国动物防疫法》《兽药管理条例》《饲料和饲料添加剂管理条例》和农业农村部《食品动物中禁用的兽药及其他化合物清单》等法律法规以及养殖实用技术和动物防疫基本知识。通过集中的学习培训，让规模养殖场业主、畜主懂得只有遵守国家法律法规规定的条件，依法养殖，科学管理，才能获得法律的保护，取得更大的经济效益；让从事饲料、兽药、动物诊疗人员进一步提高依法经营的意识，正确使用饲料和饲料添加剂、兽药和添加剂，才能保证畜产品安全，才能保护畜牧业健康稳定发展；并在一定程度上提升街道、镇村级防疫协管员的科学知识、专业技能水平，从源头上为加强畜牧养殖企业监管打下坚实的基础。

3.4 加强对养殖场动物检疫监管

规模养殖场在引进动物前，应当对养殖场地、设施等进行彻底消毒。入场的动物要隔离一段时间，经动物卫生监督所检查，认为无规定动物疫病后，方可混群饲养。对出栏的动物，畜主凭免疫证或养殖档案到畜牧兽医站申报检疫。督促规模养殖场（小区）建立养殖档案、落实强制免疫、隔离、消毒、无害化处理等制度。

3.5 建立健全畜产品安全追溯系统

畜产品质量安全追溯是在畜产品生产、加工和流通过程中对影响其安全的信息进行记录存储并可以精确追溯的管理活动，政府部门应对基层的畜产品检测工作、基础设备、基础设施加大财政投入力度，实现消费者在终端即可进行供应链全程回溯，让消费者亲见畜产品生产、加工和运输全程，吃得放心，最终解决食品安全问题。

3.6 加强基层队伍建设

建议通过事业单位考试，招聘大学毕业生，改善年龄结构，充实基层队伍，提高基层战斗力。适当提高防疫协管员待遇，改善基层工作条件，在政策上留人、制度留人、感情留人、环境留人。鼓励县局人员下基层锻炼，发挥专业特长，建言献策，提升基层站工作能力。加大对基层人员外出参观、学习、培训，开阔视野，提升专业素质。

参考文献

[1] 平阴县统计局．平阴统计年鉴 2019［M］．济南：平阴县统计局，2019.

［2］ 吴皴，宣小龙．规模养殖场监管措施浅析［J］．上海畜牧兽医通讯，2010（3）：77-78.
［3］ 刘云，梁安成．对平阴县规模养殖场防疫监管的建议［J］．畜牧兽医科技信息，2012（9）：33-34.

【作者简介】陈贞晓（1978.9— ），男，山东平阴人，汉族，本科，畜牧师，主要研究方向为动物卫生及畜产品质量安全监管。山东省平阴县锦东大街农业农村局，18866116512。

十大农业特色产业发展现状及对策建议

张建军[1]，常　芳[2]

（1. 济南市植物保护站，山东济南 250021；2. 济南市农产品质量检测中心，山东济南 250316）

摘　要：十大农业特色产业是济南市推动乡村产业振兴的主抓手。通过健全政策体系，规范产业项目实施，突出科技要素支撑，创新利益分配机制，推动平阴玫瑰、章丘大葱、历城草莓、长清寿茶、曲堤黄瓜、商河花卉、高官甜瓜、龙山小米、南山核桃、农高种业、莱芜生姜和莱芜黑猪等特色产业持续健康发展，形成产业集群优势，成就“十朵金花”。

关键词：十大农业特色产业；产业振兴；集群优势

产业兴旺是乡村振兴的重点，是解决农村一切问题的前提[1]。为贯彻落实乡村振兴战略、率先实现产业兴旺发展目标，2018 年济南市出台了《关于振兴十大农业特色产业的实施意见》（济办发〔2018〕11 号），启动了振兴十大农业特色产业行动，旨在打造农业特色产业发展集群、探索产业振兴发展路径、撬动全市农业产业整体崛起。经过近 2 年的工作推动，十大农业特色产业发展取得显著成效。

1　十大农业特色产业基本情况

2018 年按照特色优势明显、产业基础强、发展潜力大等标准，确定平阴玫瑰、章丘大葱、历城草莓、长清寿茶、曲堤黄瓜、商河花卉、高官甜瓜、龙山小米、南山核桃、农高种业等为十大特色产业[2]。2019 年济莱规划调整后，又将“三辣一麻”为代表的“莱芜生姜”和“三黑一花”为代表的“莱芜黑猪”两大产业纳入济南市振兴十大产业政策规划体系，十大产业扩容至 12 个产业。目前十大农业特色产业生产面积发展到 60 万亩，产能 150 万 t，产值近 170 亿元，各类经营主体 1 000余家、从业人数超过 20 万人，加工类企业 200 余家，形成了平阴玫瑰——全球种植面积最大的药食同源玫瑰产区、商河花卉——江北规模最大的温泉花卉生产交易基地、济阳曲堤黄瓜——江北日交易额最高的精品黄瓜产地批发市场和历城草莓——山东规模最大的设施草莓生产基地等业界第一和隐形冠军。

2　主要做法

2.1　突出推进方式创新

以制度管理机制革新为重点，凝神聚力推进工作方式创新，实现政策集聚、项目集聚、资金集聚。一是通过政策集聚，搭建高效推进工作体系。以济南市委、市政府名义印发了《关于振兴十大农业特色产业的实施意见》，聘请专业机构编制完成了产业专项规划，形成了“意见为纲、规划为目”政策规划推进实施体系。市、县分别成立政府领导挂帅的工作领导小组，建立市里统筹、县抓落实的推进机制。制定了《济南市十大农业特色产业推进工作实施方案》《振兴十大农业特色产业工作综合考核实施细则（试行）》《济南市十大农业特色产业推进工作专班及专班成员单位任务分工》等系列文件，形成了“一抓一”推进工作机制，强化月调度、季汇报和全年考核，从制度上明晰推进工作责任，压实推进工作任务，健全推进工作体系，落实推进实施方案。二是通过资金集聚，发挥财政资金撬动作用。济南市政府每年安排不少于 1 亿元专项资金重点支持十大产业。按照先建后补、以奖代补的方式，切块下达到县区，由县区按照十大行动确定的标准和范围统筹使用。指导区县积极争取省、市资金整合用于产业发展。充分发挥财政资金的引导作用。累计吸引各类工商资本投入超过 3 亿元。

2.2 突出产业发展模式创新

围绕闭合全产业链条打造，推进产业发展。一是坚持“精品园—示范区—核心基地”并行，亮点打造和规模扩张并重，建设 12 处百亩精品园和 10 处千亩示范区，发展园中有业、园中有区、园中有园的“大园区多业主”生产模式；二是围绕补短板强弱项，强化市场和精深加工开发力度，积极扶持壮大农产品加工新型农业经营主体，做强产业龙头，实现每个产业都有龙头加工带动；三是挖掘产业特色、人文底蕴和生态禀赋，推进农产品电商、农业旅游文化“三位一体”发展，以打造田园综合体、乡村旅游精品线路为重点，实现三产融合发展。

2.3 突出科技支撑创新

聚焦产业生产难题、发展瓶颈、重点领域和关键环节，按照“一产业一团队”的思路，通过广泛宣传发动，严格组织评审，成功组建了由国内顶尖专家领衔的 14 支济南市十大农业特色产业科技创新团队，形成了 14 名首席专家+50 名岗位专家+14 个农业科技创新中心的运作体系。完善了《济南市十大农业特色产业科技创新团队建设工作方案》和《济南市十大农业特色产业科技创新团队建设管理实施细则（试行）》等制度，充分激发科创团队工作热情。科技专家以科创中心为依托，通过针对性地研发、集成配套、试验示范和转化推广，形成立足生产、扎根实践、市场认可、群众欢迎的农业科技新成果，推动十大产业迈入高质量发展轨道。

2.4 突出利益分配机制创新

一是抓好品牌再塑造。以提升品牌溢价值，扩大泉城农产品品牌影响力为目标，将品牌塑造作为推动产业发展升级的主抓手，以“1+10+N”品牌体系塑造工程为引领，实施质量提升、培育创建、评价监测和营销拓展四大行动，推出了“泉水人家”济南农产品区域公用品牌，各产业也策划打造了曲堤黄瓜、商河花卉等产业区域公用品牌，推出了一批拥有忠实消费群体的企业品牌。二是做好利益再分配。构建大产业和小农户之间的利益联结机制，实现小农户与大产业的有机结合，推动大产业带动小农户增收。

3 存在问题

3.1 土地要素支撑能力不足

目前在乡村产业特色产业发展区域，用于加工储藏、文旅结合等发展二产、三产的建设用地紧张。农村闲散土地普遍地块小、分布分散，难以利用土地整治和增减挂钩现行政策进行盘活利用。农村产业项目使用农村用地普遍存在立项难、规划难、环评难，造成土地使用手续难以依法办理，依法盘活使用困难。城乡规划与乡镇土地利用规划编制不全面、不到位，造成目前许多村庄土地使用无规划可依。

3.2 政策保障有待提高

目前济南市已开展的政策性农业保险主要包括：小麦、玉米、水稻、花生、马铃薯、大豆、温室大棚、日光温室蔬菜寡照指数、棉花目标价格 10 个种植业保险险种和能繁母猪、育肥猪、奶牛 3 个畜牧业保险险种以及公益林、商品林、苹果、桃 4 个林业险种。露地蔬菜、高效林果等特色产业尚无政策性保险，抵御自然灾害能力较弱，亟须补充。

3.3 产业链条尚需完善

目前济南市乡村产业普遍存在基础设施陈旧、农产品加工业发展水平不高，销售渠道单一，产业服务水平偏低等系列问题，产业链条发展相对不够完善，有待进一步提高。

4 对策建议

4.1 凝心聚力实现重点突破

坚持“精品园—示范区—核心基地”并行，亮点打造和规模扩张并重。按照市政府提出的重点突破商河花卉产业和平阴玫瑰产业要求，布局建设新一批产业基地，打造宜居宜业的花卉特色小镇，建设花卉研究院，举办好花卉园艺博览会，将商河打造为享誉国内的温泉花乡、北方花都，平阴建成全球种植面积最大的药食同源玫瑰产区。持续做强农作物、蔬菜种苗、畜禽良种三大种业集群，加快打造“中国北方国际种业之都”。

4.2 推进政策支持，保障农民受益

针对政策性农业保险险种过于单一，难以满足产业发展对农业保险的需求的现实情况，进一步开发地方特色保险品种，落实好增设“生姜、大蒜、大葱、樱桃”4 个市级特色险种工作，提高农业保险风险保障能力；积极推行畜牧业保险理赔技术。在章丘区试点的基础上，总结经验，拟在全市范围内推行“畜牧业保险理赔技术”，为济南市恢复生猪产能保驾护航。

4.3 加强品牌宣传，促进对外交流

一是推动“1+10+N”品牌矩阵体系建设，强化运营管理，提升“泉水人家”知晓度；二是举办好系列节庆活动，以农民丰收节为引领，办好章丘大葱文化节、莱芜生姜文化节、商河花卉园艺博览会、山东草莓文旅节等系列节庆活动；三是加强对外合作交流，组织企业积极参加国内外农产品特色展会，培育打造具有国际影响力的农业品牌，推动构建农业对外经济新格局。

4.4 建立利益联结机制，做好利益再分配

构建大产业和小农户之间的利益联结机制，实现小农户与大产业的有机结合，推动大产业带动小农户增收。推动特色产业通过政府和园区为农户提供启动资金和贷款贴息，采取“边学边种、带薪体验”模式，构建“龙头企业+合作社+农户”的产业化联合经营体系，吸引农户带资产“零风险”入驻，实现效益双赢。

参考文献

[1] 国务院.国务院关于促进乡村产业振兴的指导意见（国发〔2019〕12 号）[EB/OL].(2019-06-17)[2019-06-28].http：//www.gov.cn/zhengce/content/2019-06/28/content_5404170.htm.

［2］ 中共济南市委办公厅，济南市人民政府办公厅.关于振兴十大农业特色产业的实施意见［EB/OL］.（2018-03-20）［2018-04-11］. http：//jnny.jinan.gov.cn/art/2018/4/11/art_515_ 373517.html.

【作者简介】张建军（1978.8— ），男，山东济南人，汉族，博士，高级农艺师，研究方向为植物保护。山东省济南市龙鼎大道1号，0531-66609152，zhangjianjun78@163.com。

实现济莱优势互补，促进蔬菜产业融合发展
——区划调整后蔬菜产业发展的协同研究

常　芳[1]，张建军[2]
（1. 济南市农产品质量检测中心，山东济南 250316；2. 济南市植物保护站，山东济南 250021）

摘　要：2018年12月26日，国务院正式批复同意山东省调整济南市莱芜市行政区划，撤销莱芜市，将其所辖区域划归济南市管辖，设立济南市莱芜区与钢城区，调整后，济南市为10区2县。20世纪80年代起，我国实行市管县体制，许多市、区、县为加快发展，减少或消除行政区划的影响与制约，进行了行政区划调整。行政区划调整是重大历史机遇，本文针对如何把握这次千载难逢的机遇、加快农业发展、实现地域互补、优势共融、促进济南莱芜蔬菜产业跨越式提升，给出了参考性对策建议。

关键词：地区互补；蔬菜产业融合；区划调整

济南莱芜区划调整是济南农业发展迎来的一次千载难逢重大机遇。区划调整后莱芜农业如何快速融入济南都市农业发展格局，通过地域优势互补共融，实现济南农业的跨越式提升是济南农业工作者面临的急需解决的问题。在前期调研的基础上，对莱芜蔬菜产业现状进行了初步了解，结合济南蔬菜产业发展现状，就区划调整后全市蔬菜产业发展提出几点个人思考，仅供参考。

1　产业现状

莱芜地区现有耕地面积109.3万亩。经济作物播种面积59.54万亩，其中蔬菜播种面积40.9万亩，总产量103.94万t，总产值43.16亿元，占农林牧渔业总产值（102.16亿元）的42.25%。“三辣”——生姜、白皮蒜、鸡腿葱是莱芜特色蔬菜产品，主要种植在羊里镇、寨里镇、杨庄镇、高庄镇、大王庄镇、牛泉镇等10余个乡镇，形成了以寨里、大王庄、羊里等镇为中心的中西部姜蒜种植、加工、储运基地，以牛泉、雪野为主的大葱生产基地。综合来看，莱芜蔬菜产业有以下特点。

1.1　产业出口规模大

一是生产规模大。全市三辣播种面积达到24万亩，产量42万t，分别占全市蔬菜播种面积和产量的58.7%和40.4%，其中生姜产量占全国1/10以上，是全国最大的生姜种植基地；二是产业集群规模大。莱芜以生姜为主的加工、流通企业有600多家，其中国家级龙头企业2家，省级龙头企业21家，获自营出口权的企业90多家，30家企业获得HACCP认证，7家企业获GAP认证，3家企业获得欧盟GAP认证。进出口过6 000万元的农业企业10家，农产品出口占全省的1/10。

1.2　产品开发种类多

经过多年开发，莱芜“三辣”产品生产已经从原料初加工转向高附加值精深加工，主要的生姜出口产品开发了主打的保鲜、腌制、脱水、速冻4大系列100余种，同时研发了姜茶、姜酵素及综合调味品等精深加工产品，出口到日本、韩国、美国等近百个

国家和地区。黑蒜作为新兴的保健食品受到市场青睐，在其基础上开发出的黑蒜速溶粉、黑蒜酱等系列产品进一步延伸了大蒜产业链条，拓展了市场增值空间[1]。

1.3 科技支撑优势强

莱芜高度重视科技创新对现代农业的支撑作用，遵照“引进一个高端人才，带来一个好企业（合作社），振兴一个新产业，致富一个地方”的发展模式，引进中国工程院院士，建设了国家特色蔬菜产业体系莱芜综合试验站葱姜蒜院士工作站，同时还建设了山东省蔬菜创新团队莱芜生姜综合试验站，支持当地生姜产业发展；支持企业与高校、科研单位联合研发，当地多家龙头企业先后与中国科学院、山东省科学院、山东农业大学、天津科技大学等科研院所合作成立生姜加工技术联合研发中心、莱芜生姜工程研究中心等研发平台开发系列产品。

1.4 产业联合机制活

充分发挥2 300余家新型经营主体的组织带动作用，通过“公司+农民合作社+家庭农场”“公司+家庭农场”等多元形式，构建产业联盟共同体，促进产业发展。当地大型蔬菜种植专业合作社更是通过公开透明的民主管理制度，严格规范的财务管理制度和优化的股金配置和分红制度，实现了广大社员的年年分红，体现了合作社利益共享、风险共担[2]。

2 存在问题

莱芜蔬菜产业经过多年发展，形成了特色鲜明的产业格局，但离当前省会现代都市农业精致化发展要求，还有一定差距：一是设施农业占比偏低。设施农业占地面积约0.93万亩（其中温室面积约0.435万亩，大棚面积约0.495万亩）。造成蔬菜产品生产结构简单，丰富度不足，满足市场周年供应需求难度大，摆脱看天吃饭的能力较弱；二是蔬菜育苗产业几乎空白。除马铃薯脱毒苗生产规模较大外，几乎没有蔬菜集约化育苗场，产业链条不够完善，不利于当地设施蔬菜产业发展[3]；三是加工、流通企业小多杂，开工生产季节性强，厂房闲置时间长，自身抗风险能力弱，且易出现无序市场竞争；四是农产品物流中心较小，目前纳入商业网点规划的官寺和凤城两处农产品批发市场规模均偏小，鲁中区域性优势得不到充分发挥。

3 对策建议

莱芜蔬菜产业极具地域特色，与济南蔬菜产业有着极强的互补性，接下来济莱蔬菜产业可以从以下几个方面入手，实现优势互补，推动产业发展。

3.1 壮大蔬菜出口队伍

协调莱芜出口企业入驻章丘、商河、济阳、长清等葱蒜主产区或借鉴学习发展当地出口企业，通过开发新产品、精深加工，推动当地葱蒜产业向出口创汇转型，降低初级产品市场价格波动带来的收益风险，从根本上解决长期困扰济南市葱蒜产业发展的制约瓶颈。

3.2 推进育苗产业南延

引导蔬菜育苗企业在莱芜建设大型蔬菜集约化育苗中心，或者在莱芜当地培育大型蔬菜育苗企业，让莱芜地区成为济南市蔬菜育苗产业新的增长极，充分发挥莱芜位居鲁中的地域优势，巩固济南市蔬菜育苗产业在全省的领先地位，进一步扩大济南市蔬菜育苗产业影响力。

3.3 搭建产业科技平台

借鉴莱芜产业科技平台模式，围绕十大农业特色产业，积极争取引进建设草莓、西甜瓜、黄瓜等产业院士工作站，对接莱芜葱姜蒜院士工作站接入章丘大葱产业，推动莱章地区产业融合，助推产业高水平发展；鼓励企业与高校、科研单位等联合，成立研发中心，组建研发团队，保障企业发展活力；充分利用好全市农业科技专家队伍，组建专家团队，发挥省城人才队伍优势，做好全市蔬菜产业服务，全面提升蔬菜产业科技水平[4]。

3.4 加快“菜篮子”物流建设

一是在莱芜地区现有农产品批发市场的基础上，新（扩）建大型农产品物流园区和产地批发市场，打造鲁中地区多功能、跨平台、特色鲜明的综合性农产品物流集散中心；二是引导净菜加工企业租用莱芜地区加工企业现有闲置厂房等开展生产，破解当前建设用地指标难题；三是在莱芜城区开通“菜篮子”直通车，通过当地企业运作，让莱芜市民也享受到直供直销，方便快捷的服务。

3.5 加强农产品质量安全管理

一是强化属地管理责任、技术指导责任和生产者的主体责任，推进网格化管理，健全纵到底、横到边、无缝隙、全覆盖的监管责任体系。二是充分利用信息化手段，完善奖惩激励制度，实现对农业生产经营各环节全方位监管，倒逼生产者实行标准化生产[5]。三是强化过程监管，在所有园区、基地、合作社推行生产记录、二维码追溯和承诺制度，配备必要的设备，推进生产合格证制度。确保农产品质量安全、农业生产安全和农业生态安全。

3.6 学机制促发展

通过借鉴学习，因地制宜，增强当地合作社的社员向心力，破解当前松散型农业合作社经营管理机制，完善合作社功能，发挥合作社应有的作用[6]，让社员真正享受到入社带来的红利。

参考文献

[1] 王纪国，孔凡鑫，王慧，等．日照市蔬菜生产现状与产业化发展对策［J］．农业科技通讯，2020（3）：182-184.

[2] 宋远爱．临沂市设施蔬菜发展现状与建议［J］．农业科技通讯，2020（3）：185-187.

[3] 卢飞．行政区划调整下济南市旅游业发展的思考［J］．人文天下，2019（13）：11-15.

[4] 孙燕，杜刚，龙荣华．“一带一路”倡议下的云南蔬菜产业发展研究［J］．安徽农业科学，2019，47（24）：217-221+245.

[5] 付祖科，周建华，宁继文，等．荆门市蔬菜产业高质量发展战略研究［J］．农业科技通讯，2019（1）：14-18.

[6] 李俏，贾春帅．合作社带动农村产业融合的政策、动力与实现机制［J］．西北农林科技大学学报（社会科学版），2020，20（1）：33-41.

【作者简介】常芳（1981.7— ），女，山东淄博人，汉族，本科，工程师，研究方向为农产品质量。山东省济南市长清区明发路 717 号，0531 - 87406085，bpyfn163@ 163. com。

水质环境的多因子胁迫对于水产养殖业的风险评估及应对策略

马　嵩[1]，臧　涛[2]，赵　萌[3]，董　贝[4*]

（1. 济南市水产技术推广站，山东济南 250002；2. 济南市淡水养殖科学研究所，山东济南 250100；3. 济南市农业综合行政执法支队，山东济南 250021；4. 济南市农业科学研究院，山东济南 250316）

摘　要：水质环境对于水产养殖业来说是基础性因素，诸多因子在养殖过程中起到关键作用。本文从能构成环境胁迫的溶氧、外源化学毒素及水体富营养化等环境因素入手，探讨各种胁迫因子对于水产养殖所产生的风险大小及其有效解决方案，为水产绿色健康养殖业未来发展提供理论参考。

关键词：水质胁迫；风险评估；条件控制

鱼类依赖水而生，水质环境的变化直接或间接影响鱼类的生存，是水产养殖业的健康发展的前提，同时也关乎全社会的食品安全。本文主要从水质环境对养殖生物可能的胁迫和影响做下列几项探讨。

1　溶氧胁迫

溶氧是水质环境中一个重要指标。溶氧的高低决定于鱼类的生长、理化指标以及免疫应答的水平[1]。水中溶氧量是随着季节的变化，而有所增减。夏季水温高、蒸发快，鱼虾代谢率增加，水中溶氧量较少；反之，冬天水温低、鱼虾代谢率降低，故水中溶氧量较高。如果水中溶氧量降低到某一限度以下时，即会影响到鱼类的生长，称为临界水溶氧（Limiting oxygen level），此时鱼类并不会死亡，但若水中溶氧继续降低到不能满足鱼类生理上最低需要时，则往往因窒息而导致死亡，称为致死水溶氧（Oxygen threshold），致死水溶氧依鱼虾种类、环境、水温等因素而异，如斑节对虾的致死水溶氧为3mg/L，克氏原螯虾的致死水溶氧平均为1.5mg/L，通常稚虾的致死水溶氧比成虾为低。当水中溶氧减少到一定程度时，鱼类会感到呼吸困难而游到池表层，将口伸出水面吞取空气，这种现象即所谓的浮头。一般说来，鱼类在黎明时最容易产生浮头，不过通常危险性有限，因为天亮之后，水生植物就可以进行光合作用，产生氧气溶在水中，此为水中溶氧最主要的来源。但是在夜间水生植物的光合作用停止时，鱼类和其他水生生物仍需进行呼吸而消耗氧气，如此水中溶氧逐渐降低，到天亮前水中的溶氧量必然降至最低限度，这就是为什么鱼类浮头的现象多发生在清早日出之前的缘故。如果鱼池在上半夜或半夜后鱼就开始浮头，这表示池中严重缺氧，此时若不及时抢救，会造成养殖鱼类大批死亡，甚至全部死亡，这种现象称为泛池。泛池发生的季节通常在7—9月，天气闷热、气温上升、气压下降或大雷骤雨情况下，最易在半夜发生，此时全池的鱼多狂奔冲撞、横卧水面，奄奄一息。由于此时鱼类肚皮朝上，故又称为泛白，如不急救，有引起全池鱼类死亡的危险。

溶氧胁迫应对策略如下。

一是适度投喂。在养殖前，应经由试验测出其进食量为标准（以占体重百分比表示），通常稚鱼进食率大，因为其代谢快且成长快速，而成鱼则进食量较小，成长较缓。当水温过低时，鱼类摄食行为降低，此时应该减少投喂量，以避免饲料的浪费；而当天气闷热，水温过高时，也应该减少投喂量，避免过剩饵料沉积在池底，因腐败分解消耗氧气而产生具毒性的硫化氢。

二是合理密度。在养殖之初应考虑到放养密度，以免因过度拥挤使养殖物产生空间胁迫，造成鱼长不大的现象，及减弱其对疾病的抵抗力，且使池中溶氧不足。

三是补充水源。遇到鱼类集体浮头时，可以立刻注入大量新水来增加水中溶氧。

四是添加制氧物。投放过氧化氢可通过化学反应增加水中溶氧，但瞬间的氧化还原反应也可能对养殖物造成损害，所以应该谨慎使用。

2 药物胁迫

近年来由于养殖业发展迅速，水产养殖病害也随着增加，有不少养殖户为了预防疾病发生或者为了除去池中杂鱼及杂草，在饲料中添加抗生素，大量使用除草剂及杀虫剂，这些固然有部分效果，但是不可避免地造成水质环境污染，这种污染产生的药物胁迫可造成不良后果：一是各种病原微生物通过药物的选择性筛选容易产生一些具备抗药性的细菌等；二是药物用量的不准确，可能造成植物性浮游生物及动物性浮游生物大量死亡，使得池塘生态系统中初级生物量大大减少，同时杀死生态系统中的有益菌群及微生物等分解者，而对生态系统完整性造成破坏，存在产生系统型养殖风险的可能。

药物胁迫应对策略如下。

一是生物防控。可以在养殖水体中适当套养部分肉食性鱼类，通过食物链传递吃掉可能携带病原的老弱病残个体，较少传播风险。

二是增强免疫。在养殖过程中，可以在饲料中添加维生素 C 及其他多糖类的免疫增强剂，提高养殖体本身抵抗力，较少病害爆发的风险。

三是彻底清塘。冬天晒池时应把池中水全部放掉，并将泥土翻松，除去适量的池底污泥，避免水质恶化。同时施放生石灰用以除去病原微生物。

3 化学污染胁迫

近年来由于社会各产业高速发展，许多企业产生大量的污水排入自然水域，大部分的污水对水产养殖而言，具有相当的毒性，特别是化学性污水，往往可严重威胁到水生动植物的生存，或削弱鱼抗病机能，引起传染性疾病的流行。对鱼类产生毒害的化学污染胁迫物质主要有下列几种。

3.1 硫化氢（H_2S）

食品工厂或下水道污水往往含有硫化氢，当其含量达一定浓度时，能严重地毒害鱼类，因为当硫化氢含量过多时，会使鱼类血液失去与氧结合的能力，铁和硫等游离物质使水中有机物质吸附，而沉到水底聚积，所以在底泥中往往有硫化氢存在。

3.2 酸碱度（pH 值）

各种工业污水许多也都含有强酸强碱物质，可以使得水体的 pH 值短时间内发生变化。一般水产养殖物所能适应水中碱酸度在 pH 值为 6~8，过酸、过碱都会造成不良的影响[2]，酸能侵蚀鳃组织，使组织产生凝血性坏死、黏液分泌增加、腹部充血。当 pH 值小于 4.5 时，会导致鱼体死亡。酸的另外一个作用是阻止蛋白质产生变性，造成鱼组织、器官失去功能；而当 pH 值大于 10 时，强碱环境下的作用是能使鳃的分泌物发生凝结，导致鱼呼吸困难而死亡。

3.3 重金属盐类

重金属如铅、锌、铜、汞、银、镍、镉、锰等，在水中达到一定数量时，也能对鱼产生毒害作用。根据国内外诸多文献描述，这些重金属离子对鱼类的毒性是一种外毒，与鳃所分泌的黏液结合成蛋白质的复合物，覆盖在整个鳃部和体表，并充塞在鳃瓣间隙里，使鳃丝的正常活动发生困难，阻碍了鳃组织与水的接触面，因而不能进行气体交换，最后发生窒息而死。

化学污染胁迫应对策略如下。

一是合理解毒。发生重金属污染时，可以利用胶体附着及沉淀左右，去除重金属的离子毒性。

二是水源控制。进水方式尽量不采用明渠的方式，对进水口周边可能的化学污染源进行勘察排除，防范水源污染。

4 富营养胁迫

水体富营养化指的是水体中氮、磷等营养盐含量过多而引起的水质污染现象。其实质是由于营养盐的输入输出失去平衡性，从而导致水生态系统物种分布失衡，单一物种疯长，破坏了系统的物质与能量的流动。是威胁水产养殖生产的一项重要风险因素，富营养化的危害表现主要如下。

富营养化最主要的危害方式，是藻类大量繁殖对养殖水体产生的毒害。其中最主要危害种类是甲藻和蓝藻。甲藻是常见的单细胞浮游植物，在鱼池中对鱼类产生危害的甲藻一般为双鞭藻纲的多甲藻属与裸甲藻属的一些种，多甲藻为黄褐色，大量繁殖时，在阳光照射之下反映出红棕色，而裸甲藻则为蓝绿色。由于甲藻死后产生甲藻素，而引起几乎绝大部分鱼类的中毒[3]。甲藻和蓝藻都喜欢生长在含有机物多、硬度大，呈微碱性的水体中，生态竞争优势大，很容易在富营养化状态下形成优势种，同时对环境旳改变非常敏感，如果水温、pH 值的突然改变，都会大量死亡。这两种藻类鱼体很难进行消化，死后都可以产生的藻毒素，加上死去的藻体在水中腐败变质大量耗氧，养殖水体短时间内缺氧使得养殖生物大量死亡，这些都是富营养化胁迫的原因。

在富营养化状态下，单一物种大量生长，短时间内进行高强度的光合作用产生大量氧气，当溶氧形成过饱和状态持续下去，一般氧气的饱和度约超过 300%，就容易爆发气泡病。气泡病发生是在几天内鱼的头部、颊部及鳍等处就会发生气或气泡，并呈现眼球突出、内出血及腹部膨胀等严重症状，终致死亡。其死因除鳃部的气体阻塞外，还有代谢机能的异常。

富营养胁迫应对策略如下。

一是生物多样性保护。保持水体藻相平衡，在水体中增加软体动物、甲壳动物及微生物等物种种群，形成食物链生态位制衡，用生物多样性来控制富营养化水体，增加了生态系统的稳定性。

二是鱼菜共生模式运用。通过鱼菜共生的养殖模式推广，将更多的能量层级引导到可以产生经济效益的水生蔬菜产物中。

三是除藻剂应用。当短时间藻类暴发时，可以用0.5mg/kg硫酸铜溶液全池遍洒，可有效地杀灭甲藻及蓝藻等有害藻类。

参考文献

[1] 陈德举，强俊，陶易凡，等．不同溶氧水平对吉富罗非鱼幼鱼生长、血液生化、脂肪酸组成及其抗海豚链球菌病的影响［J］．淡水渔业，2019（6）：83-89.

[2] 姜晓露．pH对水产养殖的影响［J］．科学养鱼，2016（2）：91.

[3] 谭好臣，王瑷媛，李书印，等．中国淡水水华甲藻一新记录种及其生态风险［J］．湖泊科学，2020（5）：784-792.

【作者简介】马嵩（1983.7— ），男，山东济南人，汉族，硕士，工程师，主要从事水产绿色健康养殖技术研究推广工作。山东省济南市建设路79号，0531-66676376，yibin1127@163.com。

现代化果园管理技术

陈春梅[1]，张化良[2]

（1. 平阴县东阿镇农技站，山东济南 250401；2. 平阴县农业农村局，山东济南 250400）

摘　要：随着现代农业产业结构调整，对我们建设现代化果园的技术性要求大大提高。要求我们在未来一段时间内对果园逐步进行调整，包括基础性设施的完善、合理的果园机械化装置配备、智能化物联网等现代化技术的实现工作。从果园建设、栽培、生产管理到经营模式的绿色化、节能化、标准化、可持续化角度对未来果园管理工作进行介绍和展望。

关键词：现代化果园；管理技术；工作展望

我国的果园产业发展历史悠久，底蕴深厚，是现今一些地区的支柱产业。果园在产出产品，拉动当地经济发展的同时，还能美化当地景观。建设现代化果园，是适应生态农业发展需求，符合长期以来农民渴望脱贫致富的愿望，有助于实现乡村振兴。

1　现代化果园主要特点及其表现

近年来，我国现代化果园已逐渐形成规模化和产业化。现代化果园以高效节水，节能环保为目标，以实现“早结果、多结果、结好果”为要求，省工省力，高产、安全、高效、有机。其主要特点如下。

1.1　早结果早受益

传统的果树种植期较长，如苹果、梨等果树，前期需要大量的培育工作，花费大量的成本，后期才得到比较理想的收益。而现代化的栽培技术克服了传统种植技术的弊端，缩短了果实的培育周期，让农民在短期内可以收获果实，获得经济效益[1]。

1.2　机械化水平高

传统果园采用的种植方式在产量方面已经达到饱和状态，并且雇佣人工，喷施农药，水电成本开支较高，耗费大量的时间和精力，但收入往往不是很可观。而采用现代化管理技术可以减少人工，提升管理效率和质量。

1.3　绿色安全品质好

现代化果园尽量避免使用污染高、残留多的化肥、农药，多用有机肥料代替化肥、农药的使用，容易实现绿色无公害或有机标准。

1.4　生态栽培

传统的田间管理都是采用清耕，经常除草还会破坏土壤的表层结构，带走大量的有机质，导致土壤的肥力下降。现代化果园打造果园、土壤生态循环圈，让养分回归到土壤，提高土壤的肥力，可以让果树生长健壮。

2　现代化果园建设存在的问题

目前，现代化果园建设存在资金投入不足、科技支撑不够、规模化程度低、缺少标准示范园区等问题。

2.1 技术推广服务体系不健全

现代化果园管理技术推广应用存在着层层阻碍。由于缺乏专业技术人才，基层技术推广服务能力薄弱，新技术推广应用不及时。

2.2 宣传力度不够，推广效果不明显

惠农政策宣传力度不够，且基层思想观念固化滞后，大量政策不被认可，大部分地区果园仍坚持使用传统种植技术，人工成本巨大[2]。

2.3 规模较小、未形成支柱产业

传统果园面积小、管理标准不统一，难以形成集约化，规模化的生产模式，机械化程度低，无法形成地区支柱产业链，经济效益差。

3 现代化果园建设的措施

3.1 使用现代化机械从事农事活动

从喷药、割草、疏花疏果、修剪、灌水等全部实行机械化，省工省力，降低果园投入。以杂草防控为例，杂草对果树生长影响巨大。利用现代化农用机械进行杂草管理是现代化果园的标志之一。果园除草机械已经经历多次更新换代。早期的果园除草机主要以手扶拖拉机为主，在拖拉机的前面悬挂具有割草装置的设备进行快速除草。后来对前期的手扶拖拉机进行改进，能够同时实现松土、旋耕、除草，达到了一机多用的目的[3]。目前，现代化果园管理机械向多技术复合式、智能自动化方向转型发展。

3.2 减肥减药提升品质

在现代化果园中，无公害果品是基础，绿色果品是主导，有机果品为向导，果品必须安全、营养、健康。目前我国农药亩均用量由100g左右上升到150~200g，超标50%~100%。受化肥、农药污染的农田面积更是高达1.4亿亩。化肥施用量已达261kg/hm^2，利用率仅30%~40%[4]。化肥、农药的过量使用，对大气、水体产生直接污染，破坏动植物的生态链，土壤板结、农产品重金属含量超标，降低了农产品质量及安全性。因此，现代化果园管理必须掌握果树病虫发生规律，把握防病治虫的最佳时机，减少喷药次数。现代化果园病虫防治主要采取农业措施，提高土壤肥力，增强树势，增加抗性；采取生物防治，保持生态平衡；采取人工物理防治方法；在病虫害爆发严重时，再选择高效低毒、低残留的化学药剂进行化学防治，避免对果实造成污染。倡导结合黄（蓝）板，糖醋液和性诱剂诱虫，黑光灯、寄生蜂灭虫等技术。

3.3 合理的群体结构，保持合理负载量

现代化果园的果树栽植由稀变密；树冠由大变小；树高由高变矮。缩株距、扩行距栽植，有利于机械化作业。根据种植模式、品种和树龄等因素构建合理的群体结构，科学管理，保证果园经济产量。现代化果园做到合理密植，在果树生长期进行适当的修剪，创建合理树形。避免果园由于果树密度过大或者过小导致的结实率低、品质差。现代化果园以生产高品质农产品为第一目标，产量保持在合理范围内即可。留果量过多，往往导致果实养分供给不足，果实发育不良，畸形果增多，果实的品质、味道也不够良好[5]。在实际操作过程中，进行科学有效的疏花疏果，有利于提升果实品质。严格进行控制叶果比，让果实均匀地分布在树枝上，适当地进行选择性的摘除。

3.4 品种、良砧、良苗，打好果园优质高产基础

品种是农业的芯片，优良的品种、优良的砧木和优质的苗木是果园整齐、省力化管理的前提。现代化果园建园应该以市场为导向，引进适合当地种植的优良品种。

3.5 肥水管理

现代化果园应尽量做到精细化管理，变大水漫灌为滴灌、喷灌，增设水肥一体化设备，提升水分和肥料利用率，精确控制果树生长对水分、营养物质的需求。为降低灌溉所需水量，还可全园覆盖黑色地膜、果园种草或自然生草、叶面喷洒成膜剂等节水灌溉方式。不同时期不同果树所需要的养分不同，管理人员需要合理的控制养分的配比和用量，以求用最小的成本获得最大的效益。

4 结语

将现代化果园管理技术应用在果园的建设管理中，是未来的发展方向。无论是树形培养、病虫防治、还是肥水调控，要符合规模化、绿色化、可持续化的生态发展理念，都是现代化果园建设的主要根基。用现代化管理技术代替传统的果园培育方式，用科学的指导方法代替传统的栽培理念，提高果园的经济效益和可持续发展能力，有利于促进产业结构调整，增强农业发展的后劲。

参考文献

[1] 刘国俊．现代化苹果园发展新模式［J］．果农之友，2018（6）：1-4.

[2] 孙静双，耿春丽，曹宁，等．关于北京房山推广高产高效现代化果园管理技术的思考［J］．中国园艺文摘，2017，33（8）：181-182.

[3] 蔡亚军，胡克勇，张翠芳．高效节水现代化果园特点及“五位一体”管理技术在实践中的应用［J］．中国园艺文摘，2017，33（10）：200-201.

[4] 陈霞．城郊现代化生态果园经济效益分析［J］．现代农业科技，2017（9）：116-117.

[5] 于威，韩晓梅．现代化果园机械除草装备与技术应用现状及发展趋向［J］．现代农村科技，2017（6）：97-97.

【作者简介】陈春梅（1975. 3— ），女，山东平阴人，汉族，本科，农艺师，研究方向为农业技术推广，山东省济南市平阴县东阿镇岱北路 102 号，15063399606，2739629350@ qq. com。

五、推广应用

病死畜禽无害化处理与保险联动机制之浅析

王思贵[1]，兰俊锴[1]，庄新军[2]
（1. 济南市长清区畜牧兽医局，山东济南 250300；2. 济南市长清区双泉兽医站，山东济南 250303）

摘　要：病死畜禽无害化处理和畜牧业政策性保险都是实施多年的工作，由于这两项工作属于不同科室管理，涉及多个部门，工作中各自为政，达不到相互促进作用。如何将这两项工作融合，长清区经过多次探索，特别是村级防监员队伍和病死畜禽无害化处理体系的建立促进了联动机制的形成。联动机制就是将现有资源：相关单位、人员、数据信息进行融合，达到互补、协调、促进作用。通过建立联动机制大大提高了病死畜禽无害化处理率和畜牧业政策性保险入保率。

关键词：病死畜禽；无害化处理；政策性保险；联动机制

病死畜禽无害化处理（以下简称无害化处理）与畜牧业政策性保险（以下简称保险）是目前畜牧业发展中的两项重要工作，从各自为政到联动互助，济南市长清区摸索出了一套适合本地区的工作机制，即无害化处理与保险联动互助工作机制。这种工作机制既极大地推动了全区无害化处理工作的开展，又有力地促进了保险工作的落实，更重要的是保障了长清区畜牧业的安全健康发展。截至 2019 年年底，全区无害化处理率达到 100%，保险规模养殖入保率达到 90%以上。

1　无害化处理工作开展历程

1.1　传统无害化处理

在无害化处理厂建设之前，主要还是传统的处理方式即焚烧和深埋。

焚烧：适于较小病死畜禽或少量幼小病死畜禽处理，但这种方式污染空气。

深埋：适于较大动物或大量病死畜禽。这种方式的弊端一是深埋场地难寻，如 2005 年长清区某牛场发生疫病，扑杀牛近百头，选择深埋场地大费了周折。再如某奶牛场因非当地居民，无地可选，无奈将病死牛深埋场内，几年后也无处理；二是成本高，由于深埋的病死畜禽个体较大或数量较多，深埋时需动用机械挖掘、运输、消毒、掩埋等需花费大量人力物力财力；三是污染环境。

1.2　专业化无害化处理

随着现代畜牧业发展，绿色畜牧业已成为发展主流，传统无害化处理方式已不适应现代绿色畜牧业发展形势和要求，严重制约现代畜牧业发展，为此，国务院办公厅印发了《国务院办公厅关于建立病死畜禽无害化处理机制的意见》（国办发〔2014〕47 号）文件，随后，省政府办公厅相继印发了《山东省人民政府办公厅关于印发山东省病死畜禽无害化处理工作实施方案的通知》（鲁政办发〔2015〕41 号）文件[1-2]。因此，建设无害化处理厂是形势所迫，也是现代畜牧业发展所需。

2015 年在全省建设无害化处理厂有限指标中，长清区积极争取，经多方考察，引进了一家专业化无害化处理公司，于同年 10 月建设完成无害化处理厂并投入运营，日处理病死畜禽30t。无害化处理厂建设严格执行《山东省病死畜禽无害化处理工作实施方案》建设标准，采用最先进的高温化制处理工艺，最终将病死畜禽高温化制，消除病原。整个过程全部密闭，确保了无污染。采用最先进的无害化废气处理系统，通过碱液喷淋加生物滤池加 UV 光解，达到环保要求排放；产生的固体物质成为高效环保的有机肥原料；产生的油脂成为生产生物柴油的原料。病死畜禽通过专业处理，真正实现了变废为宝，达到了废物综合利用的目的。

2 保险工作的发展历程

2008 年开展能繁母猪保险工作，每头能繁母猪保费 60 元，按中央、省、市、区财政和个人分别负担 40%、15%、13%、12%、20%。出险后每头病死能繁母猪赔偿 1 000元。因当年实施了能繁母猪补贴政策，能繁母猪入保率达到 95%以上。理赔程序是保险公司理赔员现场勘查，当地乡镇兽医站工作人员监督，按传统方式进行处理。由于能繁母猪死亡的不确定性，其工作难度和强度可想而知。该项工作持续 3 年，到 2010 年结束。

2014 年能繁母猪保险工作再次开展，并增加了奶牛和育肥猪保险。能繁母猪保险还是执行原标准。奶牛保险是每头成牛保费 300 元，保险金额 5 000元。育肥猪保险是每头保费 30 元，保险金额 500 元。保费比例均按中央、省、市、区财政和个人分别负担 40%、15%、13%、12%、20%。由于奶牛和育肥猪死亡率相对较低，养猪场户入保积极性不高，导致入保率持续较低，特别是育肥猪入保率不足 20%。而死亡率较高的育仔阶段却不能纳入保险，为此，通过多方考察，总结经验，多次向上级提建议，最终将仔猪死亡纳入赔付范围。具体方式是对养殖户自繁自育的生猪，按照不低于能繁母猪与育肥猪 1∶20 比例计算保险标的数量，高于此比例的按照实际存（出）栏数量投保。对购入育肥的小猪，分批次投保的，按存栏育肥猪数量据实入保；全年投保的，按不低于投保日实际存栏育肥猪数量的 2. 2 倍投保，高于此比例的按照实际数量投保。这极大地促进了育肥猪的入保率。

2020 年开始执行《山东省畜牧业保险实施方案》新标准，每头能繁母猪保费 72 元，理赔 1 200元；每头育肥猪保费 48 元，理赔 800 元；每头奶牛保费 300 元，理赔 5 000元。保费分摊比例不变[3]。

3 建立无害化处理与保险网络体系

3. 1 村级动物防监员队伍建设

为做好重大动物疫病防控，确保畜产品质量安全，2014 年长清区率先在全市乃至全省试点开展村级动物防疫员队伍改革，组建了村级防监员网络。改革后的村级动物防疫员不再单纯地做动物防疫工作，而是配合开展动物的疫病防疫、监测采样、产地检疫、畜产品质量监管、养殖场监管及科技推广、畜禽粪污综合利用、病死畜禽无害化处理、惠农政策的落实等工作，并更名为村级动物防监员。按照 10 个村配备 1 名防监员标准，通过笔试、现场操作、面试等程序，共招聘了 65 名防监员，通过劳务派遣方式签订劳动合同，他们的工资全部由财政承担。6 年来的工作说明，这支队伍具有很强的战斗力，极大地解决了基层兽医站工作人员不足问题，通过每年多次的技术培训，防监员的专业技术水平、工作能力都大大提高，在全区重大动物疫病防控、环保督查、畜产品监管、政策性保险等各方面都发挥了极具重要的作用。这项工作成为全市、全省乃至全国的学习样板。

村级动物防监员队伍的建设为开展无害化处理与保险联动工作打下了坚实基础。

3.2 畜牧业安全监管平台建设

为做好畜产品安全监管工作，长清区畜牧兽医局投资100万余元，率先建设了现代化畜牧业安全监管平台。开发模块涉及畜牧兽医工作的各项内容，大的模块包括：动物检疫监管、畜牧生产监管、投入品监管、防疫监管、畜产品安全监管、病死畜禽无害化处理监管、行政办公等，每个大模块都有相应的子模块，涉及整个畜牧行业的方方面面。每个畜牧系统工作人员及规模养殖场都有一个登录账户，只看到自己管辖的内容。每个村级防监员均配备工作移动终端数据传输设备，随时随地适时上传和查看监管的工作内容。截至目前，全区已实现规模养殖场生产、奶站监管、种畜禽监管、饲料兽药投入品、产地检疫、畜禽防疫、病死畜禽无害化处理、养殖场地理位置、养殖场养殖档案等的电子信息化管理，确保了畜牧业健康发展和畜产品质量安全。

畜牧业安全监管平台的建设，为开展无害化处理与保险联动工作提供了现代化管理保障。

3.3 无害化处理收集体系建设

为确保病死动物及时得到无害化处理，无害化处理公司建立了病死动物收集体系：配置病死动物收集专用车、病死动物暂存冷库和冰柜。收集专用车是用来适时收集较大或较多病死动物，再运到无害化处理厂进行无害化处理；暂存冷库分别建在较大型养殖场和街镇兽医站，较大型养殖场暂存冷库是暂存本场病死动物，街镇兽医站病死动物暂存冷库是用来暂存较小专业户和散户的病死动物；暂存冰柜主要配备到中小型规模养殖场暂存少量病死动物。

无害化处理收集体系的建立为开展无害化处理与保险联动工作提供了设施设备保障。

3.4 保险体系建设

3.4.1 保险协保网络建设

自2014年再次开展保险以来，多次与保险公司探讨，创建了保险协助入保网络，即在各街镇兽医站设立保险工作站，选取有责任心、工作能力强的村级防监员兼职保险工作站站长，其他村级防监员兼职入保工作，简称协保员，负责本街镇保险工作，主要是做保险的宣传、协助保险公司登记建档与承保、指导养殖场户的报案与查勘等工作，由保险公司给予一定的兼职劳务补助。通过几年来的工作，这一协保网络的建立既填补了保险公司街镇无保险工作人员的空白，又大大促进了畜牧业惠农政策的落实，使畜牧业政策性保险工作全面无缝隙开展。

3.4.2 保险协助理赔网络建设

病死动物能否及时报案和无害化处理，这既是养殖场户关心的问题，也是畜牧部门落实惠农政策的晴雨表。如何解决这一问题，是摆在养殖场户、保险公司、畜牧部门面前的重点问题。一方面是保险公司理赔人员少、动物死亡时间的不确定性，养殖场户报案后理赔人员不能及时出现场，导致养殖场户怨声载道，投诉多；另一方面是防监员对养殖场户养殖情况熟悉并经常到养殖场户开展监管和技术指导，同时还现场参与监督无害化处理，人员和时间资源有优势。为此，总结往年的经验做法，解决保险工作中存在的短板和不足，经充分酝酿，广泛征求意见，因势利导，又创新性地开展了保险理赔协办员（简称协理员）工作，由所在街镇保险协保站所有协保员，在本人自愿条件下，经培训合格后，都可兼职为协理员。协理员只负责本街镇所包片区内入保家畜死亡的理赔协办工作，积极及时把理赔政策和程序宣传到场户。严格执行保险公司出险理赔流程：及时出现场—勘察定损—确定数量—上传图片及相关资料—填报理赔单等。由保险公司支付劳务费，采取“提成+绩效”的方式，按季发放劳务费。

保险协保员与协理员网络的建设为无害化处理与保险联动提供了全天候、无缝隙保险网络保障。

4　无害化处理与保险联动机制建设

4.1　部门联动

畜牧、保险、无害化处理等部门之间定期召开协调联动会议，组织联合督导，开展政策宣传，组织相关业务培训，提高业务管理水平。形成畜牧、保险、无害化处理部门间的联动工作机制。

4.2　人员联动

将村级防监员、协保员、协理员、官方兽医、养殖场负责人、病死畜禽收集员等通过现场确认单，多方联动，相互监督，形成人员联动。

4.3　数据信息联动

将各部门管理的数据如畜牧部门的畜禽存养数据、保险公司的入保和理赔数据、无害化处理厂收集和处理数据及收集车辆运行卫星定位信息通过畜牧业安全监管平台形成数据信息联动。确保病死畜禽理赔与无害化处理信息真实可靠，杜绝虚假漏洞问题发生。

4.4　建立全流程监管机制

实行承保理赔闭环管理，承保时，依托街镇畜牧兽医站提供的生猪、奶牛信息，核实投保数量，出险后，保险理赔人员随收集车到现场查验，由养殖场户主、街镇畜牧兽医站官方兽医、保险公司理赔鉴定员、病死动物收集员及进入无害化处理厂街镇畜牧兽医监督人员等五方现场签字确认，形成五方约束监督机制。保险公司还建立抽查机制，不定时抽查病死动物处理登记单，杜绝理赔漏洞。没有无害化处理厂提供病死动物无害化处理确认表，不得赔付。

5　小结

无害化处理与保险联动机制的建立，一是保障了养殖场户的病死畜禽及时得到无害化处理，解除了养殖场户后顾之忧，提高了病死畜禽无害化处理率，确保了畜产品质量安全和生态环境安全；二是促进了保险政策的落实，增强了养殖场户抵御自然风险和市场风险能力，为畜牧业的健康持续发展起到了保驾护航作用；三是建立监督管理制度与人员培训机制，提高联动的科技水平，建立绩效考评制度，增加相关人员待遇，才能确保保险、无害化处理厂双方联动长效发展，才能实现畜产品质量安全，保障畜牧业的健康持续发展。

参考文献

[1] 国务院办公厅.国务院办公厅关于建立病死畜禽无害化处理机制的意见（国办发〔2014〕47号）[EB/OL].（2014-10-20） [2014-10-31]. http：//www.gov.cn/zhengce/content/2014-10/31/content_ 9180.htm.

[2] 山东省人民政府办公厅.山东省病死畜禽无害化处理工作实施方案 [EB/OL].（2015-09-28）[2018-05-22]. http：//www.lyls.gov.cn/info/1709/59470.htm.

[3] 山东省畜牧兽医局，山东省财政厅，山东省地方金融监督管理局，等.山东省畜牧业保险实施方案 [EB/OL]. [2019-03-19]. http：//jnny.jinan.gov.cn/module/download/downfile.jsp？classid=0&filename=08cb25e8e72145db8918142097fc963c.pdf.

【作者简介】王思贵（1966.8—　），男，山东济南人，汉族，本科，高级兽医师，主要从事畜牧生产工作。山东省济南市长清区宾谷街807号畜牧兽医局，13969106628，13969106628@126.com。

淡水渔业跨区域协作发展与建议

陈　晓，周　萍，张　红，刘美艳

（济南市淡水养殖科学研究所，山东济南 250306）

摘　要：随着淡水渔业技术的普及应用，传统低效的渔业发展模式逐步被信息化、现代化的技术所取代。本文分析了济南市与重庆市在淡水渔业发展中共同点及区别，探讨了两地渔业发展在地理区域上的取舍意义并提出相关思考建议。

关键词：渔业横向发展；地理因素；气候影响；现代渔业

为响应习近平总书记东西部技术协作扶贫，打赢脱贫攻坚战，济南市农业农村局下达《关于组织2020年度农业专业技术（科技）人才赴重庆市武隆区开展农业扶贫协作的通知》，按照山东《省农业农村厅　省财政厅关于开展2020年省级现代农业产业园创建工作的通知》（鲁农发规字〔2020〕10号）要求，笔者作为山东—重庆（东西部）技术协作扶贫挂职技术人员，被派往重庆市武隆区火炉镇，负责渔业技术扶贫协作工作。根据鲁渝两地淡水渔业发展的实际情况，找出两地渔业的优缺点进行细致分析研究，进一步提升两地的渔业发展。

1　山东省地理位置及气候特征

1.1　地理位置

山东省是我国10个沿海省市之一，地处黄河下游。山东省东临海洋，西靠大陆。山东省气候温和，雨量集中，四季分明，属于暖温带季风气候。夏季盛行偏南风，炎热多雨，冬季刮偏北风，寒冷干燥；春季天气多变，干旱少雨多风沙；秋季天气晴朗、凉爽，冷暖适中。

1.2　气候特点

山东省气候属暖温带季风气候类型，降水量集中，两热同季，春秋短暂，冬夏较长，年平均气温11～14℃，1月全省平均气温-4～-1℃，7月全省平均气温24～27℃。山东各地冬季最长，一般为140～165d，夏季次之，为72～108d，春秋两季较短，为50～70d。

1.3　水域滩涂承载力评价

山东光照资源充足光照时数年均2 290～2 890h，光照条件可满足农作物及渔业生产需求。年降水量一般在550～950mm，由东南向西北一条线，降水季节分布很不均衡，全年降水量60%～70%集中于夏季。水文气候条件有利于水域生态系统的物质循环，为渔业发展提供了较强环境承载力。

2　重庆市地理位置及气候特征

2.1　地理位置

重庆市北有大巴山、东有巫山，东南有武陵山，南有大娄山。重庆市地势由南北向长江河谷逐级降低，西北部和中部以丘陵、低山为主，东靠大巴山和武陵山两座大山脉，坡地较多，有“山城”之称。

2.2 气候特点

重庆市属亚热带季风性湿润气候，年平均气温 16~18℃，年平均降水量较丰富，大部分地区 1 000~1 350mm。重庆市年平均相对湿度多在 70%~80%，在中国属高温区。年日照时数 1 000~1 400h，日照百分率仅为 25%~35%。主要气候特点，冬暖春早，夏热秋凉，四季分明，无霜期长；空气湿润，降水丰沛。光温水同季，立体气候显著。

2.3 水域滩涂承载力评价

经重庆市渔业局多年调查统计，各类水域水温高于 15℃有 275~290d，而温水性鱼类的生长期近 300d。根据《2017 年重庆环境状况公报》显示，长江干流重庆段总体水质为优，全年水资源总量 5 000亿 m^3。年平均降水量 127.9mm，水文气候条件有利于水域生态系统的物质循环，也为渔业的发展提供了较强的环境承载力。

重庆市位于我国亚热带的内陆盆地，地形以丘陵山地为主，地表崎岖不平，气候为亚热带季风气候，夏季高温多雨，冬季温和降水略少，气温年较差小但降水量的年际，变化较大，雾日较多，有“雾都”之称，光照不充足，不利于农作物及渔业生产的发展。目前重庆市淡水渔业水面 374 万亩，可养水面 264 万亩，已养水面 110 万亩。

3 山东省淡水鱼养殖概况

山东省淡水鱼养殖技术较为成熟，正处于传统渔业向现代渔业转型，其核心是高产、高效、低成本和高质量，开始利用物联网技术实现从手工操作向智能化操作转变，从消耗资源和粗放式经营方式向精准、节约、高质量养殖方式转变。

山东省淡水鱼养殖模式，主要有工厂化养殖和露天集约化养殖。工厂化养殖是利用现代化温室控制温度养殖，主要养殖中高档名特优品种，大鲵、鲟鱼、鲑鱼、中华鳖、加州鲈鱼等品种。露天集约化养殖是利用夏季长气温高的特点室外大面积高密度精养，养殖品种主要有“四大家鱼”、白斑狗鱼、罗非鱼、鲫鱼等。

3.1 工厂化养殖的优点

利用物联网技术，把每个池塘的养殖密度、水温、水质、投饵次数、投饵量等在电脑上进行操作，这样既节省了人力还很容易掌握温室内的情况。放养密度大出产量高养殖周期短等优点。

3.2 露天集约化养殖优点

山东省大部分地区为平原地区，地势平坦水库众多，养殖面积大，有利于淡水渔业养殖的发展，渔民利用天然优势进行高密没精养模式值达 2 000kg/亩左右。

4 重庆市养殖概况

重庆市地理位置处于丘陵山地之间，不利于大规模集约化水产养殖，多以小规模家庭养殖为主。

2020 年 5 月笔者在重庆市武隆区火炉镇挂职技术协作期间，对武隆区火炉镇渔业发展进行实地调研。火炉镇平均海拔 800~1 000m，山清水秀，没有工业污染。火炉镇是农牧渔业发展重镇，但是由于地理气候及养殖技术等因素，使当地养殖理念与现代化渔业养殖脱轨，与山东省的淡水渔业发展有很大不同。火炉镇的龙坝、梦冲塘以主养大鲵、鲟鱼为主，是以家庭小作坊式养殖为主，规模小产量低。火炉镇的木水村是以中华绒螯蟹养殖为主，主要是粗放型养殖，放养密度小、成本高、产量低。

目前当地池培养殖面积在逐渐上升，开始向高产高效集约化发展。主要有池塘单养、稻鱼、稻蟹养殖方式。养殖品种主要有“四大家鱼”、泥鳅、鲶鱼、黄颡鱼、鮰鱼等；名特优品种有大鲵、蛙、鳖、鲟鱼等。近几年淡水鱼养殖单产情况，根据《重庆2017 年渔业统计年鉴》数据统计，2017 年重庆池塘养殖平均单产 577kg/亩。水库平均单产 80kg/亩，稻田平均单位 16kg/亩；2017 年全国池塘养殖平均单产 559kg/亩；水库平均单产 135kg/亩，稻四平均单产 77kg/亩，与全国养殖水平相比仍有差距。

5　鲁渝淡水鱼苗种繁育情况

5.1　山东省渔业发展在国内处于领先地位

山东省渔业发展在国内处于领先地位，尤其苗种繁育、苗种培育在国内走在前列，山东水产养殖业具有一定优势。

20 世纪 70 年代，四大家鱼繁育已成功，苗种远销河北、东北三省、天津等地，供不应求。20 世纪 80 年代，建鲤繁育成功突破人工杂交培育新品种。20 世纪 90 年代，从国内外引进名特优品种进行繁育推广，取得良好的效果其中淡水红螯螯虾、淡水黑鲷、淡水石斑繁育获得山东省科学技术进步奖二等奖。2000 年后，山东省不断引进水产高科技人才，开阔思路引进并培育出优良品种带动山东的渔业发展，使山东省的渔业发展蒸蒸日上。2014 年，引进大鲵亲鱼，为省内重大引进推广项目研究其生活环境并为其创造生态养殖环境。2015 年 8 月大鲵苗种繁育成功。

山东省淡水渔业发展起步较早，培养了大批渔业技术人才，水产养殖技术比较成熟，养鱼靠天吃饭成为历史。水产养殖人员根据先进的养殖技术和设施设备，随时做出准确养殖管理措施，包括增氧机开关时间、水质酸碱度调整、水温调整等，物联网技术已经在生产中多方推广，可谓技术塑造“现代养鱼专家”。

5.2　重庆市武隆区火炉镇苗种繁育培育情况

武隆区火炉镇是农牧渔发展重镇，山清水秀，环境优美，水质清新。由于地理环境的差异，养殖规模受限，鲜有大型集约化养殖，只有一个四大家鱼繁育场，苗种养殖繁育技术较薄弱，年生产苗种只能满足当地的需求。

武隆区火炉镇渔业生产主要集中在龙坝、梦冲塘、木水村。龙坝、梦冲塘有个天然的自喷泉，常年水温保持在 25℃左右，适合冷水鱼类亲鱼的养殖繁育和苗种培育。但因其是家庭作坊，规模小、成本高，亲鱼的繁育和苗种培育技术薄弱，只能到外地采购苗种，其主要养殖品种为大鲵、鲟鱼，存在资源浪费的情况。武隆区火炉镇木水村水域面积丰富，400 亩左右，实际利用面积 250 亩，其他 150 亩为荒废的藕塘。木水村主要养殖中华绒螯蟹，由于其养殖技术薄弱，养殖理念保守，以粗放式养殖，规模小，投放苗种密度小，饵料投喂单一，造成养殖成本高，产量低，经济效益差。

6 鲁渝两地淡水渔业发展的共同点与区别

鲁渝两地养殖模式大体一致，都是温室工厂化养殖、露天集约化养殖、稻田养殖（稻鱼种养、稻蟹种养等）。

6.1 山东省淡水鱼养殖起步比较早，养殖技术日渐成熟

近几年在政府大力支持下不断引进渔业专业技术人才，使山东淡水渔业发展具有坚强后盾，渔业发展蒸蒸日上，逐步改造设施设备，尤其是渔业物联网技术得到运用及推广。近几年采用先进的工业自动化、物联网技术、区域链等创新理念，相互渗透，紧密交融，实现渔业养殖行业的生态环保、高产高效。实现风机、投饵机、吸污泵、传感器、发电机全自动关联动作，实现养殖过程中的精准控制。养殖产量高，人工成本低，饲料利用率高，精准投喂，投喂量可控[1]。起捕率高，生态环保，避免了污染，大大提升了鱼肉品质，集污效果好，有效减少氮、磷、COD 排放。

6.2 重庆市受地理环境制约，露天集约化养殖规模较小

养殖技术人员少，放养密度小，影响了养殖产量和效益。传统渔业养殖主要是靠天靠经验，不仅水域资源得不到充分利用，且效益低下，甚至还造成了一定程度的水源污染。原因主要是养殖成本高，养殖设施陈旧，养殖观念落后。

7 对进一步加强鲁渝渔业协作发展的建议

7.1 加强政产学研用协同创新，强化政策、人才、项目、企业等全方位交流协作

围绕水产苗种、饲料、加工、流通、文旅、科普、体验、康养等全产业链布局，进一步加强人才培训、人才交流、企业合作及科研项目联合攻关等，增强协同创新和科技成果转化能力，推进水产品质量安全、品牌渔业、绿色渔业、智慧渔业及一二三产业融合发展再上新台阶[2]。

7.2 发挥区位优势，开展“繁—养”接力

鲁渝两地一北一南、一个沿海一个内陆，气候地理自然条件的差异为两地企业、行业间开展“繁—养”接力合作提供了可能。例如，南美白对虾及中华绒螯蟹、花鲈等必须在咸水繁殖却可以在淡水养殖的水产品种，就比较适合鲁渝“繁—养”接力。此外，为了在北方延长生长期、提早上市而需要进行“早繁”的淡水品种，就比较适合鲁渝“繁—养”接力。

7.3 发挥种质资源优势，协作培育水产新动能

鲁渝两地一北一南，一个位于黄河下游，一个位于长江上游。水域生态条件的不同造就了水生生物的多样性，也形成了鲁渝不同的种质资源优势。充分发掘地方特色土著种，开展联合攻关，对于两地品牌渔业发展及水产新动能培育无疑将具有重要推动作用。

7.4 东西部扶贫协作和对口支援建立长效机制

加大产业带动扶贫工作力度，增强贫困地区自我发展能力。加大对西部地区干部特别是基层干部、贫困村致富带头人的培训力度，打造一支留得住、能战斗、带不走

的人才队伍。

7.5 东西部产业合作、优势互补可深化探索

在科技创新上，西部地区不求所有、但求所用，东部地区拿出真技术好人才支持西部地区。发挥互派干部等方面的经验做法，促进观念互通、思路互动、技术互学、作风互鉴。

参考文献

[1] 贺春玉，景福涛，孙雪雁，等. 工程化循环水养殖系统中工业自动化和物联网技术运用概述［J］. 中国水产，2020（5）：76-80.

[2] 梅会清，袁建明，金素雅，等. 重庆市池塘内循环微流水养殖现状与发展对策［J］. 中国水产，2020（3）：43-45.

【作者简介】陈晓（1973. 2— ），男，山东济南人，汉族，大专，工程师，研究方向为水产养殖。济南市长清区平安南路 2742 号，13698617766，chenxiaojinan@ 163. com。

多措并举，筑牢农产品质量安全之堤

尹逊堂，刘　红，陈　青，马冬梅
（平阴县农业农村局，山东平阴250400）

摘　要：近年来，人们对农产品质量安全的要求也越来越高，作者提出并推行了“强化宣传培训、落实监管责任、推进标准化生产、加强日常监管、实行全覆盖监测、开展农产品质量追溯、强化联合执法”等工作措施，使山东省平阴县农产品质量安全有了较大提升。

关键词：农产品质量安全；标准化生产；监管；执法

如何做好农产品质量安全管理、生产出质量好的农产品是每一个农产品管理者认真思考的问题。根据当前农产品生产现状，结合多年农产品质量安全管理经验，本文提出并推行了“强化宣传培训、落实监管责任、推进标准化生产、加强日常监管、实行全覆盖监测、开展农产品质量追溯、强化联合执法”等措施，使平阴县农产品质量安全得到了较大提升，于2019年11月通过了“国家农产品质量安全县”验收。

1　加强宣传培训

1.1　扩大宣传范围，强化宣传效果

充分利用广播、电视、宣传栏、多媒体等多种形式，进行全方位宣传。把通俗易懂的农产品质量安全宣传画、宣传片等资料送到村、农业投入品经营户、批发市场、超市、各住宅区，营造人人关心、人人关注农产品质量安全的浓厚氛围，推动全县农产品质量监管工作再上新台阶。

1.2　有针对性地开展农产品质量安全培训

一是农产品生产者要开展农药合理使用、农药安全间隔期、农产品生产档案填写、农产品定性检测、农产品合格证填写与发放等方面的技术培训，切实提高农产品生产者的安全意识和知识水平；二是对农产品质量安全管理者根据农时季节，开展农产品监管、检测、标准化生产等全方面培训。使他们熟练掌握农产品质量安全相关法律法规，认真开展农产品质量安全管理工作。

2　齐抓共管，各行其责

严格执行《中华人民共和国农产品质量安全法》《地方党政领导干部食品安全责任制规定》等法律法规，大力推进“属地管理、分级负责”和“政府负总责、部门负监管责任、农产品生产经营者对其生产经营的农产品质量安全负责”的农产品质量安全责任机制，确保“监管工作有人管”。

2.1　落实属地管理责任

以习近平新时代中国特色社会主义思想为指导，全面落实《地方党政领导干部食品安全责任制规定》。推动形成“党政同责、一岗双责，权责一致、齐抓共管，失职追责、尽职免责”的农产品安全工作格局，全面提高农产品质量安全现代化治理能力和

水平。

2.2 压实监管责任

坚持谋发展必须谋安全，管行业必须管安全，保民生必须保安全，进一步完善县、街镇、村三级监管体系，层级签订责任状（书），将农产品质量安全监管工作分解量化，纳入街镇经济社会发展综合考核。严格落实日常检查、监督检查两个责任，下移监管重心、前移监管关口，充分发挥农产品质量安全协管员“质量监管、农技推广、政策宣传、信息报送”四大作用，推进“定格、定岗、定员、定责”的网格化管理。

2.3 夯实主体责任

强化主体责任、树立主体意识，推进各街镇与农产品生产经营主体之间、农产品生产经营主体与社员、农户之间连环签订农产品质量安全工作责任状（书）制度。推进街镇建立区域统一的质量安全内控、标准化生产、投入品使用、检验检测、产地准出及包装标识等制度规范。试行农产品生产经营主体“红黑榜”制度，督促落实主体责任，推进全县农产品质量安全诚信体系建设。

2.4 细化绩效考核，促进农产品质量安全管理工作再提升

依据农业农村部关于开展农产品质量安全监管延伸绩效管理要求，对街镇农产品质量安全监管工作绩效进行考评。对发生农产品质量安全事件的街镇实行责任追究。充分发挥延伸绩效管理“指挥棒”作用，健全激励约束机制，营造农产品质量安全系统干事创业、风清气正的良好氛围。

3 实施规范化管理，推进农业标准化生产

坚持推行按标生产，加强生产源头管控，不断提高全县农业标准化水平和绿色安全优质农产品供给能力。

3.1 确保“生产过程有标准”

结合平阴县优势农产品及地域品牌，筛选了25项符合平阴县生产实际的省、市农业地方标准和技术操作规程发放到各基地及农户，力争标准入户率达到100%；发放生产记录档案2 000余份，督促生产主体健全生产记录档案管理制度，全面真实地记载农产品生产过程投入品使用、质量控制标准、检测结果、产品生产数量和销售去向等情况，力促生产过程严谨规范；在源头管控上注重抓典型，抓示范，推动全县农业标准化生产。

3.2 强质量、创品牌

强化“三品一标”认证及后续监管，引导农产品生产转型升级。发现不合格产品实行零容忍和淘汰制。加大“三品一标”产品的促销、宣传推介力度，不断提升影响力、公信力和市场占有率。做好全国绿色食品、有机食品博览会筹展参展工作，着力提升平阴县农产品品牌的知名度和影响力。各镇（街道）要坚持“储备一批、提升一批、推介一批”的思路，突出地域特色、产业优势和产品特点，深入挖掘资源潜力，大力培育具有自身特色的农产品区域公用品牌和企业产品品牌，形成以品牌价值为核心的新型农业，以质量和诚信创建知名品牌，走以质取胜的农产品品牌发展道路。

4 加强对农产品生产主体的日常监管，及时纠正生产中的违法违规行为

4.1 建立主体监管名录

建立《平阴县农产品生产经营主体监管名录》，把全县农产品生产主体都纳入《平阴县农产品生产经营主体监管名录》内，实施风险分级管理。充分发挥镇街协管员作用，加强巡查指导和宣传引导，督促生产经营主体按标生产、合理用药、科学施肥，落实禁限用规定和休药间隔期、生产记录等制度。

4.2 强化行政监管

保持高压态势，在重点环节、重点时段和重点区域加大专项整治力度和监督抽检频次，重点打击生产、经营、使用国家禁止生产、经营、使用（含限制使用）的农业投入品的违法行为和超范围、超标准、不按安全间隔期使用农药的违法行为，定期曝光典型案例，形成行政监管的震慑力。

4.3 严格落实"食用农产品合格证"制度

根据农业农村部、山东省农业农村厅、济南市农业农村局关于"试行食用农产品合格证制度"文件精神，平阴县全面推进试行食用农产品合格证制度。积极引导生产主体主动开具和使用合格证，落实质量安全主体责任。定期对生产主体开具和使用"食用农产品合格证"情况进行检查，重点核查产品合格证所涉及的生产、检测、销售等记录；同时积极引导消费者主动索要"食用农产品合格证"。

5 开展全覆盖监测，强化安全风险防控

充分发挥监测"雷达"作用，调整完善全县农产品质量安全例行监测（风险监测）和专项监测计划，明确监测功能定位。县级风险监测和监督抽查并重，镇街速测筛查为主，形成统一协调、各有侧重的监测网络，加强监测结果信息会商分析和共享，确保"农残超标检得出"。

5.1 加大抽检力度

按照年度监测计划，全年开展风险监测及监督抽查6次以上，全县定量监测各类农产品400批次以上，定性检测农产品6.9万个以上，其中街镇年完成定性检测4 800个以上，检测追溯基点年不少于600个（季节性产品基地除外），季节性产品基地年抽检样品不少于360个，村级服务站点年抽检样品不少于360个。

5.2 拓展抽检范围

覆盖全县专业大户、家庭农场、农民合作社、农业龙头企业等新型农业经营主体及农户，覆盖生产的蔬菜、粮食、食用菌、果品、中草药、水产品等主要农产品，并把安全隐患较高的产品（韭菜、芹菜、草莓等）列为监测重点，确保问题农产品应检尽检。各街镇配合完成县级定量监测抽检任务时，相邻两次抽检主体和农户不得重复。

5.3 加强"检打联动"

立足于提高监测针对性和准确性，针对监测工作中发现的普遍性和苗头性问题，强化农产品质量安全监督抽查。针对检出不合格样品，及时固定证据，跟进纠正和查处违法违规行为，做到发现一起、查处一起，通过追究生产经营主体法律责任，对违

法行为形成有效震慑。

5.4 开展约谈通报

对街镇农产品质量安全监管工作中发生农产品质量安全事件、监管工作力度不够、农产品监测合格率低、连续检出国家禁限用农药等行为开展约谈通报，并提出整改工作意见，督促整改落实。

5.5 健全应急处置机制

强化舆情监测，实时监测研判农产品质量安全舆情状况。加强舆情应对，推动农产品质量安全网络舆情风险管控从被动处置转向事前预警。构建属地负责、行业主导、上下协同的应急响应机制，积极稳妥处理农产品质量安全突发事件。

6 发挥智慧化手段，高标准建设追溯平台

运用互联网、大数据等信息化手段，高标准建设追溯平台，确保“上市产品可追溯”。

6.1 开展追溯平台建设

按照《济南市农产品追溯、农资监管、监测数据平台建设实施方案》，落实“三大平台”第三期建设。计划全县建设农产品追溯基点 8 个，农资监管基点 30 个。

6.2 落实“四挂钩”制度

严格农业农村部《关于农产品质量安全追溯与农业农村重大创建认定、农产品优质品牌推选、农产品认证、农业展会等工作挂钩的意见》要求，推进全县“三品一标”认证产品的追溯管理全覆盖，提升追溯农产品的质量安全示范效应。

6.3 强化“智慧化”监管手段

强化线上监控、线下监管手段，倒逼生产经营主体加强质量控制。通过建立信息共享及精准化、可视化监管，研判趋势规律，锁定监管重点，实现有的放矢、精准监管，全面提高农产品质量安全风险防范和事中事后监管能力。

7 强化联动机制，加强农产品质量安全执法

贯彻落实《关于加强农产品质量安全执法工作的意见》（农质发〔2017〕14 号），加大对农产品质量安全违法违规行为的打击力度，全面提升农产品质量安全治理水平，确保“违法行为重惩处”。

7.1 创建执法联动机制

探索建立行业主管、检验检测、市场监管、综合执法相互衔接的农产品质量安全执法机制，实现各机构间依法履职信息的互联互通、联动响应，形成分工明确、沟通顺畅、齐抓共管的格局，增强合力，提升效能。

7.2 强化监管执法力度

对监管工作中发现的禁限用农药使用、非法添加、隐性添加等问题，严格依法治理。坚决做到：问题产品的来源和去向没有查清的不放过；涉嫌单位责任没有查清的不放过；问题产生原因找不全面、不透彻的不放过；对相关责任单位查处不到位的不放过；后续整改防范措施不落实的不放过。涉嫌犯罪的农产品质量安全案件，及时移

送公安机关，依法追究其刑事责任。

7.3 加强监管队伍作风建设

以习近平新时代中国特色社会主义思想为指导，坚持抓党建、带队建、促业务，每年组织县域内农产品质量安全管理人员参加业务培训、学习交流活动4次以上，全面提升综合素质和工作能力，打造全县“懂农业、爱农村、爱农民”，又“敢担当、有操守、作风实”的农产品质量安全工作队伍。

参考文献

[1] 何涛，朱小丽，余新文，等. 推行农产品质量安全智慧监管体系［J］. 云南农业，2019（10）：25-26.

[2] 纪新喜.农产品质量安全检测对现代农业发展的重要作用探究［J］.农民致富之友，2020（26）：216.

[3] 王军霞. 推进农垦企业农产品质量安全的思考［J］. 湖北农机化，2020（15）：17-18.

【作者简介】尹逊堂（1971. 12— ），男，山东平阴人，汉族，本科，农艺师，研究方向为植物保护。山东省平阴县锦东新区农林大厦609室，15069167266，YXT1971@163. com。

济南市农作物种子资源的收集、更新及信息汇编

袁园园[1]，徐晓琳[2]，门洪文[1]，张甲生[1*]

（1. 济南市农业科学研究院，山东济南 250316；
2. 济南市纪检监察服务保障中心，山东济南 250000）

摘　要：种子作为农业生产中最基本、最重要的生产资料，济南市作为农业生产大省——山东省的省会，一直以来拥有非常多的特色农作物种子资源，济南市农业科学研究院以济南市十大特色农业产业和济南市农业科学研究院小麦、玉米、茄子、番茄等特色育种项目为中心，在国内外广泛开展了种子资源的收集、保存、更新及信息汇编工作，为发展省会现代农业、实现乡村振兴、打造齐鲁样板提供丰富的种质资源支撑。

关键词：种质资源；资源收集；资源更新

种子作为农业生产中最基本、最重要的生产资料，随着全球人口增长、环境不断恶化、耕地面积不断减少，农业生产中对于单产高、抗性好的种子需求越来越明显，种子的市场竞争优势将决定着未来农业竞争的主动权。中国素以作物种子资源丰富多彩著称，是多种农作物的原生起源中心和次生起源中心。中国是农业大国，农业常年用种量在 1.25×10^{10}kg 以上，已成为继美国之后的全球第二大种子市场。济南市作为农业生产大省——山东省的省会，一直以来拥有非常多的特色农作物种子资源，如章丘大葱、龙山小米、明水香稻、唐王白菜等。但济南地区农作物种子资源的工作尚为空白。济南市农业科学研究院作为全市集农业科研、开发、推广、服务、培训于一体的综合性科研机构，应当承担起全市农作物种子资源的收集、保存、鉴定、创新及应用的任务，助力济南市农业供给侧结构性改革、优化品种布局、实现乡村振兴。

本研究以济南市十大特色农业产业和济南市农业科学研究院小麦、玉米、茄子、番茄等特色育种项目为中心，在国内外广泛开展了种子资源的收集、保存、更新及信息汇编工作，为济南市农作物基础研究、种质创新、新品种选育注入了新鲜动力，为发展省会现代农业、实现乡村振兴、打造齐鲁样板提供丰富的种质资源支撑。

1　种子资源的收集

1.1　种子数量及分类

结合济南市农业科学研究院承担的小麦、玉米、茄子和番茄等育种项目实施情况，发动全院科研人员通过联系个人、对接单位、参加展会、委托采购、繁育新种、交流种质等多种途径，从全国各地收集蔬菜、粮食作物、油料作物、果树、花卉、牧草绿肥、其他作物等种子资源 20 679份，涉及 81 个物种。根据刘旭等（2008）编著的《农作物种质资源基本描述规范和术语》中的分级归类标准，收集到的种子资源包括蔬菜、粮食作物、油料作物、果树、花卉、牧草绿肥和其他作物 7 个一级分类。

目前种子库收集的种子资源涉及 7 个一级分类下共 21 个二级分类项目。其中蔬菜包括茄果类、瓜类、根菜类、葱蒜类、绿叶菜类、白菜类、甘蓝类、芥菜类、菜用豆

类和多年生及其他蔬菜，共 10 个二级分类。粮食作物包括麦类、豆类、稻类和杂粮共 4 个二级分类。油料作物包括油料作物和特油作物 2 个二级分类。果树包括仁果类和浆果、小浆果类 2 个二级分类。此外，收集的种子资源还涉及花卉、牧草和中药材共 3 个 2 级分类项目。

收集蔬菜种质共 8 037份，占全部种质数量的 38.9%（图 1）。茄果类包括番茄 6 635份、辣椒 53 份、茄子 45 份，共计 3 种 6 733份种质。瓜类包括甜瓜 105 份、南瓜 72 份、冬瓜 57 份、西瓜 52 份、丝瓜 30 份、黄瓜 25 份、苦瓜 22 份、西葫芦 9 份、瓠瓜 3 份，共计 9 种 375 份种质。根菜类包括萝卜 38 份、胡萝卜 12 份、DS SEEDS 根芹 1 份，共计 3 种 51 份种质。葱蒜类包括大葱 81 份、韭菜 27 份、洋葱 2 份、蒜苗 2 份，共计 4 种 112 份种质。多年生及其他蔬菜包括秋葵 223 份、方震 4008 枸杞 1 份、辽研黑枸杞 1 份、辽研藿香草 1 份、奇新芦笋 1 份、奇新天然补脑黄花菜 1 份，共计 6 种 228 份种质。绿叶菜类包括叶用莴苣 75 份、菠菜 1 份、叶甜菜 30 份、苋菜 26 份、芹菜 20 份、茎用莴笋 14 份、蕹菜 10 份、芫荽 8 份、茼蒿 7 份、特选花叶苔菜 6 份、茴香 5 份、面条菜 5 份、木耳菜 5 份、紫苏 3 份、冰菜 2 份、辽研甜薄荷 1 份、辽研绿苏子 1 份、澳硕丰黑麻叶苔菜 1 份，共计 18 种 251 份种质。白菜类包括大白菜 151 份、不结球白菜 36 份，共计 2 种 187 份种质。甘蓝类包括结球甘蓝 38 份、花椰菜和青花菜 37 份，共计 2 种 75 份种质。芥菜类包括芥菜 17 份、保健芥末 1 份、航城大叶荆芥 1 份，共计 3 种 19 份种质。菜用豆类包括扁豆 6 份。

收集粮食作物种质 11 908份，占全部种质数量的 57. 6%（图 1）。其中，小麦种质 5 207份，水稻种质 2 469份。豆类包括大豆 1 739份、绿豆 328 份、赤小豆 144 份、豇豆 96 份、菜豆 80 份、黑豆 2 份，共计 6 种 2 389份种质。杂粮包括玉米 1 208份、谷子 614 份、高粱 20 份、糯黍子 1 份，共计 4 种 1 843份种质。

收集油料作物种质 691 份，占全部种质数量的 3. 3%（图 1）。其中普通油料作物包括芝麻 632 份、油菜 50 份、花生 5 份，共 3 种 687 份，特油作物包括向日葵 2 份、晋农晋香蓖麻 1 份、辽研红花 1 份，共计 3 种 4 份种质。

收集果树资源 33 份（图 1），包括仁果类的苹果 30 份，浆果、小浆果类的草莓 2 份和辽研五味子 1 份。

收集宝葫芦和环卫扫帚 2 份花卉种质、紫花苜蓿 1 份牧草种质、其他作物 7 份（图 1），分别是辽研大华桔梗 2 份、天旸台湾九层塔 1 份、辽研车前子 1 份、辽研决明子 1 份、辽研香豆草 1 份、人参 1 份，共 6 种，均为中药材。

1. 2　收集到的种子资源特色

济南市农业科学研究院建库以来，收集的种质资源以粮食作物和蔬菜两类为主，两类作物共收集到 19 945份种质，占全部种质资源的 96. 5%（图 1）。粮食作物中又以小麦、水稻和豆类为主，分别有 5 207份、2 469份和 2 389份，分别占粮食作物种质的 43. 7% 、20. 7%、20. 1%（图 2）。收集的蔬菜种质以茄果类为主，茄果类种质 6 733 份，占蔬菜种质总数的 83. 8%，其中番茄种质 6 635份，占到茄果类种质的 98. 5%。由此可见，济南市农业科学研究院种子库建设初期收集种质以番茄、小麦、水稻和豆类为主，这 4 类作物分别占收集种质总数的 32. 1%、25. 2%、11. 9%和 11. 6%，构成了种

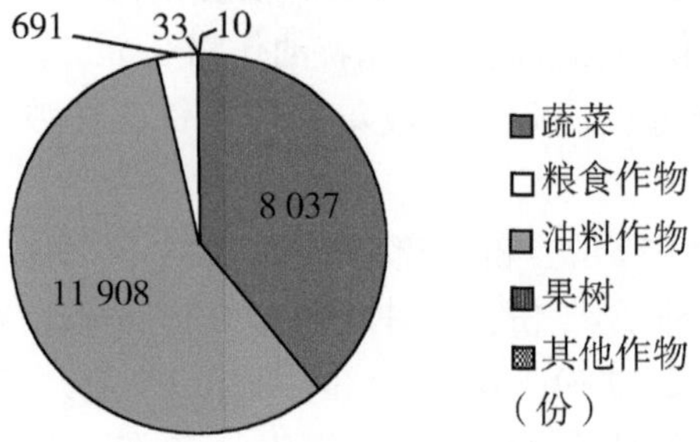

图 1　收集种质的一级分类及其数量

子库目前收集和保存种质的主要特色。

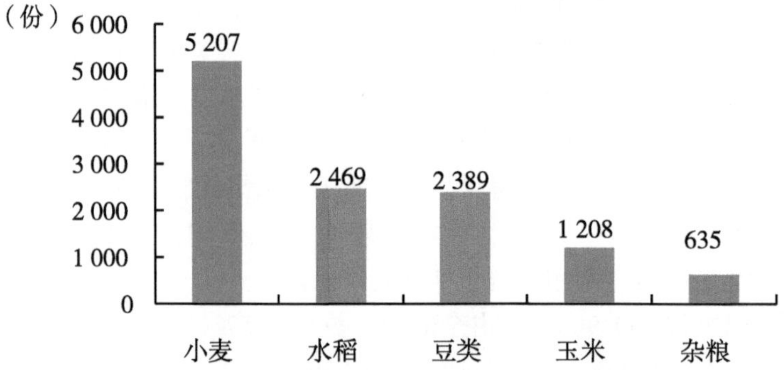

图 2　收集的粮食作物种质二级分类及其数量

2　保存与更新

2.1　保存类型及收集品形式

保存是指通过一定的技术措施，使种质繁殖体的生命力得到延长和遗传完整性得到维持的过程。保存分为长期保存、中期保存、短期保存、复份保存、超低温保存、试管苗保存等。

种质库是指专门用于种质资源保存的设施，通常情况下指低温种质库。济南市农业科学研究院收集种质材料的主要形式是种子，也是以种子的形式保存在种质库内的。

种子收集品根据种子贮藏习性的不同，可以分为正常型种子和顽拗性种子。前者是指种子可以干燥至低含水量时（3%）不会受到损伤，且耐低温（-10℃）贮藏，其贮藏寿命随种子含水量和温度降低而延长。后者是指对干燥脱水和（或）低温敏感的种子。大多数热带、亚热带多年生木本植物的种子属于这一类型，如可可、椰子、杧果等。项目组收集和保存的种子属于正常型种子。

2.2　登记材料

登记材料指经过鉴别具有明显不同遗传特性的某一作物的品种、群体或品系，可以作为一份独立的材料进行保存、研究和利用。在收集和保存每份登记材料时，必须采集或繁殖足量的种子数或植株数，以代表该群体的遗传变异。

2.3 更新

更新指在种质保存设施中的种质生活力降至更新临界值，或植株出现明显衰老症状，退化严重时，或种植保存量低于种质更新标准时，需取出种质样本繁殖产生新种质，以替换原来保存种质的过程。通常异花授粉作物生活力更新标准为种子发芽率为85%，自花授粉作物和自交系种子生活力更新标准为发芽率为60%。保存量更新标准为种质库活种子数目不足以进行4次繁殖所需种子量，即自花授粉作物和自交系的每份活种子数目少于600粒；异花授粉作物和地方品种每份活种子数目不少于800粒。

2017年4月至2019年10月，项目组根据不同作物种子的生活力更新标准和保存量更新标准，分别对进入中期库保存的80份绿豆种子、600份水稻自交系种子、350份芝麻种子、544份小麦种子、5 200份番茄自交系种子共7 029份种质进行了繁殖，其中大部分种子材料达到入库标准，进行了中期库种子更新，确保了种质种子质量。

3 信息汇编

信息汇编是指对种质材料的收集、鉴定、评价和利用信息进行整理、编目、数据库建立、信息管理系统建立等工作，以便于资源工作者、育种家和其他研究人员查询和利用。

项目组成员已经对收集到的20 769份种子资源进行了基本信息登记和统一编号。基本信息指种子资源基本情况描述信息，包括全国统一编号、种质名称、学名、原产地等。统一编号是种子材料的唯一识别号码，是每一份种质的国家编号，每一个统一编号只对应一份种质。以冬瓜为例，参照王长林等（2008）编写的《冬瓜和节瓜种质资源描述规范和数据标准》，全国统一编号是由“V05E（或F）”加4位顺序号组成的8位字符串，如“V05E0001”。其中“V”代表蔬菜，“05”代表瓜类，“E”代表冬瓜，“F”代表节瓜。后四位顺序号从“0001”到“9999”，代表具体冬瓜（节瓜）种质的编号。

库位号是由库号加货架号加箱号3部分组成，中期库库号为“M”，临时库库号为“S”，货架号从“01”到“99”，箱号从“01”到“99”。如“M0708”为种子存放在中期库07号货架的08号箱内。按照基本信息登记和统一编号要求，项目组成员对进入种子库中期库保存的81种种子逐一进行了登记和编号。

参考文献

[1] 刘旭.农作物种质资源基本描述规范和术语［M］.北京：中国农业出版社，2008.
[2] 卢新雄，陈叔平，刘旭.农作物种质资源保存技术规程［M］.北京：中国农业出版社，2008.
[3] 王长林.冬瓜和节瓜种质资源描述规范和数据标准［M］.北京：中国农业出版社，2008.

【作者简介】袁园园（1986.1— ），女，山东济南人，汉族，博士，助理研究员，研究方向为作物遗传育种。济南市长清区明发路717号，0531－87406663，happyxinhai20047@163.com。

济南市小麦茎基腐病发生为害情况调查及发生原因浅析

赵克思[1]，李义强[1]，张　健[1]，陆广梅[2]*
（1. 济南市植物保护站，山东济南 250004；2. 济南市长清区植物保护站，山东济南 250300）

摘　要：小麦茎基腐病是近几年济南市小麦生产上的新病害，属于真菌性土传病害。通过对其田间表现症状、在济南市的为害情况、发生特点等进行了详细观察和跟踪调查，并就发生原因等进行了浅析，提出了防治对策。

关键词：小麦茎基腐病；病原真菌；传播路径

山东是我国农业生产大省之一，是我国粮食生产的主要省份之一。其中，小麦是山东省农作物播种面积最大作物，常年播种面积保持在 400 万 hm^2以上，占农作物播种面积的 36.77%。2015 年济南市全年粮食种植面积 44.25 万 hm^2，小麦种植面积近 21 万 hm^2，占比 47.4%。随着农业产业结构的调整以及栽培管理制度的改变，小麦、玉米秸秆过量还田，田间土壤病原菌数量不断累积增加，致使小麦根部病害呈逐年加重发生趋势[1]。

小麦茎基腐病是近几年济南市小麦生产上的新病害，也是近年来在黄淮麦区新发生的一种主要病害，被称为“小麦杀手”，对小麦生产造成严重威胁。小麦茎基腐病最早于 1951 年在澳大利亚昆士兰州被发现[2]，国内 2012 年在河南省率先报道小麦茎基腐病。2015 年山东只有零星发生，2016 年部分地区突然爆发，其后发生面积逐年扩大，目前已遍布全省小麦主产区，许多县市病田率 100%。该病轻者减产 10%～30%，重者损失 50%以上，甚至绝产。小麦茎基腐病因其蔓延流行快、为害损失大、防治难度高，已成为小麦生产的第一大病害。小麦茎基腐病于 2016 年 5 月在济南市商河县首次发现，经山东省农业科学院鉴定确认为小麦茎基腐病。自该病发生后，本课题组持续对其发生症状进行了观察，并对其发生为害情况、发生特点进行了调查。

1　调查方法和内容

1.1　调查方法

2016 年 5 月至 2020 年 5 月，在小麦苗期、返青拔节期、抽穗扬花期、乳熟期 4 个时期，采取对角线 5 点取样进行调查，每点 0.25m^2。

1.2　调查内容

观察各个时期的发病症状，详细调查记录发病种类、病株率、白穗率、调查地点、生育期、栽培方式、土壤质地及调查时间等。

2　结果

2.1　为害症状观察

小麦茎基腐病是一种由病原真菌引起的土传病害，从小麦分蘖至乳熟期均可发病。

病原菌一般从根部和根茎结合部侵入，侵染小麦主茎和分蘖茎，然后随着小麦的生长发育扩展至小麦茎基部。小麦苗期受到侵染后，最初小麦茎基部叶鞘开始变褐色，病斑呈近圆形或不规则形，随着病情发展，病菌扩散到根部，使根也呈现褐色，严重时引起麦苗发黄死亡；小麦拔节后，受病菌的抑制，植株生长受到影响，高度逐渐变矮，和正常植株拉开距离；抽穗时，感病茎秆基部第一、第二节明显变褐色，俗称“酱油秆”，田间湿度大时茎节处可见红色霉层，重病株的茎节连接处有白色菌丝，剖开病茎，茎腔内有时也会充满白色菌丝，成熟期严重病株产生枯死白穗，籽粒秕瘦甚至无籽。

2.2 发生种类

济南市小麦根部病害主要发生种类包括，小麦茎基腐病、小麦纹枯病、小麦全蚀病、小麦根腐病等。2015 年以来各种根部病害发生趋势见图 1。

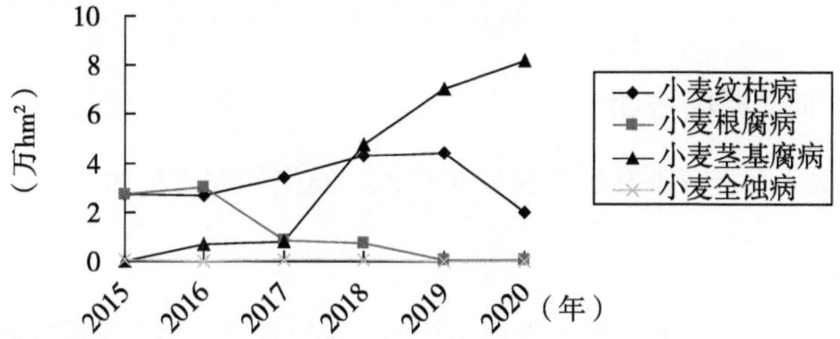

图 1 济南市小麦根部病害发生趋势（2015—2020 年）

2.3 发生为害情况

2016 年济南市商河县发生小麦茎基腐病 0.67 万 hm²，白穗率一般地块 15%左右，个别地块白穗率达 50%以上。随后，小麦茎基腐病在济南市商河县、济阳区及平阴县等小麦主产区逐渐扩散蔓延，2018 年除历城区、市中区外，小麦茎基腐病在全市普遍发生，发生面积 4.8 万 hm²，2019 年全市发生小麦茎基腐病 7.07 万 hm²，其中商河县 4.93 万 hm²，2020 年全市发生小麦茎基腐病 8.17 万 hm²，防治面积 3.75 万 hm²；其中商河县 5.75 万 hm²，病田率 100%，病株率 34.28%，一般白穗率 5%，最高达 60%（图 2）。

2.4 发病特点

2.4.1 病原菌侵染时间早、侵染时期长

小麦种子刚刚萌芽时，病原菌即可在小麦根部和根茎结合部侵入，在小麦苗期到拔节抽穗期的营养生长阶段，遇到合适的条件都可继续侵染为害。

2.4.2 症状隐蔽

小麦茎基腐病主要为害小麦根部，田间显症始期为 3 月初，植株表现茎基部变褐色，症状隐蔽，不易被发现。5 月田间出现枯白穗后虽容易识别，但已过防治适期。

2.4.3 小麦茎基腐病为害重

该病轻者减产 10%~30%，重者损失 50%以上，甚至绝产。

2.4.4 病情影响因素多

经近几年的调查发现，盐碱地地块发病重；水浇条件差、墒情差、播种过晚苗期

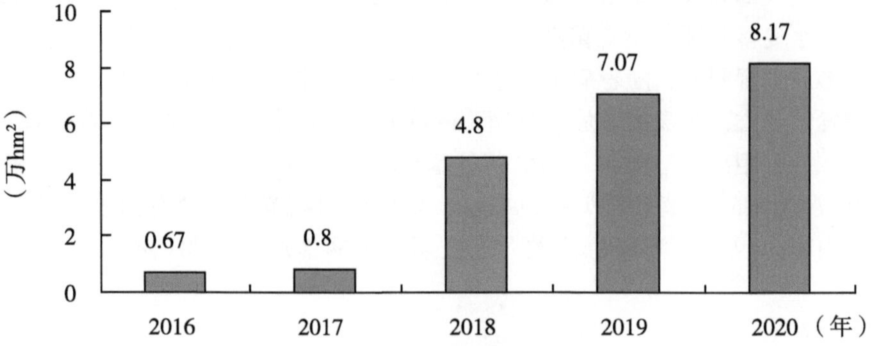

图 2　济南市小麦茎基腐病发生情况

长势弱的地块病害重；有水浇条件的地块，降水量高的年份，小麦茎基腐病发生更为普遍。

3　发生逐年加重原因浅析

小麦茎基腐病在济南市发生面积逐年扩大、发生程度逐年加重的原因主要受以下几个因素影响。

3.1　抗病品种缺乏

目前，济南市小麦主栽品种均表现不抗病，都易遭受小麦茎基腐病病原菌侵染。

3.2　病原菌逐年累积

小麦常年连作，秸秆禁烧后，秸秆还田率过高，秸秆没有经过充分腐熟，为病原菌的休眠和繁殖创造了适宜的环境条件，致使大量病原菌随病残体在土壤中存活、聚集，病原菌数量不断积累增加，从而导致根部病害的加剧发生。

3.3　土壤养分失衡

大量使用化肥，尤其是偏施氮肥，有机肥使用偏少，土壤养分失衡，造成土壤生态恶化，导致小麦旺长、易感病。

3.4　小麦播种量偏大

小麦播种量偏大，导致小麦群体过多，养分水分供应不足，通风透光性差，导致小麦抗病性差。

4　防治对策

4.1　健康栽培

避免偏施氮肥，增施有机肥，配施磷钾肥，培肥地力，促使植株生长健壮，增加抗病能力。

4.2　土壤深耕

土壤深耕或深翻 30cm 以上。

4.3　种子处理

小麦播种前用咯菌腈、戊唑醇、烯唑醇等进行药剂拌种或包衣。

4.4 药剂防治

在小麦返青拔节期用多菌灵、丙环唑等药剂进行喷雾防治，施药部位应对准小麦茎基部。喷药时要加大药液用量，使药剂能顺着植株流到小麦植株茎基部。

参考文献

[1] 张承胤，代丽，甄文超．玉米秸秆还田对小麦根部病害的化感作用研究［J］．中国农学通报，2007，23（5）：298-301.

[2] 杨云，贺小伦，胡艳峰，等．黄淮麦区主推小麦品种对假禾谷镰孢菌所致茎基腐病的抗性［J］．麦类作物学报，2015，35（3）：339-345.

【作者简介】赵克思（1976. 10— ），男，山东济南人，汉族，本科，高级农艺师，研究方向为植物检疫、植物保护。山东省济南市市中区建设路 79 号，13969103460，zks6266@ jn. shandong. cn。

济南市小麦新品种选拔试验

张　明，李婷婷

（济南市农业技术推广站，山东济南 250109）

摘　要：进行济南市辖区内小麦新品种的选拔试验，对于来自 11 家育种单位的 21 个小麦品种进行性状调查与测产，根据综合表现进行排序。

关键词：济南市小麦新品种；选拔试验

小麦是济南市主要粮食作物，常年种植面积 300 多万亩。根据山东省农作物品种审定委员会的要求，为做好济南市小麦区域试验品种的推荐工作，筛选适合山东地区种植的高产、优质、熟期适宜的新品种，针对济南市育种单位和参试品种较多的实际，济南市农业技术推广站决定组织小麦新品种选拔试验。

济南市农业技术推广站通过政府网站、微信公众号等多渠道下发了征集通知，要求济南市辖区内具备育种能力的育种单位于 2019 年 5 月 6 日前提交申请表，2019 年 9 月 15 日前送种。小麦参试品种提供种子 5kg，要求参试种子进行精选、保证芽率达标、不包衣，包装袋内外标注清楚。截至 2019 年 9 月 15 日，济南市农业技术推广站共收到来自 11 家育种单位的 21 个小麦参试品种申请表及种子样品。工作人员对收到的 21 个小麦品种分组重新编号。

1　试验方案

1.1　田间设计

试验共设 3 个地点，分别位于长清区平安街道、济阳区垛石镇和商河县贾庄镇。试验小区为 $20m^2$，2 次重复。每 10 个品种设置 1 个对照品种，高肥水组设置济麦 22 作为对照品种，强筋组设置济南 17 作为对照品种。

1.2　田间设计要求

试验地周边设保护行，重复间留步道 1.5m。保护行不少于 1m，保护头不少于 3m。

1.3　收获测产

成熟统一实收计产并进行室内考种。室内考种项目含每穗粒数、饱满度、粒色、粒质、千粒重。

2　试验要求

试验采取封闭管理。试验地安排在地势平整、肥力较好的地块，小麦品种按照规定的密度种植。试验点根据当地实际情况及时播种、足墒播种，及时间苗与定苗。试验点负责人填写测产记录表。每一个品种要单独脱粒、单独晾晒，防止出现机械混杂[1]。

3 试验结果与分析

3.1 产量结果与分析

由表1、表2可知，高肥水组中QZ19、JK64109、鲁研615、中泉137和JK60871的平均亩产分别为663kg、654kg、635kg、633kg、631kg；其中QZ19和JK64109平均亩产增幅较大。强筋组中鲁研129、舜丰151、中徽泰田麦166平均亩产分别为594kg、594kg、561kg，鲁研129和舜丰151平均亩产增幅较大。高肥水组中参试品种QZ19、JK64109、鲁研615在长清区、济阳区、商河县3个试验点的亩产均较高。强筋组中参试品种鲁研129、舜丰151在三地的亩产均较高。

表1 小麦品种产量对比排名（高肥水） （单位：kg）

品种编号	品种名称	长清	比对照	济阳	比对照	商河	比对照	平均亩产	平均比对照	位次
15	QZ19	708.18	7.13	579.79	0.52	701.30	10.54	663.09	6.06	1
10	JK64109	702.26	6.24	596.94	3.49	662.00	4.34	653.73	4.69	2
2	鲁研615	680.53	2.95	595.11	3.18	630.60	-0.61	635.41	1.84	3
5	中泉137	660.16	-0.13	551.78	-4.33	686.50	8.20	632.81	1.25	4
1	JK60871	645.96	-2.28	562.09	-2.55	683.60	7.75	630.55	0.97	5
对照1	济麦22	661.02	0.00	576.78	0.00	634.45	0.00	624.08	0.00	6
16	齐麦28	680.53	2.95	572.95	-0.66	617.20	-2.72	623.56	-0.14	7
4	安科317	676.58	2.35	547.12	-5.14	630.90	-0.56	618.20	-1.12	8
9	齐麦26	663.96	0.44	501.26	-13.09	691.80	9.04	619.01	-1.20	9
6	舜丰262	679.05	2.73	551.74	-4.34	613.80	-3.25	614.86	-1.62	10
14	硕麦519	692.38	4.74	511.90	-11.25	608.10	-4.15	604.13	-3.55	11
11	鑫瑞麦71	686.45	3.85	522.94	-9.33	597.90	-5.76	602.43	-3.75	12
13	成麦17	675.99	2.26	557.19	-3.40	559.30	-11.84	597.50	-4.33	13
12	中泉4343	662.48	0.22	543.20	-5.82	564.00	-11.10	589.89	-5.57	14
3	鑫瑞麦70	570.89	-13.63	574.45	-0.40	605.60	-4.55	583.65	-6.20	15
17	QZ20	665.71	0.71	464.18	-19.52	627.20	-1.14	585.70	-6.65	16
7	荣麦66	642.50	-2.80	494.33	-14.29	567.30	-10.58	568.04	-9.23	17
8	硕麦517	651.88	-1.38	463.94	-19.56	550.80	-13.18	555.54	-11.38	18

表 2　小麦品种产量对比排名（强筋组）　　（单位：kg）

品种编号	品种名称	长清	比对照	济阳	比对照	商河	比对照	平均亩产	平均比对照	位次
19	舜丰 151	625.22	8.76	573.41	4.91	584.50	9.74	594.38	7.81	1
18	鲁研 129	621.27	8.08	570.63	4.40	590.75	10.92	594.22	7.80	2
20	中徽泰田麦 166	614.35	6.87	520.72	-4.73	547.90	2.87	560.99	1.67	3
对照 2	济南 17	574.84	0.00	546.57	0.00	532.60	0.00	551.34	0.00	4
21	舜丰 398	605.46	5.33	562.35	2.89	432.50	-18.79	533.44	-3.53	5

由表 3 可以看出，高肥水组中，成麦 17、QZ19、齐麦 28 每穗粒数分别为 45 粒、40 粒、42 粒，低于对照品种济麦 22（每穗粒数 50），其他品种均达到对照品种标准，其中荣麦 66、硕麦 517、中泉 137 的每穗粒数分别为 79 粒、65 粒、61 粒，显著高于对照品种。对照品种济麦 22 的千粒重为 47g，JK60871、中泉 137、硕麦 517、中泉 4343、成麦 17 和 QZ19 共 6 个品种千粒重超过对照品种，其他品种千粒重均低于对照品种。强筋组中对照品种济南 17 的每穗粒数为 35，千粒重为 44g，参试品种鲁研 129、舜丰 151 的每穗粒数和千粒重均高于对照品种济南 17。

表 3　室内考种结果

品种编号	品种名称	每穗粒数（粒）	饱满度	粒色	粒质	千粒重（g）
对照 1	济麦 22	50	√	√	√+	47
1	JK60871	55	√	√	√+	47.5
2	鲁研 615	50	√-	√	√+	42.5
3	鑫瑞麦 70	53.5	√-	√	√	41.5
4	安科 317	50.5	√	√	√	46.5
5	中泉 137	61	√+	√	√+	48.5
6	舜丰 262	58	√	√	√+	42.5
7	荣麦 66	79	√	√	√+	40
8	硕麦 517	65	√	√	√	49.5
9	齐麦 26	54	√	√+	√+	46
10	JK64109	55	√	√	√	38.5
11	鑫瑞麦 71	58	√	√	√	46.5
12	中泉 4343	58.5	√-	√	√+	52
13	成麦 17	45	√	√+	√+	50
14	硕麦 519	50	√+	√+	√+	43
15	QZ19	40	√	√	√	49

（续表）

品种编号	品种名称	每穗粒数（粒）	饱满度	粒色	粒质	千粒重（g）
16	齐麦 28	42	√	√	√	44.5
17	QZ20	49	√	√	√+	39
对照 2	济南 17	35	√+	√	√+	44
18	鲁研 129	46	√	√-	√-	47
19	舜丰 151	40	√+	√	√	47
20	中徽泰田麦 166	32	√	√	√	40
21	舜丰 398	41	√+	√	√	35

注：饱满度，饱满√+、一般饱满√、不饱满√-；粒色，色亮√+、一般√ 、红黑√-；粒质，硬质√+、半硬质√、粉质√-。

3.2 品种抗性分析

大部分参试品种对锈病的抗性表现为中抗和高抗，JK60871、荣麦 66、齐麦 28 表现为中感。鲁研 129 抗赤霉病表现为中抗，其他品种均表现为高抗。2020 年济南市小麦白粉病较为流行，试验点也均有表现，除 JK60871 和 JK64109 表现为中抗，其他品种表现均为中感。山东省小麦分布跨黄河南北，气候条件多变。选育、应用综合抗病性强的优良小麦品种是治本之径，生产上对小麦品种的抗性要求已经不是单一某种抗病性的加强，而是综合抗性的提升[2]。

一直以来，小麦品种审定制度都是由预备试验、区域试验和生产试验 3 个程序组成。根据山东省农作物品种审定委员会的要求，济南市农业技术推广站为了填补预备试验的空缺，组织小麦新品种选拔试验，经过广泛征集参试品种、精心设计试验方案、严格的田间管理以及规范的数据记载与分析，对于参加小麦新品种选拔试验的 17 个高肥水品种和 4 个强筋组品种进行了排序，将试验结果如实向山东省种子管理总站做了汇报，将总体表现较好的小麦品种 QZ19、JK64109、鲁研 615 等做了推荐。

参考文献

[1] 胡晓林，张雨宝，朱春文，等.小麦新品种比较试验［J].上海农业科技，2003（6）：94.
[2] 马俊革，葛娜，陈彦伟.5 个小麦品种的性状比较试验［J].河南农业，2017（10）：45.

【作者简介】张明（1990.4— ），男，山东济南人，汉族，硕士，农艺师，研究方向为农业技术推广。济南市建设路 79 号，0531-66676224，756883379@ qq. com。

新品种展示示范工作的探索与实践

于金友，谈　政，徐永浩

（济南市农业技术推广站，山东济南 250022）

摘　要：新品种展示示范是种子部门的重点工作之一，针对 2013 年以前新品种展示示范工作的现状、不足与弊端，自 2013 年济南市抓住新品种展示示范体系建设的契机，在新品种展示示范工作中探索创新、成效显著，为全省新品种展示示范工作开创新局面奠定了坚实基础。

关键词：新品种展示示范；探索实践

"一粒种子可以改变一个世界。"现代种业发展，企业是主体，质量是保障，品种是关键。新品种展示示范工作是种子部门主要工作内容之一，是品种管理业务的拓展丰富和延伸，是审定工作的延伸和补充，是新形势下种子管理部门实施品种主动管理的具体方式。近年来济南市在新品种展示示范工作中不断探索并进行多次实践。

1　2013 年以前新品种展示示范工作

1.1　市场品种"多乱杂"加剧

《中华人民共和国种子法》出台之后，新品种选育、审定、知识产权保护等倍受重视，合法审定品种逐年增多，但乱引乱推现象一时难以杜绝，市场品种"多乱杂"加剧。农民及基层种子经销商受客观条件限制，与生产企业之间信息不对称，在品种使用与经销代理上难以选择，品种风险提高，农业生产安全受到影响，因此新品种展示示范工作必须得到重视加强。

1.2　展示示范工作急需下沉

生产企业的新品种展示示范推广活动，受生产经营行为及企业自身发展限制，有一定功利性，公正评价难免缺失。种子部门组织的新品种展示示范工作还停留在省级和有条件的市级，县级未曾普及。这种局面造成观摩面窄，针对性弱，再加上县域生态环境有差异，因此基层种子经销商、种粮大户、粮食专业合作社不能及时获取新品种信息，因此新品种展示示范急需下沉。

1.3　新品种展示示范项目、资金、技术力量不能保证

新品种展示示范项目及资金在市级特别是县级种子部门往往得不到保障，县区种子管理站多年来力量薄弱，影响新品种展示示范工作有效规范开展。即使勉强开展，规划欠科学、地力不一致、管理不到位、调查考种数据不准确、观摩力度小都影响展示示范工作效果及完成质量，在指导农业生产、科学安全用种作用发挥方面打折扣。

2　济南市展示示范工作探索与实践

2.1　建设展示示范场

2012 年中央一号文件《关于加快推动农业科技创新持续加强农产品供给保障能力的若干意见》中第十节着力抓好种业科技创新中明确，在粮棉油生产大县建设新品种

引进示范场。由此得到启示，首先通过建设区域展示示范场，引领展示示范工作。

2013年起济南市农业局（现济南市农业农村局）通过市财政列支良种工程资金，实施种子产业提升工程。济南市农业技术推广站以此为契机，着手企业为主体、种子部门做监管、财政资金为补贴的展示示范场建设，截至2016年济南市在农业各县区共投资建设完成展示示范场8个，其中玉米小麦粮食作物为主的7个，升级版蔬菜展示示范评价平台1个。

新品种展示示范场（平台）选址位于各县区粮食功能区，建设定位于为种子部门搭建农作物新品种示范、评价、推介、质量监督的平台，为种子企业搭建育种成果展示平台，为种子经销商及农民搭建信息交流、科学选种的平台。同时鼓励展示示范场搞好农机配套、水肥一体化建设、物联网建设，逐步提升智能化管理水平。

2.2 构建市县联动的新品种展示示范体系

为充分利用各县（区）已建成农作物新品种展示示范场，在全市范围内开展以玉米、小麦为主的农作物新品种展示示范工作。按照“引进新品种，推荐主导品种，筛选接班品种”的原则，让新品种展示示范观摩推介工作下沉，构建起市县两级联动的新品种展示示范体系。市局每年以项目扶持方式支持各县（区）以种子部门主导，示范场建设单位承担新品种展示、示范、评价、观摩、推介工作，为种子企业展示育种成果，引导种子经销商及种粮大户、粮食专业合作社对新品种进行针对性选择，降低用种风险，确保济南市粮食生产安全高效[1]。

通过建设展示示范场，构建展示示范体系，在支持企业科研育种的同时，逐步达到并实现“种子管理部门看禾推介品种，农民看禾选择品种，种子经销商看禾经营品种”的目的。

2.3 探讨示范场及展示示范工作运作模式

为深入推进展示示范工作，利用好已建成展示示范场，促进财政资金高效使用，分析种子部门职能特点与人员实际，逐步探讨确定新品种展示示范工作由种子管理部门与示范场建设单位共同承担，市财政支持资金予以补贴。每年市种子部门制定统一展示示范规划，县区级种子部门协同展示示范场建设单位根据市里规划共同制定详细实施方案。种子部门负责协调征集相关品种种子、负责组织现场观摩、负责该区域的适宜品种筛选确定与推介。各示范场建设单位按照当地县区种子部门计划，承担并实施展示示范、落实播种、管理、调查考种各工作环节，配合种子部门现场观摩及相关事宜。

2.4 拓展展示示范内容

展示示范场以安排新品种展示示范为主，在此基础上还进行拓展。第一，鼓励种子部门与农技推广、植保、土肥、农机部门结合开展品种配套栽培技术试验。第二，吸引育种企业、种子经销商加盟开展单个品种大面积示范，为种子企业服务，促进当地种子企业或委托企业的新品种推广。第三，鼓励有条件的县区开展辖区品种备案或质量抽检种植鉴定，全面掌握该县区品种种子质量、品种构成，对生产中品种应用异常进行预警，便于协调处理质量纠纷，预防品种套牌侵权。第四，吸引高产创建、双推项目、职业农民培训在场内落地实施[2]。

3 工作成效

3.1 工作创新重塑种业形象

在搭建展示示范平台、促进品种优化利用、加速农业科技推广方面，济南市新品种展示示范工作走在了全省前列。展示示范场建设，展示示范体系构建为山东省种子产业提质增效转型升级项目规划提供了素材，同时济南市种子管理部门通过展示示范工作，加大展示示范观摩、品种推介力度，在上联种子生产企业，下联种子经销商、种粮大户与农民，指导农业生产科学用种方面有抓手，有力度，树立了部门形象。

3.2 创建国家级展示示范中心

2016年“全国第九届国际种业博览会暨第十四届全国种子信息交流与产品交易会”在济南召开。经山东省农业厅推荐、全国农业技术推广服务中心考察，济南市刚刚启用的商河农作物新品种展示示范场选定作为本届种子“双交会”地展中心。2016年示范场展示种植以玉米为主全国最前端科研生产农作物新品种达到537个，种植面积456亩。“双交会”期间来自全国各地的育种专家、种业同行及周边群众到展示中心学习观摩达2万人次以上。目前该展示中心在加挂“济南市农作物新品种展示评价中心”的基础上，已经被山东省农业农村厅命名为“山东省农作物新品种展示示范中心”，并被农业农村部列为国家级新品种展示示范中心。同时山东省区域试验、种植鉴定均设于此，连同展示示范、企业联合体试验共涉及小麦玉米品种2 000余个，全省区试站开放日每年5月下旬、9月下旬分两次举办。2018年，济南市开始在农耕示范园着手建设国家级非主要农作物展示示范中心，承担全国登记蔬菜品种展示示范观摩任务。2019年12月，全国农业技术推广服务中心发文转发《山东省济南市创新开展农作物品种展示评价工作的报告》（农技种函〔2019〕524号），济南市成功探索出的“政府主导、企业主体、市场运作”品种展示评价推广新模式及其主要做法和经验推向全国，对各地开展好农作物品种展示评价工作具有很强的借鉴性。“为企业代言，替农民担当”成为济南农作物新品种展示示范工作的铮铮誓言。

4 问题及建议

在近年的新品种展示示范工作探索与实践中，县区单位之间协调，工作质量和效果，区域发展不平衡等问题也陆续出现，有些方面还不尽如人意。因此，对问题注重的同时提出如下建议：展示示范工作某些环节逐步纳入全省一盘期的理念统一规划，如统一征集品种，保证品种及种子来源；继续探索示范场运作、展示示范项目实施模式；加强展示示范各环节系统考核与评价，促进新品种展示示范工作水平提升；示范场运作及项目运行在财政资金保障基础上，鼓励发动种子生产企业积极加入，探索示范场商业化运作作为补充，让新品种展示示范工作成为济南种子工作靓丽名片，为将济南建设成北方种业之都奠定工作基础。

参考文献

[1] 王建宏，吴慧，张海嵘，等.浅谈如何做好新品种展示示范工作［J］.种子科技，2011（9）：12.

[2] 廖海林.以新品种展示示范为突破口促进优良品种的推广［J］.福建农林科技，2007（1）：91.

【作者简介】于金友（1971.10— ），男，山东济南人，本科，高级农艺师，研究方向为农业技术推广与种子管理。山东省济南市建设路79号，0531－66676248，642294150@qq.com。

韭菜全程绿色防控技术模式探讨

李琳琳，范继强，徐晓雪，郑华梅
（济南市章丘区农业农村局，山东济南 250200）

摘　要：利用蔬菜病虫害绿色防控技术集成与示范项目，在章丘高官寨街道柏家村建立了韭菜病虫害全程绿色防控示范基地，在示范区内开展以农业防治为基础，以物理生物防治为重点，集成一套全程绿色防控技术模式。

关键词：韭菜绿色防控；集成示范；模式探索

1　示范区采用的绿色防控技术

1.1　农业防治

选用优良、抗病品种。根据高官寨柏家土壤、气候等实际，示范基地主要种植雪韭、汉中冬韭等品种。

清理田园。及时清洁田园，人工拔草、中耕除草，田间病株、残叶带出田外集中销毁[1]。

1.2　物理防治

高温覆膜防治韭蛆。4 月至 9 月中旬，在韭菜收割 1~2d 后，选择太阳光线强烈的晴天（光强大于 55 000lx），8 时前用 0.10~0.12mm 浅蓝色无滴膜覆盖，覆膜后四周用土壤压盖严实，膜四周尽量超出田块边缘 50cm 左右。待膜内土壤 5cm 深处温度达到温度 40℃，且持续超过 4h（18 时左右），即可揭开薄膜。揭膜后待土壤温度降低后及时浇水，可兼治蓟马[2]。

太阳能杀虫灯诱杀。利用害虫趋光性，在田间可布设频振式杀虫灯诱杀成虫，平均每亩设置 1 台杀虫灯，可有效诱杀鳞翅目、鞘翅目等害虫，如金龟子、葱须鳞蛾等害虫。

1.3　生物防治

1.3.1　韭蛆

（1）采用 Bt 制剂。每亩每次使用 10kg 400 亿个芽孢/mL 苏云金杆菌水剂防韭蛆、兼治葱须鳞蛾，采用随水漫灌法施药。将药剂用一定量水稀释好后，随水流进入韭菜田内。10d 后再处理 1 次[3]。

（2）采用昆虫激素类杀虫剂灭幼脲。秋季临近盖膜期，选择温暖无风天气，扒开韭墩，晾晒根后 2~3d，每亩用 25%灭幼脲 3 号悬浮剂 250mL，兑水 50~60kg，顺垄灌于韭菜根茎部防治韭蛆，然后再浇 1 次透水，盖膜后一般不再浇水。

（3）采用昆虫病原线虫。设施韭菜分别在韭蛆幼虫发生的早春（3 月底至 4 月初）、早秋（9 月底至 10 月初）施用昆虫病原线虫[4]；露地韭菜在 4 月上旬至 10 月期间根据田间发生情况，1 年用 2~3 次。在韭蛆幼虫 2~3 龄期结合田间灌水将病原线虫（2 亿头/亩）冲施到土壤内。

1.3.2 灰霉病、疫病

可选用枯草芽孢杆菌菌剂（100 亿个孢子/g）150g/亩喷粉预防灰霉、疫病的发生。

1.4 化学防治

1.4.1 韭蛆

防治成虫，于成虫羽化盛期（一般在 4 月中下旬和 9 月中下旬）9—11 时，每亩用 4.5%高效氯氰菊酯乳油 10~20mL 兑水喷雾，间隔 5~7d 再防治 1 次。防治幼虫。发现韭菜叶尖变黄，植株开始向地面倒伏，即韭蛆为害幼茎盛期，立即用药灌根防治。每亩用 21%噻虫嗪悬浮剂 450~550mL 对水顺垄灌根。灌根前先扒开韭墩附近表土，去掉喷雾器的喷头，对准韭菜根部喷药即可，喷完后随即覆土，然后大水浇灌整个田块，水深 4~5cm，实施秋虫夏治。

1.4.2 蓟马、潜叶蝇、葱须鳞蛾

用 60g/L 乙基多杀菌素悬浮剂 1 000倍液喷雾。

1.4.3 灰霉病

选用 45%百菌清烟雾剂 120g/亩，分放 5~6 处，于傍晚点燃，闭棚一夜。收获前 2 周内禁止使用化学杀菌剂。

1.4.4 疫病

发病前选用 75%百菌清可湿性粉剂 600 倍液预防；发病初期，可用 72%霜脲锰锌可湿性粉剂 600 倍液或 10%氟噻唑吡乙酮油悬浮剂 1 000倍液喷雾防治。注意交替用药。

2 示范区内绿色防控技术的集成示范

2.1 苗期

苗期主要病虫害有韭蛆、潜叶蝇、蓟马等。

绿色防控技术模式：选用抗病品种（示范区以种植雪韭 791、汉中东韭）+加强栽培管理+灯光诱杀（诱杀韭蛆、葱须鳞蛾等成虫）+生物防治（冲施昆虫病原线虫防治韭蛆）+科学使用化学农药（高效氯氰菊酯防治韭蛆；乙基多杀菌素蓟马、潜叶蝇等）。

2.2 移栽后

时间为 7—10 月。移栽后主要病虫害有韭蛆、葱须鳞蛾、蓟马等。

绿色防控技术模式：高温覆膜（防治韭蛆）+适当控水降低韭蛆基数+科学使用化学农药（高效氯氰菊酯防治韭蛆成虫、吡虫啉防治韭蛆幼虫；乙基多杀菌素防治蓟马、葱须鳞蛾）。

2.3 扣棚后

时间为 10—12 月。虫害以韭蛆、潜叶蝇、蓟马为主；病害以灰霉病、疫病等为主。

绿色防控技术模式：农业防治（合理控温、及时清洁田园、扒土晒根[5]）+免疫诱抗（提高韭菜抗逆性）+生物防治（灭幼脲防治韭蛆；枯草芽孢杆菌防治灰霉病、疫病等）+科学使用农药（噻虫胺防治韭蛆幼虫）。

韭菜病虫害绿色防控技术集成模式见表1。

表1　韭菜病虫害绿色防控技术集成模式

<table>
<tr><td>月</td><td colspan="3">4</td><td>5</td><td>6</td><td colspan="3">7</td><td>8</td><td>9</td><td>10</td><td>11</td><td>12</td></tr>
<tr><td>旬</td><td>上</td><td>中</td><td>下</td><td></td><td></td><td>上</td><td>中</td><td>下</td><td></td><td></td><td></td><td></td><td></td></tr>
<tr><td>管理阶段</td><td>播种准备</td><td colspan="4">苗期</td><td colspan="5">移栽后</td><td colspan="3">扣棚后</td></tr>
<tr><td>主控对象</td><td></td><td colspan="4">韭蛆、潜叶蝇、蓟马等</td><td colspan="5">韭蛆、葱须鳞蛾、蓟马等</td><td colspan="3">虫害：韭蛆、潜叶蝇、蓟马等；病害：灰霉病、疫病等</td></tr>
<tr><td rowspan="3">技术集成模式</td><td>选用抗病品种</td><td colspan="4">加强栽培管理+灯光诱杀（诱杀韭蛆、葱须鳞蛾等成虫）+生物防治（冲施昆虫病原线虫防治韭蛆）+科学使用化学农药（高效氯氰菊酯防治韭蛆；乙基多杀菌素蓟马、潜叶蝇等）</td><td colspan="5">高温覆膜（防治韭蛆）+适当控水降低韭蛆基数+科学使用化学农药（高效氯氰菊酯防治韭蛆成虫、吡虫啉防治韭蛆幼虫；乙基多杀菌素防治蓟马、葱须鳞蛾）</td><td colspan="3">农业防治（合理控温、及时清洁田园、扒土晒根）+免疫诱抗（提高韭菜抗逆性）+生物防治（灭幼脲防治韭蛆；枯草芽孢杆菌防治灰霉病、疫病等）+科学使用农药（噻虫胺防治韭蛆幼虫）</td></tr>
<tr><td colspan="5">太阳能杀虫灯诱杀</td><td colspan="5">太阳能杀虫灯诱杀</td><td colspan="3"></td></tr>
<tr><td colspan="13">科学施药应急防控</td></tr>
<tr><td>备注</td><td colspan="13">1. 选用抗病品种：雪韭791、汉中东韭
3. 冲施病原线虫：在韭蛆幼虫发生的早春施用昆虫 病原线虫2次，施用时间为韭蛆幼虫2~3龄期
3. 高温覆膜：4月中旬至9月中旬，选择太阳光线强烈（55 000lx）的天气，在韭菜割去1~2d，在露地韭菜地上覆盖厚度10~12μm的浅蓝色流滴膜，8时前盖膜，18时左右掀膜，立即浇水
4. 灭幼脲：秋季临近盖膜期，选择温暖无风天气，扒开韭墩，晾晒根2~3d后，每亩用25%灭幼脲3号悬浮剂250mL，兑水50~60kg，顺垄灌于韭菜根部，然后再浇1次透水，盖膜后一般不再浇水
5. 枯草芽孢杆菌：1 000亿CFU/g枯草芽孢杆菌300~500倍液预防灰霉病、疫病等</td></tr>
</table>

3　技术集成与示范的效益分析

3.1　经济效益分析

如表2所示，经过在韭菜上的绿色防控技术集成，绿色防控区收割两刀平均亩产达4 000kg，比对照区增产1 000kg左右，应用绿色防控技术集成示范区平均每亩节省农药费120元左右，人工费用节约200元左右。

表2　经济效益分析

	面积（亩）	亩产（kg）	菜价（元/kg）	农药投入（元/亩）	人工投入（元/亩）	示范推广经费（元）
示范区	100	4 000	2.75	240	200	60 000
对照区	10	3 000	1.5	360	400	0

根据中国农业科学院农业经济研究所经济效益计算公式计算：

新增经济效益=亩新增纯收入×0.7×有效推广面积-投入费用

亩新增纯收入=（绿色防控区平均亩产-对照区平均亩产）×菜价+每亩节药和省工费用

由经济效益计算公式，按照目前市场韭菜1.5元/kg计算，示范区内每亩新增纯收入6 320元，绿色防控技术的有效推广面积达200亩，新增经济效益824 800元，经济效益增加显著。

3.2 生态效益分析

随着人们生活水平的提高，公众对化学农药带来的副作用日益关注，对餐桌上的饮食安全也更为关心。在韭菜上采取病虫害绿色防控技术优化集成，示范区内平均每亩节省农药费120元左右，施药次数平均减少2~3次，核心示范区每亩农药使用减少约2.5kg，平均化学农药用量降低40%左右，有效地减少了化学农药的使用次数和使用量。

3.3 社会效益分析

通过本技术体系的集成应用，示范区内韭菜产量比对照区平均每亩产量提高1 000kg，增产达33.3%，平均销售价格比普通韭菜高1.25元/kg，新增纯收入6 320元/亩，增产增收取得显著成效。示范区韭菜100%符合食品安全国家标准，保证了餐桌上的食品安全，品质也得到了广大消费者充分认可。

参考文献

[1] 王丽. 韭菜常见病虫害绿色防控技术 [J]. 西北园艺，2019（7）：51-52.

[2] 林开创. 设施韭菜病虫害绿色防控技术 [J]. 湖南农业，2019（4）：36.

[3] 山东省农业信息中心. 山东省2018年韭菜病虫害绿色防控技术意见 [J]. 山东科技报，2018（2）：1-2.

[4] 向运佳. 四川韭菜病虫害绿色防控关键技术 [J]. 四川农业科技，2019（5）：35-39.

[5] 武玉会. 无公害韭菜病虫害绿色防控技术 [J]. 农业科技通讯，2018（2）：202-203.

【作者简介】李琳琳（1989.4— ），女，山东泰安人，汉族，硕士，农艺师，研究方向为植物保护。山东省济南市章丘区三农服务中心，0531-83327301，jnzqnyjzbz@jn.shandong.cn。

莱芜区小麦亩产 707.5kg 的关键技术

高 燕[1]，亓翠玲[1]，刘晓玲[1]，李 凤[2]
（1. 济南市农技业技术推广站，山东济南 250100；2. 济南市农业科学研究院，山东济南 250316）

摘 要：近年来，国家出台了一系列惠农政策，政策的实施在一定程度上促进了小麦产业的发展，带动了农民对小麦种植的积极性。如何带给农民更多的实际利益，真正使农民从种粮中得到经济效益，提高小麦产量和品质是关键。本文拟通过小麦的种植流程出发，总结获得山区小麦高产的栽培技术。

关键词：莱芜山区；小麦高产；关键技术

近年来，为进一步提升济南市山区小麦高产能力，以莱芜区先后多次承担山东省农业农村厅小麦高产创建项目为契机，以提高小麦生产水平和科技含量为重点，以山东省农业农村厅万亩高产创建示范片、千亩高产示范方、百亩高产示范点、十亩超高产田块为样板，通过政策引导、专家指导、技术攻关、科技入户、示范培训等，培育出山区小麦亩产 700kg 以上的典型地块，带动济南市小麦生产水平再上新台阶。

1 基本情况

莱芜区方下镇西五龙口村位于汶河沿岸，泰莱公路以北，为长埠岭地带，地势较平坦，排灌方便，光热水资源丰富，增产潜力大。2020 年 6 月 7 日，济南市农技站组织有关专家，对西五龙口村北张立兴小麦高产攻关田进行了实打，品种鲁原 502，实打面积 0.1 亩，实打折干重量 70.7kg，折亩产 707.5kg，平均亩穗数 47.3 万穗，穗粒数 37.6 个，千粒重 46.8g。比周边同等地力其他麦田平均亩产 610.2kg，每亩增产 97.3kg，增产效果显著。

2 采取的关键技术措施

对张立兴小麦高产攻关田各项栽培管理措施进行认真梳理、分析，总结出增产的 6 项关键技术。

2.1 选用增产潜力高的优良品种

选用半冬性中晚熟大穗型品种鲁原 502。从田间对比情况看，该品种长势壮，分蘖力强，尤其是冬季抗寒性好。2020 年春季，济南市反复出现倒春寒天气，尤其是清明期间莱芜区方下镇有一次持续时间较长的冷空气活动过程，4 月 3 日最低气温达 0.3℃，有霜冻，此时正值小麦孕穗敏感时期，气温低于 5℃就会出现幼穗受冻现象，影响穗粒数和籽粒产量。张立兴小麦高产攻关田没有受到冻害影响，而相邻其他品种地块不同程度出现空壳、不结实现象[1]。

2.2 采用秸秆还田深松镇压技术

该地块为土层深厚的高产田，前茬作物为玉米，玉米收获后进行了深耕及部分秸秆还田，深耕作业前对玉米根茬进行了破除作业，耕深达到了 25cm 左右，耕后用旋耕机进行了整平并进行压实作业，用镇压器多次镇压沉实土壤，选用了集深松、旋耕、施肥、镇压于一体的深松整地联合作业机。解决了秸秆还田后土壤松暄、镇压不实影响小麦播种质量，后期易出现“悬空苗”等问题。同时，在玉米秸秆还田前，每100kg秸秆增施了10kg碳酸氢铵，以利土壤微生物的活动和有机质的分解，加快秸秆腐熟，在土地耕翻前氮肥单独撒于地表，随即耕翻。

2.3 精细整地

按照“深、细、透、平、实、足”的要求进行了精细整地，推行农机、农艺配套技术，深松、旋耕与镇压相结合。

2.4 配方施肥

小麦超高产攻关田理论配方施肥见表1。

表1 小麦超高产攻关田理论配方施肥

养分	土壤养分含量（mg/kg）	土壤供应养分含量（kg/亩）	总需养分含量（kg/亩）	需补充纯养分量（kg/亩）	折合化肥用量（kg/亩）
速效氮	92.6	13.89	20.44	6.55	尿素35.4
速效磷	27.2	4.08	6.93	2.85	磷酸二铵31.0
速效钾	122.7	18.41	23.59	5.18	硫酸钾20.7

攻关田在常年增施有机肥并进行秸秆还田基础上，每亩总施肥量为氮（N）18kg（实际考虑秸秆还田因素增施到20kg/亩）、磷（P_2O_5）11.5kg、钾（K_2O）12.5kg。

应用氮肥后移和分期施钾技术。其中，底肥每亩施尿素10kg、磷酸二铵25kg、硫酸钾15kg、硫酸锌1kg；春季拔节期追施拔节肥，每亩尿素12kg、氮钾复合肥（N含量21%、K_2O含量21%）20kg。氮肥中底肥比例为40%，追肥比例60%；钾肥中底肥比例为60%，追肥比例为40%。采用氮肥后移和分期施钾技术，能满足小麦生育后期对氮、钾养分的需求，有利于建立合理群体结构和良好的株型，协调好小穗、小花和子房两极分化过程，减少小穗小花的退化，增加穗粒数；有利于延长后期绿叶功能期，促进籽粒灌浆，提高千粒重，显著提高产量[2]。

2.5 科学播种

播期为10月9日。播量为亩播量15kg，确保亩基本苗16万~18万株。播种方法采用2BJM-8型宽幅精量播种机播种，播深4~5cm，畦宽2.6m，每畦12行，平均行距0.217m，要求下种均匀，深浅一致，不漏播，不重播，地头地边播种整齐。药剂拌种用32%戊唑·吡虫啉悬浮种衣剂，按照种子量的0.5%~0.7%拌种。

2.6 抓好冬前和春季管理，营造合理群体结构

小麦亩产707.5kg群体动态调查结果见表2。

表2 小麦亩产707.5kg群体动态调查结果

小区	基本苗（万株）	冬前分蘖（万个）	拔节期最高总茎数（万个）	倒二叶露尖期总茎数（万个）	挑旗期总茎数（万个）	开花期亩穗数（万穗）	单株成穗（个）
1	15.8	88.5	121.7	62.8	49.1	44.4	2.8

（续表）

小区	基本苗（万株）	冬前分蘖（万个）	拔节期最高总茎数（万个）	倒二叶露尖期总茎数（万个）	挑旗期总茎数（万个）	开花期亩穗数（万穗）	单株成穗（个）
2	16.4	91.8	126.2	67.9	52.3	49.7	3.0
3	16.7	77.9	118.4	63.7	50.9	47.8	2.9
平均	16.3	86.1	122.1	64.8	50.8	47.3	2.9

冬前管理促壮苗。冬前管理目标是苗齐、苗匀、苗壮。主要管理措施：一是查苗补苗。小麦出苗后及时查苗补苗，于缺苗处浇底水、补种催芽的种子。三叶一心期，疏密补稀，剔除疙瘩苗，确保苗齐、苗匀。雨后或人工浇水后，及时划锄，破除板结，通气、保墒，促进根系下扎。二是浇越冬水。于11月23日，日平均气温下降到5℃左右浇越冬水，一方面利于保苗越冬，另一方面利于越冬后早春保持较好的墒情，以推迟春季第一次肥水管理的时间，争取管理上的主动。

春季管理促稳长。春季管理目标是促进营养生长与生殖生长协调进行，调节群体合理发展，获得本品种适宜的亩穗数，促进穗大粒多。春季主要管理措施：一是攻关田小麦返青期应控制肥水并适时划锄。人工划锄要求划锄1~2遍，达到保墒、增温、除草的目的，促进麦苗早返青、早生长。二是起身期化控防倒伏。于起身期采用壮丰按40mL/亩，兑水25kg均匀喷雾，控制基部节间徒长，防止后期倒伏。三是拔节期依春季群体变化动态适期追肥。4月10日，张立兴麦田处于倒二叶露尖期，进行春季第一次肥水管理。小麦超高产攻关田春季第一次肥水管理的时间十分关键，施肥时间偏早，不利于分蘖发生两极分化，造成拔节期间群体过大，个体蘖两极分化，发育弱，小穗、小花退化严重，基部节间不充实，容易导致后期倒伏；肥水管理时间偏晚，不利于分蘖成穗，特别对中大穗型品种分蘖成穗率显著降低，不能获得足够的穗数，达不到超高产目标。

后期管理促粒重。后期管理目标是延缓植株衰老，延长绿叶功能期，促进光合产物向籽粒运转，提高粒重。主要管理措施，一是浇好开花水。孕穗至开花期是小麦需水临界期，浇好这一水有利于减少小花退化、促进小花的发育，增加穗粒数，并增加土壤深层蓄水，供后期吸收利用。二是开花后20d左右，视墒情浇好灌浆水，延缓植株衰老，促进光合产物向籽粒运转。实际生产中，应视降雨情况和土壤墒情灵活掌握。

综合防控小麦病虫害。坚持“预防为主、综合防治”的方针，做好高产田病虫草害监测与预报，科学制定防控预案。在小麦扬花期到灌浆期，用10%吡虫啉可湿性粉剂1 000倍液加25%三唑酮可湿性粉剂1 000~1 500倍液加0.2%磷酸二氢钾混合喷雾，达到“一喷三防”的作用，即1次用药，起到防病（赤霉病、白粉病、锈病等）、防虫（蚜虫、吸浆虫等）、防干热风3种作用。

3 体会和建议

3.1 提高土地肥力是获得小麦高产关键

通过秸秆还田、种植前施足有机肥，提高土壤有机质含量和保蓄肥水能力。从近几年土壤肥力调查检测看，小麦田有机质含量普遍偏低。由于土杂肥腐熟及来源的限制，要想实现小麦高产与化肥零增长的协调，必须增加商品有机肥的供应。

3.2 必须大力推广氮肥后移技术

将氮素化肥的底肥比例减少到50%，追肥比例增加到50%，土壤肥力高的麦田底肥比例为30%~50%，追肥比例为50%~70%，同时将春季追肥时间由返青期或起身期后移至拔节期；土壤肥力高、采用成穗率高的品种的地块，追肥移至拔节期至旗叶露尖时。

3.3 控旺、延衰

因播期、播量控制不力，或冬前积温过多，亩分蘖数超过80万个、有旺长趋势时，越冬前和返青后，及时镇压，控旺转壮，防止后期倒伏。小麦灌浆中后期，叶面喷施天达2116、磷酸二氢钾等，延长叶片功能期，促进营养物质向小麦籽粒的进一步转移，提高千粒重。

3.4 因地制宜，选用良种

选择优良品种是小麦高产的基础，如果选择适宜良种在同等条件下比一般品种增产10%~15%，抗逆性强的中大穗型品种高产潜力更大。

3.5 适期播种，科学管理

小麦适期播种是实现高产、稳产的一项关键措施。实践表明，济南市小麦获得高产的适宜播期一般在10月5—10日。在适宜播期内采用精量半精量播种技术，确保一播全苗，冬前形成壮苗，为高产奠定坚实的基础。

近几年来，种植小麦的比较效益越来越低，小麦高产创建需要投入较多的人力物力，单靠农民是不能大幅度提高小麦单产的。建议各级政府多出台支持政策，为小麦高产创建提供必要的资金保障。

参考文献

[1] 于振文. 全国小麦高产高效栽培技术规程［M］. 济南：山东科学技术出版社，2015.

[2] 张正美，杨邵梅. 小麦高产创建技术示范［J］. 吉林农业（学术版），2011（4）：157-157.

【作者简介】高燕（1967.11— ），女，山东济南人，汉族，本科，农技推广研究员，主要从事农业技术推广工作。山东省济南市建设路79号，0531-66676268，laiwugaoyan@163.com。

设施番茄病虫害绿色防控技术探究

李咸娟[1]，尹晓琳[2]，赵云岭[1]

（1. 济南市济阳区农业农村局，山东济南 251400；
2. 济南市济阳区行政审批服务局，山东济南 251400）

摘　要：近年来随着设施蔬菜种植面积增加，设施番茄生产过程中的病虫害防治问题尤为突出，大量使用化学农药引发的一系列食品安全问题不绝于耳。本文围绕济阳区设施番茄病虫害防治技术进行阐述，并对绿色防控技术进行了深入探讨，希望能通过物理防治及生物防治措施提高番茄品质，进一步减少化学农药使用量。

关键词：设施蔬菜；病虫害防治；绿色防控；防治技术

济阳区位于鲁西北平原的南部，温带季风气候，气候湿润，阳光充足，夏季高温多雨，冬季寒冷干燥。全区耕地面积 82.3 万亩，除粮棉油外，还盛产瓜果蔬菜，瓜菜面积 13.05 万亩。济阳先后被授予“全国粮食生产先进县”“全国第一批蔬菜标准园创建示范县”“山东省十大蔬菜生产基地示范县”和“中国最佳食品投资园区”等荣誉称号，是济南的“大粮仓”和“菜园子”。

设施蔬菜是济阳的一项支柱产业，具有高投入、高产出、见效快、回报率高等特点，深受广大农户欢迎。据统计，全区设施蔬菜种植面积约 11.23 万亩，其中番茄是济阳区冬春季节保护地种植的主要蔬菜之一，种植面积大约 1.06 万亩，一般 9 月至翌年 5 月，生长期相对较长。番茄上常见的主要病害有叶霉病、灰霉病、早疫病、晚疫病、黄化曲叶病毒病等，虫害有蚜虫、烟粉虱、斑潜蝇等。由于棚内温度高、湿度大，浇水频繁，杂草也严重发生，每年因病虫草害造成的产量损失约 30%。为防治病虫害，菜农们大量使用化学农药，随意增加用药次数及用药量，导致温室番茄农药残留超标，在一定程度上制约了番茄生产。济阳区植物保护站技术人员通过积极探索设施番茄绿色防控技术，初步形成了一套以农业防治、物理防治、生态防治、生物防治及安全高效低毒低残留化学农药防治为主要内容的设施番茄病虫害绿色防控技术模式，经示范取得了理想效果。

1　设施番茄绿色防控技术要点

设施番茄主要病虫害有灰霉病、早疫病、晚疫病、叶霉病、黄化曲叶病毒病、蚜虫、蓟马、粉虱类害虫等。在病虫害防控中应优先采用农业防治措施、物理诱杀阻隔技术、生物防治技术，对病虫害进行绿色防控[1]。

1.1　农业防治措施

1.1.1　选择抗耐病虫品种，培育壮苗

选用抗病优良品种是番茄生产中最经济有效的方法，可根据病虫害发生情况、不同生产方式，因地制宜，选用表现稳定、适应性强、抗耐病番茄品种，如圣罗兰 3689 等。

1.1.2　种子处理技术

播种前进行日光晒种 1～2d，或进行烘干处理，使种子含水量不高于 4%，然后将

种子放在烘箱内72℃下进行干热处理72h，可钝化病毒，有效防治病毒病[2]。

1.1.3 水肥一体化灌溉技术

水肥一体化技术是将施肥与灌溉结合在一起的农业技术。它是通过压力管道系统与安装在末级管道上的灌水器，将肥料溶液以较小流量均匀、准确地直接输送到作物根部附近的土壤表面或土层中的灌水及施肥方法，可以把水和养分按照作物生长需求，定时、定量直接供给作物。其特点是能够精确地控制灌水量和施肥量，显著提高水肥利用率，具有明显的节水节肥效果，有效地降低了棚室内的湿度，减少了病害发生及传播，同时有利于番茄更好地吸收水分、养分，从而达到增产增收的效果[3]。

1.1.4 调节适宜的温湿度

通过开闭风口来调节温度，使得白天温室内温度保持在23～28℃，夜间保持在15℃左右。棚室内相对湿度应控制在50%左右。早晨放风时，根据温度情况确定放风时间，若棚内温度低于8℃，则应推迟放风，且放风时间不超过20min。中午前后，当棚内温度超过28℃时开始放风，时间为20～30min。阴天时，温室内温度即使达不到28℃，也要适当放风换气（放风时间可推迟到下午），降低湿度，以减少病害发生，同时还可补充二氧化碳，保证番茄光合作用正常进行[4]。

1.1.5 与分蘖洋葱间作套种，与玉米等作物进行轮作倒茬

在番茄生长期，可以与分蘖洋葱进行间作套种，利用分蘖洋葱根系分泌物的化感作用，改善番茄根际微生物数量及细菌群落结构，增加番茄根际土壤中细菌和放线菌数量，降低真菌和尖镰孢菌数量，对常年连作引起的病原菌积累起到抑制作用，有利于打破连作障碍。休闲期，与玉米等其他作物进行轮作倒茬，可有效防治土传病害，改善土壤肥力状况，达到种地与养地相结合，免除或减少番茄轮作造成的病原菌积累等问题。

1.1.6 加强田间管理，培育壮苗，及时清洁田园

合理密植，培育壮苗，增强植株的抗病性。加强水肥管理，注重配方施肥，切勿偏施氮肥，注重氮、磷、钾及微量元素配合使用。结合农事操作，及时清除棚内杂草及病叶、花、果枝及枯枝、烂叶等杂物，种子出苗后发现花叶或畸形病株，立即拔除并烧毁或深埋，可有效减少侵染源。及时做好工具和手的消毒，避免引起病害的人为传播。

1.2 物理诱杀阻隔技术

1.2.1 色板诱杀技术

利用蚜虫、烟粉虱等小型昆虫对颜色的趋性，制作粘虫板，可有效减少害虫发生与为害，绿色环保，且成本低。于害虫发生初期，悬挂30cm×40cm的黄板，每亩30片左右，布置均匀，悬挂高度保持在不高出番茄生长点10cm为宜，可诱杀有翅蚜、烟粉虱、斑潜蝇成虫。视粘虫情况，定期更换，以免影响粘虫效果。

1.2.2 防虫网阻截

防虫网是以人工构建的屏障，将害虫拒之网外，达到防治虫害的效果。设施番茄一般选用40～60目的防虫网，于害虫发生前在大棚入口及通风口悬挂，可免除甜菜夜蛾、烟青虫、斜纹夜蛾、菜青虫、小菜蛾、棉铃虫、玉米螟等20多种主要害虫的为害。还可以阻隔传毒的蚜虫、烟粉虱、蓟马、美洲斑潜蝇等，设置防虫网可以达到防虫兼控病毒病的效果。

1.3 生物防治技术

1.3.1 熊蜂授粉技术

熊蜂授粉是一种完全自然的授粉方式，能帮助果蔬达到自然受精过程。通过自然授粉，避免了因人工授粉或化学激素沾花导致的授粉不均匀、果实不周正、果实品质不高、激素污染等问题。花朵受精后，会形成种子，种子进而会自然地分泌天然生长促进物质，促使植株的养分向果实聚集，养分积累时间长且充足，果实富含营养物质并且没有化学激素污染。

具体的方法是棚内番茄开花株率达5%时，放入授粉蜂群，每亩导入一箱熊蜂即可。蜂箱平行悬挂在温室后墙上，悬挂高度距离地面1~1.2m，在蜂箱上方搭建遮阳板，避免阳光直晒，巢口向南。熊蜂对农药非常敏感，在植物开花前，不使用残留期较长的农药，避免使用毒性较强的农药。施药时，注意把蜂箱搬出棚室，待药物持效期过后再搬回棚室内。

1.3.2 昆虫性信息素诱捕技术

利用昆虫诱芯，对害虫雄性成虫进行诱杀，干扰昆虫正常交配和繁衍后代，有效降低成虫虫口密度，从而减少害虫为害。目前开发出来的性诱剂产品有很多种，如斜纹夜蛾、小菜蛾、烟青虫、果蝇等的诱芯，可以根据害虫发生情况，将相应诱芯插入诱捕器内，诱杀害虫。

1.3.3 推广使用生物农药

利用各种农用抗生素、病原微生物、捕食昆虫以及植物源杀虫剂、杀菌剂。如多抗霉素、春雷霉素、氨基寡糖素、农用链霉素、云菊除虫菊素、Bt杀虫剂、苦参碱、印楝素等防治小菜蛾、菜青虫、晚疫病等多种病虫害。农用抗生素、多抗霉素主要用于防治番茄晚疫病等；印楝素对甜菜夜蛾、斜纹夜蛾、甘蓝夜蛾有显著的拒食效应，并且使其幼虫在蜕皮时死亡或不能化蛹；苦参碱对菜青虫具有胃毒麻痹作用，对蚜虫有毒杀作用。

1.4 科学使用化学农药

在药剂选择方面，优先选用生物农药，适量使用低毒农药，慎用中等毒性农药，绝对禁止使用剧毒、高毒、高残留农药。同时，一定要适时用药，严格按照药量和用药次数用药，并注意交替轮换使用农药和安全间隔期用药。

1.4.1 药剂选择

防治烟粉虱、蚜虫、斑潜蝇，可选用辣根素、阿维菌素或矿物油进行喷雾防治；防治夜蛾类害虫，可选用茚虫威、虫酰肼、灭幼脲等；防治灰霉病，可使用腐霉利或百菌清等；防治晚疫病，可选用小檗碱、枯草芽孢杆菌、霜脲锰锌等；防治叶霉病，可选用氟硅唑、苯醚甲环唑等；防治溃疡病，可选用新植霉素、农用链霉素等。

1.4.2 植保机械及施药方式选择

科学选用高效植保机械，如静电喷雾器、烟雾机等。喷雾务求均匀、面面俱到，雾点要细，以喷湿喷透不滴为度，提高农药利用率，减少农药施用量和田间相对湿度，提高防治效果。在冬季持续阴天，光照不足，棚内湿度较大的情况下，烟雾机施药雾化效果较好。

2 综合效益分析

采用病虫害绿色防控技术，使设施番茄产量和质量明显提高，质量符合国家农产品安全标准，天敌种类和数量明显多于常规防治区，经济效益、生态效益显著[5]。

2.1 经济效益显著

采用绿色防控技术对病虫害防控效果明显，减少了用药次数，降低了用药量，且省工、省时。水肥一体化灌溉方式增产效果明显，同时省工节肥，效益可观。采用熊蜂授粉技术，可提高番茄的单果重、降低畸形果率、果实饱满充盈口感好，番茄的产量和品质得到提高。

2.2 生态效益明显

生产过程中，产前、产中、产后一系列防控措施的应用，从根本上改变了农民滥用农药的习惯，减少了农药使用量，杜绝了高毒、高残留农药的使用。减少了用药次数，提高了农药利用率，降低了农药对土壤、水源的污染，且以生物农药为主，以高效低度低残留化学农药为辅，与常规防治方法相比，减少化学农药使用量50%以上。

2.3 社会效益深远

通过绿色防控技术的应用，充分挖掘了农作物的增产潜力，降低了农业生产成本，增加了收入，使农民实实在在享受到了实惠，为绿色防控技术的推广普及奠定了基础，提供了依据，同时为社会提供了安全、优质的放心蔬菜。

3 结束语

随着人们生活水平的不断提升，人们对食品安全提出了新的更高的要求，而设施番茄在生长过程中极易受到病虫害影响。为此，加大设施番茄病虫害绿色防控具有非常深远的意义。以上内容，对设施番茄常见病虫害的绿色防控措施进行了阐述，在生产过程中可以将农业、物理、生物及化学农药防治措施进行有机结合，进行科学治理，进一步提高设施番茄质量。

参考文献

[1] 王晓光，李春华，曹凤军．在绿色农业理论体系下推广农业技术分析［J］．中国农业信息，2013（17）：181.

[2] 白应娟．关于温室大棚番茄栽培技术与常见病害防治探究［J］．农技服务，2017，34（3）：110.

[3] 阿依努尔·毛拉买提．温室大棚番茄栽培技术及常见病害与防治［J］．农民致富之友，2015（2）：176.

[4] 马龙海，洪玉莲，刘福森．番茄设施栽培主要病虫害及防治技术［J］．云安农业科技，2012（3）：53-54.

[5] 赵大伟．中国绿色农业发展的动力机制及制度变迁研究［J］．农业经济问题，2012（11）：72-78+111.

【作者简介】李咸娟（1984—　），女，山东济南人，汉族，本科，农艺师，主要研究方向为农作物病虫害监测及防治。山东省济南市济阳区新元大街13号，15063376801，jyqnyjzbz@jn.shandong.cn。

实施土壤消毒　践行绿色发展 促进主导产业转型升级

何　海，吕　华*，李金生，侯　智，赵　政

（济南市植物保护站，山东济南 250004）

摘　要：为贯彻落实党中央、国务院和山东省委、济南市委关于深入推进农业供给侧结构性改革，加快促进农业绿色生产部署要求，研发团队围绕当地主导产业发展，立足优势资源，把实施土壤消毒处理作为推进现代农业科技进步的突破口，统筹谋划，大胆创新，走出了一条绿色植保富民强农新路子，加快了全市农业供给侧结构性改革步伐。

关键词：土壤消毒；绿色发展；主导产业；转型升级

莱芜区地处鲁中，山清水秀，农业特色鲜明，以姜、葱、蒜和花椒为代表的“三辣一麻”产品驰名国内外。其中生姜、大蒜、葱常年种植面积 55 万亩，年产量 110 万 t 以上，农民户均 3t 以上[1]。随着种植面积的扩大和种植年限的增加，由连作重茬引发的各类土传病害日趋严重，一度严重制约了优势特色产业的发展。为保障地方主导产业健康发展，提升农产品质量安全水平，研发创新团队以项目为统领，按照“创新、协调、绿色、开放、共享”发展理念，立足优势资源，实施土壤消毒，践行绿色发展，开展了生姜土传病害绿色防控技术的试验研究与集成推广，进一步做大做强了以“三辣”为主的蔬菜产业，走出了一条特色高效现代农业发展之路。

1　瞄准目标，高点定位，把实施土壤消毒处理作为推进现代农业科技发展进步的突破口

莱芜山多地少水缺，发展特色产业既是受条件制约作出的选择，也是发展现代农业的必由之路。莱芜历史上一直有种植葱姜蒜的习惯，经过几代人的努力，“三辣一麻”（生姜、大蒜、鸡腿葱和花椒）形成了具有明显特色的优势产业，特别是莱芜生姜在全国、全省都占有重要地位。一是种植历史悠久。莱芜有 2 000多年的生姜种植史，1960 年 2 月，全国 8 省 2 市姜蒜葱生产规划会议在莱芜召开；2007 年 9 月，全国葱姜蒜生产加工关键技术引进创新与产业化现场会在莱芜召开；2016 年 10 月，国家大宗蔬菜产业体系葱姜蒜病虫害综合防控现场会在莱芜召开[2]。二是产品质量优。莱芜生姜品种特点突出，块大、皮薄、色泽鲜亮、丝少、肉细，辣浓味美，营养丰富，在历届中国国际农业博览会上被评定为名牌产品[1]。三是科技创新能力强。首创生姜双膜一网、光营养综合调控、秋延迟、土壤生态修复等关键技术，研制颁布《生姜生产技术规范》（GB/Z 26584—2011）国家标准[3]。四是产业发展水平高。先后开发姜芽、姜粉、姜片、姜丝和姜油、姜酒、姜茶等多种保健产品，销往 100 多个国家和地区。农产品加工储藏能力达 250 多万 t，是本地产量的 2 倍以上[3]。

近年来，莱芜葱姜蒜特色产业的发展遇到了一些难题。主要是莱芜人多地少，人均耕地不到 0. 8 亩，土地复种指数越来越高，连作重茬愈加普遍，由此引起的土传病

害越来越严重。如生姜的姜瘟病、腐霉根腐病、线虫病（癞皮病）等各类土传病害日趋严重，发病地块一般减产10%~20%，重者减产50%以上，甚至绝产[4]。生姜土传病害对生姜生产构成严重威胁，给姜农增收造成很大损失，成为制约本地生姜产业发展的重大障碍因素。中央“十三五”规划确定“创新、协调、绿色、开放、共享”发展新理念，把“绿色”发展放在重要位置。中央和省委1号文件指出，要围绕建设现代农业，加快转变农业发展方式，从粗放型经营转到数量质量效益并重上来，走“产出高效、产品安全、资源节约、环境友好”的道路。作为防治土传病害的主要消毒剂——甲基溴，因其使用操作简便、效果良好而受到广大农民欢迎。但因其具有破坏臭氧层作用，早已被国际社会列入受控物质。1992年，国际社会《关于消耗臭氧层物质的蒙特利尔议定书》哥本哈根修正案明确将甲基溴列入受控物质。由联合国工业发展组织、生态环境部和农业农村部共同实施了农业行业甲基溴淘汰项目，旨在保证农业产业发展和农民增收的基础上寻求甲基溴的可靠替代药品和综合技术措施，最终在中国农业生产上淘汰甲基溴这种破坏臭氧层的土壤熏蒸产品，实现中国政府履约目标[5]。甲基溴淘汰项目的启动实施，犹如一场及时雨，提供了难得的发展机遇。项目团队以项目实施为契机，抢抓机遇，高点定位，确定了以农产品质量安全为重点，以“绿色”发展理念为引领，大力实施土壤消毒，推进病虫害绿色防控，构建资源节约型、环境友好型病虫害可持续治理技术体系，从源头上把以生姜为主的“三辣”产业质量调优、竞争力调强、效益调高，全力扩大农产品有效供给的目标任务。

2　因地制宜，统筹推进，全力探索提升土传病害防控工作水平

土传病害是指病原体生活在土壤中，条件适宜时从作物根部或茎部侵害作物而引起的病害。侵染病原包括真菌、细菌、放线菌、线虫等。单一作物在一块地连续耕种久了就容易出现土传病害[5]。从源头上防治土传病害，必须坚持“预防为主、综合防治”的植保工作方针，牢固树立“科学植保、公共植保、绿色植保”理念，通过各种措施的综合利用达到减少菌源、消灭菌源的目的[4]。自甲基溴替代项目启动实施以来，面对甲基溴淘汰对传统土壤熏蒸模式的冲击，项目团队按照项目办要求，积极担当社会责任，立足资源优势，突出地域特色，统筹组织谋划，大胆探索实践，通过试验示范、宣传培训、科技创新等一系列卓有成效的措施，探讨了一系列土壤消毒综合防治技术，成功打开了甲基溴淘汰替代工作新局面，加快了土壤消毒技术的推广应用。

2.1　强化宣传引导，提高思想认识

莱芜是生姜主产地，常年种植面积在10万亩左右，覆盖全区12个乡镇（街道），生姜种植已成为农业经济收入主要来源之一，占农民人均纯收入的35%左右，被誉为农民致富增收的“摇钱树”。但是由于常年连作重茬，姜瘟病、腐霉根腐病、线虫病（癞皮病）等各类土传病害日趋严重，而防治土传病害，甲基溴是公认的防治效果最好的药剂。长期以来，甲基溴成为姜农熏地的首选。为做好替代工作，首先从提高思想认识、强化宣传引导入手。一是多形式开展培训。分别与土壤熏蒸公司、农产品生产企业等紧密结合，通过课堂讲解与现场观摩的方式，利用农资企业的销售网络，在生姜主产区乡镇、村庄和龙头企业基地区域，对生姜种植户、农民技术员、农资经营户

等进行了甲基溴替代技术的系统培训。累计举办培训班32期，培训农民15 500人次，使姜农观摩了土壤熏蒸操作流程，学习掌握了替代技术。二是多渠道宣传推广。充分利用广播、电视、媒体、墙报和科技下乡、发明白纸等多种形式，在主要乡镇、村庄张贴甲基溴替代宣传画、悬挂横幅等。先后在莱芜电台、莱芜电视台、莱芜日报举办专题片36期，在央视7台《科技苑》制作播放专题节目2期。累计张贴宣传画2 000幅，发放技术明白纸20 000多份。广大姜农既认识了甲基溴淘汰的重要意义，又掌握了甲基溴替代品使用技术，促进了项目的顺利实施。三是多层次研讨观摩。先后组织筹办全省甲基溴替代技术观摩会、氯化苦、棉隆等土壤熏蒸消毒剂示范应用现场会、全国农业行业甲基溴淘汰项目研讨会等19次。连续5年应邀参加了国际土壤消毒大会并荣获土壤熏蒸消毒技术全国先进单位。

2.2 强化试验示范，提高土壤消毒水平和能力

先后试验筛选了氯化苦、棉隆、氰氨化钙、威百亩、阿维菌素等一系列甲基溴替代产品，并进行了替代品最佳用量、最佳用法等配套技术研究。试验研究表明，生姜使用氯化苦每亩用30kg熏蒸后平均防治效果达到87.7%，平均亩产达到5 509.2kg，增产16.28%；使用棉隆每亩用30kg熏蒸后平均防治效果达到85.4%，平均亩产达到5 534kg，增产16.38%；使用威百亩每亩65kg防治效果平均达到71%，平均亩产达到4 550kg，增产11.8%。同时进行了臭氧水土壤消毒的技术试验研究。为提高生姜土壤熏蒸消毒的工作效率和效果，与国丰病虫害防治专业合作社、顺鑫农业科技服务专业合作社联合开展了土壤熏蒸机械的改良试用试验和观摩，将试验筛选的成熟技术在农业龙头企业合同基地逐步示范推广，发挥辐射带动作用，加快了土壤消毒技术的推广应用。几年来，先后在寨里镇、杨庄镇、大王庄镇等试验区近8 000亩目标作物的种植田块，利用氯化苦、棉隆等化学替代品和非化学替代技术累计替代甲基溴100t以上，圆满实现了甲基溴替代履约目标。甲基溴替代技术的使用已从最初的摸索走向模式化、机械化操作，做到了省工省力真正受惠于民。

2.3 强化技术指导，实施专业化统防统治，确保消毒实效

本着发现问题、解决问题的原则，对淘汰示范带头户全程跟踪调查，及时做好技术指导，抓住有利时机加大氯化苦、棉隆等土壤熏蒸消毒剂的推广力度。土壤消毒制剂多是中高毒化学农药，土壤熏蒸专业性强、操作难度大、技术要求高，为既保障操作人员安全，又保证农作物安全，积极探索建立了政府引导、市场运作、农民受益的土壤消毒技术推广机制，扶持建立规范高效的土壤熏蒸专业化服务组织，对服务队员进行专业培训，持证上岗实施专业化承包式熏蒸服务，解决了企业和农民的后顾之忧，提高了防效，降低了用药量，减少了污染，保障了安全。

3 注重实效，以点带面，土壤熏蒸消毒推动现代农业再上新台阶

3.1 提高了农产品核心竞争力

目前，生姜品牌达到30多个，已认证“三品一标”农产品253个，5家企业通过欧盟GAP认证，8家企业通过中国GAP认证，60家企业通过亚洲食品卫生安全控制（HACCP）认证。山东万兴公司成为全省首家通过欧盟GAP认证的企业，全国首家通

过 TNC 认证的企业，连续 12 年蝉联全国生姜出口第一大户[3]。莱芜生姜公共品牌价值达到 123.66 亿元，被评为首批山东省十大知名农产品区域公用品牌，并荣获“全国果菜产业十大最具影响力地标品牌”和“全国十佳蔬菜地标品牌”[2]。2020 年莱芜生姜被列入济南市十大农业特色产业，成立了莱芜生姜科技中心，加大了科技创新力度，“世界生姜看中国，中国生姜看莱芜”品牌效应初步形成，“莱芜姜、保健康”产品理念深入人心。

3.2 促进了技术研发和行业科技进步

自开展土壤消毒试验研究和示范推广以来，科研团队先后荣获全国农牧渔业丰收奖 3 项，省科技进步奖 5 项，省农牧渔业丰收奖 20 项，市科技进步奖 28 项，发表论文 135 篇。主持申报的《生姜毁灭性土传病虫害 IPM 创新模式推广与应用》获 2015 年省农牧渔业丰收奖合作奖一等奖，《生姜病虫害绿色防控技术研究与推广》获省农牧渔业丰收奖二等奖；《生姜规范化生产技术》获省科技进步三等奖、市科技进步一等奖；《毁灭性土传病害综合治理技术体系的构建及推广应用》获 2016 年全国农牧渔业丰收奖一等奖。研制颁布了《生姜生产技术规范》国家标准（GB/Z 26584—2011）和《连作生姜田氯化苦土壤消毒规程》地方标准，编辑出版《莱芜生姜》等专著 12 部。

3.3 加快了农业增效农民增收步伐

“三辣一麻”产业增加值占全部种植业增加值的 80%，特色产业区的农民收入 70% 来自葱姜蒜产业。在生姜主产区连续 3 年实施生姜土壤熏蒸消毒、“双膜一网”、光营养综合调控、秋延迟等绿色控害实用技术，极大提高了莱芜生姜市场竞争力，高端市场份额由十年前的不到 1%提高到现在的 35%以上，出口到高端市场价格每吨比普通市场高出 800 美元，大幅度提高了企业效益，带动农民平均每亩增收 1 462.5元。出口创汇年增长率分别达到 61.04%、44.4%、39.6%、121.9%、73%[3]。

4 结论

本文探索实施的生姜土壤消毒技术在莱芜取得了明显成效，解决了几十年来一直困扰姜农的生姜姜瘟病和烂脖子病两大病害难题，有效地控制了生姜土传病害的发生，为当地生姜及生姜产业的发展提供了技术支撑。同时，有效规避和减轻了甲基溴破坏臭氧层对大气环境的污染，为农业生产安全、农产品质量安全和农业生态环境安全提供了有力保障。

参考文献

[1] 陶务瑞，吕华，毕德春．莱芜生姜［M］．北京：中国农业科学技术出版社，2010.

[2] 赵邦宏，宗义湘，吴曼，等．中国生姜产业发展报告［M］．北京：经济管理出版社，2018.

[3] 徐坤，吕华，苏保乐．出口生姜安全生产技术［M］．济南：山东科学技术出版社，2007.

[4] 徐坤，尚庆文，孔祥波，等．生姜生产关键技术问答［M］．北京：中国农业出版社，2007.

[5] 曹坳程，王久臣．土壤消毒原理与应用［M］．北京：科学出版社，2015.

【基金项目】蒙特利尔议定书多边基金—农业行业甲基溴淘汰项目（农外甲11-004）；国家特色蔬菜产业技术体系项目（CARS-24）；山东省现代农业产业技术体系蔬菜创新团队项目（SDAIT05-22）；济南市十大农业特色产业科技创新项目。

【作者简介】何海（1974.4— ），男，山东济南人，汉族，本科，高级农艺师，长期从事植物保护技术推广工作。山东省济南市建设路79号，15906341889，hehai918@ sohu. com。

新环境政策下济南市畜禽养殖废弃物资源化利用模式研究

赵桂省，徐云华，王　勇*
（济南市畜牧技术推广站，山东济南 250100）

摘　要：本文以济南市莱芜区及钢城区 2018 年畜禽存、出栏量调研统计数据为基准，测算了调研区的粪污排放量，对畜禽养殖废弃物资源化利用模式进行了总结，分析了存在的问题，并结合济南市畜牧养殖实际情况提出了对策。

关键词：畜禽养殖；粪污；技术模式

做好新环境政策下畜禽养殖废弃物资源化利用既是“打赢蓝天保卫战”的有力措施，更是实现“强化农业面源污染防治”的必由之路。

1　畜禽养殖废弃物排放量测算

通过调研 2018 年畜牧业统计数据，根据农业农村部关于畜禽规模养殖场粪污产生量测算[1]公式：

液体粪污产生量=养殖用水量×进入粪污系数+（单位动物尿液产生量×年末存栏量×365/1 000）+单位动物粪便产生量×年末存栏量×365/1 000

固体粪污产生量=单位动物粪污产生量×年末存栏量×365/1 000

养殖用水进入粪污系数一般为 70%~90%，按 80%计算。据此，畜禽粪污排放量测算结果见表 1。

表 1　2018 年畜禽粪污排放量

畜种	存栏量（头/羽/只）	出栏量（头/羽/只）	液体粪污产生量（t）	固体粪便产生量（t）	总氮（t）	总磷（t）
肉牛	12 273	9 746	142 049	66 298	920	115
奶牛	1 456	35	25 966	13 286	110	19
生猪	468 226	647 983	943 381	158 939	6 528	826
肉羊	275 170	312 476	158 690	69 301	1 311	141
蛋鸡	2 138 629	2 085 289	210 761	85 865	462	225
肉鸡	1 356 977	5 392 534	188 212	108 965	586	286
肉鸭	2 372 482	14 328 912	744 722	190 510	1 025	500
肉兔	457 318	746 476	75 114	30 045	620	67
合计			2 488 895	723 209	11 562	2 179

由表 1 数据可知，畜禽粪污排放总量达 248.89 万 t。其中，排粪量达 72.32 万 t。

折算成肥料，总氮排放量合计1.15万t，总磷排放量合计0.21万t。其中，生猪产生的粪污最多，为94.33万t，其中含氮量0.65万t，含磷量0.08万t，分别占各类畜禽产生总量的37.90%、56.52%、38.09%。肉鸭产生的粪污次之，为74.47万t，其中含氮量0.10万t，含磷量0.05万t，分别占各类畜禽产生总量的29.92%、8.69%、23.81%。因此，对畜禽粪污，尤其是生猪和肉鸭粪污进行多元的资源化利用已迫在眉睫。

2 畜禽养殖废弃物资源化利用模式现状

2.1 畜禽粪污资源化利用模式特点与运营机制

2.1.1 自然发酵模式

自然发酵模式是中小型养殖场户（生猪栏存200头以下）最经济便捷的畜禽粪污资源化利用模式（图1）。养殖场户畜禽粪污产生量相对较少，铺设暗沟后，粪污流入三级沉淀池中过滤，过滤后的粪污发酵生成有机肥进行还田。除固定资产投资外，几乎不存在运营成本，具有较强的普适性。既解决了中小养殖场户畜禽粪污排放的问题，也实现了畜禽粪污资源化利用的目的。如莱芜区北鹤家庭农场、顺民家庭农场等均采用该办法。

三级沉淀池主要依靠养殖场自行建设。与以往的发酵池不同，三级沉淀池实现整体封闭，防止雨水流入和臭味外泄。在养殖户退出养殖时，可以随时恢复占地的耕种能力。这对随时可能进入或退出养殖的散小养殖场户而言，具有较强的普适性和可持续性。

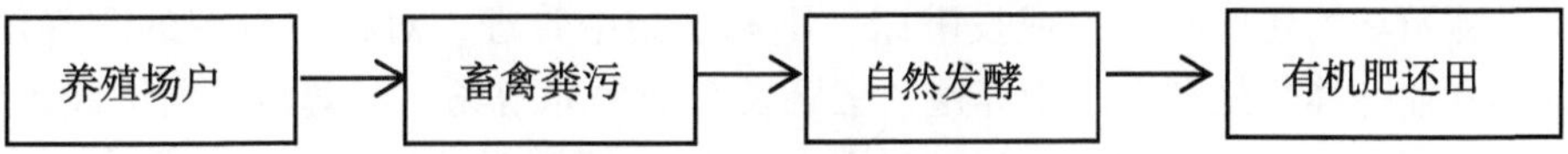

图1 自然发酵模式

2.1.2 异位发酵床微生物降解模式

异位发酵床在发酵床养殖基础上演变而来，即在圈舍外搭建相应面积的发酵床，是大中型规模养殖场相对经济有效的畜禽粪污资源化利用模式（图2）。大中型规模养殖场的畜禽粪污排放量相对较大，可根据0.2~0.5m^3/头建设异位发酵床对粪污进行处理。养殖主体只需定期（2~3d）对畜禽粪污进行抛翻，粪污经微生物分解，降解为水蒸气、二氧化碳和氮气后挥发，实现“零污染、零排放”。畜禽粪污抛翻全程采用机械化，几乎不额外增加养殖场的雇工成本。主要支出在于垫料与菌种的更换与添加。但这些垫料和菌种与粪污混合后还可发酵生成高品质有机肥。

以钢城区益民畜禽合作社为例，该公司存栏蛋鸡5万余只，建成的异位发酵床有机肥加工车间，不仅可以消纳本场产生的鸡粪，还与周边专业养殖户签订了第三方处理合同，及解决了其他养殖无法处理粪污的问题，还将鸡粪变废为宝，成了炙手可热的有机肥，目前该公司还申请了有机肥商品，产品供不应求。又如钢城区祥云汇元家庭农场，在山东农业大学专家团队的指导下，形成的异位发酵床处理鸭粪的模式，既可以处理鸭粪中过多的水分，又可以减少养殖气味的产生，在本地区处理鸭粪方面具有较强的示范性。

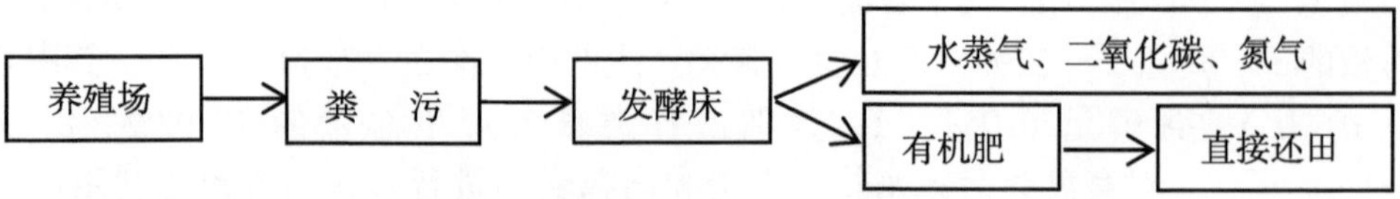

图 2　异位发酵床微生物降解模式

2.1.3　种养专业一体化处理模式

种养专业一体化是大规模养殖场实现环境效益和经济效益双目标的最佳资源化利用模式。目前发展较多的有“粪—沼—果（林）”“粪—垫料—蔬菜”等。养殖场对畜禽粪污进行资源化利用可生成多元化产品，如沼气发电上网、固体有机肥、液体有机营养液等，不仅解决畜禽粪污污染排放问题，而且变废为宝，再生形成农业生产资料投入生产，体现了环境效益与经济效益的统一。

在本地区养殖企业中，莱芜区嬴泰农业科技有限公司、山东莱芜金地农牧发展有限公司、莱芜邦基良种猪繁育有限公司做得比较成功。其中，莱芜嬴泰农业科技有限公司园内种植作物施肥可以完全替代化学肥料，种出的有机草莓、樱桃口味鲜美，市场反响巨大。

2.2　畜禽粪污资源化利用模式的比较分析

自然发酵和异位发酵床粪污利用效率高，技术含量低，专业化程度低，利于在参差不齐的散小养殖场户中推广，并且利用成本低，对承载土地的要求较少，是当前粪污资源化利用起步阶段，最具经济性和可行性的模式[2]。但其对粪污的消纳能力有限，并且每个养殖场均建设蓄粪池或发酵床，不利于集中管理，对村容村貌的改善作用较小。种养专业一体化处理适用于养殖密集区及大规模养殖场，对粪污的消纳能力较大，但其利用成本高、占地面积大、对消纳粪污的耕地规模要求也高，并且具有较高的技术含量与专业化程度，适合以地区为单元的示范性推广。纵观三类模式，终归都需要土地对肥料进行消纳。唯一的区别在于：是否挖掘其产业链的产业价值。根据“微笑曲线”理论[3]，产品的高附加价值在于产品前期的研发与后期的服务。尽可能长地延长产业链才能实现尽可能多的附加值。

3　畜禽粪污资源化利用存在的问题

3.1　资源化利用存在技术瓶颈，产品缺少标准

畜禽粪污资源化利用关键依靠科技创新，但目前技术研发水平仍有一定差距[4]。一是资源化利用技术的核心环节有待突破。以沼气技术为例，目前的沼气技术夏季与冬季的产气效率差异较大，影响沼气工程的运行效益。并且，沼气操作便利性及技术易掌握性不高，影响技术普适性。二是现有资源化利用技术存在环境隐患。现有的粪污资源化利用模式中，在粪污进入资源化利用环节之前，都未将粪污进行除臭处理，难以避免臭味气体向空气中扩散。三是广泛采用的资源化利用技术及其终端产品仍比较单一。目前畜禽粪污资源化利用的途径主要是沼气发电、沼液沼渣还田、制造有机肥等，这些方式途径还不能有效解决畜禽粪污资源化利用，有待于新的技术创新与产

品开发。

3.2 政府对资源化利用企业存在管理不清，政策落实不到位

推进畜禽粪污资源化利用既是一项新生产业，又是一项环境保护措施，政府必须从保护环境的角度支持产业发展[5]。目前存在畜禽粪污资源化利用企业的管理部门不清，手续难办的问题。由于畜禽粪污资源化利用企业项目具有农业项目和工业项目的双重属性，在办理不同手续的过程中，存在农业部门与其他政府部门交叉管理现象。而且不同部门之间管理标准不一，不仅无法做到对该类企业项目的扶持，反而可能因标准不同而阻碍企业发展。

3.3 资源化利用的产业与市场初步形成但不成熟

政府在引导和扶持畜禽粪污资源化利用企业方面，要发挥积极作用，但最终企业的生存发展仍要靠市场机制。目前主要存在以下几方面问题。一是资源化利用相关产业尚未“断奶”。现有资源化利用企业主要依靠政府扶持建立，受到政府在资金、政策等方面的大力支持，企业运营需要依靠政府补贴，难以自主盈利，难以促进第三方治理市场的形成。二是第三方处理模式有待建立。第三方处理模式是粪污资源化利用的关键环节。目前，济南市尚未建有大型废弃物处理厂，一家一户的处理模式不仅浪费了土地，更加大了粪污处理的监管难度。三是粪污资源化利用产品市场有待开拓。如固体有机肥、液态肥、有机营养液等。这些生物肥料对果园、设施农业、花卉苗木等具有较高的增产增效作用，是生物有机肥最好的消纳去处。目前，有机肥销售市场尚不成熟，真正需要有机肥的农户买不到高品质的有机肥，而生产有机肥的厂家则存在产能过剩。

4 促进畜禽粪污资源化利用的政策建议

促进畜禽粪污资源化利用必须以保障粮食安全为前提，以减量化、无害化、资源化为原则，坚持农牧结合、种养循环，坚持多部门合作，携手扶持畜禽粪污资源化利用产业发展。

4.1 全面推进养殖户粪污防治设施建设与改造，从源头减少粪污量

促进畜禽粪污资源化利用的首要环节是支持建设或改造畜禽养殖污染防治设施，转变传统的水冲粪工艺为干清粪工艺，从源头减少粪污量。同时，根据不同规模养殖户，配套支持建设相应的储粪池、道路及粪污资源化利用基础设施与设备，为进一步促进畜禽粪污资源化利用奠定基础。

4.2 支持养殖户配建处理设施，为农牧结合奠定基础

目前，不少地区散小养殖场户仍占相当的比例。积极支持这些散小养殖场户，建设三级沉淀池或异位发酵床是一种成本相对较低、技术含量也相对较低的资源化利用方式，具有较大的普适性。养殖户建设三级沉淀池或异位发酵床，既能为畜禽粪污堆放提供场地，又能为农田施肥提供便利。适宜绝大多数散小养殖场户采纳与应用。也是为其他资源化利用模式的有机肥料还田奠定基础。

4.3 加强资源化利用技术开发力度，提高技术服务水平

突破技术瓶颈是降低农业废弃物利用成本的关键。沼气、有机肥等较为成熟且推

广范围较大的技术，应重点在提高技术效果方面进行技术改进，如沼气产气性能、有机肥基质稳定性等。其他尚未成熟的技术，应加大研发力度，尽快做到生产应用。此外，还需提高技术服务水平，目前畜禽粪污资源化利用技术主要依靠政府提供，不断提高技术服务水平，将最新的技术及时服务到养殖户，提高粪污资源化利用效率。

参考文献

[1] 农业农村部．畜禽粪污土地承载力测算技术指南［J］．农技服务，2018，35（5）：35-36.

[2] 赵润，渠清博，冯洁，等．我国畜牧业发展态势与环境污染防治对策［J］．天津农业科学，2017，23（3）：9-16.

[3] 樊宇，吴舜泽，逯元堂，等．“微笑曲线”视角下的我国环保产业竞争力研究［J］．生态经济，2015，11：47-50.

[4] 何可．农业废弃物资源化的价值评估及其生态补偿机制研究［D］．武汉：华中农业大学，2016.

[5] 王济民．充分发挥政府、企业和社会三方作用加快推进畜禽养殖废弃物资源化利用［N］．农民日报，2017-7-7（2）.

【作者简介】赵桂省（1979. 7—　），男，山东烟台人，汉族，本科，高级兽医师，研究方向为畜牧兽医。山东省济南市长清区平安街道办事处平安南路 2701 号，15866631568，zhaoguisheng2007@ 126. com。

新型诱捕器及自动计数系统在亚洲玉米螟长期监测中的应用

郑华梅，李琳琳，徐晓雪，范继强
（济南市章丘区农业农村局，山东济南 250200）

摘　要：采用新型性诱捕器及其自动计数系统在济南章丘玉米种植区进行了玉米螟诱集试验。结果证明新型诱捕器诱虫量高，始发期明显，自动计数较为准确，按平均统计玉米螟头数计算，自动计数系统准确率为82%。

关键词：新型诱捕器；自动计数系统；亚洲玉米螟；长期监测

性诱监测技术具有专一性强、灵敏度高，操作简单，不杀伤天敌，无污染等优点，已在测报中广泛应用[1]。玉米螟是玉米的主要害虫，大面积发生时可造成植株干枯，造成重大的经济损失，因此玉米螟的性诱技术已列入我国国家标准和农业行业标准中[2]。2013—2015 年连续 3 年在山东章丘进行了玉米螟害虫的应用试验。结果表明，研究了诱捕器的诱捕效能，为长期使用新型诱捕器及自动计数系统进行数据统计提供理论依据。

1　材料与方法

1.1　供试材料

性诱自动计数系统（改进型 SHW-4）由感应器、接收器、主控器、LCD 液晶显示屏、连接线和外机箱组成，与夜蛾类、飞蛾类等通用型性诱监测器配合使用。选用国外进口红外传感器及控制芯片，满足 9 个月每小时记录的数据存储（记载和储存频度可自行设置）。普通玉米螟性诱捕器采用飞蛾类通用型性诱监测器，由支架、飞蛾类通用诱捕器组成。飞蛾类通用诱捕器为塑料圆钟罩型，外壳高（31.5±0.5）cm，外径（16±0.5）cm，内径（15±0.5）cm；集虫漏斗高（20.4±0.5）cm，上口内径（1.8±0.5）cm，下口内径（14.5±0.5）cm；诱芯杆长（12.7±0.5）cm。性诱芯为毛细管型。应用佳多牌自动虫情测报灯作对照。

1.2　诱捕器的田间设置

1.2.1　试验田选择

试验田选择在章丘玉米种植区章丘普集街道博平村。诱捕器放置点玉米连片种植，面积 20 亩，距离测报灯 600m。

1.2.2　诱捕器放置

（1）苗期玉米，每块田放置 3 个重复，相距 50m 呈正三角形放置，每个诱捕器与田边距离 5m。

（2）成株期玉米田，诱捕器放置于田埂上，3 个重复放于同一条田埂上相距 50m 呈直线排列，田埂走向与风向垂直。

（3）放置高度。株高 30~100cm 时，放置高度约 80cm；其他情况，低于植株冠层

20~30cm[3,4]。

1.3 调查方法

试验时间为6—9月，在整个监测期内，每日10时调查记录诱虫数量，安置性诱自动计数系统的诱捕器进行人工计数作对照，结果记入害虫性诱情况记载表。

2 结果与分析

2.1 2013—2015年3年平均诱虫数量

结果显示诱捕器1、诱捕器2和自动计数诱捕器累计诱虫数量3年平均均高于黑光灯，分别为952头、1 067.6头和834头，分别高出黑光灯诱虫量的20.0%、34.6%和5.1%，这主要因为黑光灯受气候影响较大，尤其是有雨时，黑光灯自动关闭，诱虫量均为0，见表1。针对某一年的数据统计，结果与平均数据也基本持平，只有2014年诱捕器2的累计诱虫量低于黑光灯。自动计数诱捕器诱虫量低于普通诱捕器而高于黑光灯的诱虫量，这主要是因为改进后的诱捕器避免了蚂蚁等昆虫多次经过感应器而增加计数次数，说明改进型诱捕器及其自动计数系统记录诱虫量更准确，长期使用较为稳定，效果更佳。

表1 2013—2015年济南章丘区玉米螟累计诱虫数量结果统计

年份	诱捕器				成虫盛发期		
	黑光灯（头）	性诱捕器1（头）	性诱捕器2（头）	自动计数性诱捕器（头）	越冬代（6月）	1代（7月）	2代（8月）
2013	743	867	994	837	5—10日	10—15日	26—30日
2014	1 032	1 488	1 796	1 156	1—5日	6—15日	26—30日
2015	443	501	413	510	1—10日	11—20日	26—30日
平均	739.3	952	1 067.6	834			

注：1 156是按比例得出的（1 032×134/126，在与2013年比较，评估出的数值），480同样是按比例得出（443×837/743）。

起止时间为每年5月25日至9月15日。

2.2 诱测峰期

图1是2013—2015年新型诱捕器及自动技术系统与普通诱捕器1和2及测报灯的3年平均统计数据图，观察发现，新型诱捕器的平均诱虫量均略高于测报灯，主要是因为测报灯预报受恶劣天气等影响较大，如在雨天环境下测报害虫头数基本为零。同时可以看出，亚洲玉米螟在章丘5—9月有3个成虫发生高峰期（始期、盛期、末期），始期诱虫量最大，末期次之，盛期诱虫量最少。第一个高峰是6月1—10日，自动计数系统3年平均最高诱虫量是165头，测报灯是150头，普通诱捕器1和2分别超过300头和250头，明显偏离实际；第二个高峰期发生在7月11—20日，自动计数系统3年平均最高诱虫量是20头，测报灯是13头，普通诱捕器1和2分别超过30头和25头，仍高于测报灯；第三个高峰期发生在8月26日至9月5日，自动计数系统3年平均最

高诱虫量是49头，测报灯是60头，普通诱捕器1和2分别超过50头和48头，接近测报灯诱虫量。因此，与测报灯诱虫峰期相比，新型诱捕器3个高峰期基本吻合，而普通诱捕器1和2偏离较大，尤其在始期。另一方面，始期的诱虫量均高于盛期与末期，因此长期使用新型诱捕器效果更好。结合表1所示，2013—2015年每年玉米螟成虫盛期发生时间差基本一致，与新型诱捕器及计数系统测报时间段相吻。由此可以说明，利用性诱剂诱集成虫效果非常好，可以作为一种测报手段，进行玉米螟成虫、卵、幼虫盛发期预测预报，对适时防治玉米螟有很好的指导作用，且具有购买和安装简便、使用成本比测报灯低的优点。

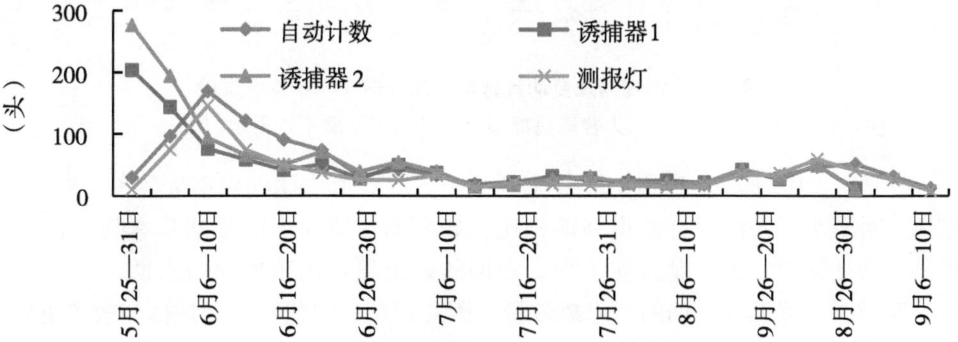

图1　性诱捕器与测报灯3年平均诱虫量

2.3　性诱自动计数3年平均准确率

按诱虫量计算（表1），自动计数器从5月25日至9月15日，114d平均计数为834头，人工计数为1 009头，准确率为82%；按正常计数日期114d计算，如图2所示，结果发现其中78d单位自动计数系统记载数据与人工记载数据基本吻合，自动计数准确率约为68.4%，不相吻合的36d中有11d（6月6—10日与8月26—31日）自动计数系统记载数据与人工记载数据误差较小的，占比0.9%；20d自动计数系统所记载数据高于人工记载数据，误差较大，占比17.5%，5d（8月21—25日）自动计数系统记载数据低于人工记载数据误差较大，占比4.4%。综合数据基本吻合与误差较小的总占比达到69.3%，接近按诱虫量的计算比率，与之前研究报道相吻合[5]，说明自动计数系统诱捕器的改进之后，减少了外部因素对自动计数的干扰。据观察主要是由于受到蚂蚁经过感应器上下爬动影响，增加了感应器的计数量。

3　小结

性诱自动计数诱捕器累计诱虫数量3年平均为834头，低于普通诱捕器（952头和1 067头）而高于黑光灯的诱虫量793头，这主要是因为改进后的诱捕器避免了蚂蚁等昆虫多次经过感应器而增加计数次数，说明改进型诱捕器及其自动计数系统记录诱虫量更准确，长期使用较为稳定，效果更佳。

新型诱捕器诱虫数量大、始发期明显，自动计数准确率高。与测报灯比较，新型诱捕器对玉米螟诱虫数量大、始发期明显，能较好地反映玉米螟种群数量变化情况。亚洲玉米螟在章丘5—9月有3个成虫发生高峰期（始期、盛期、末期），日期分别为6

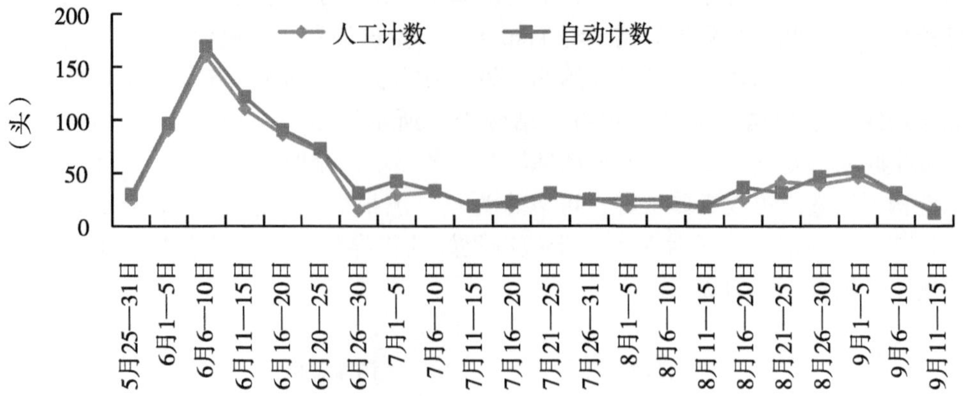

图 2　性诱捕器及自动计数与人工计数 3 年平均诱虫量

注：8 月 31 日未人工测试为普通诱捕器 1 与诱捕器 2 取平均得出。

月 1—10 日，7 月 11—20 日和 8 月 26 日至 9 月 5 日，其中始期诱虫量最大，末期次之，盛期诱虫量最少。与测报灯诱虫峰期相比，新型诱捕器 3 个高峰期基本吻合，而普通诱捕器 1 和 2 偏离较大，尤其在始期。始期的诱虫量均高于盛期与末期，应是始期诱虫量大而减少了盛期与末期的玉米螟数量，因此长期持续使用新型诱捕器效果更好。

自动计数系统与人工计数统计比较，结果表明准确率较高。按平均统计玉米螟头数计算，自动计数系统准确率为 82%；按正常计数日期计算，综合数据基本吻合与误差较小的总占比达到 69. 3%，接近按诱虫量的计算比率，与之前研究报道相吻合，说明自动计数系统诱捕器的改进之后，减少了外部因素对自动计数的干扰。据观察主要是由于受到蚂蚁经过感应器上下爬动影响，增加了感应器的计数量。

参考文献

［1］ 崔志华．玉米螟发生特点与绿色防控技术推广［J］．江西农业，2019（10）：140.

［2］ 曲洺伯．不同干式性诱捕器及性诱芯诱捕亚洲玉米螟雄蛾效果研究［J］．中国农业科技导报，2020，22（3）：94-99.

［3］ 巴秀成．玉米螟标准化性诱捕器的监测效果验证［J］．中国植保导刊，2016（1）：53-56.

［4］ 李鸿波，周彩玲，戴长庚，等．亚洲玉米螟田间性诱技术优化［J］．贵州农业科学，2020（5）：77-80.

［5］ 边文波，刘萍，刘超，等．性诱剂在玉米 3 种主要害虫测报中的应用研究［J］．中国植保导刊，2019（6）：37-43.

【作者简介】郑华梅（1979. 1—　），女，山东章丘人，汉族，本科，农经师，研究方向为植物保护。济南市章丘区三农服务中心，0531-83327301，jnzqnyjzbz@ jn. shandong. cn。

章丘区农业外来入侵物种发生情况及对策分析

徐晓雪，潘金荣，李琳琳
（济南市章丘区农业农村局，山东济南 250202）

摘　要：外来入侵物种威胁生态安全和粮食安全，人为有意识引进、无意识传入和自然入侵是造成外来物种入侵的原因。章丘区农业外来入侵物种主要有黄顶菊、美国白蛾、草地贪夜蛾、节节麦等。黄顶菊3个镇街局部发生；美国白蛾主要为害章丘区林木，对农作物具有潜在威胁；草地贪夜蛾2019年在章丘区普集街道个别地块发生，章丘区监测力度较大；节节麦近几年在章丘区蔓延迅速，已成为多数地块的优势杂草。从加大检疫力度、加强宣传、做好整治和加强制度建设等方面做好外来入侵物种的预防工作。

关键词：外来入侵物种；黄顶菊；美国白蛾；草地贪夜蛾；节节麦

近年来，随着经济的高速发展，我国生物入侵现象日益严重，目前已发现660多种外来入侵物种，成为世界上遭受外来物种入侵危害最严重的国家之一。外来物种的入侵，不仅危及生物多样性和生态安全，而且也会影响粮食安全造成经济损失，甚至会威胁国家安全和社会的可持续发展。

1　外来物种入侵的原因

造成外来物种入侵的原因有三种情况，一是人为有意识引进，在引种过程中没有进行有效的风险评估，事后也没有进行有效的控制，导致部分引入的物种繁殖成灾。在引进优良品种的同时，也引进了大量有害生物，如水花生、福寿螺等，这些入侵物种在我国缺乏天敌制约造成泛滥成灾。二是无意识传入，是由于人们正常的活动行为而无意导致的物种入侵。如在旅游及商务活动时，物种会通过人们的随身物品进入我国[1]；在进行农产品、木材等商品贸易时，物种会跟随商品或运输工具一并进入国内。三是自然入侵。主要是指自然界中的植物、昆虫等，通过风、水等媒介或自身器官繁殖、种子传播等，进入国内的生态系统。紫茎泽兰、美洲斑潜蝇、草地贪夜蛾等都属自然入侵我国。

2　章丘区农业外来入侵物种发生情况

目前，我国政府已公布了四批外来入侵物种名录。章丘区对农业生产造成威胁的外来入侵物种主要有黄顶菊、美国白蛾、草地贪夜蛾、节节麦等。

2.1　黄顶菊

黄顶菊［*Flaveria bidentis*（L.）Kuntze.］，菊科黄顶菊属的一年生草本植物，根系发达，耐盐碱、耐瘠薄、抗逆性强，繁殖速度惊人，一株黄顶菊能产数万至数十万粒种子。黄顶菊严重挤占其他植物的生存空间，有其生长的地方，其他植物难以生存，一旦入侵农田，将威胁农牧业生产及生态环境安全，列入《中国外来入侵物种名单》（第二批）。

黄顶菊在章丘区主要发生在普集街道济青公路两侧、309国道官庄街道周边和白云湖某果园。发现黄顶菊之后，章丘区农业农村局立即组织开展防治，通过化学防治和人工拔除等措施已将黄顶菊基本控制住，并定期监测，确保黄顶菊不进农田。

2.2 美国白蛾

美国白蛾（*Hyphantria cunea*）是灯蛾科、白蛾属蛾类，成虫为白色蛾子，老熟幼虫头黑色具光泽，体色为黄绿至灰黑色，毛丛呈白色，混杂有黑色或棕色长毛。典型的多食性害虫，可为害200多种林木、果树、农作物和野生植物。美国白蛾已被国家环保总局（现生态环境部）列入中国首批16种外来入侵物种名单。

美国白蛾原产地北美洲，1940年传入欧洲，1979年传入中国辽宁丹东一带，1981年由渔民自辽宁捎带木材传入山东荣成县，并在山东相继蔓延。目前分布于辽宁、河北、山东、北京、天津、陕西、河南、吉林等地，在山东省1年能繁殖3代。

章丘区多个镇街发生美国白蛾，2020年春季由于温度湿度适宜，黄河街道个别村庄发现高密度幼虫为害，林业部门积极应对，开展化学防治作业，已基本控制住，未发现为害农作物。

2.3 草地贪夜蛾

草地贪夜蛾（*Spodoptera frugiperda*），是夜蛾科灰翅夜蛾属鳞翅目昆虫。起源于美洲热带和亚热带地区，广泛分布于美洲大陆，具有适生区域广、迁飞速度快、繁殖能力强、防控难度大的特点。2018年在非洲造成高达30亿美元的经济损失，是联合国粮食及农业组织全球预警的重要农业害虫。2019年1月，草地贪夜蛾首次侵入我国，已在我国最冷月10℃等温线以南形成常年越冬区。草地贪夜蛾成虫为鳞翅目的蛾子，寿命可达2~3周，在这段时间内，雌成虫可以多次交配产卵，一生可产卵900~1 000粒，最高可达2 000粒。主要以幼虫为害玉米苗期茎基部、叶片、穗，是全株性害虫。

根据我国草地贪夜蛾防控工作“三区三带”的划分，章丘区广泛种植玉米，属于重点防范区。2019年章丘区在普集街道发现草地贪夜蛾为害，作物为甜玉米，面积7亩。发现虫情后，区农业农村局组织开展防控作业，最终将草地贪夜蛾控制在初发状态，没有造成大规模蔓延为害。

2020年，章丘区设置了2 000余套草地贪夜蛾性诱捕器，近700名村级监测员，确保每个村有一套诱捕器、一名监测员，全方位开展草地贪夜蛾监测。同时，组织农技人员1 000余人次，开展草地贪夜蛾识别与防控技术宣传，为防控工作打好基础，为秋粮丰产丰收保驾护航。

2.4 节节麦

节节麦（*Aegilops tauschii* Coss.）又名粗山羊草，世界性恶性杂草，起源于东欧、西亚地区，1955年在我国河南省首次发现，是第一批国家重点管理外来入侵物种。节节麦与小麦的遗传背景、生长习性相近，适应性强，适生范围广，能与小麦激烈竞争光、肥、水等资源，中等发生田块，导致小麦减产10%~25%，严重发生田块，小麦减产50%以上。

近年来，随着播种机、联合收割机等机械的跨区作业，节节麦在章丘区的发生范围逐年扩大，目前已经成为刁镇、绣惠等街道麦田的优势杂草。农业农村部门积极调查发生范围、筛选防控药剂，科学指导农户做好节节麦防控工作。

3 对策分析

3.1 加大入侵物种的检疫监测力度

海关口岸动植物检疫部门是有效阻断外来物种入侵的第一道防线，要严格检疫，严把国门。对于自然入侵的生物要加强监测力度，布设监测网点全面监测。加强多部门多区域协作，形成联防联控的有效防御机制。

3.2 提高认识，加大宣传力度

要充分认识生物入侵的严重性，通过电视、报纸及网络新媒体（如微信）等途径，加强对公众的科普宣传，使人们充分了解外来物种入侵的危害。

3.3 做好现有已入侵外来有害生物物种的整治措施

运用科学、合理的手段，有效的综合性措施，对外来入侵物种带来的疫情进行压制与控制，使其为害程度得到改善。要统一协调，人工防治、生物防治、化学防治多管齐下[2]。定期复查，入侵物种在清除处理后，要及时引入本地物种，尽快恢复本地生物群落的生态系统。

3.4 加快制度建设，完善综合体系

我国现有的《中华人民共和国进出境动植物检疫法》《中华人民共和国森林法》《中华人民共和国农业法》等法律涉及外来物种防治方面，但针对进口检疫、引种等方面，还缺少系统性针对性强的法律法规[3]。建议完善制度体系，推进生物安全立法，形成监管合力。

参考文献

[1] 李运龙，陈伟琴．浅析植物检疫性有害生物与外来入侵物种的关系［J］．南方农业，2018（12）：173-174.

[2] 陈永忠．生态安全愿景下我国外来入侵物种的防治策略［J］．江西农业，2020（6）：88-89.

[3] 张少侠，彭凤兴．外来入侵物种综合防治技术研讨［J］．农业工程技术，2016，36（26）：44-48.

【作者简介】徐晓雪（1984.9— ），女，山东沂南人，汉族，研究生，高级农艺师，研究方向为植物保护。山东省济南市章丘区章丘三农服务中心，0531-83327301，zhangqiuzb@163.com。